国家社会科学基金 博士论文出版项目

学龄前儿童语用发展的取效行为研究

An Empirical Study of Perlocutionary Act in Preschool Children's Pragmatic Development

程璐璐　著

中国社会科学出版社

图书在版编目（CIP）数据

学龄前儿童语用发展的取效行为研究 / 程璐璐著 . —北京：中国社会科学出版社，2021.8
ISBN 978 – 7 – 5203 – 9105 – 4

Ⅰ.①学… Ⅱ.①程… Ⅲ.①儿童语言—研究 Ⅳ.①H003

中国版本图书馆 CIP 数据核字（2021）第 184176 号

出 版 人	赵剑英
责任编辑	杨 康
责任校对	李芳芳
责任印制	戴 宽

出　　版	中国社会科学出版社
社　　址	北京鼓楼西大街甲 158 号
邮　　编	100720
网　　址	http://www.csspw.cn
发 行 部	010 – 84083685
门 市 部	010 – 84029450
经　　销	新华书店及其他书店

印　　刷	北京君升印刷有限公司
装　　订	廊坊市广阳区广增装订厂
版　　次	2021 年 8 月第 1 版
印　　次	2021 年 8 月第 1 次印刷

开　　本	710×1000　1/16
印　　张	32.75
插　　页	2
字　　数	457 千字
定　　价	188.00 元

凡购买中国社会科学出版社图书，如有质量问题请与本社营销中心联系调换
电话：010 – 84083683
版权所有　侵权必究

出 版 说 明

为进一步加大对哲学社会科学领域青年人才扶持力度，促进优秀青年学者更快更好成长，国家社科基金 2019 年起设立博士论文出版项目，重点资助学术基础扎实、具有创新意识和发展潜力的青年学者。每年评选一次。2020 年经组织申报、专家评审、社会公示，评选出第二批博士论文项目。按照"统一标识、统一封面、统一版式、统一标准"的总体要求，现予出版，以飨读者。

全国哲学社会科学工作办公室

2021 年

摘　　要

　　语用发展或发展语用学作为儿童语言研究的重要一隅，主要围绕儿童语用发展能力以及儿童母语语用习得过程展开研究。然而，我国针对汉语学龄前儿童语用发展研究起步较晚，对汉语儿童如何获得交际能力以及这些能力背后所蕴含的语用发展过程和规律特点研究尚不充分。因此，有必要在借鉴国外儿童语用发展相关研究成果的基础上，深入挖掘汉语学龄前儿童语用发展的规律特点。

　　实际上，从言语行为理论角度来看，儿童语用发展阶段实则是取效行为阶段。取效行为阶段指的是话语对儿童和受话人同时产生效果的阶段，这就意味着儿童话语意义的建构是基于说话人和受话人的言语互动。因此，深入剖析学龄前儿童语用发展阶段的运作机制，尝试构建并揭示儿童语用发展机制的解释框架即儿童语用发展取效行为理论框架，探索促进儿童语用发展的有关因素及其内在的制约机制，旨在进一步阐释奥斯汀关于取效行为的模糊概念，丰富并延伸儿童语用发展理论，探讨该理论在儿童语用发展实践研究中的应用价值。

　　首先，本书重新审视取效行为，在总结前人关于取效行为研究基础上深入剖析取效行为的内涵，即取效行为是说话人和受话人共同而为，实则反映了目的和效果之间的相互关系。与此同时，在总结皮亚杰的认知发展理论、韩礼德的宏观功能、维果茨基的社会文化理论基础上，从知识观视角解读取效行为（将知识分为社会规约性知识、想象性知识、陈述性知识、程序性知识）；在梳理维特根斯坦的语言游戏说、韩礼德的微观功能、交际与认知视角下的关联理论并借助 INCA – A 编码系统基础上，从语言观视角阐释取效行为（将语言分为交际需求、心智状态、社会互动环境、交际背景、命题态度、认知环境、已有图式）；在回顾哈贝马斯交往行为理论和符号互动论并结合国内外研究成果基础上，从行为观视角诠释取效行为（将行为分为感知—动作协调阶段：身体触碰、点头赞同、摇头拒绝、面部表情；行为动作模仿记忆阶段和元认知指导行为动作计划、实施和调控阶段：向受访人展示物品、给予受访人某物、位置移动、手势指示）。所析取出的知识观、语言观和行为观由两名相关专家进行审阅，以确保所析取出的维度科学合理，层次完整，逻辑严密。

其次，从学龄前儿童语用发展取效行为理论的目的说出发，阐明知识、语言和行为的目的和超级目的有关内涵；根据学龄前儿童语用发展取效行为理论的效果说，明确知识的不可预料效果、语言的可预料效果以及行为的探试效果所指，并依据这些核心概念，呈现学龄前儿童语用发展取效行为的目的和效果之间的关系，包括细化知识（目的、超级目的）和不可预料效果之间的关系、语言（目的、超级目的）和可预料效果之间的关系、行为（目的、超级目的）和探试效果之间的关系，并且指出取效行为的效果与取效行为实施过程之间的相关性，即知识的不可预料效果与隐性取效、语言的可预料效果与显性取效、行为的探试效果与受动取效过程之间的相关性。在剖析取效行为各要素之间的关联性基础上，提出构建学龄前儿童语用发展取效行为理论框架的设想。

再次，本书按分阶段抽样的方式，先在全国范围内选取 7 个省（直辖市）进行整群抽样。依据各省（直辖市）地理位置将全国划分为南方和北方两大区域。其中，南方区域包括江苏、四川、广东；北方区域包括辽宁、黑龙江、北京、陕西。选取 216 名语言发展正常、身体发育健全、智力正常、无言语障碍和听觉障碍的普通话儿童作为研究对象，按照年龄因素对其进行分层抽样，儿童年龄 3—6 岁不等，男女性别比例相当，各 108 名。再将儿童分成低龄组（3

岁)、中龄组(4岁)以及高龄组(5—6岁)3个组别。采用观察法和话题法相结合的方法收集语料,以录像的方式录制视频语料,语料收集场所为学龄前儿童比较熟悉的幼儿园及家庭情境。同时采用独立样本 t 检验,以便考察南北方区域差异对儿童语用发展能力(会话能力和语篇能力)是否存在影响,结果显示南北方区域差异对儿童语用发展能力不存在显著影响。因此,采用卡方独立性检验和对应分析法将南北方区域儿童视为整体进行分析。在确保研究信度可靠的情况下,采用 INCA－A 编码系统和自定义编码相结合的方式对儿童在会话阶段(会话发起、会话维持、会话修补、会话修补回应)和语篇阶段(叙述事件、人物时地背景、引述或模仿他人话语、结束语、回答主试问题、叙述观点、叙述顺序)的言语和非言语行为按照知识、语言、行为及其交互关系的子类别进行编码,并将 CLAN 运算后的结果输入 SPSS 22.0 统计软件进行系统分析,旨在调查不同情境(家庭互动情境,师生、同伴互动情境,陌生互动情境)、不同年龄段(低龄组,中龄组,高龄组)学龄前儿童语用发展特点。

　　结果表明,随着年龄的增长儿童在会话能力和语篇能力方面均有所发展,这主要体现为所调用语用指标数量的增长以及质量的提高;并且儿童逐渐摆脱主要使用行为或行为辅助语言传递会话目的和超级目的的束缚;此外,儿童在会话过程中调用知识、语言和行为等不同语用指标类型更显灵活。随着儿童认知结构的丰富,其语篇能力也有了进一步的发展。

　　儿童的语用发展能力在不同情境下的交际效果不尽相同。在有计划的、有目的的师生、同伴互动情境下的交际效果最好,而在生疏的、未设定的陌生互动情境下或任意发挥的、轻松自由的家庭环境中效果较差。总体而言,在师生、同伴互动情境下儿童在会话阶段及语篇阶段所调用的语用指标最多。在师生、同伴互动情境下儿童往往在游戏中进行会话任务,通过知识＋语言＋行为、语言＋行为或语言的方式表达会话的目的和超级目的,语用指标调用更显灵活。此情境下的儿童在语篇叙述时往往借助知识＋语言或语言等语用指标传递叙述的目的和超级目的。

最后,本书从取效行为角度解释学龄前儿童语用发展特点,通过上述收集到的不同情境、不同年龄段儿童语用发展的具体语料验证所设想的学龄前儿童语用发展取效行为理论框架,并证明儿童所调用的知识在隐性取效过程中的目的和超级目的与不可预料效果之间的关系;语言在显性取效过程中的目的和超级目的与可预料效果之间的关系;行为在受动取效过程中的目的和超级目的与探试效果之间的关系。

关键词：语用发展；学龄前儿童；取效行为；目的；效果；儿童语料库研究法

Abstract

Pragmatic development or developmental pragmatics as an important part of children's language study, mainly focuses on children's pragmatic development competence and the process of their pragmatic acquisition of the native language. However, the research on pragmatic development of Chinese preschool children started late in China, there are some shortcomings in the current research such as the way of Chinese children acquiring communicative competence and the pragmatic development process and its regulative characteristics. Therefore, it is necessary to deeply explore the features of Chinese preschool children's pragmatic development based on the research results abroad.

In fact, children's pragmatic development phase is the perlocutionary phase, because at the perlocutionary phase, the utterances exert an effect both on children and hearers simultaneously. This means that the meaning construction of children's utterances derives from verbal interaction between speakers and hearers. The systematic study of speech act theory for children is very few both at home and abroad. Therefore, the purpose of the investigation is to analyze the operational mechanism of pragmatic development for preschool children, attempt to build the interpretative framework of revealing children's pragmatic development mechanism, which is the perlocutionary act theoretical framework of children's pragmatic development. Meanwhile, the factors promoting children's pragmatic development and the internal restrictive mechanism are explored in order to illustrate the vague concept of perlocutionary act from Austin, to enrich and extend the theory of children's pragmatic development, and to explore the application value of the theory in empirical studies on children's pragmatic development.

First and foremost, the study reexamines the perlocutionary act on the basis of the previous studies, and defines the concept as the mutual interaction between speakers and hearers, which can reflect the interactive relationship of goals and effects. Meanwhile, the study reconstructs the perlocutionary act from the perspective of knowledge on the basis of the theory of cognitive development from Piaget, the macro-function of Halliday, and Vygotsky's socialcultural theory (Knowldege is divided into social conventional knowledge, imaginative knowledge, declarative knowledge and procedural knowldege). Furthermore, the study illustrates the perlocutionary act from the perspective of utterances on the basis of language games by Wittgenstein, the micro-function by Halliday, and relevance theory from the aspect of communication and cognition (Utterances are divided into communicative needs, mental state, social environment, communivative background, propositional attitude, cognitive environment, image schemata). In addition, the study explains the perlocutionary act from the perspective of acts on the basis of communicative action theory by Habermas, and symbolic interaction theory by Blumer (Acts are divided into sensory-motor coordination stage, which includes touching hearer, nodding, shaking one's head to refuse, facial expression; imitation and memory stage, and the stage of planning, implementation and regulation of acts by meta-cognition, which includes showing something to hearer, giving something to hearer, move position and pointing). The elements extracted out of the perspectives of knowledge, utterances and acts are reviewed by two experts in related field, which can ensure that those elements are scientific and reasonable with complete hierarchy and clear logic.

Secondly, the observation expounds the goals and supergoals of knowledge, utterances and acts, and illustrates the unexpected effects of knowledge, the expected effects of utterances, and the heuristic effects of acts. Then the relationship between goals and effects of perlocutionary act at the phase of preschool children's pragmatic development is presented. To be more specific, the relationships among knowledge and unexpected effects, utterances and expected effects, acts and heuristic effects are pointed out. In addition, the study reveals the effects and the implementation process of perlocutionary act, including the relationships among the unexpected effects of knowledge and implicative perlocution, the expected effects of utterances and explicative perlocution, and the heuristic effects of acts and evocative perlocution. The assumption of theoretical framework of perlocutionary act for preschool children's pragmatic development has been constructed by analyzing the interrelationships of the above elements.

Moreover, by using multistage sampling, the study firstly adopts cluster sampling method by selecting 7 provinces (municipalities) and dividing China into southern and northern regions according to the geographical position of each province and municipality, among which the southern region includes Jiangsu, Sichuan and Guangdong; the northern region includes Liaoning, Heilongjiang, Beijing and Shaanxi. We select 216 mandarin children as subjects who are well developed with normal language development and intelligence and without language or hearing impairment. Then stratified sampling according to the age factors is used, the age range of children is from 3 to 6 years old, and the sexual proportion of children is almost equal, each group is 108. Dividing the children into three groups, which are the young group (3 years old), middle group (4 years old) and old group (5 - 6 years old). In addition, observation and topic methods are used to record and collect the data. Meanwhile, independent sample

T-test is used in order to testify whether the southern and northern regions could have an impact on pragmatic development competence (conversational and narrative competences), and the results show that the regional differences between southern and northern do not have significant effects on children's pragmatic development competence. Therefore, northern and southern children are analyzed as a whole by using chi-square test of independence and corresponding analysis methods. Under the condition of ensuring the reliability of the study, the combination of Inventory of Communicative Acts-Abridged(INCA-A) coding system and user-defined coding format is used to code children's verbal and nonverbal acts during the conversational (the topic initiation, conversation maintenance, conversation repair and repair response) and narrative phases(narrative events, characters, time, location and background, quoting or imitating others' speaking, conclusion, answering questions, narrative viewpoints and order) according to knowledge, utterances, acts and their interrelationships. The results of CLAN are systematically analyzed by SPSS 22.0 statistical software in order to investigate the pragmatic development features of preschool children in different situations (family interaction situation, teacher-child or peer interaction situation and researcher-child interaction situation) and at different ages (the young group, the middle group and the old group).

The results illustrate that the conversational and narrative competences develop with age, which reflect as the growth of quantity and the improvement of quality in pragmatic indicators. Gradually, children are not bound by acts or acts assisted utterances mainly when expressing conversational goals and supergoals. Besides, the different pragmatic indicators such as knowledge, utterances and acts are more flexible during the conversation. Children's narrative competence has further developed with the more elaborate cognitive structure.

In addition, children's pragmatic development competences have different communicative effects under different situations. The communicative effect is the best under teacher-child or peer interaction situation with purposiveness, while the communicative effects are poor under researcher-child interaction situation with disacquaintance or under family interaction situation with comfort. In general, children use the pragmatic indicators most at conversative and narrative phases under the teacher-child or peer interaction situation. Under the teacher-child and peer interaction situation, children often complete conversation tasks during playing games, which can express conversational goals and supergoals by the way of knowledge, utterances and acts simultaneously or utterances and acts simultaneously or utterances. Thus, the pragmatic indicators can be used in a more flexible way. In this situation, children often express narrative goals and supergoals by means of pragmatic indicators such as knowledge and utterances simultaneously or utterances.

At last, the study illustrates the features shown in preschool children's pragmatic development from the perspective of perlocutionary act and validates the theoretical framework of perlocutionary act for preschool children's pragmatic development we assumed through the corpus data from different situations and different age groups. In addition, the relationships among knowledge children used and the unexpected effects in the process of implicative perlocution, utterances children adopted and the expected effects during the process of explicative perlocution, acts children exerted and the heuristic effects in the course of evocative perlocution are confirmed.

Key Words: pragmatic development; preschool children; perlocutionary act; goal; effect; children's language data-based approach

目 录

绪 论 ……………………………………………………………（1）
 一 问题缘起 …………………………………………………（1）
 二 研究目的与研究内容 ……………………………………（5）
 三 研究方法与研究意义 ……………………………………（7）
 四 全书结构 ………………………………………………（11）

第一章 儿童语用发展相关研究现状综述 ……………………（15）
 第一节 儿童语用发展概观 ………………………………（15）
  一 发展语用学（儿童语用发展）起源 ………………（15）
  二 发展语用学（儿童语用发展）内涵 ………………（18）
  三 儿童语用发展能力综观 ……………………………（20）
 第二节 发展语用学的国外研究综述 ……………………（23）
  一 国外语用交流行为研究 ……………………………（24）
  二 国外会话能力研究 …………………………………（26）
  三 国外语篇能力研究 …………………………………（32）
  四 国外对社会因素的敏感性研究 ……………………（34）
 第三节 发展语用学的国内研究综述 ……………………（35）
  一 国内语用交流行为研究 ……………………………（36）
  二 国内会话能力研究 …………………………………（37）
  三 国内语篇能力研究 …………………………………（38）
 本章小结 ……………………………………………………（39）

第二章　儿童语用发展的相关理论研究……………………（41）

第一节　取效行为研究再思考………………………………（42）
一　言语行为理论的创立………………………………（42）
二　言语行为理论的发展………………………………（53）
三　取效行为研究反思…………………………………（64）
四　取效行为的目的和效果……………………………（69）

第二节　取效行为的知识观…………………………………（72）
一　皮亚杰的认知发展理论……………………………（72）
二　韩礼德的宏观功能…………………………………（75）
三　维果茨基的社会文化理论…………………………（76）

第三节　取效行为的语言观…………………………………（81）
一　维特根斯坦的"语言游戏说"………………………（81）
二　韩礼德的微观功能…………………………………（84）
三　交际与认知视角解读关联理论……………………（86）

第四节　取效行为的行为观…………………………………（89）
一　哈贝马斯交往行为理论的语言学思考……………（90）
二　符号互动论的核心内涵……………………………（92）

本章小结………………………………………………………（94）

第三章　学龄前儿童语用发展取效行为理论框架的设想………（96）

第一节　学龄前儿童语用发展取效行为理论的目的说……（96）
一　儿童调用知识的目的和超级目的…………………（97）
二　儿童调用语言的目的和超级目的…………………（104）
三　儿童调用行为的目的和超级目的…………………（109）

第二节　学龄前儿童语用发展取效行为理论的效果说……（113）
一　儿童调用知识的不可预料效果……………………（114）
二　儿童调用语言的可预料效果………………………（116）
三　儿童调用行为的探试效果…………………………（118）

第三节　学龄前儿童语用发展取效行为理论框架的解释…（119）

一　儿童调用知识的不可预料效果和隐性取效过程 …… （119）
　　二　儿童调用语言的可预料效果和显性取效过程 …… （123）
　　三　儿童调用行为的探试效果和受动取效过程 ……… （127）
　　四　取效行为理论框架的阐释 …………………………… （128）
本章小结 ……………………………………………………… （131）

第四章　学龄前儿童语用发展取效行为研究的设计与分析 ……………………………………………………… （132）
第一节　学龄前儿童语用发展取效行为研究的前期准备 …… （132）
　　一　语料来源 ……………………………………………… （132）
　　二　收集标准 ……………………………………………… （133）
　　三　语料转写及符号说明 ………………………………… （136）
第二节　语用发展分析工具及程序 ……………………………… （139）
　　一　儿童语用发展分析工具 ……………………………… （140）
　　二　儿童语用发展分析程序 ……………………………… （141）
　　三　研究的信度分析 ……………………………………… （150）
第三节　不同情境下学龄前儿童语用发展特点分析 ……… （150）
　　一　家庭互动情境下儿童语用指标分析 ………………… （150）
　　二　师生、同伴互动情境下儿童语用指标分析 ………… （182）
　　三　陌生互动情境下儿童语用指标分析 ………………… （222）
第四节　不同年龄段学龄前儿童语用发展特点分析 ……… （257）
　　一　低龄组儿童语用指标分析 …………………………… （258）
　　二　中龄组儿童语用指标分析 …………………………… （292）
　　三　高龄组儿童语用指标分析 …………………………… （322）
本章小结 ……………………………………………………… （357）

第五章　学龄前儿童语用发展取效行为理论框架的验证 …… （375）
第一节　不同情境下学龄前儿童语用发展的取效行为验证 …………………………………………………………… （375）

一　家庭互动情境下儿童语用发展中目的和效果的
　　　　关系 ……………………………………………（375）
　　二　师生、同伴互动情境下儿童语用发展中目的和
　　　　效果的关系 ……………………………………（396）
　　三　陌生互动情境下儿童语用发展中目的和效果的
　　　　关系 ……………………………………………（409）
第二节　不同年龄段学龄前儿童语用发展的取效行为
　　　　验证 ……………………………………………（418）
　　一　低龄组儿童语用发展中目的和效果的关系 ………（418）
　　二　中龄组儿童语用发展中目的和效果的关系 ………（427）
　　三　高龄组儿童语用发展中目的和效果的关系 ………（437）
本章小结 ……………………………………………………（448）

结　语 ……………………………………………………（450）
　　一　研究结论 …………………………………………（450）
　　二　创新之处 …………………………………………（457）
　　三　研究局限与不足 …………………………………（458）
　　四　展望 ………………………………………………（458）

参考文献 …………………………………………………（460）

附录　INCA-A 编码系统、自定义编码及语用意义 …………（483）

索　引 ……………………………………………………（491）

致　谢 ……………………………………………………（496）

Contents

Introduction .... (1)
  1 Question Proposed .... (1)
  2 Research Purpose and Research Content .... (5)
  3 Research Methodology and Research Significance ...... (7)
  4 Structure of This Book .... (11)

Chapter 1 Literature Review of Developmental Pragmatics
                                                                         (15)
  Section 1 Brief Review of Developmental Pragmatics ...... (15)
    1 The Origin of Developmental Pragmatics .... (15)
    2 The Definition of Developmental Pragmatics .... (18)
    3 General Introduction to Pragmatic Competence of
       Children .... (20)
  Section 2 Research Abroad of Developmental Pragmatics ...... (23)
    1 Communicative Acts .... (24)
    2 Conversational Skill .... (26)
    3 Narrative Skill .... (32)
    4 Social Sensitivity .... (34)
  Section 3 Domestic Research of Developmental Pragmatics ... (35)
    1 Communicative Acts .... (36)
    2 Conversational Skill .... (37)

    3 Narrative Skill …………………………………………（38）
  Summary ……………………………………………………（39）

Chapter 2   Relative Theoretical Studies of Children's Pragmatic Development …………………………（41）

  Section 1   Again on Perlocutionary Act ………………………（42）
    1 The Establishment of Speech Acts ……………………（42）
    2 The Development of Speech Acts ……………………（53）
    3 Reflection on Perlocutionary Act ………………………（64）
    4 Goal and Effect of Perlocutionary Act ………………（69）
  Section 2   Knowledge-based View of Perlocutionary Act ………（72）
    1 Cognitive Development Theory of Piaget ……………（72）
    2 Macro-Function of Halliday ……………………………（75）
    3 Socialcultural Theory of Vygotsky ……………………（76）
  Section 3   Utterances-based View of Perlocutionary Act ………（81）
    1 Language Game of Wittgenstein ………………………（81）
    2 Micro-Function of Halliday ……………………………（84）
    3 Relevance Theory from the Perspective of Communication and Cognition …………………………（86）
  Section 4   Acts-based View of Perlocutionary Act ……………（89）
    1 Reflection on Communicative Action Theory of Habermas from the perspective of linguistics …………（90）
    2 The Connotation of Symbolic Interaction Theory ……（92）
  Summary ……………………………………………………（94）

Chapter 3   The Assumption of Theoretical Framework of Perlocutionary Act for Preschool Children's Pragmatic Development ……………………（96）

  Section 1   The Goal of Perlocutionary Act for Preschool Children's Pragmatic Development …………………（96）

1　Goal and Supergoal of Knowledge ……………………（97）
2　Goal and Supergoal of Utterances ……………………（104）
3　Goal and Supergoal of Acts ……………………（109）
Section 2　The Effect of Perlocutionary Act for Preschool
　　　　　　Children's Pragmatic Development ………………（113）
1　Unexpected Effect of Knowledge ……………………（114）
2　Expected Effect of Utterances ……………………（116）
3　Heuristic Effect of Acts ……………………（118）
Section 3　The Illustration of Theoretical Framework of
　　　　　　Perlocutionary Act for Preschool Children's
　　　　　　Pragmatic Development ……………………（119）
1　The Unexpected Effect of Knowledge and Implicative
　　Perlocution ……………………（119）
2　The Expected Effect of Utterances and Explicative
　　Perlocution ……………………（123）
3　The Heuristic Effect of Acts and Evocative
　　Perlocution ……………………（127）
4　The Interpretation of Theoretical Framework of
　　Perlocutionary Act ……………………（128）
Summary ……………………（131）

Chapter 4　Research Design and Analysis of Perlocutionary Act for Preschool Children's Pragmatic Development

……………………（132）
Section 1　Preparation ……………………（132）
1　The Source of Data ……………………（132）
2　Collection Standards ……………………（133）
3　Transcription and Symbols ……………………（136）
Section 2　Analyzing Tool and CLAN ……………………（139）
1　Analyzing Tool ……………………（140）

2 CLAN ……………………………………………………（141）
		3 Reliability Analysis …………………………………………（150）
	Section 3 Analysis of the Features of Pragmatic Development
		for Preschool Children in Different Situations ……（150）
		1 Analysis of Pragmatic Indicator of Preschool Children in
			Family Interaction Situation ……………………………（150）
		2 Analysis of Pragmatic Indicator of Preschool Children in
			Teacher-Child or Peer Interaction Situation ……………（182）
		3 Analysis of Pragmatic Indicator of Preschool Children in
			Researcher-Child Interaction Situation …………………（222）
	Section 4 Analysis of the Features of Pragmatic Development for
		Preschool Children for Different Age Groups ………（257）
		1 Analysis of Pragmatic Indicator of Preschool Children
			for the Young Group (3 – year-old) ……………………（258）
		2 Analysis of Pragmatic Indicator of Preschool Children
			for the Middle Group (4 – year-old) …………………（292）
		3 Analysis of Pragmatic Indicator of Preschool Children
			for the Old Group (5 – 6 years old) …………………（322）
	Summary ………………………………………………………………（357）

Chapter 5 Verification of the Theoretical Framework of Perlocutionary Act for Preschool Children's Pragmatic Development …………………………（375）

	Section 1 Verification of Perlocutionary Act for Preschool
		Children's Pragmatic Development in Different
		Situations ……………………………………………（375）
		1 Relationship between Goal and Effect in Family Interaction
			Situation ………………………………………………（375）

	2	Relationship between Goal and Effect in Teacher-child or Peer Interaction Situation	(396)
	3	Relationship between Goal and Effect in Researcher-child Interaction Situation	(409)

Section 2   Verification of Perlocutionary Act for Preschool Children's Pragmatic Development for Different Age Groups ………… (418)

    1   Relationship between Goal and Effect for the Young Group ………… (418)

    2   Relationship between Goal and Effect for the Middle Group ………… (427)

    3   Relationship between Goal and Effect for the Old Group ………… (437)

Summary ………… (448)

Conclusion ………… (450)

1   Research Conclusions ………… (450)
2   Innovations ………… (457)
3   Research Imitations ………… (458)
4   Prospects ………… (458)

References ………… (460)

Appendix   INCA – A Coding System, User – defined Coding and Pragmatic Meanings ………… (483)

Index ………… (491)

Acknowledgements ………… (496)

绪　　论

一　问题缘起

语言，作为言语活动的社会部分[①]，是儿童探索社会世界的工具。儿童借助语言扮演相应的社会角色，同时创造、发展以及维持良好的社会人际关系，从而参与到他人的文化意义构建活动之中。儿童语言发展速度之快和多样性之丰富令人难以置信。在出生后短短几年之内，儿童就可以从只会说简单的只言片语到具有复杂的遣词造句能力并接近成人的语言水平。可以说，儿童语言发展具有多维性，它可反映出儿童认知和社会情感的发展过程（Owens，1996：275）。因此，探索儿童在不同情境中语言知识的使用情况、了解儿童掌握某项语言技能的初始年龄、把握儿童习得语用技能的过程、剖析影响儿童语言习得速度和顺序的因素以及阐释儿童个体差异性表现形式等要素是解答儿童语用发展过程的具体课题。正如海姆斯（Hymes）所说，语用发展与儿童获得语用能力的过程息息相关，通过此视角可以探究儿童在社会语境下如何学习并使用语言、如何与他人进行恰当且有效的交际并扮演复杂的社会角色[②]。事实上，作为

[①]　［瑞士］费尔迪南·德·索绪尔：《普通语言学教程》，高名凯译，商务印书馆2008年版，第36页。语言其实是言语活动的社会部分，个人以外的东西；个人独自不能创造语言，也不能改变语言；它只凭社会成员间的一种默契而存在。此外，个人必须经过一个见习期才能懂得它的运用；儿童只能一点一滴地掌握语言。

[②]　Hymes, D. H., "On communicative competence", in J. B. Pride, J. Holmes, eds. *Sociolinguistics*, Harmondsworth: Penguin, 1972, pp. 269–293.

社会互动群体的儿童，需要习得如何正确解读他人的言语意图，并通过语言来规划社会行为，使该行为被受话人所理解[1]。

语用发展（pragmatic development）或称为发展语用学（developmental pragmatics）作为儿童语言研究的重要一隅，主要围绕儿童语用发展能力以及儿童母语语用习得过程进行研究[2]。可以说，语用发展主要研究儿童如何习得受规则支配且恰当、有效的言语知识，而这些知识在人际关系处理过程中又是儿童所需要的。儿童在进行叙述、实施请求、询问问题、致以问候以及予以回绝等行为时表达的是一种言外行为[3]。概括而言，儿童语用发展是指儿童掌握并实现某一特定言语行为以及可以在适切语境中恰当运用语言知识的能力。因此，语用发展研究如同语言习得研究，是一个持久而又不断推进的过程，可揭示人类语言进化历程。儿童掌握言语技巧亦是一个复杂的长期过程，因为儿童需要通过交际过程中的信息反馈以及言语互动来完成社会交际任务。

语用发展研究主要关注如下问题：（1）学龄前儿童的会话技能。儿童可掌握多种话语技能，但大部分技能是谈论"此时此地"的事物，尚未完全掌握会话规则，话轮次数相对较少，多数是母子之间的对话（Kaye & Charney，1981：35），这包括儿童掌握基本的语域知识，可随时随地进行提问，并发起、维持话题。儿童还具有预设能力：对互有知识进行假设，学会发出指令与请求，理解指示功能，所说话语具有交际意图。（2）儿童的自言自语行为。学龄前儿童的自言自语行为主要与游戏活动相伴而生，是儿童与假想伙伴的游戏言语（Schober-Peterson & Johnson，1991：153）。（3）会话语境问题。大体上，2岁儿童可对会话同伴的提问做出回应，并可针对特

---

[1] 程璐璐、尚晓明：《学前儿童语用交流行为的发展特点与取效行为理论》，《学前教育研究》2017年第3期。

[2] 陈新仁：《国外儿童语用发展研究述评》，《外语与外语教学》2000年第12期。

[3] Ninio, A., C. E., Snow, *Pragmatic Development*, Bouldwe, CO：Westview Press, 1996, p. 5.

定主题进行话轮转换,构建社会符号,即"知识的微社会学",用日常生活中遇到的无数微符号构建社会现实,使其意义潜势得到发展①。(4)叙事能力的发展。叙事能力一直受到研究者的关注,儿童叙事能力包括儿童独自或儿童与父母、同伴等共同叙述真实抑或想象的故事等②。通过叙事,儿童可建构故事中的自我③。上述问题提示,儿童如何慢慢成长为称职的会话伙伴以及如何运用各种各样的交际手段达到相应的言语交际目的,是语用发展研究者长期关注的焦点。这表明,语用发展研究与发展心理学、认知语言学、语言哲学、实验语用学、社会交往学密不可分,是一门正蓬勃发展的交叉学科,但目前仅获得了极少数心理学家、教育学家、人类学家以及社会学家的关注,应引起语用学相关研究人员的重视。

国外儿童语用发展研究可以追溯到20世纪60年代至70年代。1979年Ochs & Shieffelin主编的《发展语用学》(*Developmental Pragmatics*)问世;1985年标志着语用发展方面的研究专辑《语用学杂志》开始出版;此外,Crystal(1976)将学龄前儿童语言研究转为语用层面;Ninio & Snow(1996)使儿童语用发展研究进入全面化、系统化阶段,并认为语用能力的发展是社会化过程的产物;Owens(1996)阐释了儿童语言

---

① [英]韩礼德:《婴幼儿的语言》,高彦梅等译,北京大学出版社2015年版,第87页。事实上,"知识的微社会学"是由伯格和凯尔纳于1970年提出的。可参见伯格和卢克曼的著作。Berger, P. L., T. Luckmann, "The social construction of reality: A treatise in the sociology of knowledge", *Sociological Analysis*, Vol. 32, No. 1, 1966, p. 400.

② 张鉴如、章菁:《幼儿叙述能力之发展:多年期研究》,九十一学年度师范学院教育学术论文发表会论文集,嘉义大学,2002年,第1615—1641页。转引自周兢《汉语儿童语言发展研究——国际儿童语料库研究方法的应用与发展》,教育科学出版社2009年版,第127页。

③ 儿童可建构故事中的自我是一种理想状态,实际上,正如Wiley(1998)等人的研究表明,儿童所叙述的故事可以折射出生活世界的文化。在美国,中产阶级的儿童被鼓励详细阐释他们所经历的事件,并可针对该事件表达自己的看法。相反,工人阶级的孩子虽然也可以进行个人叙述,但是并不会培养他们的自我表达能力。可见Wiley, A. R., Rose, A. J., Burger, L. K., P. J. Miller, "Constructing autonomous selves through narrative practices: A comparative study of working-class and middle-class families", *Child Development*, Vol. 69, No. 3, September 1998, pp. 833–847。

个体发展情况以及文化差异性等问题；Peccei（2000）对儿童语言发展理论加以介绍，但尚未涉及儿童语用学内容；Cekaite（2012）提出了儿童语用发展研究的新视角：通过探索儿童语用交流行为的出现和发展规律、儿童会话能力的发展特点、儿童与日俱增对社会的敏感性以及儿童习得扩展性话语类型等维度诠释儿童语用发展状况。可以看出，儿童语用发展研究在20世纪并未得到国内研究者的广泛关注，长期处于边缘化状态。然而，随着国外发展语用学研究如火如荼的开展以及先进的数据库处理技术的发展，儿童语用发展研究逐渐被国内学者所重视，研究视角和范围日益扩大，研究方法及手段逐渐与国际接轨，目前已发展成为儿童语言领域中一个方兴未艾的研究方向。

国内儿童语用发展研究于21世纪才开始起步。研究内容主要包括国外儿童语用发展述评，汉语儿童语用发展研究给早期语言教育带来的启示，探讨汉语儿童语用发展阶段特征，儿童语用技能发展，学龄前儿童语用发展状况，通过学龄前儿童语用发展研究补充和发展言语行为理论等[1]。上述研究表明，目前学龄前儿童语用发展研究已呈多元化趋势，无论是从人类语言认知科学还是从当前语用学研究的转型来看，儿童语用发展研究终将成为儿童语言发展的新趋势。实际上，从言语行为理论角度来看，儿童语用发展阶段实则是取效行为阶段。儿童话语意义的建构是基于说话人和受话人的言语互动，而取效行为阶段指的是话语对儿童和受话人同时产生效果[2]。但无论是国内还是国外，对学龄前儿童言语行为理论的系统研究至今仍寥寥无几。因此，深入剖析学龄前儿童语用发展阶段的运作机制，尝试提出揭示儿童（如无特殊说明，本书所涉及的儿童指的是学龄前儿童）语用发展机制的解释框架，即儿童语用发展取效行为理论框架的设想，旨在进

---

[1] 可见陈新仁（2000），周兢（2002、2006、2009），盖笑松等（2003），刘森林（2007），尚晓明（2013）以及程璐璐、尚晓明（2017）相关研究。

[2] 可见Bates, E., Camaioni, L., V. Volterra, "The Acquisition of Performatives Prior to Speech", *Merrill-Palmer Quarterly of Behavior and Development*, Vol. 21, No. 3, July 1975, pp. 205–226。Bates等人在对儿童交际意向性进行研究的基础上，提出上述观点。

一步阐释奥斯汀关于取效行为的模糊概念，丰富并延伸儿童语用发展理论内涵，揭示该理论在儿童语用发展实践研究中的应用价值。

二 研究目的与研究内容

我国针对学龄前儿童语用发展研究起步较晚，对学龄前儿童如何获得交际能力以及这些能力背后所体现出的语用发展过程和规律特点研究不足。因此，有必要在借鉴国外儿童语用发展相关研究成果的基础上，深入挖掘学龄前儿童语用发展的规律特点，为儿童的语言教育提供有力佐证。具言之，本书拟达到如下研究目的。

第一，探索我国学龄前儿童语用发展规律。本书将挖掘儿童在学习以及获得言语和非言语能力的过程中如何使用言语和非言语手段达到交际目的，即剖析儿童在言语和非言语互动过程中的实际运用情况，主要体现为儿童如何恰如其分地运用言语和非言语形式表达交往意向，如何使用有效的交际策略与他人进行交际，以及如何依据不同语境选择适当的言语和非言语表达方式传递自我交际意图。具体为调查学龄前儿童语用交流行为、会话能力和叙事能力的发展趋势以及在不同情境下的语用发展状况。

第二，重新阐释儿童语用发展能力内涵。奥斯汀的经典言语行为理论将话语所产生的取效行为归于因果理论[①]，这必然会忽视说话

[①] 奥斯汀指出："说话人在说了些什么之后，通常还可能对受话人、说话人或其他人的情感、思想和行为产生一定的影响。"参见［英］奥斯汀《如何以言行事》，张洪芹译，知识产权出版社2012年版，第90页。再者，奥斯汀表示"说些什么在他者身上产生效果，或引起某事发生，这种因果本质上不同于通过施加外力所产生的物理性因果，其需借助语言规约手段予以实施，其实是一人对另一人施加的影响"（Austin, J. L., *How to Do Things with Words*, Beijing: Foreign Language Teaching and Research Press, 2002, pp. F34 - 113）。上述引语可概括为如下四个维度：说话人→言说内容→受话人→效果。因此，我们说奥斯汀走入了"行为"="效果"的误区。实质上判断说话人是否实施了取效行为，还需考虑其交际动机或交际目的（意向）。因为取效行为是说话人所为，而效果则产生在受话人一方，根据效果判断取效行为，实际上是依据受话人的反应来界定说话人的行为（见顾曰国《奥斯汀的言语行为理论：诠释与批判》，《外语教学与研究》1989年第1期）。

人的交际目的以及受话人的角色作用。因此，本书摒弃传统取效行为研究之不足，将儿童与受话人之间同构、感知和理解话语意义的能力作为儿童语用发展能力的标准，弥补从受话人单方面评价的主观性和片面性。

第三，探究取效行为的目的和效果之间的动态关系，丰富并延伸言语行为理论。关于取效行为研究，多数学者集中于行为的效果层面，而对于目的和效果之间的区别尚未展开系统研究。本书将基于儿童日常语言运用特点、使用词语表达意义情况、与受话人共建话语意义方式，解读目的和效果之间的关系。

第四，根据取效行为中目的和效果之间的互动关系，提出行之有效的学龄前儿童语用发展取效行为理论框架的设想。本书将重新阐释取效行为内涵，并基于儿童语用发展相关理论对取效行为进行再思考，进而阐释儿童语用发展理论框架。此外，通过本书所收集到的儿童语料，验证该框架的有效性。

鉴于上述研究目的，本书的基本思路是重新梳理取效行为内涵，为学龄前儿童语用发展取效行为框架的解释做好理论准备，从而客观揭示学龄前儿童语用发展特点。首先，梳理取效行为内涵；其次，解读取效行为的目的和效果之间的相关性，并在此基础上提出儿童语用发展理论框架的设想，通过具体语料对该框架加以验证。本书是在丰富并延伸取效行为内涵的基础上开展我国儿童语用发展的本土化研究。

围绕上述基本书思路，本书主要涵盖如下内容。

第一，重新审视取效行为。实际上，取效行为研究的是说话人（儿童）为实现某种交际目的对受话人的心智状态或行为方式产生的影响，而对于受话人而言，其在"此时此景"状态下能否正确解读出儿童的言语和非言语意图是取效行为能否得以产生的关键，两者缺一不可。由此可推知，取效行为代表了行为的普遍特征，展现了言语行为的目的和交际效果。

第二，探求取效行为的目的和效果之间的互动关系。在梳理儿童语用发展相关理论的基础上,析取出取效行为的知识观、语言观以及行为观。因此认为,取效行为的目的得以成功实现的方式离不开知识、语言、行为。再者,取效行为的效果可以是不可预料的、可预料的以及探试的。鉴于知识与不可预料效果、语言与可预料效果以及行为与探试效果之间的关系,分析儿童通过语言以及非语言(知识、行为)方式所产生的交际目的和超级目的[①][②]。

第三,提出儿童语用发展取效行为理论框架的设想。考虑到取效行为的目的和效果之间的关系,以及取效行为中知识的隐性取效过程、语言的显性取效过程和行为的受动取效过程,可以通过记忆中的假设和假设图式感知儿童运用知识的目的和超级目的,通过语言层面感知儿童话语,并对其字面意义进行解码,把握儿童语言的目的和超级目的,通过调动人类演绎机制对儿童的行为目的和超级目的进行解读。

第四,收集儿童语料验证理论框架。收集不同情境中、不同年龄段学龄前儿童的语用交流行为、会话能力和叙事能力等语用发展语料,并针对儿童上述语用发展指标进行比较探讨,来验证理论框架的有效性,以便明晰儿童语用发展过程的复杂性。

三 研究方法与研究意义

本书以语料库与实证相结合的研究方法为主,具体采用如下研究方法:

第一,文献研究法:通过研读大量国内外儿童语用发展、儿童

[①] 目的意指说话人实施言语行为的表层手段;超级目的指的是间接言语行为,即通过实施另一种言语行为来完成某一种言语行为从而达到真正的交际目的,儿童话语多数都具有超级目的。见程璐璐、尚晓明:《学前儿童语用交流行为的发展特点与取效行为理论》,《学前教育研究》2017年第3期。

[②] Searle, J. R., "A taxonomy of illocutionary acts", in K. Gunderson, eds. *Language, Mind and Knowledge: Minnesota Studies in the Philosophy of Science*, Vol. 7, Minneapolis: University of Minnesota Press, 1975, pp. 26, 60.

发展心理学、儿童认知发展等方面的有关文献,把握研究者如何运用相关理论、研究方法解决儿童在知识、语言、行为及其交互关系层面遇到的实际问题。本书中,交互关系是指儿童调用知识+语言、知识+行为、语言+行为、知识+语言+行为的交际方式(下同)。此外,在总结言语行为理论中取效行为研究的基础上,重新解读取效行为,并基于该视角解析儿童语用发展的阶段性特征。

第二,溯因法:作为人类认知和产生新观念的重要基础(沈家煊,2001:F25)以及当今语言学研究的重要认知手段和方法(韩晓方,2009:95),溯因法可帮助研究者从观察到的儿童语言运用实际情况出发,从知识、语言和行为及其交互关系视角对儿童语用现象加以假设和判断;基于取效行为的目的和效果之间的关系,提出学龄前儿童语用发展取效行为理论框架的设想;在儿童语言实践中验证该框架与语言现象的合理性,以便揭示出语言的本质属性和语言发生的生物基础,并证明儿童心智的创造和选择过程。

第三,儿童语料库研究法:参照 CHILDES[①],将收集到的儿童语用发展语料建设成符合国际标准的语料库。利用 CHILDES 中的 CHAT[②] 转译语料,以及 INCA - A 编码系统[③]并结合自定义编码方式编码儿童的语用交流行为、会话能力、语篇能力[④]。再者,通过

[①] CHILDES(Child Language Data Exchange System)即国际儿童语言研究数据交换系统。

[②] CHAT(Codes for the Human Analysis of Transcripts)即人工录写文本分析赋码系统(见王立非、刘斌《国际儿童口语语料库录写系统的赋码原则初探》,《解放军外国语学院学报》2003 年第 1 期)。

[③] INCA - A 编码系统是尼诺(Ninio)等人根据尼诺和惠勒(Wheeler)所研制的编码系统简缩改编而成的。INCA - A 编码系统可对面对面的交互行为,如对话语层面和社会交互层面的交际意图进行编码(见 Ninio, A., C. E. Snow, *Pragmatic Development*, Bouldwe, CO: Westview Press, 1996, pp. 9 - 47。程璐璐、尚晓明:《学前儿童语用交流行为的发展特点与取效行为理论》,《学前教育研究》2017 年第 3 期)。

[④] 其中儿童的叙事能力是儿童语篇能力研究中最广泛的一种。

CLAN[①]分析软件分析儿童言语和非言语行为。凭借语料库技术优势获取相关数据并予以编码，总结儿童语用发展方面的表现特征。

第四，定量和定性相结合的研究法：按分阶段抽样的方式（整群抽样和分层抽样）对半结构情境下儿童与受话人之间的会话情况以及儿童语篇运用情况进行定量研究。此外，采用观察法并借助录像方式观察并记录儿童日常言语和非言语行为，每名儿童在不同情境下每次录制视频时长为10—15分钟。主要录制儿童与家庭成员、儿童与幼儿教师、儿童与研究者、儿童与同伴的言语和非言语互动情况以及儿童叙述语料，以便考察不同年龄段、不同情境下学龄前儿童在知识、语言和行为及其交互关系层面的语用指标，并对上述儿童的语用特点进行定性研究，旨在与定量研究结果相互验证。

本书对于言语行为理论的丰富和延伸以及语用发展能力的阐释具有重要的理论意义，具体表现为以下几方面。

第一，有助于明晰取效行为：在明晰取效行为不等于取效效果的基础上，在儿童话语意义的框架之内阐释取效行为，重视说话人（儿童）以及受话人（看护人、教师、同伴或研究者）的角色作用。在确保可以正确解读出儿童话语目的的前提下，重点关注儿童的交际目的以及儿童实现其交际效果的方式。基于皮亚杰的认知发展理论、韩礼德的宏观功能和维果茨基的社会文化理论，从知识观视角解读取效行为；基于维特根斯坦的语言游戏说、韩礼德的微观功能、交际与认知视角下的关联理论，从语言观视角阐释取效行为；基于哈贝马斯交往行为理论和符号互动论，从行为观视角诠释取效行为。这样，便可从全新视角定义取效行为，延伸奥斯汀的"以言取效"。

第二，有利于深化儿童语用发展能力内涵：掌握取效行为是在话语之内研究言语意图这一理念之后，重新审视儿童语用发展能力，即将儿童和受话人通过交际过程中的信息反馈、互动过程（对言语

---

① CLAN（Computerized Language Analysis）即计算机语言分析软件，部分程序可自动分析儿童语料。

和非言语行为的建构、感知和解读）以及完成社会交际的效果作为评价儿童语用发展能力的标准。

第三，有益于丰富儿童语用发展研究内容：儿童语用发展研究栖身于儿童语言习得相关研究。诚然，儿童语用发展研究应扎根于对儿童在实际语言运用中的观察。这表明，儿童语用发展研究建立在实证研究基础之上，全面调查儿童的语用交流行为、会话能力和语篇能力的发展情况，这就为系统揭示儿童语用发展状况提供了客观依据。

第四，有便于应用国外理论开展本土化研究：我国传统语言学研究一直重语料考证，轻理论建构，尽管近年来有所变化，但是并没有发生根本性改变。因此，如何推动国外语言学理论的本土化研究是我国语言学研究者需要迫切解决的关键问题（李洪儒，2013：1）。具体而言，国内研究者可以在验证、修正或发展国外相关理论的基础上解决儿童语言研究过程中遇到的实际问题。

与此同时，本书具有如下实践意义。

第一，有助于为儿童语用发展和教育提供支持：基于本书成果，教师和家长可针对儿童知识、语言和行为方面分阶段或同步式对其语用发展能力进行培养，旨在全面提高儿童的语用发展水平。

第二，有益于为与国际儿童语言研究合作提供桥梁：语料研究可实现与国际儿童语言研究数据交换系统的有机互补。此外，儿童语用发展语料作为独立运行的儿童计算机语言分析系统，可为国内外儿童语言研究者进行有关学龄前儿童语用发展的教科研究提供持续语料，以便加快儿童语用研究与国际接轨的步伐。

第三，有利于为语用障碍与矫正研究提供新思路：研究成果对制定语用障碍儿童的评估标准提供借鉴。这样便可对语用障碍儿童的言语和非言语行为特征进行发展性评估。此外，该研究成果可为儿童的语用发展缺陷诊断与矫正，以及对特殊儿童进行教育提供有力工具和有益参考，有助于对语用障碍问题的深入研究。

第四，有便于为开发儿童教育资源提供参考：研究成果可为儿童教育资源开发者提供教育资源的有效开发方式和主题内容的恰当选择方法；可按照儿童认知发展规律开发进阶式读物；还可充分利用多媒体技术的优势，为儿童提供立体化的主题模式，使儿童在与教育资源的互动中获得相关认知经验，提高语言表达能力和行为交往技能，不断发展语言运用能力。

第五，有助于揭示人类语言的习得机制：儿童语言习得过程中的"柏拉图问题"[①]一直困扰着语言学家。因此，对语言起源的生物属性问题还需要进行长期探索。实际上，研究成果所折射出的儿童语言官能的进化起源问题是从生物学视角揭示出语言行为的本质这一客观事实。语言学与生物学、遗传学以及神经科学的结合对于解释语言的生物机制以及探讨语言对人类进化所产生的作用具有重要价值。

四 全书结构

绪论部分是对本书的概述。首先，概述本书的问题缘起；其次，通过阐释研究目的与内容，进而阐述本书的研究方法与研究意义。

全书的主体部分共分为五章（整体构思见图0-1），各章节标题和主要内容概括如下：

第一章"儿童语用发展相关研究综述"：介绍发展语用学内涵，并针对儿童语用发展进行概述，同时对国内外儿童语用发展研究动态进行回顾性综述。此外，对儿童语用发展能力进行综观。

第二章"儿童语用发展的相关理论研究"：从言语行为理论的创立阶段到言语行为理论的完善过程进行系统化分析，进而延伸到取效行为，指出应重新审视取效行为。在总结前人关于取效行为研究的基础上，深入剖析取效行为的内涵，认为取效行为指的是说话人

[①] 语言习得过程中的"柏拉图"问题即乔姆斯基的"刺激贫乏"问题，主要探索儿童在接触到有限的语言经验内容的基础上，如何产出丰富的母语知识。详见陈文荣：《生物语言学视角下的语言官能——乔姆斯基语言习得假设之一的论证》，《福建师范大学学报（哲学社会科学版）》2015年第1期。

和受话人共同而为，实则反映了目的和效果之间的相互关系的行为。与此同时，在总结皮亚杰的认知发展理论、韩礼德的宏观功能、维果茨基的社会文化理论的基础上，从知识观视角解读取效行为；在梳理维特根斯坦的语言游戏说、韩礼德的微观功能、交际与认知视角下的关联理论的基础上，从语言观视角阐释取效行为；在回顾哈贝马斯交往行为理论和符号互动论的基础上，从行为观视角诠释取效行为。

第三章"学龄前儿童语用发展取效行为理论框架的设想"：从学龄前儿童语用发展取效行为理论的目的说出发，阐明知识、语言和行为的目的和超级目的的内涵；根据学龄前儿童语用发展取效行为理论的效果说，指明知识的不可预料效果、语言的可预料效果以及行为的探试效果所指，并依据上述核心概念，呈现学龄前儿童语用发展取效行为的目的和效果之间的关系，细化知识（目的、超级目的）和不可预料效果之间的关系、语言（目的、超级目的）和可预料效果之间的关系、行为（目的、超级目的）和探试效果之间的关系，以及指出取效行为中效果与取效行为实施过程之间的相关性，即知识的不可预料效果与隐性取效过程、语言的可预料效果与显性取效过程、行为的探试效果与受动取效过程之间的相关性。在剖析取效行为各要素之间的关联性之后，提出学龄前儿童语用发展取效行为理论框架的设想。

第四章"学龄前儿童语用发展取效行为研究的设计与分析"：做好学龄前儿童语用发展取效行为研究的前期准备，将语料来源和收集标准阐释清楚。此外，阐明语用发展分析工具和分析程序。在确保研究信度可靠的情况下，调查不同情境下（家庭互动情境，师生及同伴互动情境和陌生互动情境）以及不同年龄段（低龄组、中龄组和高龄组）学龄前儿童语用发展特点并加以分析，进一步调查上述维度下的学龄前儿童语用交流行为[①]、会话能力、语篇能力等情况。

---

① 语用交流行为水平与儿童会话能力合并编码，详见附录。

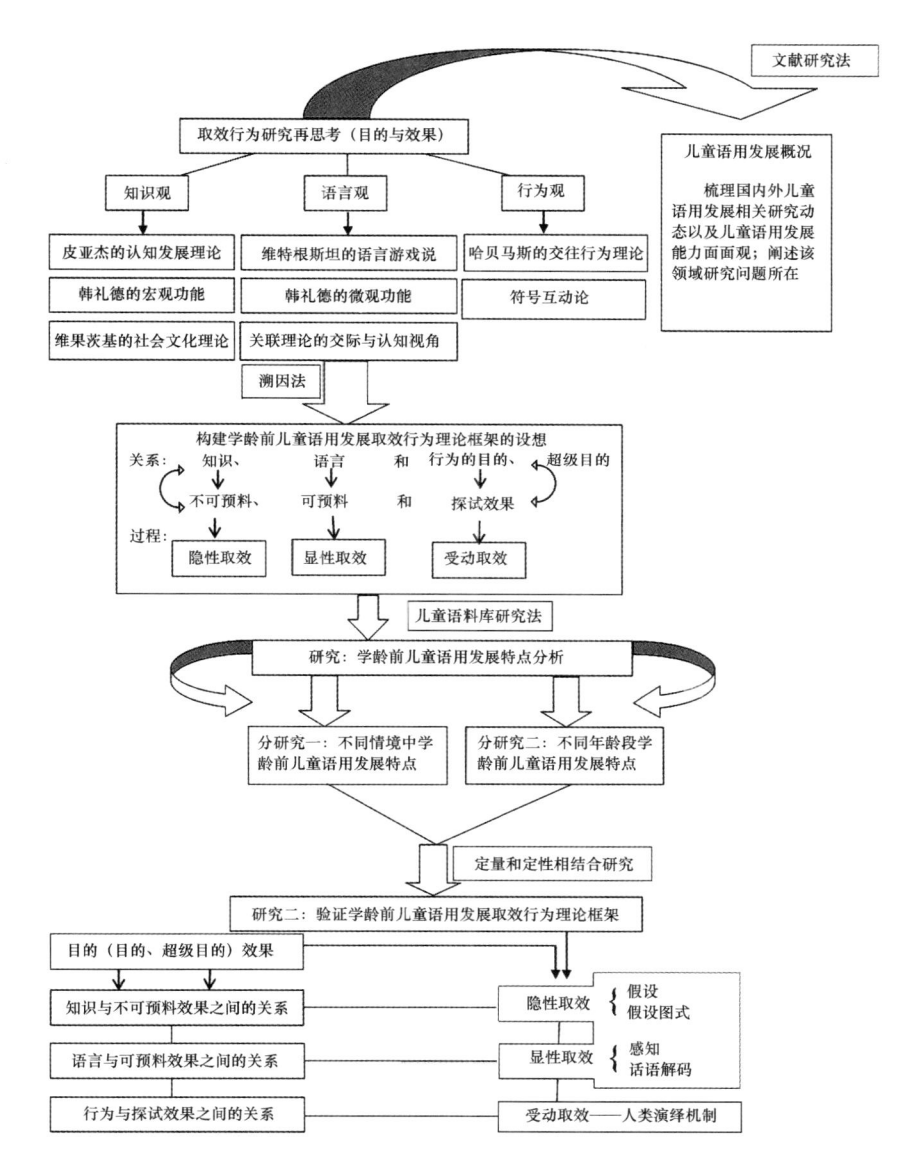

图 0-1 学龄前儿童语用发展的取效行为研究整体构思

具体而言，调查可反映出儿童在会话发起、会话维持、会话修补以及会话修补回应阶段的能力，以及在叙述结构、叙述顺序、叙述观点层面体现出的语篇能力。

第五章"学龄前儿童语用发展取效行为理论框架的验证"：从取效行为角度解释学龄前儿童语用发展特点，通过上述收集到的不同情境下、不同年龄段儿童语用发展的具体语料，验证学龄前儿童语用发展取效行为理论框架，并证明儿童所调用的知识在隐性取效过程中的目的和超级目的与不可预料效果之间的关系；语言在显性取效过程中的目的和超级目的与可预料效果之间的关系；行为在受动取效过程中的目的和超级目的与探试效果之间的关系。

第 一 章

儿童语用发展相关研究现状综述

在儿童语言发展初期,语用系统占有重要地位。语用技能也是全面反映儿童语言系统发展全过程的一个重要指标,这一点是语言学界达成的共识。而儿童实际语言运用能力,包括其交际意图的表达、参与会话互动的方式以及扩展性话语的生成等方面,可体现儿童的整体语言水平。本书从发展语用学视角出发,重点关注儿童语用发展研究。因为发展语用学主要是探讨儿童语用发展状况的一门学科,其聚焦于分析儿童的言语和非言语意向性,并从整体上把握儿童交际行为本身的发展特点。本章的相关研究现状综述集中于儿童语用发展概观,以期整体把握国内外儿童语用发展相关研究成果,同时为本书所设想的取效行为理论框架指出落脚点所在。

第一节 儿童语用发展概观

本节首先概述发展语用学内涵以及研究进展,旨在为深入解读儿童语用发展能力做好铺垫。

一 发展语用学(儿童语用发展)起源

语用学是对语言现象的一种功能阐释,是研究动态言语意义的学科，其研究定位自然会与语言本身、现实世界以及人类自身相关联，凸显语用学研究所展现的强大生命力。随着语用学研究的蓬勃发展，目前我们将语用学研究转向了它与语言学本体学科的界面研究以及与边缘学科的交叉研究，这样的研究不但使语用学本身发展壮大，也推动了其他学科的发展，形成了以语用学研究为核心，各学科相互支撑、齐头并进的局面。例如，语用学与句法学的结合形成语用句法学，重点从语用学视角研究语用因素对句法结构的选择、调控和制约作用[1]；语用学与语音学的界面研究则称为语音语用学，可通过语音手段改变词语或话语的语用意义，揭示语音与语境、审美及语法之间的关系[2]；语用学与认知科学的结合产生认知语用学，它通过心智过程阐释言语的运作机制，从而揭示人类的认知特点、过程以及规律[3]；语用学与临床医学的结合形成临床语用学，为临床研究者从动态视角挖掘交际能力以及交际无能提供了理论框架[4]；语用学与历史语言学的结合形成历史语用学，它是以语用学的基本理论为基础，以历时语篇为载体剖析语言功能、意义和形式之间的相互依存与制约的关系，并阐释语用的历时演变过程[5][6]；语用学与跨文化交际的结合形成跨文化语用学，其注重言语行为的跨文化特征比较，旨在呈现跨文化语境中的语用现象；语用学与社会语言学则结合为社会语用学，强调语言使用者的社会属性及其作用对于意义

---

[1] 张克定：《语用句法学论纲》，《外语与外语教学》2000年第10期。

[2] 杨元刚：《试析语音的语用功能》，《湖北大学学报（哲学社会科学版）》2001年第5期。

[3] 徐盛桓：《认知语用学研究论纲》，《外语教学》2007年第3期。

[4] 冉永平：《〈临床语用学：揭示交际失误的复杂性〉评介》，《外国语（上海外国语大学学报）》2000年第1期。

[5] 钟茜韵、陈新仁：《历史语用学研究方法：问题与出路》，《外语教学理论与实践》2014年第2期。

[6] Traugott, E., "Historical pragmatics", in R. Lawrence, W. Gregory, eds., *The Handbook of Pragmatics*, Oxford: Blackwell, 2004, p. 538.

的产生和理解所带来的影响①；将实验心理学等相关学科的实验法引入语用学研究，旨在通过实验方法揭示人类语言意义的认知机制，从而发展成为实验语用学；而对比语用学是将不同文化、不同语言或同一语言的不同语言结构单位进行比较研究②；将认知科学、社会学与语用学结合形成交叉文化语用学，可从多元文化和在多语环境下探讨具有不同母语背景的交际者如何运用同一种语言进行交际；等等③。而本书重点关注语用学与儿童语言习得的交叉研究——发展语用学或儿童语用发展。

发展语用学这一新兴学科的建立，源于美国语言学家 Ochs 和 Schieffelin 在 1979 年合作编写的关于儿童语用习得方面的论文集《发展语用学》（*Developmental Pragmatics*）。该书主要收录如下方面的研究成果：在习得语言的过程中，儿童如何使用语言并了解正确的语言结构知识；关注儿童在语言习得的不同阶段所展示出的语言情景知识；观察儿童对受话人的百科知识、情景以及事件的敏感度；探索儿童语言的基本使用情况，如指称、断言、请求、疑问、否认、拒绝以及质疑性话语的运用；调查儿童融入当前话题的能力，即儿童进行话轮转换、把控话题方向的能力；看护者在儿童语用习得过程中的角色作用，如看护者被描述成儿童语用习得的帮助者抑或强加语用意图于儿童特定话语之上的施加者。④ 此外，该论文集还收录了发展语用学与各领域的交叉研究成果：认知心理学家关注儿童世界知识（包括语境知识）的积累程度，因为其可预知并构成儿童语言的实际运用情况。社会心理学家集中于研究儿童对自我以及会话

---

① Turner, K.、陈雪芬：《新格赖斯理论与社会语用学》，《当代语言学》2004 年第 3 期。

② 尚晓明、张春隆：《语用·文体·文化》，黑龙江人民出版社 2002 年版，第 36 页。

③ 陈倩：《〈交叉文化语用学〉评介》，《现代外语》2014 年第 10 期。

④ Ochs, E., B. Schieffelin, *Developmental Pragmatics*, New York: Academic Press, 1979, p. xiii.

同伴的社会地位的敏感性。事实上，该研究强调了儿童语用发展能力与其社会能力同步发展。因此，儿童语用发展研究应从社会文化视角解读儿童建构语言的能力。①

二 发展语用学（儿童语用发展）内涵

儿童语用发展方面的研究散见于语言习得研究之中。然而，Ninio 和 Snow 的力著《语用发展》（*Pragmatic Development*）的问世标志着发展语用学走向了全面而系统的研究阶段。其内容主要着眼于三个方面：一是探索制约儿童语用交流行为的规则；二是挖掘儿童会话技能的提高过程；三是剖析拓展性话语和特殊型话语能力的生成过程。作为儿童语用发展能力的全部过程，它们是不可分割的整体，因为儿童与他人进行会话互动的过程也是习得规约性言语和非言语行为的过程。而提高儿童会话技能需要不断习得复杂多样的言语和非言语行为，如习得询问以及回应问题的方式。此外，儿童自发形成的扩展性话语技能与其在会话互动过程中与他人合作生成扩展性话语有着必然联系。因为在此过程中，儿童直接参与话题讨论并实施言语和非言语行为，从而不断获得语篇能力。这样，儿童便可深入解读说话人的言语和非言语意图和内心需求，实施恰当、有效的言语和非言语行为。② 可以说，他们不仅在诸多方面关注儿童习得言语和非言语行为，也重点关注儿童在交际中不断增长的恰当、有效运用言语和非言语方式的语用技能。鉴于此，儿童语用技能的发展是一个社会化的过程，即儿童可以借助语言、行为等不断积累语用知识，并帮助他们达到成功交际的目的。③

---

① Ochs, E., B. Schieffelin, *Developmental Pragmatics*, New York: Academic Press, 1979, p. xiv.

② 程璐璐、尚晓明：《儿童语用发展取效行为的语力探讨——以认知语言学为视角》，《学术交流》2017 年第 5 期。

③ Ninio, A., C. E. Snow, *Pragmatic Development*, Bouldwe, CO: Westview Press, 1996, p. 12.

通过梳理发展语用学这一学科的兴起过程发现，发展语用学作为语用学和儿童语言习得之间的边缘学科主要研究儿童对语言规约性知识、社会知识的敏感程度，以及这种敏感程度如何作用于儿童言语和非言语交际知识，从而共同产生交际话语；研究儿童交际中话轮交替何时以及如何产生，其对儿童习得词素、句法结构的影响程度；研究儿童在话语交际知识形成过程中，如何实施"陈述""请求""否证""询问""感谢""问候"等言语行为。可以说，儿童语言对于发展语用学研究颇有价值，因为通过观察自然或半自然条件下儿童的自发性话语，可以了解儿童在运用语言的过程中如何运用、发展并填充背景知识。这主要体现在如下几个方面：首先，儿童对受话人的敏感性逐渐增强，主要表现为儿童逐渐由自我中心向社会化过渡。其次，儿童在交际过程中从仅依赖于情境语境转变为更多依赖于非情境知识。再者，随着儿童规约性知识的积累，儿童可以实施某些社会言语和非言语行为。这些规约性知识不仅包括实施言语和非言语行为的结构知识，还包括言语和非言语行为恰当使用的条件，如对话语双方的需求、信念以及社会地位的把握，对时空的认知等。[1][2] 这样，儿童在学习语言的过程中也习得了如何适应发展的微环境从而进行文化实践。[3] 儿童深知社会地位与某种权利和社会职责是不可分割的，他们会根据上述权利和职责调整自己的话语或行为方式，生成恰当的言语或行为。[4][5] 可以看出，儿童语言

---

[1] Austin, J. L., *How to Do Things with Words*, Beijing: Foreign Language Teaching and Research Press, 2002, p. 39.

[2] Searle, J. R., *Speech Acts: An Essay in the Philosophy of Language*, Cambridge: Cambridge University Press, 1969, p. 23.

[3] Damon, W., R. M. Lerner:《儿童心理学手册》第 2 卷（下）《认知、知觉和语言》，林崇德、李其维、董奇中文版总主持，华东师范大学出版社 2009 年版，第 747 页。

[4] Ochs, E., B. Schieffelin, *Developmental Pragmatics*, New York: Academic Press, 1979, pp. 11–13.

[5] 尚晓明、张春隆：《语用·文体·文化》，黑龙江人民出版社 2002 年版，第 38 页。

对发展语用学的贡献体现在五个方面：一是提供跨学科研究的基础。语言学家、心理语言学家、人类学家以及社会学家可依据类似研究方法获取儿童的语言等素材，特别是在自然或半自然情境下自发的语言运用情况。二是提供扎根于实证观察的方法论。三是提供观察儿童对语境敏感性的机会。四是提供观察儿童从利用语境知识到形成句法结构的过程。五是为观察儿童在语言运用中如何使背景知识社会化提供机会，如观察儿童与看护者之间的交往互动及看护者的角色作用等。[1] 与此同时，发展语用学还强调语境在儿童语用发展过程中的重要意义，它是建构话语意义的基础。在言语和非言语交际中，语境形成了儿童与成人交际的重要组成部分，通过语言情境和非语言情境、情形的和超越情形的、现实的和社会的[2][3]，儿童可以确定出言语交际的时间、地点、场合以及交际对象的身份与相互关系等。根据上述情境，儿童对交往策略可做出相应调整。

鉴于此，儿童语用发展是指儿童习得和运用适当的言语和非言语形式表达自我的言语或非言语意图或在一定的语境中实现自我交流目的的方式。[4] 通过语用视角观察儿童在社会情境中语言或行为的使用情况，可以深入了解儿童交际能力的发展过程，这也是合理解释儿童语言、行为及社会知识等不断积累的可靠依据。

三 儿童语用发展能力综观

儿童的心理能力似乎在诸多方面都相对有限，但他们却可以在短短的三四年内掌握极其复杂的语言结构知识。此外，每个儿童接

---

[1] Ochs, E., B. Schieffelin, *Developmental Pragmatics*, New York: Academic Press, 1979, p. 6.

[2] 冉永平：《语用学：现象与分析》，北京大学出版社2006年版，第12—15页。

[3] 尚晓明、张春隆：《语用·文体·文化》，黑龙江人民出版社2002年版，第39页。

[4] 尚晓明：《言语行为理论与实践——以中英学龄前儿童语用发展语料为例》，《外语学刊》2013年第2期。

触到的是不同的语言素材，父母或看护人也很少或几乎没有对儿童进行过专门训练，他们却可以在短时间内获得相似的语用发展能力，① 这不得不使我们思考儿童是如何获得语用发展能力这一长期未解决的问题。当然，儿童语用发展能力的习得离不开先天、环境以及认知因素，可能只有这三种因素共同作用，才能对儿童语用发展能力作出科学合理的解释。鉴于此，在探索儿童语用发展能力习得的过程中，研究者认识到儿童语用发展遵循着某些共性规律，但是由于个体差异，儿童语用发展能力又具有其独特之处。

儿童语用发展能力是儿童在与他人进行交往中逐渐发展起来的语用能力，主要表现为儿童使用恰当的言语和非言语方式表达自我交往意图，运用恰当的交往策略与他人进行交流，并根据具体的语言使用情境选择恰当的言语和非言语方式表达自我观点（Ninio & Snow，1996：11）。事实上，早在20世纪20年代，皮亚杰就提出了关于儿童语用发展能力的相关理论，并通过临床法形成了"自我中心言语理论"。该理论认为儿童在早期阶段不具有主动交往的意向及根据语境随时对交际策略进行调整的能力。然而，之后的研究者通过实验证明了处于早期阶段的儿童也具有表达交际意向的能力（Bower，1966；Mendelson & Haith，1976；Meltzoff & Moore，1977），甚至发现在他们开口说话之前就可以发出具有交际意向的信号，并使用体态语与受话人进行交际，识解社会符号及行为所具有的语境意义等（Ninio & Snow，1996；李宇明，2004）。基于此，目前国外研究者主要从语用交流行为（Bates，1976；Bates, Camaioni & Volterra，1975；Bruner，1983；Carpenter, Mastergeorge & Coggins，1983；Carter，1979；Dale，1980；Dore，1975，1978；Garvey，1975；Greenfield & Smith，1976；Halliday，1975；Lock，1980；Nelson，1985；

---

① Slobin, D. I, *Psycholinguistics*, Glenview, IL: Scott, Foresman, 1971, p. 41. 又见[美]D. W. 卡罗尔《语言心理学（第四版）》，缪小春等译，华东师范大学出版社2007年版，第313页。

Ninio，1992；Wells，1985；Schulze & Tomasello，2015；Bosco et al.，2018）、会话技能（Bruner，1983；Dorval，Eckerman & Ervin-Tripp，1984；Forrester，1992；Kaye & Charney，1980；Lieven，1978b；Snow，1977；Sourn-Bissaoui et al.，2012；Ehrlic，2017）和语篇能力（Bates，1976；De Villiers & Tager-Flusberg，1975；Dehart & Maratsos，1984；Greenfield & Smith，1976；Hicks，1990；Maratsos，1973；Lindgren & Vogels，2018）方面对儿童语用发展能力进行界定。

语用交流行为的考察主要是从言语倾向类型以及言语行动类型两个方面来进行。就言语倾向而言，主要指儿童借助讨论、引导、商议、关注、自言自语、背诵、伴随活动发声、标号等方式，即调用语言和知识表达他们的交际意向。就言语行动而言，主要指儿童借助指令、宣告、标记、陈述、诱导、承诺、提问、执行、评价、澄清、修正等言语和非言语行为，即调用语言和行为来表达交际意向。

对于会话能力，主要从儿童与受话人之间的沟通能力方面展开，体现在会话发起、会话维持、会话修补以及会话修补回应等阶段。就会话发起而言，儿童在早期阶段就可以通过目光接触、模仿受话人等行为方式发起会话（Eckerman，Whatley & McGehee，1979；Ninio & Snow，1996）。随着年龄的增长，儿童可以借助语言与看护人进行交流（Keenan & Schieffelin，1976），或借助知识在游戏中向同伴发起会话（Ervin-Tripp，1979）。对于会话维持来讲，儿童在没有成年人的帮助下较难维持某一话题。因此，其主要是通过动作、表情等行为方式进行会话维持（Corsaro，1979）或使用某些语言策略及社会文化知识来维持某一话题（Benoit，1982；Ninio & Snow，1996）。而在会话修补以及修补回应阶段，较小儿童可通过行为请求受话人进行会话修补与修补回应（杨晓岚，2009）。而对于稍微大些的儿童，其可以运用语言或知识等形式请求受话人进行澄清并对修补进行回应（Pan，Imbens-Bailey et al.，1996；Konefal & Fokes，1984；Aviezer，2003）。但是学龄前儿童发起会话修补请求以及对会话修补进行回应的现象较少。

关于语篇能力，主要考察儿童借助文化知识结构进行续编故事（Berman & Slobin, 1994; Wolf, Moreton & Camp, 1994）以及借助连贯、省略、衔接等语言手段或面部表情、模仿、手势指示或位置移动等行为方式进行故事/事件叙述的情况（Guttierrez-Clellan & Ma-Grath, 1991; Guttierrez-Clellan & Heinrichs-Ramos, 1993; Wong & So, 2018）。

综上，儿童语用发展过程可揭示儿童如何获得多维的（会话能力、语篇能力）语用发展能力，这包括：合理运用相关知识进行礼貌表达能力，即知识能力；会话参与与组织能力、特定体裁语篇生成能力以及指示能力，即语言能力；理解并生成非言语行为能力，即行为能力。[1] 因此，本书认为，儿童语用发展能力指的是随着儿童的生长发育，其调用知识、语言和行为及其交互关系传递交际目的和超级目的的能力。

第二节　发展语用学的国外研究综述

儿童语用发展是伴随儿童语言的发展而产生并逐渐完善的。儿童早期之所以能够获得语言学习的机会，与他们和成人交往中表现出的积极语用倾向是分不开的。20世纪初期，国外学者开始转向儿童语用发展能力研究。进入21世纪，随着研究方法的不断拓展深入，儿童语用发展研究逐渐被国外语言学家、教育学家和心理学家所重视。

目前，国外儿童语用发展研究主要集中于如下方面：语用交流行为的出现和发展、会话能力的发展、儿童对扩展性话语类型（如

---

[1] Kasper, G., K. R. Rose, *Pragmatic Development in a Second Language*, Oxford: Blackwell, 2002, p.31.

叙事话语、阐释性话语和定义性话语）的习得以及社会因素敏感性等。

一　国外语用交流行为研究①

在儿童语用发展研究中，作为核心类型的语用交流行为又称言语行为或交际能力，聚集说话人通过语言来传递交往意图。语用交流行为包括儿童语言表达能力的发展以及在前语言阶段所出现的声音、手势等表达意图的行为②。具体而言，儿童语用交流行为是研究儿童两个方面的言语能力，包括扩展表达交流信息类型，以及与日俱增的且能够有效适宜地表明交流意图。可以说，儿童语用交流行为作为最基本的语用现象，较早出现在儿童的语用行为中，这对儿童语言的发展意义非凡，其有助于儿童词汇、语法的发展，揭示儿童的社会理解力和认知程度③④。儿童在与他人的互动中形成具有自身特色的语用交流行为，这是正确认识儿童社会化的有力佐证，可揭示出儿童社会化的心理过程。

自20世纪70年代中期起，语用交流行为研究就备受国外学者关注。如研究者发现，研究儿童语用交流行为的最主要问题是缺少统一的语用发展测量标准⑤，因此许多学者从不同研究视角（如话语层面的语力、认知）制定不同的分类标准，编码儿童语用习得过程（Greenfield & Smith, 1976; Tough, 2012; MacShane, 2010;

---

① 本部分内容已发表，参见程璐璐、尚晓明《学前儿童语用交流行为的发展特点与取效行为理论》，《学前教育研究》2017年第3期。
② Ninio, A., C. E. Snow, *Pragmatic Development*, Bouldwe, CO: Westview Press, 1996, p. 47.
③ Ninio, A., C. E. Snow, *Pragmatic Development*, Bouldwe, CO: Westview Press, 1996, p. 9.
④ 陈新仁：《国外儿童语用发展研究述评》，《外语与外语教学》2000年第12期。
⑤ Ninio, A., C. E. Snow, *Pragmatic Development*, Bouldwe, CO: Westview Press, 1996, p. 31.

Bates, Camaioni & Volterra, 1975; Garvey, 1975)。此外, 还有学者调查自闭症谱系障碍儿童潜在的语用交流行为特征, 以及儿童非言语交际意图的发展情况 (Sigafoos, Woodyatt et al., 2000; Shumway & Wetherby, 2009; Kamps, Thiemann-Bourque, Heitzman-Powell et al., 2015; Braddock et al., 2016; Moore, Mueller & Kaminski, 2015)。正因研究结果不具有可比性, 所以全面考察并证实研究结论的可靠性变得举步维艰①。尽管如此, 研究者最终在如下方面达成共识: 作为社会互动群体的儿童, 需要习得如何正确解读他人的言语意图, 并通过语言来规划社会行为, 使该行为被受话人所理解。上述诸多研究表明, 前语言阶段的幼儿可通过伴随发声等行为 (如凝视、指向、给予等) 和手势传递交际意图; 处于早期语言发展阶段的儿童, 可逐渐掌握交往意图的原则, 以及潜藏在早期语言形成过程中的特定社会—认知概念。此外, 不同教育背景的看护人在与儿童互动时常使用不同的语用交流行为 (Bates, Camaioni & Volterra, 1975; Greenfield & Smith, 1976; Tough, 2012; MacShane, 2010; Ninio & Snow, 1996; Schulze & Tomasello, 2015)。从研究手段来看, 目前国外部分研究是基于"语用交流行为目录 (简要版)" (INCA-A 编码系统) 展开的 (Ninio & Snow, 1996), 这就为从不同角度研究儿童语用交流行为奠定了基础。该系统从三个方面对语用交流行为进行分析: 一是言语倾向, 即说话人通过某种特定方式传递交际意图; 二是言语行动, 即说话人通过何种言语形式传递自己的交际意图; 三是言语灵活度, 即说话人通过不同的言语行动方式表达不同言语倾向的灵活度。就研究方法而言, 国外相当一部分研究是基于实证研究语料, 这就为 CHILDES 的建设奠定了方法论基础。截至目前, 国外基于 CHILDES 数据所撰写的文章已有 3104 篇, 研究领域涵盖语法发

---

① Rollins, P. R., A Case Study of the Development of Language and Communicative Skills for Six Children with Autism, Unpublished Ph. D. dissertation, Harvard University Graduate School of Education, 1994.

展（Abbot-Smith，Lieven & Tomasello，2008；Bassano，2000；Lappin & Shieber，2007）、CHILDES 系统介绍（Snow，2001；MacWhinney，1992）、儿童词汇学习（Ogura，2006；Vitevitch & Luce，2004）、语音习得（Zamuner，Gerken & Hammond，2005）等方面。

二 国外会话能力研究

儿童的会话能力，作为儿童与他人交流时最重要的基本技能，指儿童通过恰当的言语或非言语行为与他人进行交流、互动的能力。会话能力由四个方面组成：话轮转换能力、会话发起能力、会话维持能力、会话修补能力[①]。

（一）话轮转换能力

关于话轮转换能力，国外研究者持有不同观点：Jaffe，Stern，Perry（1973）的研究表明，在形成语言之前，儿童与看护人之间相互凝视是话轮转换的初始阶段。Sacks，Schegloff，Jeffferson（1974）的研究启发 Snow（1977）分析两对英国母亲与幼儿的互动对话，如话轮、相邻语对等。Snow 的多数研究集中于母亲与 3 个月大的婴幼儿之间的对话。Kaye & Charney（1980，1981）选取研究对象的年龄更小，研究母亲在与婴儿进行互动游戏或是喂食阶段的对话，母亲将婴儿视为会话的合作伙伴。Rutter & Durkin（1987）通过横向调查 6 组 12 个月、18 个月和 24 个月的幼儿以及纵向考察 17 名 9 个月到 24 个月的幼儿，从三个方面进行剖析：一是幼儿在会话协调交互过程中扮演积极角色的特定时期；二是幼儿通过凝视表明话语结束以及当他人讲话时给予目光注视的特定时期；三是言语的协调性和目光的注视是否具有个体差异，并且这种个体差异是否随着时间的推移保持不变。Jimerson & Bond（2001）调查发现，与教学情境相比，在自由游戏状态下，母亲与学龄前儿童使用话轮转换的数量较少。

---

① Ninio, A., C. E. Snow, *Pragmatic Development*, Bouldwe, CO: Westview Press, 1996, pp. 144 – 146.

此外，在不同情境下话轮类型的比例相对稳定。还有研究者针对学龄前儿童课堂互动中的话轮转换现象进行研究，如话语重叠、话语中断、话语停顿等。研究发现，儿童在话语中断策略的选择上与教师不同。教师采用的是支持性中断以及沉默式中断，学生往往选择简单式中断或是失败性中断。说话人在话语重叠后会根据重叠类型而进行调节。此外，下一位发话者的话语内容会根据前一位说话者和停顿时长而做出调整（Maroni，Gnisci，Pontecorvo，2008）。Baxter，Wood et al.（2013）通过设计绿野仙踪机器人控制方案观察儿童是否将机器人视为社会个体。调查发现，儿童不受活动本身以及机器人行为约束，将机器人看作社会个体并使用不同的话轮转换策略。诸多研究表明，2岁儿童在与母亲进行对话时已经表现出对话轮转换的模糊意识。总体而言，研究者大体上对如下事实达成一致共识：3岁儿童在与同伴交流的过程中体现出对话轮转换的意识。由于儿童的语速较慢且出现诸多停顿现象，这就为我们更好地研究话轮转换提供了便利。在与同伴进行互动时，对于3岁儿童而言，话轮的把控变得异常艰难，儿童在话轮转换之间的停顿时间相对于成人要长一些（Ervin-Tripp，1979）。4岁儿童通过祈使句的发起以及重复无意义的话语使受话人意识到话语仍在进行。6岁儿童通过使用有限的语法标记，提示话语的逻辑关系（盖笑松、张丽锦、方富熙，2003）。即使是10—11岁的儿童在会话互动中，仍然会出现不相关的话轮现象（Dorval，Eckerman & Ervin-Tripp，1984）。

（二）会话发起能力

针对儿童的会话发起能力，国内外学界最具代表性的当属Donahue，Pearl & Bryan（1980）对"电视脱口秀"中儿童的会话研究，关注儿童与同伴或成人进行无主题对话，旨在考察儿童的会话发起能力（Schley & Snow，1992）。在与儿童进行互动时，成人首先面临的挑战是如何与儿童建立共同话题，并使该话题持续下去。研究表明，11个月大的婴儿就可以摆弄陌生人触碰的物体，模仿他们的行为，并可以参与社会活动，如保持与成人的目光交流或进行言语交际（Eckerman, Whatley & McGehee, 1979）。这便是儿童会话发起行为的开端，其发生在前语言阶段，以物体为中介，属于非言语行为，可凸显儿童的社会能力并为后期的语言发展做准备（Ninio & Snow, 1996）。此外，研究者还发现母亲回应儿童话语的方式会直接影响儿童后来的话语发起和话语扩展能力的发展（Goldfield, 1987, 1990）。事实上，婴儿在 14 个月大的时候，就可通过指示等非言语行为表达言语倾向类型，如吸引听者的注意（DHA）。与父母发起的话题主要集中于讨论当前的事物或是故事书等。随着儿童年龄的增长，他们逐渐可以针对非眼前的事物展开讨论，如讲述过去发生的故事、对未来进行计划以及谈论理论问题等。儿童具有谈论非眼前事物的能力并开始掌握语言结构（如过去时态、将来体、泛型标记等），这是其认知能力发展的具体表现。但在亲子互动会话中，儿童的监护人往往在会话发起方面起着关键的作用。因为许多会话活动实际上是由母亲而非儿童发起的。比如，儿童通过目光所传递的交际意图需要依靠受话人母亲对此加以解读（Murphy & Messer, 1977）。研究者还表示，儿童在与成人进行会话时，较少发起会话，这与他们缺少百科知识、社会经验是分不开的（Kellemann et al., 1989）。因为在与儿童，尤其是 2 岁左右的婴幼儿进行会话互动时，成人试图推进整个会话进程，他们通过提出问题，延伸并澄清模糊话语以便发起会话（Cekaite, 2012）。在与儿童进行会话时，成人会不自觉地通过提问的方式帮助儿童发起会话（Schley & Snow, 1992）。相反，儿童在与同伴互动时，其可针对某一游戏主题发起会话。如果没有游戏、玩具等作为依托，儿童之间的会话互动将变成文字游戏、相互重复，甚至是无意义的言语（Garvey, 1975）。Sehley & Snow（1992）研究发现，可以使用较多复杂的特殊疑问方式而非是非疑问句发起与维持会话的儿童具有较强的会话能力。此外，儿童掌握与同伴进行互动时的相关言语或非言语会话发起策略，如使用呼语、指示性话语、问题性话语、礼貌性语言、肢体语言、物品给予、目光注视等。然而，上述策略的运用并非有规律可循，可根据不同的交际情景和交际目的，整体判断儿童会话发起能力的发展水平。正如 McTear（1985）研究发现，幼小儿童通过使用语音或言语策略发起会话，而年长儿童却使用某些非言语策略来吸引成人的注意力。但是这并不能说明随着年龄的增长，儿童的会话发起能力有所退步。

（三）会话维持能力

儿童在 2 岁时，其会话维持能力就开始形成，这种能力体现在形式上或语义上（McTear，1985）。但是，由于受到语言能力的限制，儿童难以持续相应话题，需要在成人的帮助下推进话题的进展。即使在与同伴进行交流时，儿童也只能选择相对简单的方式进行会话，难以使某一话题维持下去（Blank & Franklin，1980）。Camaioni & Laicardi（1985）通过调查儿童与母亲以及儿童与同伴之间的互动对话发现，即使是 4 岁的儿童也需要通过过多地依赖非言语行为来维持话语双方的交互行为（Ochs & Schieffelin，1979）。儿童仅采用低级的话语维持策略，如容忍沉默、平行游戏或是对同伴话语的简单重复等（Ninio & Snow，1996）。这样，在母子互动中，母亲便更多地关注儿童的非言语行为并对其进行解读与回应。当儿童难以掌控话语时，母亲往往帮助儿童进行回答或是激发儿童予以回应。Corsaro（1979）详细阐释了母亲在激发儿童对话语做出回应中的作用，并对母亲激发儿童维持话语的现象进行了描述。Schley & Snow（1992）在"电视脱口秀"研究中，成人受访者被告知在与儿童进行会话互动中只需礼貌地回答儿童的提问，不需要反问或详细回复。即使是 7—12 岁的儿童也难以进行时长为 4 分钟的会话维持活动。可以说，在大多数母子互动中，会话的维持都是在母亲的帮助下推进的，通过适当提问、具体阐释、修补话语等方式得以实现。此外，Bloom，Rocissano & Hood（1976）的研究发现，儿童话语的维持能力随着年龄的增长有所提高，这体现在儿童话语的相关程度性方面。Keenan & Klein（1974）调查了模仿在儿童维持话语连贯性方面的作用。Garvey（1975）研究发现，5 岁之前，儿童都会重复、模仿彼此之间的话语使会话得以维持。然而，这种话语的维持方式仅是基于声音的游戏活动而不能算作真正的会话维持。而模仿对于会话连贯方面所起的作用随着儿童年龄的增长（2—5岁）有所减少（Benoit，1982）。此外，在会话维持的过程中，连词对话语的连贯性起到了一定的作用，比如 for example, so, anyway 以及表示"态度"的连词，really or perhaps。Scott（1984）的研究表明，即使是12岁的儿童都难以像成人那样掌握上述连词，更不用说6岁的儿童了。因此，国外研究者设计相关任务旨在培养儿童掌握话语维持策略。如 Lloyd（1991）设计指物交流策略使儿童通过打电话的方式告知路线图，该研究发现，7岁儿童与10岁儿童的不同之处，不仅在于扮演说话人的儿童未能提供完整的线路信息，而且扮演受话人的儿童也很少询问未知信息。换言之，儿童难以在语言和认知层面上掌握澄清信息的能力。目前，研究者转向研究高功能自闭症患者话语的信息量和维持能力（Choi & Lee, 2015），以及手语对于后期植入型语前聋儿童的会话维持能力（Mirza-Aghabeigi, Movallali, Taheri & Ja'fari, 2015）。

（四）会话修补能力

有时说话人不清晰的表达方式会造成受话人难以解读话语意义，使话语中断。因此，交际双方为了避免话语中断以及对社会关系的威胁，在交际过程中采用相应的修补策略以便交际得以顺利进行。有效的交际需要话语双方在行为、注意力以及交际意图层面达成共识。此外，会话修补能力的掌握使儿童不得不对受话人的心理状态、价值观等方面加以考虑。事实上，会话修补能力包括两个方面：一是澄清请求；二是发起修补请求（李欢，2014）。研究者主要探讨在会话互动中儿童发起、澄清修补请求以及会话修补类型等。当儿童听到难以理解的话语时，他们期待成人会对此予以澄清。实际上，儿童在2岁之前不具有发起修补请求的能力，直到32个月大时，他们才逐渐掌握发起修补请求的能力，发起修补请求的数量逐渐增多，但形式过于简单，多为如下表达，如"嗯？""什么"或重复父母质疑话语中的强调词等（Pan et al., 1996; Snow et al., 1996）。Ninio & Snow（1996）的研究进一步证实了上述结论，他们发现幼儿早期通过简单重复难以理解的话语方式达到理解话语意义的目的。直到3岁时，儿童才掌握澄清请求的方式，并可对话语做出正确的修复。Gallagher（1983）的研究也表明，23个月的儿童可以对成人的修补请求予以回应。此外，Anselmi, Tomasello & Acunzo（1986）通过调查1岁零8个月到3岁零8个月幼儿的修补能力，发现大部分幼儿对成人提出的修补请求的回应正确率高达85%，且不同年龄段和不同语言水平的幼儿不具有显著差异。Ninio & Snow（1996）通过个案调查发现，一名叫Frank的20个月大的幼儿已经可以对母亲发起的多种修补请求做出适当回复。当Frank 32个月大的时候，可以更加积极地参与母亲所发起的澄清修补请求活动。还有研究者表示，地域与文化的差异会影响修补请求的类型（Stockman, Karasinski & Guillory, 2008）。如在西方中产阶级家庭，由父母发起的会话修补对于促进与儿童之间的相互理解以及培养儿童潜在的社交能力方面发挥着重要作用。相反，具有东方文化背景的日本儿童倾向于成为倾听者，因为受话人在双方话语相互理解中发挥着主导作用，他们很好地掌握了解读话语的能力（Clancy, 1986）。还有研究者从性别角度考察儿童与母亲和父亲进行会话互动时，在会话修复方面的差异性。研究表明，与母亲相比父亲常常对儿童发起澄清修补请求，如使用非明确性质疑方式"什么"，与此同时，父亲很难把握儿童的话语意图（Tomasello, Conti-Ramsden & Ewert, 1990）。其实，对于儿童而言，掌握通过提问获取所需信息的方式也是极具挑战的事情，需要持之以恒（Garvey, 1975）。父母通过会话修补方式在引导儿童习得语言的过程中发挥着不可或缺的作用。Howard（2014）通过语音修补方式帮助儿童进行早期的话语生成。Morgenstern, Leroy-Collombel & Caët（2013）研究发现，儿童与成人进行会话时，掌握自我修补以及他人修补方式对于儿童语用发展能力的培养和语言习得具有重要作用。

从国外的儿童会话能力研究中可以发现，研究者主要集中于调查儿童与成年人互动会话时所体现的会话习得能力和语用发展能力状况。但是目前研究还存在一定的局限性，如研究对象的年龄范围狭窄、研究内容单调、未能全面考察儿童的会话能力等。

三　国外语篇能力研究

儿童的语篇能力，作为一种交际行为，指的是儿童对扩展性话语类型（如叙事话语、阐释性话语和定义性话语）的习得能力等。语篇能力是儿童语用发展到一定阶段之后形成的，它要求儿童的语用发展能力向纵深延伸，其中儿童的叙事能力是儿童语篇能力研究中最广泛的一种。叙事能力实际上是与去语境化的语言表述能力有关的一种扩展性话语能力，在表述中至少有两种不同的事件被明确提及，两种事件可以在时间、因果以及对比方式上具有关联性。叙事能力具有两种功能：一种是指称功能；另一种是评价功能。即叙述者可以向听者讲述他或她对事件所理解的内容（McCabe & Peterson，1991）。实际上，4岁左右的儿童才能说出不同类型的复杂叙事语篇（Ninio & Snow，1996）。

国外研究者针对儿童叙事能力从不同角度开展研究。如Berman & Slobin（1994）通过限制性故事诱发手段以无字的图画书启发儿童进行故事叙事，对比不同语言、不同年龄段的儿童在语言表达方面的差异性。Wolf及其同事以扮演动物的方式将故事的初始情节再现，并要求儿童想象后续情节（Wolf，Moreton & Camp，1994）。Peterson & McCabe（1983）利用讲述可怕事件的方法启发儿童针对自己的受伤经历、看病经历展开叙述，此方法的优势在于个人的经历是不可复制的，是一种有目的性的叙述行为。还有研究者分析餐桌边的自然对话（Blum-Kulka & Snow，1992；De Temple & Beals，1991），如Ninio & Snow（1996）提及餐桌边的自然对话同时包括叙述性和阐释性话语；母子之间的对话，如Fivush（2014）和Peterson & McCabe（1983）研究表明，在学龄前阶段，母子之间的叙事性对话为儿童提供了良好的社交语境，儿童可以学到讲述过去经历的语言习惯和话语结构方式。此外，还有些研究集中于具有故事情节的对话，利用图片及录像等方式启发儿童叙述故事或是基于某一主题发挥儿童的想象力创作故事（Cain，2004；Peterson & Roberts，2003；Clarke-Stewart & Beck，1999），并通过分析儿童叙述内容探索其叙事能力的发展状况。叙事能力研究还涉及学术语域，如阐释性话语或辩论。研究发现，儿童在与同伴进行辩论时，论证性话语符合语法规范、言之成理、论点清晰。在与同伴交流时，儿童擅长使用独特的话语策略（Ehrlich & Blum-Kulka，2010）。此外，部分研究者针对定义性话语进行深入研究，如他们发现，来自贵族家庭以及接受过良好教育的儿童可生成更加合理的定义性话语（Snow et al.，1996）。Davidson & Snow（1995）的研究也表示，具有较强读写能力的儿童在 5 岁左右就可以做出形式化定义，而缺少这种能力的儿童甚至在 10 岁时都难以生成定义性话语（Velasco & Snow，1995）。实际上，儿童定义性话语能力的提高与父母平时的培养是分不开的（De Temple & Beals，1991；Watson，1989；Snow，1983）。

与此同时，儿童的叙事能力随着其认知水平和语言能力的提高而逐渐发展。Gleason（2005）的研究证实，儿童在 2 岁时可以使用单句表述事件；学龄期阶段的儿童可以叙述连贯的故事；在青少年时期，儿童可具备与他人一同讲述具有中篇小说篇幅的故事。还有研究者通过实验发现，儿童的性别和对母亲的依恋程度会影响母子之间的对话方式和儿童的叙事能力（Kelly，2016）。此外，Berman & Slobin（1994）借用青蛙故事书启发儿童进行叙事。研究表明，儿童在 3 岁时只能通过相关词汇、有限句法讲述书中的某一事件；5 岁时，其在叙述故事时具备一定的结构框架，可通过适当的话语形式阐述故事情节，较好地把握事件的逻辑关系；9 岁时，其具备比较完整、多样的语言形式，能将故事形式更加清晰、准确地再现出来，同时也符合文化语境。

上述研究表明，儿童叙事能力的相关研究更多属于横向研究，而历时研究儿童叙事能力的发展则非常少见。目前,后者比较具有代表性的是 Snow（1991）的一项关于家庭教育对于儿童语言能力的培养研究。其中,历时调查了 3 岁到 12 岁来自低收入家庭的儿童与母亲的互动情况。研究的目的是分析口语技巧与读写能力之间的相关性（Ninio & Snow, 1996）。尽管横向研究探讨了不同手段对儿童叙事能力发展的影响以及不同年龄段儿童在叙事能力上的表现差异,但这些研究并不能折射出儿童叙事能力的整体进展以及该能力与其他因素的相关性。

四 国外对社会因素的敏感性研究

儿童语用发展中另外一种值得注意的现象是儿童在语言运用过程中对社会因素的敏感性与日俱增。该研究范围涉及儿童何时、如何学会以礼貌的方式表达自己以及如何依靠社会语境因素调整并转换语言方式,以便掌握言语变体和语域,正确处理好与受话人的人际关系。

学会使用礼貌标志语是儿童的语用发展能力走向成熟的标志。在西方,26 个月到 36 个月大的幼儿就可以根据受话人的社会地位和年龄随时调整请求话语的语言形式。当儿童与具有较高社会地位且较为年长的受话人交谈时,他们选择使用间接表达方式;当与同伴进行交流时,他们会更多地使用祈使句和直接的表达方式。7—8 岁的儿童可掌握更丰富的语用技巧,可利用形式上和语义上多样的表达方式实现话语请求,并从受话人的角度考虑间接言语请求和暗示性话语（Ervin-Tripp et al., 1990）。

儿童与同伴的团体活动是观察并记录儿童是否掌握并习得社会语域的理想途径。在装扮游戏中,儿童运用一系列的语言形式扮演相关人物角色。的确,游戏在儿童的会话能力发展中发挥着举足轻重的作用,这为儿童提供了使用并不断完善社会语域的机会。而社会语域涉及话语双方的社会地位,在母子之间的互动对话中却难以体现。因为母子之间多为支持性且不对称式话语,即母亲往往通过直接的方式帮助儿童完成话语任务。事实上，儿童在4岁时就可参与戏剧情境游戏，他们可以根据人物的社会地位、性别调整语言形式和风格，如扮演家庭、学校或医院情境中的相应角色（Andersen，1990）。学龄前阶段儿童很好地掌握了性别语言的使用方式，这种言语策略可帮助他们实现特定的交际目的。Kyratzis & Guo（2001）的研究发现，女孩在混合性别游戏中会根据参与者的不同，随时调整语言表达方式，而不是无止境地拘泥于女性话语所特有的温和、含蓄。Hoyle（1998）的研究也提示，学龄前儿童通过使用与语域相关的韵律手段进行交际，并可借助与语域相关的词汇进行社会合作。儿童在不断成长的过程中学会了如何使用语言变体并形成具有自身特色的言语风格，使其更好地体现出社会阶级、种族地位、性别差异或儿童的特点（Rampton，2017）。

对于使用多语言的儿童而言，他们在3岁之前就表现出对语言选择的敏感性，并会根据受话人的喜好调整自己的语言方式（Fantini，1985）。学龄前阶段的儿童逐渐学会语言选择方式并适时调整语言技巧，这对其今后语用能力的发展具有极大的促进作用。如掌握如何使用对比语言的方式处理社会关系，利用语码转换手段行使权力等（Jørgensen，1998）。

第三节　发展语用学的国内研究综述

与国外研究进展相比，国内关于儿童语用发展的研究起步较晚，且研究成果数量较少，研究范围相对狭窄。目前，国内研究者主要关注儿童语用交流行为发展研究，较少涉及儿童会话能力发展和语篇能力发展范畴。

我国儿童语用发展能力研究的开端可追溯到黄冀和张憧光两位学者，在皮亚杰的影响下，从心理学视角研究儿童与同伴在言语互动中的语言功能发展状况（陈臻辉，2007）。而国外相当一部分研究是基于实证研究语料，这就为 INCA – A 编码系统以及 CHILDES 的产生提供了方法论基础。

一 国内语用交流行为研究

随着上述研究方法逐渐成熟，国内掀起了关于儿童语用交流行为研究热潮。周兢（2001，2006）最早借鉴国外儿童语用发展研究方法，通过定量和定性相结合的方法调查了 14—32 个月大的儿童在与母亲互动时语用交流行为的发展状况。该研究有如下发现：一是随着年龄的增长，儿童的语用交流行为能力不断发展，具体表现为儿童语用交流行为的发展与习得交流行为的类型与频率呈正相关，此外还会受到母亲阐释性话语、新的交流行为类型的出现以及共同关注程度的影响。儿童的语用行为能力的发展速度与美国儿童相似，但在语用交流行为发展类型上稍有差异。二是儿童语用能力的发展与句法能力的发展之间的关系较为复杂。儿童语用交流行为的出现已经表明，语用和句法两种系统彼此支撑又相互排斥。这说明，两种系统是在语用交流行为的运作下形成的。三是在与儿童互动时，中国母亲具有独特的话语方式并通过话语传递了文化信息。这种信息交互方式基于中国文化语境，对儿童的语用交流行为的发展以及熟练掌握普通话具有重要意义。此外，周兢（2005）继续调查了 3—6 岁学龄前儿童的语用交流行为特征，并与 0—3 岁儿童的研究结果进行了对比分析，发现 3—6 岁学龄前儿童的语用交流行为能力不断发展。此年龄段的儿童更愿意积极主动地参与言语互动，其使用的言语倾向类型、言语行动类型也逐渐增多。与此同时，随着儿童认知和语言等方面的发展，其言语倾向类型的使用更具复杂性。然而，3—6 岁儿童在言语变通方面尚未出现量的变化。但是，在特定语境下，儿童在交往过程中所使用的言语变通类型还是呈现出质的提高。之后，相继有研究者针对儿童与母亲在不同互动情境下的语用特点展开研究。如周兢、李晓燕

(2010)对3—6岁儿童与母亲互动情境的交流行为进行研究,探讨中国文化情境下不同教育背景的母亲与儿童进行言语互动时交流行为的异同;贺荟中、贺利中(2009)通过母子言语互动交流行为,对4—6岁重度听障儿童与同龄健听儿童语用交流行为进行比较研究;贺利中、易立新(2012)对4—6岁重度听障儿童与其健听母亲的语用交流行为进行比较研究;程璐璐、尚晓明(2017)从取效行为角度阐释学龄前儿童所呈现的语用交流行为特点,并提出行之有效的取效行为理论框架的设想,丰富并延伸了言语行为理论。

二 国内会话能力研究

会话能力以及语篇能力作为儿童语言运用能力中另外两种主要能力,长期以来并未被研究者给予较多的关注。关于儿童会话能力的发展研究,国内研究者进行的理论研究多于实证研究。如丁建新(1998)从发展语用学视角引介国外关于儿童话语能力的相关研究;盖笑松、张丽锦、方富熹(2003)介绍了国外儿童语用发展研究动态。直到2016年,儿童会话能力研究才逐渐倾向于实证研究。研究者针对儿童与同伴及成人之间的会话能力,以及儿童的词汇量与会话能力的相关性等方面开展调查。如杨晓岚(2009)调查3—6岁儿童与同伴互动情境下的会话发起、会话维持、会话修补方面的语言运用情况并进行系统分析;陈冠杏、杨希洁(2014)在阐述自闭症儿童会话结构的基础上,分析影响自闭症儿童会话行为的感知觉、共同注意力以及心理理论等因素,并根据上述几种因素的性质提出提高自闭症儿童会话能力的干预方法;赵宁宁、马昕、任洪婉(2016)探讨学龄前儿童在不同提问方式下会话能力发展的差异与特点;杨金焕、郑荔、盛櫑(2018)从话轮转换、会话发起、会话维持和会话修补四个方面,对儿童分别与成人和同伴互动时表现出来的会话能力进行分析。

三 国内语篇能力研究

作为儿童语用发展后期阶段的一种能力，语篇能力可反映出儿童语用能力向更高层次不断发展的程度。针对儿童语篇能力，研究者主要通过围绕儿童叙事能力的发展进行研究。与国外叙事能力研究相比，国内研究成果相对有限。我国学者关于儿童叙事能力方面的研究始于 20 世纪 80 年代。如武进之、应厚昌、朱曼殊（1984）从儿童看图讲述内容的广度、顺序等方面阐释儿童看图说话能力的发展；史慧中等（1986）从词量、含句量、句子含词量、讲述内容特点和表达特征方面考察 3—7 岁儿童在观察事物后的叙事能力。自此之后，研究者集中于研究儿童复述能力和看图讲述能力的发展特点，与成人言语互动中叙事语篇生成能力的发展特点，以及儿童叙事能力发展的促进与干预方法（方富熹、齐茨，1990；李甦、李文馥、杨玉芳，2006；曾维秀、李甦，2006）。近年来，研究者从多角度调查儿童叙事能力，可概括为如下几个方面：（1）将社会因素对儿童叙事能力的影响加以研究。如宋晓敏（2011）通过对话式阅读方式对低收入家庭儿童的叙事能力展开调查；孙洋洋、陈心怡、陈巍等（2018）探讨表演游戏对 5—6 岁儿童社会性叙事能力的影响。（2）在不同叙事活动情境下儿童叙事能力发展状况研究。如周凤娟、章依文（2012）研究学龄前儿童在看图叙事中微观结构和宏观结构的发展规律；王婷、吴燕、吴念阳（2014）采用自由叙事、看图叙事和故事续编三种不同叙事活动，考察 3—6 岁儿童在不同的叙事类型中的年龄发展特点以及叙事类型间是否存在差异性；李琳（2014）分析了在普通话语境下学龄前幼儿叙事语言的阶段性特点，总结其发展轨迹。（3）从系统功能语言学视角阐释儿童叙事能力发展。如肖祎（2016）以语言个体发生为视角探讨 4—5 岁幼儿听读习惯与口头叙事能力之间的相关性；王岩（2013）从功能视角研究普通话儿童 3 岁前语言发展个案。

综上所述，国内关于儿童语用发展方面的研究起步较晚，且集中于语用交流行为研究，较少关注儿童会话能力及语篇能力的发展。此外，在不同情境下儿童语用发展能力的比较研究更为少见。

本章小结

综观国内外儿童语用发展研究现状发现，国外在此方面的研究已成体系，且主要集中于如下几个方面：语用交流行为的出现和发展、会话能力的发展、儿童对扩展性话语类型的习得以及对社会因素的敏感性。目前，基于儿童语料库的语用交流行为研究将成为儿童语用研究的新趋势。关于儿童会话能力研究，国外研究者主要集中于调查儿童与成年人在互动会话时所体现的儿童会话习得能力和语用发展能力状况。但是目前的研究还存在一定的局限性，如研究对象的年龄范围狭窄、研究内容单调、儿童会话能力的考察尚不全面。此外，可反映出儿童语篇能力进展的儿童叙事能力的相关研究多属于横向研究，而历时研究儿童叙事能力的发展则非常少见。尽管横向研究探讨了不同教育手段对儿童叙事能力发展的影响以及不同年龄段儿童在叙事能力上的差异性表现，但这些研究并不能折射出儿童叙事能力的整体进展以及该能力与其他能力的相关性。针对儿童对社会敏感性方面的研究，国外研究者主要从儿童使用礼貌标志语情况、同伴之间的团体活动如何促进自身语言风格的形成等方面开展研究，忽视了考察在不同情境下儿童如何形成对社会的敏感性。国内关于儿童语用发展方面的研究起步较晚，且集中于语用交流行为层面，较少关注儿童会话能力及语篇能力的发展。此外，在不同情境下儿童语用发展能力的比较研究更为少见。综观国内外，针对不同情境下以及不同年龄段的学龄前儿童语用发展特点的系统研究，并在此基础上提出学龄前儿童语用发展理论框架的有关设想仍是寥寥无几。因此，本书旨在通过分析自建学龄前儿童口语语料，运用 INCA–A 编码系统和自定义编码相结合的方式，利用

CLAN 语料分析系统进行语用分析，将数据结果分别按照语用交流行为①中的言语倾向、言语行动和言语灵活度、会话能力中的会话发起、会话维持、会话修补和会话修补回应②、语篇能力中的叙述结构、叙述观点和叙述顺序进行分类，提出学龄前儿童语用发展取效行为理论框架的设想，探索促进儿童语用发展的具体因素及其内在的制约机制。此外，采用具体语料对该框架进行验证，揭示我国学龄前儿童语用发展特点，借助该理论框架丰富并延伸言语行为理论。

---

① 语用交流行为考察的是儿童在与他人互动时表现出的交往意图，属于会话互动，所以本书将儿童的语用交流行为与会话能力合并编码，下同。

② 目前研究话轮转换能力主要以话轮数量以及话轮长度作为衡量标准，而本书是从发展语用学视角审视学龄前儿童会话能力，故话轮转换能力不作为评价学龄前儿童语用发展能力的维度，下同。

第 二 章
儿童语用发展的相关理论研究

奥斯汀提出"言语行为三分说",将言语视为一种行为方式,即说话行为（locutionary act）、施事行为（illocutionary act）以及取效行为（perlocutionary act）[①]。其中,他认为取效行为作为一种交际行为,是指说话人在言说之后对受话人的思想、情感和行为具有影响作用,是一种言后之果。然而,其目的并不是使规约性行为被说话人和受话人所共知。之后,奥斯汀的学生塞尔（Searle）以及格莱斯将其理论加以完善和补充,并对言语行为理论的内涵重新予以界定并分类,阐释言语行为与意义之间的关系,使其更加系统化和逻辑化。我们认为,奥斯汀本人对取效行为的分析与论述实属不足,尤其是在施事行为与取效行为的区别问题上。此外,正如塞尔所言,格莱斯以意向性为视角对话语意义进行界定轻视了话语意义与规约性行为之间的关系,模糊了以言行事效果与以言取效效果之间的界限。[②] 尽管奥斯汀和塞尔看重以言指事、以言行事及其与世界的关系,但却忽视了以言取效与世界的关系,即忽视了受话人的情感以

[①] 顾曰国:《奥斯汀的言语行为理论:诠释与批评》,《外语教学与研究》1989年第1期。

[②] Searle, J. R., "What is a speech act?", in M. Black, eds., *Philosophy in America*, London: Allen and Unwin, 1965, p. 227.

及说话人和受话人之间的角色关系。[①] 实际上，取效行为作为完整言语行为的一部分，应当受到重视。Bates，Camaioni & Volterra（1975）在对意向性问题进行研究的基础上，提出语用发展阶段即为取效行为阶段这一论点，并认为是说话人和受话人共同构建了儿童话语意义，而这并不是由单独一方所能决定的。这就为重新诠释取效行为奠定了研究基础。因此，本书在 Bates 等人研究的基础上，参考国内外研究者对儿童语用发展能力在知识、语言和行为层面的研究成果，以及儿童语用发展中知识、语言和行为相关理论，析取出取效行为的知识观、语言观和行为观。通过理论和实证相结合的研究手段验证该论点的合理性，所析取出的知识观、语言观和行为观由两名相关专家进行审阅，以确保所析取出的维度科学合理，层次完整，逻辑严密。

第一节　取效行为研究再思考

本节首先从言语行为理论的创立阶段入手，讨论言语行为理论的发展历程，进而对取效行为进行思考。

一　言语行为理论的创立

过去曾流行的观点认为语言的功用即是传递思想或陈述事实，而语言作为传递思想的工具只具有描述作用。直到 20 世纪 50 年代，一种关于语言功用的全新观点应运而生。该观点认为语言的作用是实施诸多言语行为，而陈述事实或是表达思想只是其中一种言语行为。语言交际的基本意义单位就是言语行为。概述而言，言语行为理论指的是将言语视为一种行为并凸显话语语境以及言说者言语意

[①] 程璐璐、尚晓明：《学前儿童语用交流行为的发展特点与取效行为理论》，《学前教育研究》2017 年第 3 期。

图等语用因素的理论。

言语行为理论最初由英国牛津学派分析哲学家奥斯汀在 20 世纪 50 年代提出。分析哲学（analytic philosophy）作为 20 世纪主要的哲学派别，由两大重要分支组成：逻辑实证主义派（logical positivism）以及日常语言哲学派（ordinary language philosophy）。两大分支派别对自然语言的分析方式迥然不同，逻辑实证主义强调借助逻辑数学方法构建理想化人工语言，因为自然语言难以精确呈现出哲学命题，此外，逻辑实证主义者认为只有被证明具有真假值的句子才具有意义并值得研究。而日常语言哲学则重视对日常语言用法进行分析，分析使用中的言语意义。所以，奥斯汀属于日常语言哲学学派的代表人物，他的理论是对逻辑实证主义者的有力抨击。因为多数句子虽然并未有真假值可言，但同样具有意义，值得我们去分析。正如奥斯汀指出的，"话语看似用来陈述事实，却不以此为目的，或者说仅部分用于传递信息"[①]。人们在说出话语时不仅是为了传递信息，还可完成一种行为，或是行为的某一部分，这就是言语和行为之间的相互关系。这样，语言实际上属于一种社会活动方式，使用语言是在完成某种社会活动，而不单是对事实进行描写。诚然，描写亦是社会活动的一种形式，而认为句子若无真假值就无意义这一逻辑实证主义观点并不正确。奥斯汀这一理论的某些观点可在维特根斯坦、弗雷格等人的著作中找到依据。后期维特根斯坦语言哲学思想的精髓则为"语言游戏说"，认为语言游戏将语言与活动交织在一起，是一种"生活形式"。"语言游戏说"强调在语言的动态使用中考察言语意义。可以说，陈述事实或表达思想也是语言游戏的一种。此外，还有请求、赞扬、责备、命令、宣布等各类语言游戏。维特根斯坦的思想对言语行为理论的形成与发展具有重要影响。弗雷格最先指出语言不但可以用来描写事物，还可用来讲故事、概括内

---

① Austin, J. L., *How to Do Things with Words*, Beijing: Foreign Language Teaching and Research Press, 2002, p. 1.

容、提出问题等，这表明语言具有形形色色的功用，而不只是在于陈述事实或传递思想。

实际上，奥斯汀在20世纪三四十年代就已着手考虑言语行为问题，但是由于受到传统思想的影响，他将"施为句"和"述谓句"视为等同，把语言的描写或判断功能与其他功能平等看待。直到50年代，奥斯汀才摒弃了这一想法，认为描写或判断只是其中一种言语行为。下面，首先阐释"施为句"和"述谓句"的区别，其次介绍对这种区别的扬弃。

（一）"施为句"和"述谓句"之区别及其困境

在《如何以言行事》（1975）一书中，奥斯汀对以言行事行为的认识和理解不断深入。他最先指出要对"施为句"和"述谓句"两个概念进行区别，然而，由于"施为句"这一概念本身并不严谨，加之奥斯汀个人眼界的开阔，他认为难以对上述两个概念进行严格划分，进而提出了一个更为笼统的理论，即言语行为理论，并对其进行分类，成为我们所熟悉的"言语行为三分说"，用来阐释言语行为诸方面问题。

奥斯汀首先指出，"施为句"概念的形成是与研究语言的使用密不可分的，他将"施为句"视为语言的一种使用方式。[①] 通常，我们借助语言陈述事实，使用语言来诠释世界。从这一层面上看，我们可以判断话语是否与事实相符，是否具有真假值可言，这也正是传统哲学家所关注的语言描写功能。虽然传统哲学家认为语言本身即是一种行为方式，但他们只将该行为视为描写这样的言说行为，而言说行为与其他行为是可相互区别的。

奥斯汀由此提出对"施为句"和"述谓句"进行区分。那么什么是述谓句呢？其实我们都较熟悉如下句子，如"萨格勒布是克罗地亚的首都""一年之计在于春"等，这些都属于陈述句，而陈述

---

① Austin, J. L., *Philosophical Papers* (third edition), Oxford: Oxford University Press, 1979, p. 235.

句就是具有代表性的述谓句。奥斯汀之所以用"述谓句"取代"陈述句"作为概念，是考虑到"述谓句"的外延性更大，其不只是包含陈述，还包含判断等。述谓句的最主要区别性特征即是具有真假值。因此，可以对上述两例陈述句的内容与事实进行比对，结果吻合的为真，反之为假。如果"萨格勒布是克罗地亚的首都"这一句子正确地描写了萨格勒布是克罗地亚的首都这一事实，那么认为"萨格勒布是克罗地亚的首都"这一陈述句为真。此外，奥斯汀提到的"描述的"谬误（pseudostatement）正是对将真假值问题无止境地夸张和放大现象的有力回击。"施为句"也正是在这一背景下被提出，以重新矫正"描述的"谬误。①

奥斯汀指出，在日常生活中，有些句子并非具有或真或假的特性，因为这些句子的说出即是完成它所特有的行动使命，这就是完成某种言语行为。例如："我愿意（娶这个女人为我的合法妻子）"；"我命名这艘船为'伊丽莎白号'"等，均为施为句。上例话语无所谓真假，但可用"是否适切"（happiness or unhappiness）来加以判断。由于施为句的表达需要借助特定语境，该语境和相关的行为式话语在诸多方面都要适切。如果说话人不具备完成该行为所需要的适切条件，那么他或她所说的话语就是不适切的。

对于奥斯汀而言，导致施为话语不适切的情况有三种。第一，如果说话人不具备实施某种行为的条件（地位和权势），抑或是说话人意图实施的行为对象与预期目的不匹配，他或她就难以通过话语来达到实施言语行为的目的。譬如，当说出"我愿意（娶这个女人为我的合法妻子）"并不是在婚礼现场，且并不是由新郎本人说出时，这句施为话语便是"不适切的"或是"无意义的"。第二，如果施为话语不是被说话人真心说出，即便该类话语是有效的，从另一角度上来看也是不适切的。比如，我说"我肯定……"，但是我并

---

① ［英］奥斯汀：《如何以言行事》，杨玉成、赵京超译，商务印书馆 2016 年版，译者导言第 V—X 页。

不能一定兑现我所肯定的事，甚至我根本没有信心能实现我所肯定的事，那么这种施为话语则是不真诚的。第三，即便施为话语已达到了既定效果，也会出现奥斯汀所说的"违背承诺"的那种非正常情况。例如，我曾说"我肯定……"，但又不能实现自己的许诺，这就是非正常情况。概言之，奥斯汀总结施为句的不适切条件，即无意义、非真诚和违背诺言。

尽管奥斯汀最开始一直对"施为句"和"述谓句"进行区别，深信描写或陈述话语只是语言的其中一种功能，而实施行为是语言的另外一种功能，并且较为重要，它可在话语实践中得以验证。但随后奥斯汀摒弃了上述区别，因为"述谓句"也属于实施言语行为的一种，即描写或陈述的行为，进而对语言的描写或陈述等功能进行具体的规定。

奥斯汀推翻"施为句"和"述谓句"的区别是依据如下三个方面。其一，他起初认为"施为句"有两种"通用标准"，第一种标准：(a) 主语由第一人称单数构成；(b) 动词为施为动词；(c) 时态为一般现在时；(d) 句式为主动态陈述句。[①] 第二种标准：(a) 句式为被动语句；(b) 主语由第二或第三人称构成；(c) 时态为一般现在时；(d) 句式为直陈句。其后他又对上述两种标准加以否认，认为判断一个句子是否为"施为句"，完全不必限于以上两种标准。例如"开开窗"，这显然是"施为句"，其意义等同于"我请求或命令你开开窗"这样的言语行为。此外，即使是一个词，本身也具有施为功能，如"车"这个词。因为简单的词同样可以完成言语行为，等于"我想警告你有车正飞驰而过你的身旁"这种言语行为。在通常情况下，我们会根据表达习惯省略第一人称主语 + 显性施为动词，如省略"我警告……""我请求……"等。因此，我们不能认为"施为句"具有固定的通用标准，可以借此区别"施为

[①] 何自然、冉永平：《新编语用学概论》，北京大学出版社2009年版，第149页。

句"和"述谓句"。

其二，奥斯汀提出，"施为句"和"述谓句"的不同之处还在于只有"施为句"有适切条件。之后不久，他却认为"述谓句"也存在适切与否这样的问题。他表示，假若你并不知道今年本校有多少位毕业生，你就不能做出今年本校有多少位毕业生的陈述。即使说出，也是一种猜测而已。再如，某人说"所有的学生都是法国籍，可是其中有些学生却不是"。虽然，这句话属于陈述句，然而却是不适切的。因为，当一个人陈述说"所有的学生都是法国籍"，就不能说出"其中有些学生却不是"，这是不符合逻辑的。与此同时，奥斯汀表示，"施为句"与"述谓句"一样易出现不适切的情况。

其三，奥斯汀之前认为，"施为句"和"述谓句"的不同之处还在于是否有真假之别，即"施为句"无真假之别而"述谓句"有。但是后来他也放弃了这一区分，表示"施为句"也存在真假之差异，而"述谓句"的真假之差异并非界限明确。奥斯汀以"我劝说你做这件事"为例，他表示，如果说话人在陈述这句话时，所有条件都是适切的，且所有条件都能得到满足，而说话人也是真心地劝说受话人做某事，并且没有虚情假意之嫌。然而问题是，说话人本身所劝说的内容是否就是正确的呢？说话人的想法和思想是否在这种条件下被证明是合理的呢？所劝说的内容是否最后会被证明符合受话人的利益？这些方面都与真假、对错息息相关。所以说，"施为句"并不是绝对与真假无关。另外，奥斯汀也表示虽然"述谓句"有真假之分，但也有程度问题。例如，"中国像只雄鸡雄踞在亚洲版图之上"这一陈述句对于普通人来讲是真的，但对于地理专家而言却并非真实，因为这一表述并不准确。又如，"哈尔滨距离北京千里之遥"这一陈述句的表述也并不确切，一般而言可以认为它为真实的，但严格来讲并非如此。正如奥斯汀所言，如果仅仅判断这些陈述句的真伪，就把事情肤浅化了。因为要判断真假问题不仅要注重事实，还需关注说话人的言语意图、说话语境、受话人的心理状态、情感、态度、心理现实以及话语的精准程度等。概述之，对于奥斯汀来讲,"施为句"并非绝对没有真假可言,"述谓句"的真假之差异也未必界限明确,即真假之差异也不是区别"施为句"和"述谓句"的依据。

最后,齐硕姆(Chisholm)在其专著《认识论》(Theory of Knowledge)[①]中深化了奥斯汀关于"施为句"的看法。齐硕姆赞同奥斯汀关于"请求""命令"等词语不是在描写事实,而是实施某种行为这一论点。然而,齐硕姆认为奥斯汀未能给"施为动词"做出合理的阐释,因此他尝试对此做出进一步的说明。齐硕姆认为,基本上任何词语都可参与实施某种行为,所有词都不仅用来描写事实。他从广义以及狭义角度阐释了施为动词。狭义施为动词有"命令""请求""允许"等,因为从确切意义上来说,这些动词使句子具有了施为行为内涵。"知道""想要"等词语属于广义施为动词,因为"想要"等词语不会具有"请求"所表达的施为作用。人们可以表达出"我请求"的施为行为,却不能表达出"我想要"的施为行为。但是人们往往会使用"我想要……"这样的语句来施事"我请求……"的行为,为此将它列入广义施为动词。类似"我知道……"也被纳入广义施为动词之列,因为它也不是确切意义上的施为动词,起不到"我承诺……"的作用。对于齐硕姆而言,上述举例说明的广义施为动词同时具有陈述和施为动词的作用。

(二)完整的言语行为理论

在此之后,奥斯汀理念的内涵得到了进一步发展。他认识到,我们需要解释的独特现象就是在适切的语境中所形成的完整的言语行为。扬弃"施为句"和"述谓句"之区别,奥斯汀在言语行为理论研究方面获得了升华。他在《如何以言行事》这本书中作了较为系统的阐释。

但是,奥斯汀未能具体阐释完整的言语行为和语境的确切内涵。

---

① Chisholm, R. M., *Theory of Knowledge*, Englewood Cliffs, N. J.: Prentice-Hall International Editions, 1966, pp. 15-17.

事实上，完整的言语行为并非指说话人在特定语境中的所有话语，而是指该言语行为诸多方面。此外，语境意指构成完整言语行为的语言情境和非语言情境的综合。针对完整言语行为的判断标准，奥斯汀未能提供标准答案，他所关注的是如何分析某一完整的言语行为。进而奥斯汀将日常语境中的言语交流行为归为"说话行为""施事行为"和"取效行为"。这三种行为的共同之处则是它们同时具有"言"与"行"的作用，凸显了"说话即做事"这一理念。奥斯汀提出，我们应从实践方面将句子视为言语行为的一部分，这也是解决语言哲学问题的可行路径。他的言语行为理论的创建对语言本质的揭示起到了巨大的推动作用，使人类对语言本质的认知更加深入：语言的作用不单单是描述事实，更重要的是语言是一种行为且具有实施功能。此后，奥斯汀的学生塞尔深化了奥斯汀的上述观点，认为言语行为最重要的特点即是其具有意向性。言语行为不仅运用了语言符号，还表明了说话人的言语意向。因此，语言符号成为凸显言语意向的手段，人们借助具有意向性的声音或符号将信息传递给受话人。

大体而言，说话行为是指"说话"这一行为本身，即发出语音、音节和说出单词、短语、句子等。这一行为本身并不是言语交际，而是通过有意义的话语来传递某种思想。施事行为通过所言这一动作而实施某种行为，人们往往借助话语来达到某种目的，如阻止劝导、宣布命令、传递信息等。这些均为借助言语完成某种行为，施事行为蕴含于说话行为之中，在特定语境下赋予话语一种言语力量（illocutionary force），即语力。而取效行为是指话语所带来的后果的行为，譬如，借助言语我们阻止了受话人的行为，或者受话人接受了说话人的规劝不再去做某事，这就是借助话语取得了某种效果。[①]举例如下：

约翰对丽萨说："求求你了，亲爱的，回来吧。"

[①] 何兆熊：《新编语用学概要》，上海外语教育出版社2000年版，第93页。

话语行为：约翰在陈述这句话"求求你了，亲爱的"时，其实应为"我求求你了，亲爱的"，而"我"被省略，实际上"我"是指约翰本人，"求求"意为恳求，"你"和"亲爱的"均指丽萨，"回来吧"意为从远离说话人（约翰）所在地到说话人（约翰）身边。

施事行为：约翰在说"求求你了，亲爱的，回来吧"时，约翰是在恳求丽萨回来。

取效行为：（因听到约翰真挚的话语，丽萨果真回到了约翰的身边）约翰通过说"求求你了，亲爱的，回来吧"，使丽萨重新回到了他的身边。

奥斯汀进一步将说话行为分为三种行为："发声行为"（phonetic act）、"出语行为"（phatic act）以及"表意行为"（rhetic act）。发声行为即说话时要发出声音，而发出的声音即音素。出语行为是指按照某种语言的语法规则及语言习惯，发出符合规范的音节或词等语素。此外，说话时还要将语素、意义以及指称三者结合起来称为意素，这就是表意行为。奥斯汀表示，发声行为寄寓于出语行为，但出语行为却并不蕴含于发声行为之中。例如，鹦鹉发出了与"欢迎"相一致的声音，但这并不算出语行为，只能说鹦鹉完成了发声行为。所以，发声行为、出语行为以及表意行为的结合就成为说话行为。对于奥斯汀来讲，说话行为区别于施事行为和取效行为的关键是说话人只是期望借助说话行为传递某种思想，并未试图通过此种行为使受话人去做某事或在受话人身上产生某种效果。

实际上正如奥斯汀所说，他主要的研究兴趣是"施事行为"及其与"说话行为""取效行为"的区别。[①] 因为他认为传统哲学更看重说话行为或取效行为而并不关注施事行为。奥斯汀关注施事行为

---

① Austin, J. L., *How to Do Things with Words* (*second edition*), Oxford: Oxford University Press, 1975, p. 103.

体现在他试图梳理此种言语行为与其他两种言语行为的区别以及分类施事行为。而奥斯汀的区别以及分类的适切性问题却备受争议。诚然，奥斯汀本人并未对其理论进行充分论证，含混以及歧义之处在所难免，研究者具有争议符合学术研究常理。虽然塞尔基本认同奥斯汀对言语行为的分类，但是他仅仅保留了施事行为和取效行为这两个类别，用"命题行为"（propositional act）替代了说话行为，因为他认为每个说话行为都归属于施事行为。

　　奥斯汀将施事行为分为五大类别：一是裁决类（verdictives）。这类词是基于事实或价值的证据或理由，并对发现的某些证据予以公布，如估价（assess）、无罪释放（acquit）等。二是施权类（exercitives）。该类词可对某一行动提出赞同或反对意见，或是对该行动予以辩解。这类词可对某件事的最终状态加以决定或进行判断，如命令（order）、辩论（plead）、禁止（forbid）等。三是承诺类（commissives）。该类词是使说话人对某一行为作出承诺，如允诺（promise）、发誓（vow）、誓言（pledge）等。四是阐述类（expositives）。该类词用来阐述行为动①作，这包含阐述观点、澄清事实、讨论问题等，如解释说明（illustrate）、确认同一（identify）、坚持声称（affirm）、加以强调（emphasize）等。五是表态类（behabitives）。该类词指对他人的行为和全生命周期的反应，以及对他人过去和未来的所作所为的态度等，如致谢（thank）、致歉（apologize）、悲痛（deplore）、欢迎（welcome）、祝福（bless）等。然而塞尔并不赞同奥斯汀的上述分类，其原因有六个方面：一是这并不是对施事行为进行分类，而是对英语中的施事动词进行分类。奥斯汀似乎将施事行为的分类等同于各种动词的分类。塞尔认为，某些动词如宣布（announce）指的是施事行为借此实施的方式，而并不是施事行为本身。二是在奥斯汀所列举的动词中，有些并不属于施事动词，

---

① 本书中的"行为动作"一词，其中"行为"指儿童对刺激所作的一切反应，而"动作"强调的是按照交际目的，儿童作为社会角色与所处环境的位置变化。

如意图（intend）、怜悯（sympathize）、认作（regard as）等。三是这些分类尚未有明晰标准或统一准则。四是各个类别之间出现重叠成分，某些类别内部也出现诸多矛盾成分。五是某些类别内部也包含一些迥然不同的动词。六是每个类别所列举的所有动词并不一定对应于该类别的概念内涵。塞尔表示，奥斯汀的分类至少有六处缺陷，而最为严重的一处是该分类并未有贯穿始终的标准。①

奥斯汀在形成言语行为理论之后，曾尝试通过该理论验证"施为句"和"述谓句"的区别是否行之有效。然而，他的结论依然是，这种区别是行不通的。因为言语行为理论已经表明，言与行之间并不存在对立，也并不存在明确的沟壑。言总是意味着行，因为在任何正常条件下，实施发声行为均意味着做出了说话行为和施事行为，还可能产生了取效行为。这表明，既然我们的言语总是可以做事，那么"施为句"和"述谓句"之间的区别依旧成为问题。因此，奥斯汀认为，"施为句"和"述谓句"并非可以直观认识的产物，它们之间的区别在于言语功能之间，而非不同类言语之间。按照奥斯汀所述，"'施为句'和'述谓句'之间的区别问题与言语行为中说话行为和施事行为之间的区分问题的关系是特殊理论与一般理论的关系"②，原因如下：一方面，大体而言真假值用于判断"述谓句"和说话行为，而适切性可用来判断"施为句"和施事行为；另一方面，"施为句"和"述谓句"之间并没有绝对的鸿沟，而说话行为和施事行为也归属于某一言语行为的两个抽象概念，并非千差万别。鉴于上述两方面原因，奥斯汀将"施为句"和"述谓句"之间的区别视为关于说话行为和施事行为理论中的特殊理论。对于他而言，用一般理论代替特殊理论是言之成理的。但是，奥斯汀用一般理论代替特殊理论的说法缺乏根据。因为奥斯汀的"言语行为

---

① Searle, J. R., *Expression and Meaning: Studies in the Theory of Speech Acts*, Cambridge: Cambridge University Press, 1985, pp. 11-12.
② [英]奥斯汀：《如何以言行事》，杨玉成、赵京超译，商务印书馆2016年版，第XV页。

三分说"还存在说话行为和施事行为的区别,以及适切性与真假值的对立问题。从这一点来看,并不存在"一般理论"代替"特殊理论"的充分理由。事实上,奥斯汀难以精确区别"施为句"和"述谓句"的根本原因是他对"施为句"概念的看法前后矛盾,因此他决定放弃对其进行区分,只关注言语的普遍规律或者说语言的本质属性,而非特殊话语类型的区别问题。

当然,奥斯汀所强调的是语言的实际运用,即现实世界中的言语行为,具有"施为"特征。因此,他从原来只看重特殊类型话语的施事行为转向关注任何话语的"施为"规律。整体而言,奥斯汀将语言研究归入言语的探索之列,又将言语视为行为的方式,进而对言语行为进行考察。可以说,奥斯汀将对语言的研究转向对人类行为本质特点的研究,而施为话语只是他探索言语行事功能的媒介,并不需要特别关注。值得关注的是,我们在言说之中必定实施了诸多行为或者说做了诸多事情。

二 言语行为理论的发展

塞尔对奥斯汀的理论作了进一步补充与完善,对言语行为理论重新梳理使之更加系统化且符合规律,并且深化了言语行为的相关概念,从逻辑分析视角重构言语行为理论,使该理论发展成为阐释人类语言交际的理论。奥斯汀所构建的言语行为理论是将言则行视为语言具有的特定作用,而塞尔则认为言则行是语言的普遍规律和一般作用。[①] 对于塞尔而言,言则行意味着做事,如承诺、指令、陈述、请求等。此外,"言语行为三分说"后来被塞尔在《言语行为》一书中分为四类:发话行为、命题行为、施事行为、取效行为。值得注意的是,这里塞尔使用了发话行为和命题行为两个新的术语。发话行为指的是借助词、词组或句子来实施

---

① 蔡曙山:《20世纪语言哲学和心智哲学的发展走向——以塞尔为例》,《河北学刊》2008年第1期。

的行为。命题行为意指借助指称或判断而实现的行为。可以说，施事行为的实现离不开发话行为以及命题行为的合力。因为发话行为仅是词、词组或是句子的表达，而命题行为和施事行为却是在适切的条件之下，在特定的语境中以一定的言语意图说出某个词、词组或句子。所以很有可能出现如下情况：我们实施了发话行为却未能实现命题行为或施事行为，或是我们通过几种发话行为从而实现了一种命题行为或施事行为。针对命题行为，塞尔指出，它并不同于陈述或判断，因为陈述或判断属于施事行为，而命题却不是。例如下面这5个句子：

1. 玛丽将离开北京吗？
2. 玛丽将离开北京。
3. 玛丽，离开北京！
4. 希望玛丽离开北京。
5. 如果玛丽离开北京，我也离开。

上述5个句子含有共同的内容，即玛丽离开北京，每个例句都涉及玛丽这个人，并涉及她离开北京这件事。这些共同内容就是"命题"。

（一）塞尔对施事行为的分类

对于施事行为，奥斯汀认为其是言语行为中最重要的一种，因此他对施事行为做了大量研究，并发现施事行为语句的主要特点是都含有施为动词（performative verbs），如"命令""允诺""请求"等，它们具有一种言语力量。奥斯汀的这些观点似乎受到了弗雷格的影响，弗雷格曾表示句子在说出时具有某种力量，并且句子具有真假值之别，这与奥斯汀并不相同，后者认为并不是句子具有真假值而是句子可以完成言语行为。但是在句子具有力量这一点上，他们的看法是一致的。之后，塞尔补充并深化了奥斯汀的这一观点，认为施事行为的句子具有一个标准的逻辑形式：F（P）。P指的是施事行为的命题内容，此命题内容与施事行为力量 F 相伴而生。塞尔表示，大部分施为语句都含有明显的命题内容以及施事行为标志，而施事行为的力量表现方式除了施为动词，还包括重音、语调、语序等。塞尔指出命题行为可以取代说话行为，因为在多数情况下命题行为和施事行为都是密切关联的。正如上文提到的 5 个例句，每个例句都包含命题行为，同时每个例句又包含施事行为。然而塞尔进一步表示，在某些情况下个别施事行为的句子并不含有命题内容，如"万岁"这个施事行为句子就并不含有命题内容。塞尔进而从语法层面揭示出施事行为以及命题行为的语句特点。施事行为的句子是完整的语句，而命题行为的句子则是语句的片段。

对于取效行为，塞尔基本上认同奥斯汀的看法，即取效行为是说话人所说的话语对受话人、他人抑或是说话人本身产生的某种效果的行为，不论说话人对此有无意图。而取效效果的产生并不是由于施事行为的实施，也可能是说话行为在起作用。塞尔也认为，施为话语的确可以使人愉悦、信服、懊恼、担心等，比如通过辩论可以使受话人对某事深信不疑，通过劝说可以使受话人停止做某事，这都属于取效行为，取效行为可以对受话人的思想、行为、信念等产生某种影响。既然施事行为也可产生某种效果，那么如何区分施事行为和取效行为呢？对于这个问题，塞尔赞同奥斯汀的观点：虽然施事行为也可产生某种效果，但是该效果并不等同于取效行为所产生的效果。因为施事行为本身并不能保证一定会取得预期效果，所以其与取效行为不同。如"我警告你（痴情男子）不要再来骚扰我妹妹"这句话就属于施事行为，虽然可能会达到"警告"的效果，即该男子听到警告之后会多加考虑，但并不意味着会达到该男子接受警告而不再来打扰说话人的妹妹这种效果。相反，"我禁止你（痴情男子）再来骚扰我妹妹"则属于取效行为的句子，因为该语句包含使该男子不能再来骚扰说话人的妹妹的效果。

此外，塞尔对施事行为的分类问题也非常重视。维特根斯坦及其拥护者认为，语言游戏或者语言使用规则的种类是无穷无尽的。而奥斯汀和塞尔却持相反的态度，认为语言游戏或者语言使用规则的种类是有限的。塞尔进一步表示，语言用法的无限性这一观点的产生是因人们混淆了语言游戏之间的区分标准导致的。假若将施事行为视为划分语言用法的标准，这样我们借助语言所做的事情也会相对有限。① 但是，塞尔对于奥斯汀将施事行为划分为五大类持批评态度，因此他提出了新的分类标准，其中前三类标准极其重要。

第一，把握某种行为的目的（purpose）或言外之力（point）。阻止这种行为的目的或是言外之力在于这种行为使受话人不再做某事。承诺这种行为的目的或是言外之力是指说话人通过此种行为使受话人放心，并会对某事答应照办。陈述这种行为的目的或言外之力是指重现某件事的发展脉络。塞尔表示，言外之力（illocutionary point）属于施事行为力量的一部分，但这并不与施事行为的力量等同。譬如，劝说的施事行为的目的与阻止的施事行为的目的相同，其都是尝试使受话人避免做某事。但是，他们的施事力量截然不同。大体而言，施事力量是多种因素组合的结果，而施事行为的目的只是其中一种，尽管它是最主要的因素。

第二，词语与世界之间的关系问题。一些句子的命题内容可以与世界相匹配，这是施事目的的其中一个原因；而另一些句子的命题内容是使世界与之相匹配来作为施事目的的其中一个原因。由此，判断属于前者，而承诺属于后者。塞尔指出，施事力量可以决定命题内容如何与世界相关联。此外塞尔表示，当使词语与世界相匹配时，我们用向下的箭头（↓）表示；而当使世界与词语相匹配时，我们用向上的箭头（↑）表示。

第三，命题内容使说话人在心理状态上产生差异。通常而言，实施任何一种带有命题内容的施事行为，说话人都将会对命题内容

---

① Searle, J. R., *Expression and Meaning: Studies in the Theory of Speech Acts*, Cambridge: Cambridge University Press, 1985, p. 29.

在心理上或者态度上产生变化。例如，当某人承诺、发誓或确保某事时，他或她就会表现出做某事的意向；当某人陈述、描写、判断某事时，他或她就会表示相信某事；当某人命令、指示受话人去做某事时，他或她就会表现出试图使受话人去做某事的意愿；当某人劝诱、阻止受话人时，他或她就会表现出尝试使受话人不去做某事的愿望；当某人为了某事表示感谢时，他或她就会表现出对受话人充满感激之情。凡此种种，塞尔指出即使说话人并非真诚或并不具有那种意愿、希望或是感激之情的状态下，他或她也是在实施言语行为。塞尔以动词的首字母大写符号表示心理状态，如 B（Believe）表示信念、相信，W（Want）表示想要，I（Intention）表示意图，等等。此外，塞尔将这种心理状态称为"真诚条件"，依据心理状态对施事行为进行分类将会对语言用法有更加深入的了解。可以说，塞尔的言外之力、词语与世界的关系和真诚条件是对施事行为进行分类的基础。

鉴于此，塞尔对施事行为进行重新分类，他也将施事行为分成5个类别：

第一，断言类（assertives）。该类的意图是使说话人承认某事或某命题内容的真实性。该类成员可以在真假值之间被予以评定。塞尔借用弗雷格的判定符号"（）"表示该类成员的施事行为目的，用 P 表示相信某事。塞尔认为，断言类施事行为的判定方法是严格区别事件的真假值。因此，可用如下符号表示该类施事行为：

$$\vdash \downarrow B (P)$$

第二，指示类（directives）。该类施事行为的目的是说话人使受话人去做某事，这可能表现为指示的强度不同。说话人可能语气平和地请求受话人帮忙去做某事，也可能语气强硬地命令受话人必须去做某事。因此，塞尔用感叹号表示该类成员施事行为的目的手段，词语与世界的关系为使世界与词语相匹配，受话人用 H 表示，受话人即将做的行为用 A 表示。因此，可用如下符号表示该类施事行为：

$$! \uparrow W (H \text{ does } A)$$

第三，承诺类（commissives）。针对该类施事行为，塞尔大体上赞成奥斯汀的观点，认为其目的是使说话人有义务去做某事。这里，C 用于表示该类成员，真诚条件是具有意向性（intentionality），而命题内容是说话人 S 即将完成某件事 A。因此，可用如下符号表示该类施事行为：

C↑I（S does A）

第四，表达类（expressives）。该类施事行为的目的是凸显说话人对某件事的心理状态。表达式动词一般为：感激、抱歉、祝福、惋惜等。表达类不存在词语与世界的相关性。因为说话人不必使世界与词语相匹配，也不必使词语与世界相匹配。确切来说，表达类命题的真实性也被事先推定了。这里，E 代表在任何表达类中施事行为的目的，Ø 表示词语与世界并不存在相关性，P 为变量，涵盖表达类施事行为全部可能的心理状态。此外，在命题内容中某种特征（property）的产生可能与说话人 S 或受话人 H 有关。因此，可用如下符号表示该类施事行为：

EØ（P）（S/H + property）

第五，宣告类（declarations）。该类命题借助施事力量的指示方式得以存在，即通过宣告某事的存在使该事件得以产生。因此，可以说，是话语使某事成为可能。如，"我任命你为这组的组长"，"你被录取了"，"我将这条船命名为伊丽莎白号"，等等。该类施事行为的特点是使命题内容和社会现实保持一致。例如，如果我成功完成任命你为这组的组长的行为，那么你就会成为组长。当然，实施该类施事行为的说话人必须具有相应的社会地位才能宣告任命、录取候选人、命名船只等。然而塞尔表示，虽然宣告类话语需要具有上述条件，但是两种情况除外：一是超自然的宣告类话语，如上帝说"要有光"等；二是与语言相关的宣告类话语，如"我给该概念下定义"。这里，D 表示宣告类话语的施事行为的目的；此外，该类话语并不存在真诚条件，因此用 Ø 符号代替；P 为命题变量。最后，塞尔将宣告类话语用如下符号表示：

D↕∅（P）

与此同时，塞尔还强调宣告类话语的某些成员要素会与断言类话语的某些成员要素相吻合。比如，某些法律特例需要在发现事实的同时对该类事实从依法视角予以裁决，为之后的法律程序做准备。基于此，塞尔将该类话语定为断言类的宣告类话语。该类话语与普通宣告类话语不同之处在于其具有真诚条件。这里，Da 代表发出具有宣告式力量的断言这种施事目的，↓ 表示断言类话语中词语与世界的关系：使词语与世界相匹配，↕ 表示宣告类话语中词语与世界是双向关系，B（确信）代表真诚条件，P 为命题内容。因此，可用如下符号表示该特殊宣告类话语的施事行为：

Da↓　↕B（P）

塞尔之后，还有部分语言哲学家尝试将施事行为进行分类。如希弗（Schiffer）将施事行为分为⊢类和！类，前者包括断言、阐释、回应等，后者包括劝说、命令、咨询等。此外，万德勒（Vendler）将施事行为分成七类，他的分类标准基本与奥斯汀一致，但第五类操作类（operatives）和第七类疑问类（interrogatives）却是奥斯汀所未曾考虑的。归纳而言，针对施事行为分类，至今仍为语用学界研究的热点话题。①

（二）间接言语行为理论

维特根斯坦曾举例，想象一个游戏：B 回答了 A 关于石板或方石的数量，或放在某地的石料的色彩和形状的提问。如果 B 陈述"有五块石板"或断定"有五块石板"，那么它们之间的不同之处是什么？诚然，不同之处就在于这些语言游戏中角色成分的差异以及语调或面部表情等副语言的不同。假若说话时的语调一致，那么面部表情也可能会出现微妙差异。② 话语之间的差异归于语言的使用，

---

① 涂纪亮：《英美语言哲学概论》，武汉大学出版社 2007 年版，第 725—732 页。
② ［奥］维特根斯坦：《哲学研究》，陈嘉映译，上海人民出版社 2005 年版，第 13 页。

语言游戏多样性的背后是话语双方的言语意图不同。表面上看呈现的是问句，事实上可能是断言句，如"这不就是我要找的钢笔吗"从这里可以看出，维特根斯坦强调语言意义的形成是由语境、话语双方的背景知识及推理能力决定的。维特根斯坦的上述观点的确影响了塞尔，因此塞尔提出了间接言语行为理论（indirect speech act）。塞尔表示，间接言语行为即通过实施另一种言语行为来完成某一种言语行为[①]，也就是说，说话人试图通过句子的字面意思间接表达话语的言外之意从而实现真正的交际目的。在日常交际中，某些间接的施事意义并不明显，它受不同语境、背景信息、共享知识以及受话人构建话语意义的能力所影响。当说话人在特定的语境下说出某句话时，需要借助不同的言语行为表现方式充分展现出话语意图的言语力量对话语意义的作用。可以说，间接言语行为理论使我们深知：人们在进行话语互动时，所言和所行有时是不相吻合的。例如，"我太冷了"。如果他或她的言语意图是想传递此时此刻他或她的感受，那么这类语言是直接的。然而事实上，在诸多情况下说话人的话语意图是想借助该类表达告知受话人他或她希望对方为其关上窗户、打开空调、递上一件外套或是一杯热咖啡等，那么这就是间接言语行为。因为说话人在说这句话时实施了两个施事行为：一个是陈述；另一个是请求。说话人是借助完成陈述这一施事行为从而间接地实施请求这一施事行为。所以说，陈述只是说话人传递话语的手段，而请求则是其真正的言语目的。

间接言语行为理论是对整个言语行为理论的补充和发展，使研究者将言语行为研究延伸到诸多领域。实际上，塞尔的间接言语行为理论涵盖了两种施事行为，一种为主要施事行为；另一种为次要施事行为。主要施事行为是指表达说话人的真正言语意图或超级目

[①] Searle, J. R., "A taxonomy of illocutionary acts", in K. Gunderson, eds. *Language, Mind and Knowledge*：*Minnesota Studies in the Philosophy of Science*, Vol. 7, Minneapolis：University of Minnesota Press, 1975, p. 60.

的的那个行为，如上文提到的请求行为。而次要施事行为是指说话人为了完成主要施事行为而实施的另一种行为或者说是说话人的目的，如上文提到的陈述行为。若要正确解读说话人的主要施事行为，需要结合具体语境推断其主要的言语意图或超级目的，而次要施事行为的解读可直接考虑句子的字面意义或说话人的目的。

　　针对间接言语行为理论，目前可以借助两种视角对其加以解读。一是习语论。它强调间接言语行为通过某些固定用法或语言规则来实施某种行为。而固定用法或语言规则应视为整体，不可孤立分析。如此，这些习惯用法与施事行为所具有的相关联系可以较好解释语言的间接行为，然而这种方法过于浅显，存在诸多问题。因为在日常言语交际中，受话人对某些间接言语行为的反应因人而异，并非具有单一答案。再者，受话人对话语的解读并非单纯依靠语言形式与意义之间的联系，还要借助具体的语境。二是推理论。它则强调受话人经过合理推断话语的字面意义才会获得说话人的言语意图或超级目的。塞尔赞成推理论，他认为说话人所实施的间接言语行为是基于话语双方的共享知识、受话人的推理能力而实现的。[1] 实际上，与习语论相比，推理论的优势在于其强调话语的字面意义以及言外之意，认为说话人借助头脑中的逻辑推理能力，成功地实现了间接言语行为。所以说，推理论不只考虑到语言形式与意义之间的关系，而是将诸多复杂因素如情境、语用、推理能力等综合予以阐释。但是在某种程度上，塞尔也认同习语论的某些观点，因此他对间接言语指令进行了分类。可以说，塞尔将习语论和推理论加以整合来阐释间接言语行为理论。因此，上述两种理论观点并不是孤立存在的。因为，某种语言形式与某种语言功能之间并非必然相关，但通过人们不断使用逐渐成为习惯用法。只要我们对情境、语用、

---

[1] Searle, J. R., "A taxonomy of illocutionary acts", in K. Gunderson, eds. *Language, Mind and Knowledge: Minnesota Studies in the Philosophy of Science*, Vol. 7, Minneapolis: University of Minnesota Press, 1975, pp. 60 – 61.

推理能力等多种因素予以考虑，就会将习语论和推理论的合理之处发扬光大，更好解读间接言语行为理论。①

此外，针对言语意义与言语行为之间的对应性问题，塞尔还提出了言语行为的规约性理念。因为，言语意义不仅受制于言语意图，还会受到某些约定俗成的惯例影响。某些话语是在特定的规约性下完成的言语行为。塞尔曾表示，语言的构成规则形成了语义系统，言语行为则是基于上述规约条件而实施。于是他将间接言语行为分成规约性间接言语行为以及非规约性间接言语行为。规约性间接言语行为是指基于规约惯例对话语的字面意义进行推断的间接言语行为，即对固定用法按照惯例推理出间接的言外之意。② 规约性间接言语行为的使用主要是出于说话人对受话人的尊敬或是为了平和语气。而非规约性间接言语行为则具有非确定性，受话人要借助话语双方的共享知识、语言情境和非语言情境、会话准则等推断出说话人的言外之力。所以，塞尔使言语行为理论进一步向前发展，其分类标准更显规范化，可称为言语行为理论的权威之论，同时对语言哲学的发展起到了铺垫作用。③

（三）言语行为理论的评定

从上述研究可以看出，首先，奥斯汀通过抽象方法将完整的言语行为理论进行分类，进而又将说话行为分为三个子类别。这种从整体到部分，由大及小的抽象过程并不能体现出奥斯汀的思想历程。奥斯汀所区别的表意行为和说话行为并无实质上的不同。此外，奥斯汀认为实施说话行为的同时也是在实施施事行为，两种行为的不同之处在于说话行为与字面意义相关，而施事行为与语力相联系。在有些情况下，显性施为句中字面意义已经囊括了语力，那么对说

---

① 何兆熊：《新编语用学概要》，上海外语教育出版社 2000 年版，第 125—128 页。
② 何自然：《语用学概论》，湖南教育出版社 2002 年版，第 193 页。
③ 沈梅英等：《维特根斯坦哲学观视角下的语言研究》，浙江大学出版社 2012 年版，第 207 页。

话行为和施事行为进行区别意义何在？与此同时，奥斯汀通过间接引语进行施事行为的转述，这时表意行为与施事行为的转述结果一致。因此研究者普遍认为，奥斯汀对于表意行为、说话行为及施事行为的区别存在致命问题。之后，塞尔针对该问题予以回击，以命题行为代替施事行为和语力。他表示，虽然话语表达方式具有多样性，但其可以用来表达同一命题内容，彰显不同语力。这就使命题区别于字面意义，并可以保留语力的概念。[①]

其次，奥斯汀强调施事行为是规约性行为。因此他将施事行为的规约性视为区分施事行为和取效行为的主要特征。所谓的规约性，指的是通过施为句具体表示出来的施事行为。但是奥斯汀所说的规约性行为只适用于某些特殊场合，如庆典仪式等程式化的情境语境。而实际上，在日常交际中只有少数施事行为属于规约性行为。因此施事行为具有规约性的这一观点比较片面。此外，奥斯汀对于施事行为的分类标准也有待商榷。塞尔也表示，奥斯汀的分类标准存在六方面缺点：一是混淆了施事行为与施为动词的分类；二是在奥斯汀所举例的动词中有些并不属于施为动词；三是分类缺少统一准则；四是类别间出现重叠成分，某些类别内部也出现诸多矛盾成分；五是某些类别内部也包含一些迥然不同的动词；六是每个类别所列举的所有动词与类别的概念内涵不匹配。基于此，塞尔对施事行为重新进行了分类。塞尔所划分的五大类别比较具有影响力，被更多研究者所接受并予以应用。除此之外，塞尔提出了间接言语行为理论，旨在对语言的间接现象加以阐释。

在系统梳理言语行为理论的兴起与发展之后可以看出，学术界较多关注的是说话行为和施事行为，而对取效行为尚缺乏系统研究。因此，本书将从取效行为视角出发，重释以言取效与世界的关系。

---

① Austin, J. L., *How to Do Things with Words*, Beijing: Foreign Language Teaching and Research Press, 2002, pp. F29–32.

三 取效行为研究反思

奥斯汀提出了取效行为,并强调说话会产生效果。这里取效行为指言语之后,常常甚至在一般情况下将会对受话人、说话人或是其他人的情感、思想抑或是行为产生某种效果的行为。[①] 上述效果可能与说话人的言语意图或言语目的有关,而说话人的言语或非言语意图或目的决定了言语行为的意义所在。借助话语使受话人产生认可、恼怒、雀跃等行为都可归为取效行为。虽然奥斯汀本人认为取效行为是言语行为的组成部分,但他对取效行为的介绍和探讨仍显不足,尤其在施事行为和取效行为区别的问题上。此外,塞尔却认为取效行为是施事行为而非言语行为本身对受话人的情感、思想抑或是行为产生的影响。因此,我们说塞尔只从施事行为的角度阐释意义,将取效行为视为超语言要素而使其搁浅,忽视了取效行为的作用(Searle,2001:F26)。Levinson(1983)认为取效行为是言语对受话人的影响,这种影响还会受到语境的制约。他进一步指出,区分取效行为和施事行为存在困难。由此可知,目前关于取效行为的本质研究还缺乏明确的标准。

毋庸赘言,取效行为作为完整言语行为的一部分应该予以重视,因为它不仅丰富了言语行为理论,还可揭示话语双方在交际过程中出现的复杂现象(Davis,1980:37-55)。然而遗憾的是,取效行为研究却是一个长期被边缘化的薄弱环节。综观取效行为的研究对象,大致存在如下几种观点:一是认为取效行为并不属于语言学研究议题,因为它涉及诸多语言外因素;二是将取效行为视为特殊的言语行为,并具有独立的话语标识,因此它属于语言学研究议题;三是强调取效行为是包含诸多行为动作的超级结构,而行为动作又可被视为言说行为和意向行为的具体体现,由此,取效行为研究应

---

① Austin, J. L., *How to Do Things with Words*, Beijing: Foreign Language Teaching and Research Press, 2002, p.109.

同时考虑言说行为和意向行为，它是一种复杂行为（孙淑芳，2010：17）。

此外，取效行为研究还存在如下误区，如普遍存在将取效行为视为言语行为的结果，而忽视言语行为本身对取效行为的作用，或忽视言语双方的角色作用，从而陷入未能考虑受话人的实际影响等误区，这必然使取效行为研究偏离话语意义的形成轨迹。导致上述问题产生实际上是由于奥斯汀对取效行为概念的界定模糊。然而，取效行为研究应归属于语用学研究的一部分，这一点是毋庸置疑的。如 Morris（1938）认为语用学是符号与符号的诠释者之间的互动关系。Yule（1996）也表示语用学是说话人编码意义和受话人解码意义的过程。由此，研究取效行为的产生根源也应借鉴语用学的研究视角。

目前，国内外仅有为数不多的研究者对取效行为进行过比较系统的研究（Cohen，1973；Campbell，1973；Gaines，1979；Davis，1980；Gu，1993；Attardo，1997；Kang，2013；Kurzon，1998；Marcu，2000；Kissine，2010；刘风光、张绍杰，2007；刘风光，2009；尚晓明，2008；孙淑芳，2009；连毅卿，2011；程璐璐、尚晓明，2017；程璐璐、尚晓明，2017）。此外，部分研究者基本涉及一些取效行为相关方面研究（Sadock，1974；王正元，1996；Van Dijk，1977；Bach & Harnish，1979；Leech，1983；Norrick，1994；陈海庆，2008；陈海庆，2009；赵彦宏、赵清阳，2014；尚云鹤，2015；Schatz & González-Rivera，2016；Jhang & Oller，2017）。尽管研究视角不同，但研究者均阐释了对取效行为的独到见解。譬如，Campbell（1973）认为奥斯汀的取效行为忽视了语言的诗歌修辞维度，忽视了说话人、受话人以及话语情境在建构言语意义中的作用。因此，Campbell 并不认为奥斯汀的理论对阐释交际行为有过多价值。Gaines（1979）依据话语对受话人的情感、思想以及行为层面产生的影响，将取效行为进行分类，并提出取效行为产生的条件。Sadock（1974）在其著作中表示，说话行为以及施事行为也具有影响的效果，并将说话行为所产生的取效行为命名为"意义取效",而将施事行为所产生的取效行为视为"语力取效"。Gu(1993)认为奥斯汀走入了"行为"="效果"的误区,实质上判断说话人是否实施了取效行为还需考虑其交际动机或交际目的(意向)。因为取效行为是说话人所为,而效果则产生在受话人一方,根据效果判断取效行为实际上是依据受话人的反应来界定说话人的行为。所以,Gu指出言后之果是说话人和受话人相互作用的过程。鉴于此,取效行为并非说话人一人所为,而是话语双方合作的结果。Norrick(1994)阐释了谚语所具有的取效行为。王正元(1996)指出同义结构句具有相同的取效行为,反之,不具有相同取效行为的话语并不是同义结构。Attardo(1997)指出,在话语交际过程中受话人无须考虑说话人的言语或非言语意图或目的而只需进行合作,这就是Attardo提出的基于取效的合作原则。Kurzon(1998)探讨了取效行为的成功实施与受话人的配合以及在语用情境中的适切运用密不可分,并论述了取效行为在言语行为理论以及语用学中的地位,指出目前语用学研究应转向隐含说话人言语目的的施事行为,而话语对于受话人的影响并不是必要条件。Marcu(2000)强调了取效行为研究应以语料为基础,去证实或证伪语用事实。刘风光、张绍杰(2007)从取效行为的交互性本质入手阐释取效行为与诗歌语篇之间的必然关联性,并提出了基于取效行为的诗歌语篇模式,认为取效行为应分为意义取效、语力取效和互动取效。陈海庆(2008)将会话语篇视为一个完整的言语行为,而受话人的领悟和反应则是取效行为的具体体现。孙淑芳(2009)在深入分析取效行为本质内涵的基础上对意向行为和取效效果的匹配关系进行了探讨,并通过区别意向动词和取效行为动词,最终认为取效行为是以说话人的言语目的为起点,借助言说行为与意向行为、语调、取效行为动词以及言语行为方式对受话人产生某些作用或影响,而此处的取效效果则为言语行为的预期目标。陈海庆(2009)以文学语篇为范式阐明作者的写作意图,通过文学语篇这种媒介传递给读者,读者在语篇诠释和领悟过程中在心智状态以及行为方式上发生变化。而作者与读者潜在的动态互动过程体现出取效行为。连毅卿（2011）重新阐释了取效行为的本质内涵，并对取效行为的分类情况以及成功实现取效行为的策略途径作了深入分析。Kang（2013）认为在实施取效行为的过程中要考虑说话人的目的以及可达到的交际效果等。当说话人的言语意图与所要达到的交际效果相契合时取效行为才能成功得以实现，与此同时，取效行为的产生也离不开说话人和受话人的密切合作。只有话语双方不断调整交际策略才能顺利完成交际任务。赵彦宏、赵清阳（2014）在取效行为的指导下构建了跨文化交际中的第三文化。尚云鹤（2015）借助刘风光、张绍杰（2007）的取效行为模式，分析视觉诗歌作品中作者通过诗歌的形式、内容达到与读者的互动过程，并认为这也是一种取效行为的体现形式，因此其会对不同的读者产生不同的心理影响。Schatz & González-Rivera（2016）认为，说话人是否表达出施事力量以及是否对受话人成功产生了取效效果是衡量其语用发展能力的指标。Jhang & Oller（2017）通过研究发现，3个月大的婴儿就可成为交际得以成功实现的决定因素，因为看护人对婴儿的解读会对婴儿产生一定的影响，获得某些取效效果。如看护人对婴儿的鼓励或表扬会对他们产生积极的反馈效果；而看护人对婴儿的责备则会产生消极的反馈效果。

由此可以看出，取效行为并非说话人一人所为，而是话语双方合作或配合的结果。此外，取效行为还强调对受话人的心理、情感、状态、语言或是行为等方面所带来的影响。取效行为的产生也离不开话语双方相互作用的过程。对说话人而言，其话语对受话人实施了某种作用或影响；同时受话人接收到话语并对话语本身进行解码，使得自身心智状态或行为受到话语的影响之后发生某些变化，这是受话人对话语解码的必然结果。如宣告、质疑、询问等言语行为不但会改变受话人的知识构成结构（如受话人深信说话人所传递的信息的真实性，并接受该事实），还会使受话人产生震惊、忧虑、紧张等心智状态。然而，受话人在心智或是行为动作上的变化并不一定与说话人的言语意图相一致。因此，说话人不同的言语意图将会产生不同的取效效果。如"这件事，我试试办"这句话就会有不同的取效行为并产生不同的取效效果，如受话人会认为说话人在实施"承诺"行为，进而会使受话人的心理产生一系列变化，或因质疑而失望，或因深信而雀跃。此外，说话人的言语意图和言语动机对受话人产生的效果取决于说话人表达的得体性和适切性以及受话人的解码能力和语用因素等。由于受话人的知识、经验、兴趣、态度等方面各异，其对事物的解码能力和对语境因素的感知能力也存在差别，这必然导致受话人对话语产生不同的反应。事实上，话语双方的共享知识和背景认同越多，他们在交谈过程中就越容易解读出对方的言语意图。反之，话语双方的共享知识和背景认同越少，相互理解就越具有挑战性。此处的共享知识和背景认同指的是话语双方所共有的经验背景，这可能是双方长久的生活阅历积淀的结果，也可能是此时此刻共同感知经验的凸显，而这种背景或是感知经验是真实的、正确的，并可真诚地表达出说话人的情感，旨在达到相互理解的目的（尚晓明，2008：54）。所以，话语双方共享知识和背景认同的多少决定着他们对话语意义的理解程度，以及说话人的言语意图对受话人所产生的不同取效效果。由此可以推知，取效效果并不能确定，因为这并非由说话人单方所掌控，也就导致难以从语言层面研究取效行为的困境。

  综上，取效行为和取效效果是两个相互独立却又相互关联的概念。虽然奥斯汀提出了取效行为这一概念，但是他并未对取效行为予以清晰界定。此外，奥斯汀从因果关系阐释取效行为，排除了受话人的角色作用。根据分析，奥斯汀所提及的取效行为指的是对受话人产生的取效效果，而并不是指说话人所实施的动作取效。这就使部分学者认为取效行为并不属于交际行为的一部分，因此应在超语言层面进行研究。而事实上取效行为研究是在语用学研究的基础上，探讨受话人对话语的阐释、话语双方之间的言语和非言语互动过程以及双方心智行为模式。的确，心智行为的发展是人类认知结构不断地构建与再构建的过程。说话人会借助诸多方式和意象图式（image schema）构成话语命题内容，通过语用情境将话语与现实世界联系起来以表达言语行为并在实施交际行为时对受话人产生某种效果。由此可见，取效行为是话语意义建构不可替代的一部分，话语对受话人的影响必然会决定话语意义。而话语意义的建构又离不开说话人的言语意图以及话语的施事语力，因此取效行为实则是借助说话人的言语意图对受话人的心智状态或行为方式产生影响的行为（Grice，1957；Medina，2005）。从发展语用学视角来看，本书的取效行为是指说话人（儿童）为实现某种目的（如宣布、说服等）调用知识、借助语言和行为对受话人的心智状态和行为方式产生影响的行为。这样可以推知，取效行为体现了言语以及非言语行为的普遍特征，展现了儿童言语以及非言语的目的和交际效果之间的关系。[①]

四 取效行为的目的和效果

取效行为中言语和非言语的目的和交际效果具有一一对应的映射关系。说话人从特定的交际目的出发，借助知识、语言和行为及其交互关系，为达到预期交际效果而努力。

在言语和非言语交际中，说话人的言语和非言语目的或意图是交际的核心要旨，它以自身独特的方式通过知识、语言、行为及其交互关系得以实现。所以，知识、语言、行为及其交互关系是交际目的和超级目的的标识，话语和行为意义也是基于交际目的和超级目的建构起来的。而说话人对知识、语言、行为及其交互关系的选择势必会受到交际目的和超级目的的影响。实际上，交际目的和超级目的是人类为了生存需要，在长期的交际实践中所产生的交际意识。说话人根据交际目的和超级目的编码知识、语言和行为及其交

---

① 程璐璐、尚晓明：《学前儿童语用交流行为的发展特点与取效行为理论》，《学前教育研究》2017年第3期。

互关系以便表达，受话人基于此来解码交际目的和超级目的以便理解。确切来说，交际行为中话语双方的认知加工过程均是基于某个交际目的和超级目的的表达和对知识、语言、行为及其交互关系的选择而进行的。这样，说话人围绕特定的交际目的和超级目的选择适切的知识、语言、行为及其交互关系，受话人根据说话人所选择的语言编码来源要素判断其交际目的和超级目的。这里的言语和非言语目的指儿童通过言语和非言语行为（如知识、行为：表情、手势、眼神等）表达言语和非言语意图实现交际目的和超级目的，使受话人对其话语和行为进行解码。儿童的言语和非言语目的包括目的和超级目的。目的意指说话人实施言语和非言语行为的表层手段；超级目的指的是间接言语和非言语行为，即通过实施另一种言语或非言语行为来完成某一种言语或非言语行为从而达到真正的交际目的，儿童话语和行为多数都具有超级目的（Searle，1969：136）。此外，3岁儿童就已经具有表达超级目的的能力（Zufferey，2015：85）。

　　儿童的言语和非言语行为的目的和超级目的在受话人身上会产生某种交际效果。这种目的和超级目的有时会以显性、隐性或是探试方式出现。而儿童希望受话人在所有交际情境中都会对自己的交际目的和超级目的做出回应。因此，受话人若想使交际顺利进行就要尽可能识别出儿童的交际意图，构建出关于儿童言语和非言语意图的解码方式。解码方式越具体，交际效果实现的可能性就越大。受话人的心智状态或行为方式会随着儿童所传递的交际意图而发生变化。所以说，心智状态或行为方式是由某一交际目的和超级目的所引发。例如，他们试图阻止"我"做某事，正是这个阻止的言语行为构成了"我"停止做某事的原因之一。只有上述条件得到满足，才能获得所期望的交际效果。同理，如果"我"已经决定不再做这件事，然后他人正好也阻止"我"做此事，那么不能说"我"不再做此事就相当于实现了说话人的交际意图。此外还有一种情形是，说话人（儿童）会利用现成的语境因素来实现交际。如："妈妈，过来吧，看看这个不就是您要找的钢笔吗?!"这里，说话人（儿童）邀请妈妈走近，以此为手段意在告知受话人（母亲）钢笔就在眼前。如果受话人（母亲）做出正确的回应，说话人（儿童）的交际目的或超级目的就达到了，交际意图也就得以实现。理解说话人（儿童）的言语和非言语表达以及意义需要借助知识，调用语言、行为及其交互关系，而获得交际效果则由受话人对说话人（儿童）所调用知识、语言、行为及其交互关系的目的和超级目的的领悟（uptake）程度所决定。可以说，言语和非言语的最终目标是过渡到交际效果阶段，推理过程也从共享信念层面过渡到个人的心智状态层面。说话人（儿童）为使自己的言语和非言语行为被受话人所理解，必须确保每一个交际原则和策略方式都在共享信念之内。因此，共享信念内的交际规则方可顺利被调用，受话人才可识别说话人（儿童）全部的交际意图，并使自身的心智状态和行为方式与说话人（儿童）所表达的交际意图相匹配。由此，交际效果通过受话人对说话人（儿童）的信念、目的和超级目的的因果推理得以实现，这里的因果推理链是由受话人自身的知识和对动机的了解以及其赋予（attribute）说话人（儿童）的心智状态和行为方式构成的。在赋予过程中，受话人会不断推理说话人（儿童）的心智状态和行为方式，不论这种心智状态和行为方式通过显性或隐性或探试方式进行传递，都可被调整。[①] 在调整过程中，受话人的心智状态或行为方式会随着说话人（儿童）的言语和非言语方式的变化而有所改变。这里的改变既与受话人是否识别出说话人（儿童）的交际意图有关，又与交际双方的情感、态度、动机、信念有关。鉴于此，本书涉及的交际效果指的是儿童所传递的交际意图对受话人心智状态和行为方式的形成或改变所带来的影响。如果受话人对儿童的话语和行为作出了正确的解读，儿童的交际意图得以实现，交际效果从而产生。事实上，对交际行为和话语意义的理解需要交际双方调用知识，借助语言、行为及其交互关系得以实现，即在现实交际中，说话人（儿童）在说出话语

---

① ［意］巴拉·B. G.：《认知语用学：交际的心智过程》，范振强、邱辉译，浙江大学出版社2013年版，第119页。

或做出某种行为动作后会对受话人产生不同影响并取得不同的交际效果，即可预料效果、不可预料效果和探试效果。因此，在取效行为中知识、语言和行为的目的功能以及通过言语和非言语互动分别达到的不可预料效果、可预料效果和探试效果之间具有一一对应关系。①

第二节　取效行为的知识观

正如前文所述，取效行为的目的功能包括言语和非言语目的和超级目的。其中，非言语目的和超级目的包括知识和行为的目的和超级目的，即儿童可以调用知识、借助行为实现交际意图。而知识作为非言语的重要组成成分先于语言而产生，帮助儿童建构知识性话语意义。知识性话语能力的提高与皮亚杰的认知发展理论中所提到的儿童的认知发展来源于其对客观性知识（陈述性知识，下同）的掌握，与韩礼德的宏观功能中所阐释的儿童观察客观事物的能力，其对客观性知识、过程性知识（程序性知识，下同）、规约性知识（社会规约性知识，下同）和想象性知识的探索，与维果茨基在社会文化理论中所提及的儿童的认知思维能力的发展离不开其对客观性知识、过程性知识、规约性知识和想象性知识的把握这三者密切相关。因此，本节将从皮亚杰的认知发展理论、韩礼德的宏观功能和维果茨基的社会文化理论中析取出取效行为的知识观。

一　皮亚杰的认知发展理论

让·皮亚杰（Jean Piaget）是瑞士著名儿童心理学家。他起初对

---

① 事实上，儿童所调用的知识、语言和行为均可同时具有不可预料效果、可预料效果和探试效果。但是，基于我们对儿童自然语料的观察，发现在多数情况下儿童所调用的知识具有不可预料效果，所调用的语言具有可预料效果，所调用的行为具有探试效果。因此，我们说取效行为中知识、语言和行为的目的功能以及通过言语和非言语互动分别达到的不可预料效果、可预料效果和探试效果之间具有一一对应关系。

知识的来源以及儿童如何学会解释周围的世界产生了兴趣，因此开始关注儿童如何开始认知客观世界以及获得客观性知识，并在此基础上提出了认知发展理论。该理论是儿童心理学研究的典范，包括认知发展阶段理论和认知结构理论。它强调儿童知识的发展不仅体现在知识的增长方面，更体现在儿童认知结构的不断完善程度方面。

皮亚杰认为认知发展阶段理论经历4个不同阶段，每个阶段都可反映出儿童在该阶段的认知发展水平。

第一个阶段是感觉运动阶段，包括从出生到2岁这段时间。在此阶段，儿童获得物体永恒性以及表征概念，并借助感觉运动图式平衡感知输入和动作反应，以便依靠行为动作去适应社会环境。可以说，通过此阶段儿童从只具有反射行为的个体逐渐成长为对社会文化环境有所了解的独立个体。

第二个阶段是前运思阶段，大体上从2岁开始到7岁结束。在此阶段，儿童掌握通过符号表征事物或事件的能力，凭借表征符号进行思维，从而使思维能力有了突飞猛进的发展。此外，该阶段的儿童具有如下特点：一是儿童并不能很好地区分出有无生命的事物，往往将个人的意识形态移植到无生命事物上，这就是泛灵论。二是儿童难以接受并采纳他人的观点，只从自身角度来看待世界，这就是自我中心主义。三是儿童的思维会受到当前显著知觉特征的影响，难以区分部分和整体的关系，这就是缺乏层级类概念。四是儿童难以认知到形状或位置的变化并不是永恒的，其还可回归到原来的状态，所以说儿童缺乏对事物之间变化关系的可逆性的认识，这就是思维的不可逆性。五是儿童缺乏理解事物在物理格局上的变化即变形的能力，这就是缺乏守恒概念。

第三个阶段是具体运思阶段，这一阶段发生在儿童7—11岁。在此阶段，儿童依靠逻辑方式形成心智表征并以此凸显事物的运行方式，但仅局限于可以观察到的现象，而且该阶段儿童的计划能力也相对有限。同时，儿童的认知结构从前运思阶段的表象图式转变为运算图式，并逐渐掌握了守恒性、可逆性，此外儿童不再以自我为中心。

第四个阶段是形式运思阶段，11岁以上儿童和成年人才会用形式运思去思考存在的事物，具有元认知能力。该阶段儿童规避现实世界所带来的影响，学会了进行抽象思维，可进行假设—演绎推理，提出可能解决某个问题的各种假设并对假设命题富有创造性地推理，设计出解决问题的一套符合逻辑且有效的方案，最终找出满足条件的正确答案。

同时，皮亚杰提出了认知结构理论。皮亚杰认为儿童的思维发展会受到主、客体因素的双重影响。认知结构理论的基础就是图式（schema），它指的是儿童的认知结构是一种动态的心理组织，可对客体信息予以归纳、整理、重组与创新，使主体更好地适应外在客观环境，从而达到对客观性知识的理解。儿童的认知水平完全与认知图式相关。儿童可对刺激做出反应就在于其具备行为图式，所以，儿童的认知结构是可以改变的，因为儿童的认知在发展过程中会受到某些机制的制约，它们是同化、调适、平衡以及抽象机制（贾艾斯，2008：84）。具言之，同化机制是指儿童在输入新知识时，会调整新知识的表现形式以适应目前的认知结构。举例说明，儿童家里养了一只叫小白的小兔子。有一天，该儿童在公园里看到了另一只小白兔，也叫它小白。所以，儿童家里的小兔子的表征同化了公园里的小兔子。儿童将外部输入的信息同化到其认知结构中。这种认知结构表明，小白代表了所有的小兔子，也许还会代表白色的、毛茸茸的小动物。儿童只有不断修正自身的表征结构才会正确区分出不同的小兔子之间的差异，这就是调适机制在发挥作用。调适机制是指两个物体不断塑造彼此的表现形式。调适机制可扩展思维结构使其适应外界输入的新知识。譬如，儿童可按照范畴对动物的名字进行识记。如家里养的小兔子叫小白，街头狂叫的小狗叫毛毛，邻居家的小猫叫咪咪等。平衡机制是当儿童目前的认知结构可以接受大多数新知识时的状态。每个现有阶段所发生的变化都是为达到此种平衡状态所做的准备。平衡机制、协调同化机制以及调适机制之间彼此关联，使认知结构达到最佳的平衡状态。而抽象机制使当前阶段过渡到下一个阶段成为可能。此外，抽象机制帮助修复上一个阶段所造成的认知结构失衡问题。上一个阶段的认知结构同化到当前阶段的认知结构中，当前阶段的认知结构对上一个阶段的认知结构进行调适以便修复其不足之处，而平衡机制在此过程中保障同化和调适机制处于平衡状态（贾艾斯，2008：85）。

综上所述，皮亚杰的认知发展理论提示学龄前儿童处于前运思阶段。该阶段儿童的特点是以自我为中心，并不具备逻辑思维能力。因此，需要帮助儿童成长为学习的主体，不断掌握客观性知识。知识的获得是儿童主动探索世界和融入社会环境的结果，知识的积累是儿童进行创造和发现的条件。儿童可在充满智慧的环境下，自行发现、主动学习知识，不断进行认知建构，并鼓励儿童依靠自身掌握的知识解决当前问题。而儿童的认知发展过程是呈阶段式的，处于不同阶段的儿童其认知和阐释事物的方式有所不同。需要注意的是，儿童个体认知发展的速度具有差异性，并非同一个阶段的儿童其认知水平就会一致。此外，社会交往也会对儿童的认知发展起促进作用。皮亚杰认为，儿童与同伴学习、探讨的过程为儿童提供了了解他人看法的机会，尤其是当同伴的想法与自己不同时，会激发儿童重新思考并尝试比较或评量进而得出结论，这对儿童摆脱自我中心性与客观性知识的积累意义非凡。因此，儿童会逐渐养成自主探索客观性知识并发展对知识进行处理、加工、整合的能力。

二　韩礼德的宏观功能

儿童放弃自我生成的原型语言进入成人语言系统阶段的过渡时期所呈现出的语言功能即为宏观功能。事实上，儿童从 2 岁起就开始逐渐过渡到成人语言系统。韩礼德将宏观功能划分为理性功能以及实用功能两个部分。理性功能强调儿童将语言作为观察客观事物以及不断积累客观性知识的方式。该功能是由早期阶段的儿童所掌握的启发功能、个体功能等微观功能延伸而来。[1] 如小亮小时候去附近的食杂店买糖果，她认为那家食杂店具有双重功能：既能买到糖，又给钱。现在她长大了，通过观察将买糖的行为与给予、拥有、交换和面值等客观性知识相关联并应用于现实生活，不再认为食杂店是给钱的地方。[2] 而实用功能指儿童利用语言知识来做事的方式，这里知识的掌握标准是人与人之间如何利用语言，即在现实世界中，儿童如何使用语言来获得过程性知识、规约性知识和想象性知识。[3] 如豆豆一边向妈妈讲述蜂蜜柚子茶的做法，一边吧嗒着小嘴巴。如此，儿童利用过程性知识传递了"我想喝蜂蜜柚子茶"的需求。又如，妈妈买来儿童喜欢吃的蛋糕，儿童凑到妈妈身边说"妈妈，辛苦了"，一边说一边盯着妈妈手里的蛋糕。这样，儿童利用规约性知识传递了"我想吃蛋糕"的需求。再如，儿童让爸爸扮演孙悟空则是利用想象性知识传递了"想与爸爸玩儿"的需求。该功能是由工具功能、控制功能以及交互功能等微观功能演变而来。可见，理性功能和实用功能是儿童所掌握的七种微观功能的简化。虽然功能的数目缩减了，但是这两种功能所囊括的意义广泛至极，这也说明儿童每次都可以通过一句话传递出若干种功能、若干种交际目的。因此，与微观功能相比，儿童所掌握的宏观功能更复杂、更抽象。[4] 儿童对宏观功能的掌握使其不断观察纷繁多变的外在世界，并积累相关知识，并借助知识指导自己的行为，以此传递交际目的和超级目的。

三 维果茨基的社会文化理论

维果茨基（Vygotsky）是苏联心理学家，社会文化发展理论的

---

[1] 朱永生、严世清：《系统功能语言学多维思考》，上海外语教育出版社2001年版，第22—23页。
[2] 尚晓明：《儿童语用发展知识图式探究》，《外语电化教学》2016年第4期。
[3] 尚晓明：《儿童语用发展知识图式探究》，《外语电化教学》2016年第4期。
[4] 朱永生、严世清：《系统功能语言学多维思考》，上海外语教育出版社2001年版，第23页。

奠基人。他重点探讨儿童思维和语言、学习和发展之间的关系。维果茨基曾认为，人类的智能和心理发展（语言和思维）首先出现在儿童阶段。儿童面对呈现给他们的语言和解决问题的方法等文化工具时，只能慢慢适用这种功能，属于"借用"阶段。随着时间的流逝，儿童通过反复使用这种工具形成了程序化知识。文化塑造了儿童的特殊行为方式和社会文化思维模式，帮助儿童更好地适应社会文化环境，使环境为儿童自身服务。与此同时，维果茨基认为儿童的语言和思维是两个独立发展的心智行为，因此提出了语言和思维发展的不同阶段。他认为儿童语言的发展要经历四个阶段。

第一个阶段是从出生到 2 岁，儿童的语言处于一种初始化阶段。该阶段的典型性特征是婴幼儿不具有任何智慧活动。语言的发展始于情感本能的反射行为，如哭、闹、喊、叫等。而后他们可以发出具有社会性的声音并获得规约性知识，如笑声等。初始化阶段出现的词是婴幼儿对某些物品或需求的代替物。比如，当儿童看到母亲走近时会脱口而出"妈妈"，而当儿童口渴时看到水就会说"水"。这些词只是儿童条件反射的体现，因为儿童只知道所喝的无色无味的液体与"水"这个声音具有关联性，但"水"这个词对于他们而言没有任何意义。

第二个阶段始于 2 岁左右。该阶段的儿童词汇量增长迅猛，具有获取客观性知识的能力，这主要与儿童主动探索周围事物有关。在此过程中，儿童会学到诸多知识，如表示事物的名称。可以说，这一时期儿童所掌握的词汇不再是条件反射的结果。他们开始真正了解语言的象征符号意义以及这些符号所指称的事物。尽管儿童可以进行遣词造句且生成符合语法规范的语句，但他们并不能完全理解语法的深层结构。

第三个阶段出现于 4 岁左右。该阶段的儿童多数表现出自言自语的行为方式，尤其在游戏之中体现得更为明显，因此这一个阶段也被称为自我中心阶段，具备调取想象性知识的能力。根据维果茨基所言，儿童在此阶段的说话方式标志着语言思维的出现。语言影响儿童的思维方式，相反儿童的思维方式也会左右语言的形成。语言思维可以帮助儿童找到解决难题的最佳方案，是儿童在活动中的副产品。譬如，儿童在做拼图游戏时会借助语言进行思维，即"有声思维"。

第四个阶段被称为内部成长阶段。在此阶段，儿童可将语言逐渐予以内化。头脑中的符号系统替代了话语的声音形式，而这些符号系统在语言思维和问题解决方面具有相同的作用。这样，语言和思维变得无法分割，思维成为内部语言，同时语言变成一种思维方式①，从而帮助儿童掌握过程性知识。

再者，维果茨基认为儿童思维的发展要经过三个阶段，而第三个阶段是儿童真正获得过程性知识的阶段。

在第一个阶段，儿童的分类还是杂乱无章的。在初始阶段，儿童对事物所形成的概念表征只是借助试误法来获得，事物和概念之间的结合也没有必然联系。随着儿童思维的发展，他们开始逐渐注意到某一事件的出现是与其他事件相伴而生的，因此，儿童会将母亲的出现与被人关注联系起来。在第一个阶段尾声，儿童对分类范畴的把握还是不尽如人意，但有些儿童开始意识到自身的分类范畴存在问题，并促使其过渡到第二个阶段。

第二个阶段是"综合思考"阶段。按照维果茨基所言，综合是找出事物之间必然联系并进行分类的基础。起初，儿童将事物之间的每一种关联都作为综合的依据，如大小或颜色等。儿童将依据事物之间的不同点进行归类，比如让儿童对文具进行归类，他们会将1支铅笔、1把小刀、1块橡皮归为一套文具，而不是将所有的铅笔放到一起，再将所有的小刀放到一起。随着儿童感知经验的不断丰富，其思维能力将有所发展。

在第三个阶段，儿童掌握了运用概念化以及抽象思维进行思考

---

① [英]贾艾斯·B.：《发展心理学》，宋梅、丁建略译，黑龙江科学技术出版社2008年版，第66页。

的方式,并以较为复杂的方式对信息进行整合。在此,人类的抽象思维符号工具——语言发挥了重要的纽带作用。比如,此阶段的儿童可以在一幅图中识别出小鱼或按照英文字母顺序将点连成熟悉的图案。

总之,在第一个阶段,儿童已经掌握要将语言和思维结合起来的事实。而在第二个阶段,儿童将语言和思维结合得更为紧密,语言在思维形成的过程中发挥着巨大的作用,同时思维的最终目标是借助语言传递思想。抽象的符号是社会的产物,因此社会环境在儿童心理发展中产生了影响。儿童的社会交往以及相关的社会行为帮助儿童对客观性知识、过程性知识、规约性知识和想象性知识进行建构,而心理机能也通过外在的社会维度向内在的心理维度发展。儿童所有复杂的心理机能都是在社会环境中得以内化,并通过复杂的社会活动使心智能力不断发展。而儿童的主要社会活动便是游戏,游戏是促进儿童心智发展的途径之一。儿童在游戏中常常借助复杂的心智工具即自我中心言语,帮助他们寻找问题的出路并引导自身的行为方式。鉴于此,维果茨基提出了最近发展区理论(Zone of Proximal Development, ZPD),认为最近发展区反映了儿童在独立完成任务中解决问题的实际水平,即儿童的实际发展水平与在成人或年长儿童的帮助下所达到的解决问题的水平,也就是潜在的发展水平之间的差距。所以儿童在游戏中逐渐掌握尚未内化的知识,体验前所未有的学习经验,比儿童实际水平更高的成就(但要低于潜在发展水平的上限)刺激了儿童,这就促进了儿童的发展。简言之,儿童所生活的社会文化环境为他们提供了相关的认知工具,如语言,这对于儿童客观性知识、过程性知识、想象性知识和规约性知识的积累、掌握以及高级心理机能的成熟具有重要意义。

皮亚杰的认知发展理论、韩礼德的宏观功能和维果茨基的社会文化理论都是以儿童为中心。认知发展理论通过儿童认知结构的发展来解释其语言能力的发展。它强调儿童与环境的相互作用,儿童主动融入环境,并通过同化、顺应和平衡的过程逐渐发展其客观性知识。此外，儿童借助认知结构了解周围世界，在平衡—失衡—新的平衡中实现认知发展。因此，客观性知识的获得是儿童主动探索世界的结果。这就意味着儿童在不同的认知发展阶段，其认知和解释事物的方式不尽相同。韩礼德的宏观功能是儿童放弃原型语言向成人语言过渡时出现的功能，宏观功能揭示了儿童如何将语言作为观察周围事物的手段，并借此学习客观性知识、过程性知识、规约性知识和想象性知识的过程。儿童在知识积累的同时，可以通过语言做事。维果茨基的社会文化理论认为，对儿童发展的理解需要依靠儿童所经历的历史和文化背景。可以说，儿童的发展与儿童个体成长而形成的符号系统息息相关，其认知能力的发展始于社会关系和文化，儿童的客观性知识、过程性知识、规约性知识和想象性知识的发展都离不开学习并使用社会的创造发明。所以，皮亚杰的认知发展理论、韩礼德的宏观功能和维果茨基的社会文化理论给予我们的启示是：知识是非言语的组成部分，包含交际双方基于互有的认知环境所掌握的客观性知识、过程性知识、想象性知识和规约性知识。儿童只有具备关于世界、社会和相关心理学知识才能理解受话人的话语，并产生可被受话人解读的句子。实际上，儿童在前语言阶段就具有掌握世界知识的能力。因此可以说，知识先于语言而产生。但是儿童借助知识来做事并不是一步到位的，具有不可预料效果。因为知识是难以捕捉的、隐性的，潜藏在话语之中，需要受话人借助共享知识、交际情境并依靠记忆中的假设、假设图式、命题网络关系、表象系统及图式、产生式知识和认知策略来感知儿童调用知识的目的和超级目的，这一过程也需要依靠这种隐性取效来得以实现。而解读儿童的知识是难以把握的过程，需在推导中理解其所体现的超级目的。[①]

---

① 程璐璐、尚晓明：《学前儿童语用交流行为的发展特点与取效行为理论》，《学前教育研究》2017 年第 3 期。

第三节 取效行为的语言观

儿童借助语言表达交际意图，使受话人对儿童的话语目的和超级目的进行解码，所以话语意义是由儿童和受话人共同构建的。儿童话语的生成源于生活又高于生活，是生活形式诸多层面的缩影，并被连接到语言游戏的网络之中，为人类之间的相互理解奠定了基础（维特根斯坦的"语言游戏说"）。此外，儿童借助语言传递诸多社会需求（韩礼德的微观功能）。同时，儿童和受话人为了达到共同的理解程度需要借助关联理论，在认知语境下寻求最大的关联，实现优化关联推理（关联理论）。由此，我们便从维特根斯坦的"语言游戏说"、韩礼德的微观功能以及交际与认知视角下的关联理论析取出取效行为的语言观。

一 维特根斯坦的"语言游戏说"

维特根斯坦，20世纪最具影响力的哲学家之一，主张通过语言视角全面地思考世界，提倡哲学的本质就是语言，因为只有在语言中才能探索出哲学的精髓（沈梅英等，2012：1）。他的思想分为前期思想和后期思想，体现在两部著作中：一部是《逻辑哲学论》；另一部是《哲学研究》。事实上，维特根斯坦后期的主要哲学思想是"语言游戏说"。而"语言游戏说"提出的目的之一就是摒弃传统的意义指称论，因为传统的意义指称论强调一个名称的意义对应于它所指称的事物，两者可以相提并论。但实际上，名称的意义与它所指称的对象常常具有差异，与名称对应的是其意义而非对象。据此可以得出如下推论：语言对于说话人的现实生活意义重大，语言的使用一定会与语言活动背后的非言语行为关系密切。语言只有在适切的语境中才能起到实质的作用，意义才能得到凸显。因此，维特根斯坦在彻底否定传统的意义指称论基础上提出了新的意义理论，即"语言的意义在于使用"。换言之,无论是说话人还是受话人,双方都是语言的使用者。说话人若要正确传递出一个命题,就要知道该命题的用法;同理,受话人若想理解一个命题,就要了解该命题的用法。只有掌握了语言的用法,才会将"意义"与人类活动相关联,将语言与活动相关联,并最终将人类与"生活形式相关联"。① 这就是"语言游戏说"产生的背景。

"语言游戏"曾被维特根斯坦这样论述:"语言游戏是一种相对简单的使用符号的方式,这就与我们高度复杂的日常语言符号的使用方式要有所不同。"儿童也是通过使用简单符号的方式开始运用语言。因此,语言游戏研究等同于原始语言或原始形式研究。② 之后维特根斯坦表示,语言和行动(伴随语言而产生的行动)的结合体就是"语言游戏"。③ 将语言视为游戏,在某种程度上是一种无法定义的中庸之道,而这种中庸之道恰好诠释了维特根斯坦的智慧所在。所以,维特根斯坦通过具体实例来揭示"语言游戏"之内涵,如编故事、讲故事;编笑话、讲笑话;唱一段歌等。④ 这些实例提示,游戏并不是传统意义上所认为的具有共有的本质属性。实际上,游戏之间是一种盘根错节、交叉重叠的关系网,类似家族成员之间的相似性。可以说,维特根斯坦的"语言游戏说"意在说明,正如游戏活动的多种多样,语言的用法也是五花八门。"语言游戏说"强调语言在日常中的实际运用,揭示词语使用之间的"家族相似性"以及相互之间的差异性。维特根斯坦认为语言是一种生活形式,因此"语言游戏"的多种多样也是"生活形式"丰富多彩的真实写照。如果要全面把握"语言游戏"之内涵需要完全理解"生活形式"这

---

① 范秀英:《语言游戏的语用维度》,中国社会科学出版社 2014 年版,第 44 页。
② 韩林合:《维特根斯坦论"语言游戏"和"生活形式"》,《北京大学学报(哲学社会科学版)》1996 年第 1 期。
③ [奥] 维特根斯坦:《哲学研究》,李步楼译,商务印书馆 2000 年版,第 7 页。
④ [奥] 维特根斯坦:《哲学研究》,李步楼译,商务印书馆 2000 年版,第 18 页。

一概念。"生活形式"表现为一种"世界图式"（a picture of the world），存在于我们赖以生存并继承下来的所有"世界图式"之中，是"语言游戏"得以存在的基础（尚晓明、张春隆，2002：13）。"语言游戏"这一内涵阐述了如下事实，语言的使用是一种现实的活动，或归为生活形式的一部分。① 维特根斯坦提出"语言游戏说"是以人类使用的动态语言为切入点，将交际双方、话语情境、规则用法、理解方式、意义生成以及生活形式综合统观，充分考察语言在使用过程中的确切意义。这也进一步说明，语言使用根植于日常生活，但永远无法逾越生活的极限条件。

此外，"语言游戏说"另一重要特点是它具有规则性。维特根斯坦将语言活动比作游戏，是由两者所具有的规则性决定的，因为要做任何一项游戏都必须遵守相应的规则。语言游戏也就是话语双方思维的对垒，说话人尝试在游戏中实现自我的交际目的和超级目的，这就需要话语双方的言语和非言语内容实现相互理解，并为后续相关游戏的开展提供条件，这就是规则。语言规则的制定与游戏规则一致且具有任意性，并非出于外在现实世界，其目的完全来自语言自身。② 语言规则在语言游戏中始终贯穿统一，在游戏运行中不断被予以修订以确保交际的顺利进行。可以说，规则是语言的实际用法，在不断的使用中变为一种约定俗成，而这种约定俗成使得规则变为一种强大力量，使人们难以违背。同时，规则在语言实际运用中不断完善、进化，旨在适应当今语言的发展进程。

"语言游戏说"对当代语用学的发展产生了深远的影响，或者说，当代语用学的产生归功于维特根斯坦后期思想的启迪，这就为后来言语行为理论的提出奠定了思想基础。事实上，奥斯汀的言语

---

① ［奥］维特根斯坦：《哲学研究》，李步楼译，商务印书馆2000年版，第17页。

② 江怡：《西方哲学史》第8卷（下），江苏人民出版社2005年版，第523页。

行为理论与维特根斯坦的"语言游戏说"不谋而合。奥斯汀将言语行为分为三大类，即说话行为、施事行为和取效行为。说话行为指的是说话人借助语言传递意义。施事行为指的是警告、宣布、陈述等，具有某种共识性，可体现说话人的言语意图，这点与"语言游戏说"中发出命令、服从命令等具有异曲同工之妙。而取效行为指的是话语所产生的效果，具言之，倘若受话人接受了说话人的信息并解读出言语意图，如说话人想请受话人打开空调，那么说话人就会在客观世界中看到其想要的变化。上述则是言语行为理论的主要观点。随后，塞尔继承并发扬了奥斯汀的言语行为理论，并对施事行为进行了更为细致的分类。鉴于此，可以判断维特根斯坦的"语言游戏说"关于言语功用的观点为言语行为理论的提出奠定了理论根基。维特根斯坦认为，语言，包括话语和语篇，具有多种用途、传递诸多言语目的。这说明，语言被视为游戏意在强调语言的述说是一种活动，而活动就会具有多种目的[①]。因此，借助语言做事情也是奥斯汀和塞尔评述言语行为理论的先决条件。概言之，正是由于这种先决条件，基于言语行为理论的语用学研究才会如此蓬勃发展。而儿童语言表达能力的提高正是在语言游戏中得以实现的。儿童在此过程中掌握语言的多样性和表达的丰富性，借助语言并遵守相应的语用规则，在动态语境下把握人类一切的实践活动以及词语的实际用法。语用规则也会因语境的变化而不断调整，此时儿童和受话人也会调动既有经验，保证"语言游戏"的顺利进行，同时儿童的社会性也在语言运用中得以体现，这也是语言存在之意义。

二　韩礼德的微观功能

韩礼德将语言视为交际的形式，意在突出语言的工具性这一特点，其使命就是阐释交际双方如何借助意义潜势的选择在社会文化情

[①] 沈梅英等：《维特根斯坦哲学观视角下的语言研究》，浙江大学出版社2012年版，第18页。

境中完成各种功能。这可揭示语言在社会环境中实现交际效果的过程，以及语言在各个层面上的诸多特征。对于韩礼德而言，儿童习得语言的经历实则揭示了儿童借助语言传递诸多社会需求的过程，这便是微观功能。微观功能指的是儿童的七种语言交际功能。一是工具功能（instructmental function），即儿童借助语言传递自己的愿望或要求，如"我要气球"；二是控制或调节功能（regulatory function），指儿童借助语言操控或调节受话人的行为，如"跟宝宝这样做"；三是交互功能（interactional function），即儿童利用语言与受话人进行交际，如"阿姨好"；四是个体功能（personal function），即儿童借助语言凸显自我，使受话人关注该儿童或其行为表现，如表达自我与受话人之间的关系，如"我爱妈妈"，或期待受话人对自己进行评价，如"我很乖，是不是啊"；五是启发功能（heuristic function），即儿童借助语言探索客观世界，如"妈妈，人为什么会做梦啊"；六是想象性功能（imaginative function），即儿童借助语言建立有别于成人的自我世界，如"我扮演孙悟空，爸爸扮演唐僧吧"；七是表征功能（representional function），即儿童求助于语言告知受话人相关事件，如"妈妈，我想跟你说件事"。[1] 在韩礼德看来，上述功能揭示了人类语言文化的共性，儿童所掌握的功能一般都会依照此顺序出现，而表征功能则是在最后出现。而儿童借助自我生成的原型语言只能传递一种功能。换言之，该时期儿童的语言和功能存在一一映射关系，即当儿童试图利用语言支配他人时（即运用控制功能），就不可能同时认识客观世界（即不能运用启发功能）[2]，尽管如此，这却是儿童向成人语言体系过渡的充分必要条件。[3] 因为成人语言也是在上述多元化功能的基础上

---

[1] 李宇明：《儿童语言的发展》，华中师范大学出版社 2004 年版，第 256—257 页。

[2] 朱永生、严世清：《系统功能语言学多维思考》，上海外语教育出版社 2001 年版，第 22 页。

[3] ［英］韩礼德：《婴幼儿的语言》，高彦梅等译，北京大学出版社 2015 年版，第 32 页。

发展起来的。① 诚然，儿童所掌握的微观功能呈现了语言的本质属性以及建构文化语境的原始来源，② 并帮助儿童在社会交际中学会借助语言表达诸多交际需求。

三　交际与认知视角解读关联理论

关联理论作为一种认知理论，它帮助话语双方在社会环境中实现相互理解。通常而言，说话人深信自我言语信息传递准确；而对于受话人而言，其可完全理解说话人所传递的确切语境内涵，在此基础上加以引申、加工。那么，我们不禁要问，话语生成与理解的运行机制是什么？要回答上述问题，就要从认知心理学视角对其加以阐释。实际上，关联理论的核心思想也是一种认知心理学理论，它的主要独特之处体现在从认知的角度研究语用现象，通过概念表征在认知语境中加工并传递刺激信号（话语），说话人调用合理假设（assumption）（话语双方在主观上认为是一种事实的思想），对话语意义进行心理表征。受话人在接受语句之后，为理解该语句需要不断调整认知语境，调用或加入相关假设以便产生语境效果。但是受话人不会无止境地付出过多的处理努力（processing effort）搜索语境效果，即对语句进行认知加工中所耗用的心智力量。可以说，心智力量要与相应的语境效果进行匹配，关联理论借助心智力量与语境效果之间的对应关系来界定关联（relevance）的内涵。语境效果越大，说话人传递的言语信息就越具有关联性；相反，心智力量越大，言语的关联程度就越小。话语双方期望实现的是言语可带来足够多的语境效果且遵循认知省力原则以便实现语境效果和心智力量的黄金比例，从而达到优化关联（optimal relevance）。对于说话人而言，他/她所选择表达思想的方式会使受话人以此为基准使用适当的心智

---

① ［英］韩礼德：《婴幼儿的语言》，高彦梅等译，北京大学出版社2015年版，第47页。
② ［英］韩礼德：《婴幼儿的语言》，高彦梅等译，北京大学出版社2015年版，第53页。

力量得到相应的语境效果。可以说,说话人为了使受话人完全理解其话语意义,会尽可能使用最具关联的表述方式。受话人在解读话语时会选择认知语境中排序最靠前的假设。因此,说话人和受话人在无形中都使用了关联原则,用最小的心智力量推导最佳的认知效果,直到关联期待得到满足。而说话人话语信息的处理,以对关联期待的满足或放弃为基准。

此外,关联理论还沿袭了格莱斯的"意图"内涵。通过关联理论审视格莱斯的独到之处在于,其认为如果可以抓住说话人的言语意图,交际就可能成功。因为对言语意图的把握是一种人类认知与交际的显著特征。[1] 可见,格莱斯通过说话人的言语意图来阐述"意义",斯特劳森在此基础上提出了新的表述方式:要使语句 p 具有意义,S 务必意图使(1)S 对 p 的表述对于受话人 H 而言产生某种回应 r;(2)H 解读出 S 的意图(1);(3)H 对 S 的意图(1)的解读至少使 H 具有某种理由,做出回应 r。关联理论对格莱斯的定义做出修订,凸显信息意图与交际意图的差异,即除去意图(3),将意图(1)视为信息意图,意图(2)成为交际意图。综上,格莱斯和斯特劳森所说的"句子"指的是一切使物质环境发生变化的信号,并满足如下三条准则:信号由说话人发出;意在使受话人接受;证实受话人的意图。而关联理论将受话人所接受并使物质环境发生变化的信号解读为一种心理学上所使用的"刺激"这一术语。目前,语用学研究者受到格莱斯研究的启发,尝试对言语交际中的相互理解机制予以明晰界定。因此,明示—推理理论指的是:说话人发出刺激信号,借此信号对受话人进行明示,并使明示背后的言语意图更为显明,使受话人在由明示刺激所改变的认知环境中对说话人的言语意图进行推理。[2]

---

[1] Sperber, D., D. Wilson, *Relevance: Communication and Cognition* (Second Edition), Beijing: Foreign Language Teaching and Research Press, 2001, p. 25.

[2] 曾建松:《关联理论本土化研究》,博士学位论文,黑龙江大学,2016 年,第 12 页。

言语行为理论提出的前提就是语言可以用来做事，这是对极端狭隘、只关注语言传递信息的用法的一种有力回击。奥斯汀表示，要深入理解语言的本质特性就要认识到语言根植于社会环境的过程、了解语言可以用来做出的行为种类、把握话语交际双方成功实现交际意图的路径。语言既然在社会环境中产生就要遵守编码交际原则以及依据明示—推理理论。因为关联理论可以帮助受话人理解儿童所传递的言语意图并推导出丰富且准确的非论证性推理结果。所以从交际的符号理论来看，信源和信宿分别是儿童和受话人的中枢思维过程，编码器和解码器代表交际的语言能力，刺激信号是儿童的某个具体思想，信道是载有声响信号的气流。因此，交际实则揭示儿童的交际目的如何显现的过程，而交际目的包括目的和超级目的。这里，目的指的是儿童传递刺激信号的意图，是对受话人显明的一组假设Ⅰ，是儿童所能采用的最为关联的刺激信号；超级目的是真正的言语目的，它使儿童所发出的刺激信号对话语双方互为显明。受话人在接受刺激信号后，在认知环境中依靠刺激信号显明其他一些假设功能，努力加工儿童所传递的信息的超级目的并借助认知假设，从而对儿童做出有效回答。

维特根斯坦的"语言游戏说"揭示了"语言游戏"和生活形式的密切关系，词语的意义通过"语言游戏"得以体现，语言和伴随语言所产生的行为便组成了"语言游戏"。基于维特根斯坦的"语言游戏说"可以推断，语言不能简单地被视为意义工具，而是一种复杂的现象——语言游戏。后期维特根斯坦认为，语言是依托语言游戏而存在的，它的使用是在语言游戏中进行的，也可以说是在具体的语境中实现的（沈梅英等，2012：98）。换言之，若想真正理解话语意义，只对句子进行语法、句法分析和逻辑语义推理还相去甚远，理解语言的意义还需要语境的支持，实现语境向生活的转变。因此，儿童与受话人在进行话语互动时，儿童借助语言实现话语的交际目的和超级目的，而话语的意义由儿童和受话人共同构建，受话人需基于社会互动环境等因素解读儿童的话语意义。此外，韩礼德表示儿童学习语言是一种学习如何借助语言表达诸多交际需求的过程。儿童语言在向成人语言过渡中一般具有七种功能，即工具功能、控制功能、交互功能、个体功能、启发功能、想象功能和表征功能，上述功能也统称为微观功能。这样，儿童在社会交际中学会借助语言表达诸多言语目的和超级目的。而交际与认知视角下的关联理论强调从认知的角度（心智状态、交际背景、命题态度、认知环境、已有图式）解读儿童与受话人的语用现象。在交际过程中，受话人借助认知假设以及儿童所发出或加工的刺激信号（语句）对儿童的交际意图，即目的和超级目的进行推理。受话人通过儿童的话语感知其交际意图，而语言是可以被理解的、显性的，具有可预料效果。通过语言对话语的意义进行解码，并借助交际需求、心智状态、社会互动环境、交际背景、命题态度、认知环境、已有图式等要素形成认知假设，把握儿童的交际目的和超级目的，这就是显性取效的过程。

第四节　取效行为的行为观

儿童借助行为动作表达交际意图，使受话人对儿童的行为目的和超级目的进行解码。儿童通过规约性非言语行为在交际情境与受话人之间建立起以相互理解为趋向的某种协调关系。话语双方在共享的现实世界中依据共享语境共同确立交往行为的目的和超级目的，以便在非言语行为上达成一致共识。随着儿童感知经验的不断丰富，他们可以操控更具精细化的动作，使动作更加协调。这样，儿童的行为就会具有某种目的性，可随时计划、实施以及调整行为方式（哈贝马斯的交往行为理论）。此外，儿童在与受话人进行非言语互动时，其思想和行动之间存在必然关系，通过非言语行为可以揭示儿童的心智意识。由此，儿童通过对行为的记忆与模仿在互动中掌握了社会团体所共享的非言语行为符号系统，以期促进其社会适应能力（符号互动论）。鉴于此，我们依据哈贝马斯的交往行为理论和符号互动论的核心内涵析取出取效行为的行为观。

一 哈贝马斯交往行为理论的语言学思考

法兰克福学派第二代主要代表人物之一哈贝马斯提出了交往行为理论。该理论以符号为载体，以规范为基础，强调交往行为的合理化以及在交往过程中的相互理解和承认。平等的交往与合理的理解是人类本身的发展方向。进一步讲，客观世界存在的主体要以交往的自由为前提，并为主体间关系服务。只有达至人类之间可以自由交往，并通过他人重新认识自我的程度时，方可将客观世界视为另外的主体来认识。① 同时，哈贝马斯以交往行为理论为框架研究普遍语用学（universal pragmatics）。普遍语用学是交往行为理论中最为重要的根本层面，这是由交往行为的本质属性所决定的。交往行为是语言理解行为，是话语主体间以言语或非言语作为交往媒介、以普遍性的规划作为准则的一种交互性行为。这里的规则指的是社会团体所有成员达成的一种交往共识，并在具体的情形下履行相应的行为。从某种意义上说，普遍语用学是以研究人类相互理解为目的的交往行为的学说，是关于交往的一般理论，② 其任务是创造话语双方可能理解的普遍条件，即交往的一般假设前提，因为以理解为目的的行为是最根本的东西。③ 其基本观念是不仅语句中的语音、句法和语义特征，而且话语中的某些语用特征包括语言和言语、语言能力以及交往能力，都可以进行普遍的重构（尚晓明、张春隆，2002：25）。此外，话语主体借助言语和非言语手段达成交际共识，并创设

---

① ［德］哈贝马斯：《作为"意识形态"的技术与科学》，李黎、郭官义译，学林出版社1999年版，第45页。
② ［德］哈贝马斯：《交往与社会进化》，张博树译，重庆出版社1989年版，"英译本序"第11页。
③ ［德］哈贝马斯：《交往与社会进化》，张博树译，重庆出版社1989年版，"英译本序"第1页。

一种较为理想化的言语和非言语情境，为平等、自由、自主、互动的话语主体间自愿交往和相互理解奠定基础（衣俊卿，2008：231）。

可见，交往行为是指具有言语和行为能力的主体间的互动方式。主体之间通过选择某种交际方式，借助行为语境进行沟通，在相互理解的基础上通过协商将彼此的行为目的与行为效果进行关联，旨在建立一种和谐的人际关系。行为目的强调在现实世界中事物与主体的吻合程度，这一程度通过言语和非言语行为与内心世界的反思关系加以衡量；行为效果是主体在现实世界中所追求的社会事实或社会有效性，通过客观世界和主体心智状态的改变加以判断。哈贝马斯将言语和非言语作为目的行为模式的沟通媒介，以便使受话主体解读出说话或行为主体的交际意图。在交往过程中，说话或行为主体和受话主体同时从生活世界出发，与客观世界、社会世界以及主观世界进行关联，以期进入一个共同的交往语境（哈贝马斯，2004：95）。事实上，哈贝马斯始终追随并详细分析了与交往行为理论相关的各家学派针对语言之独见，并认为言语行为理论是其中最具特色的理论，因此他主要围绕奥斯汀和塞尔提出的言语行为理论来建筑通向普遍语用学的桥梁。在此，交往能力是交往行为构成成分中的核心要旨，交往能力指说话或行为主体以互为理解为交往前提，将适切的话语或行为应用于现实世界中并使话语或行为与现实世界相统一。而这种统一性是由三方面实现的：一是选择陈述性语句的能力；二是说话或行为主体传递言语和非言语意图的能力；三是实施言语和非言语行为的能力。而哈贝马斯的交往行为理论的根基是第三方面，并基于此重新阐释奥斯汀的言语行为理论的首要任务，即澄清话语中的行为目的，强调主体在完成行为目的的同时具有某种生成性力量并建立了一种人际关系。这里的生成性力量体现为说话或行为主体在完成一个言语和非言语行为时，通过使受话主体与其产生某种人际关系而影响受话主体。这种关系是说话或行为主体和受话主体之间的某种确定关系（尚晓明、张春隆，2002：25—26）。

正如哈贝马斯所言，交往行为的实现与以理解为趋向的言语和非言语的规约用法不无关系。换言之，儿童的交际行为归属于言语行为。儿童通过行为动作与受话人进行沟通旨在达成交往共识。共识的基础是儿童与受话人彼此信服，并在相互理解、知识共享的前提下实现行为本身、客观世界、主观世界以及社会的和谐统一。儿童的非言语行为的成功实现需要满足如下条件：儿童的感知经验要逐渐丰富，可处理更为精细化的行为。儿童通过行为来表达交往目的和超级目的，使行为具有目的性并对其进行计划、实施与适时调整。同时，受话人需接受儿童提供的非言语行为内容并识别出非言语行为的目的和超级目的，以及对其中的有效性要求采取相应的态度。儿童通过完成一个非言语行为，对客观世界以及受话人的心智态度或行为方式产生了某种影响。可见，儿童在追求目的的同时会将非言语行为与目的和超级目的相关联，认清非言语行为实施的条件并将非言语行为视为实现其超级目的的工具或策略行为。这样，儿童的非言语交往目的是从明确的非言语行为表达中产生出来的。此时，受话人根据语境、有效性要求以及约定俗成的行为符号内涵理解了儿童行为表达的含义并采取"肯定"的立场，在达成最终共识的基础上深入解读出儿童调用行为的目的和超级目的。

二 符号互动论的核心内涵

符号互动论（symbolic interactionism）也被称为符号相互作用理论，是社会心理学领域的重要理论，于 20 世纪 30 年代由美国社会学家布鲁默在其著作《人和社会》中提出，而米德（Mead）和库利（Cooley）在此基础上提出了符号互动论的基本原理。符号是一种社会生活的本源，指任何可代表人类某种意义的事物，如言语符号（语言、文字等）和非言语符号（动作、表情、姿势、场景等），主要涉及具有象征意义的语言或行为对交际双方的思想、行为、情感等方面带来的一系列反应。动作实施者借助各种符号进行互动，动作接受者借助符号理解动作实施者的行为，动作实施者也可通过动作接受者的反应来评价自身的行为对动作接受者造成的影响。鉴于此，符号的互动意指动作实施者基于符号将自身的观点、目的传递给动作接受者，同时动作接受者借助符号来理解动作实施者，并通过阐释动作实施者的行为动作所蕴含的符号意义而做出相应的反应，从而实现交际双方之间的互动。事实上，主体在实施行为时常常使自身的行为与社会环境中他人的行为保持一致。为了实现这种一致性，动作实施者必须充分了解自身和动作接受者诸多行为的象征意义。因此，只有掌握了言语和非言语符号，人类才产生自我意识并可以站在他人的立场了解自我，运用在社会环境中所学到的符号来选择适切的行为方式从而指导、控制自身的行为活动，这与库利的"镜中我"不谋而合。此外，主体在与他人进行互动前需要充分了解他人在社会中所扮演的角色，并依据规约扮演好自身的社会角色，从而与他人建立好协调互动机制。概括而言，人类日常交际中离不开对符号的运用，因为人类的一切思想、行为、观点都是借助符号来表达的。符号传递者所传递符号的清晰程度，符号接受者对符号的不同领悟将产生不同的反应。而这种反应又作用于符号传递者，促使其产生进一步的行动计划，从而形成人类交际行为的发展过程。

　　基于符号互动论的观点，个体通过与社会群体中的其他成员不断互动，记忆与模仿具有社会共识的行为符号而融入社会团体。在社会互动中个体形成了对社会的认识并达成了一致的社会规范和价值取向，如我们对约定俗成的行为的掌握是在交流互动中不断形成的。儿童在与他人的交往中获取了非言语符号意义，意义的学习过程即是与他人互动的过程，这样儿童可在交流互动中不断改进或重塑交际中使用的非言语符号，完善自我的非言语交往能力，根据具体语境扮演好相应的社会角色，并借助手势动作、姿势表情等非言语符号选择对应的角色，以便使交际顺利进行。同时，动作接受者通过了解儿童的社会角色并扮演好自身角色形成与儿童的良性互动。

　　哈贝马斯的交往行为理论重点阐释在沟通过程中，随着儿童感知经验的丰富，儿童的行为更显精细，可以与受话人同时从生活世界出发，与客观世界、社会世界以及主观世界发生关联，以求进入一个共同的语境。而行为是具有目的的，儿童需要计划、实施并调控行为，以便选择一种最理性的方式旨在达到相应的目的，且在他人面前有意识地表现出自己的主观性行为。其中，相互理解是交往行为的核心，而语言具有辅助作用。符号互动论的观点认为，个人作为群体一分子，通过与群体互动学习（记忆与模仿行为动作）走向社会。在与他人互动过程中，人们才逐渐形成自己关于世界的看法，形成共同的社会规范制度以及价值观。这对于个体自我概念的形成，以及自我语用能力的发展是至关重要的。因此认为，行为作为非言语的另一种组成部分，在本书中指的是儿童通过伴随发声所产生的行为方式，可传递交际意图，这需要受话人对此加以解读，从而判断出儿童行为的目的和超级目的。儿童通过行为动作的探试产生探试效果，取得受话人对其行为的目的和超级目的的理解，从而取得高度合作的效果。这里需要注意的是，由于受话人在解读儿童行为时会受到文化、认知、心理等多方面的影响，从而会做出多重推理和解读，这便是受动取效。受动取效在行为层面上的作用使得儿童的行为意图充分调动受话人的认知策略（人类演绎机制），并基于行为图式、认知假设以及现实语境来对儿童的行为意义进行理解。[1]

本章小结

本章基于语用发展阶段即为取效行为阶段这一论点，参考国内外研究者对儿童语用发展能力从知识、语言和行为层面进行界定的研究成果，以及对儿童语用发展中知识、语言和行为相关理论进行详细梳理，重新解读取效行为。总而言之，取效行为研究以语用学

---

[1] 程璐璐、尚晓明：《学前儿童语用交流行为的发展特点与取效行为理论》，《学前教育研究》2017 年第 3 期。

研究为基础，它主要揭示受话人对话语的诠释度、话语双方之间的言语和非言语互动过程以及双方心智行为的构成模式。取效行为凸显出言语和非言语的目的和交际效果之间的关系。

　　本章基于皮亚杰的认知发展理论、韩礼德的宏观功能、维果茨基的社会文化理论，析取出取效行为的知识观。因为上述三个理论都强调了儿童通过融入外部世界获取过程性知识、客观性知识、规约性知识和想象性知识实现知识的积累，从而使儿童的认知能力获得发展。由此，儿童便可利用相关知识发起知识性话语，达到自身交际的目的和超级目的，同时借助维特根斯坦的"语言游戏说"、韩礼德的微观功能、交际与认知视角下的关联理论析取出取效行为的语言观。上述三个理论也凸显出儿童常常考虑交际需求、心智状态、社会互动环境、交际背景、命题态度、认知环境、已有图式等语言编码来源要素[①]在具体的客观语境中实现诸多交际意图，受话人需要基于上述要素解读儿童的目的和超级目的这一客观事实。此外，根据哈贝马斯交往行为理论和符号互动论析取出取效行为的行为观。上述两个理论的共同之处是儿童作为社会的个体，在现有的社会规范制度和价值观基础上，通过感知达到行为的协调，通过对共识行为的记忆与模仿，对行为的计划、实施和调控选择最理想的方式与群体进行互动，以便表达自身的交往行为目的和超级目的。本章通过重新梳理取效行为的知识观、语言观和行为观，为学龄前儿童语用发展取效行为理论框架提供解释。

---

① 语言编码来源要素包括交际需求、心智状态、社会互动环境、交际背景、命题态度、认知环境、已有图式等要素，下同。

第 三 章

学龄前儿童语用发展取效行为
理论框架的设想

正如上文指出，取效行为的知识观、语言观和行为观归属于取效行为的目的功能，儿童可借助知识、语言和行为及其交互关系分别实现自我的目的和超级目的。而儿童通过知识、语言和行为等言语和非言语互动方式又可分别达到不可预料效果、可预料效果和探试效果。可以说，取效行为的目的功能和效果之间具有相关性，同时取效行为的目的会通过取效过程过渡到效果。因此，学龄前儿童语用发展取效行为理论可反映取效行为的目的和效果之间的互动关系，为说话人（儿童）和受话人感知、同构以及理解言语和非言语意义提供理论框架。

第一节　学龄前儿童语用发展取效
行为理论的目的说

本节具体阐释学龄前儿童语用发展取效行为的目的功能，从知识、语言和行为三个层面论述儿童如何借助言语和非言语行为实现其目的和超级目的。

一 儿童调用知识的目的和超级目的

儿童的一切言语和非言语实践活动都是在获取、储存以及利用知识的过程中进行的。这里的知识被视为一种解释力,是非言语的组成成分之一,意指儿童的认知成果同时又是儿童发展认知的前提条件,它来源于对客观世界的观察与实践。按照儿童言语和非言语活动(INCA – A 编码系统和自定义编码,并结合皮亚杰的认知发展理论、韩礼德的宏观功能以及维果茨基的社会文化理论)从底层到表层对所囊括的知识进行分类,可将儿童的知识分为社会规约性知识(social conventional knowledge)、想象性知识(imaginative knowledge)、陈述性知识(declarative knowledge)、程序性知识(procedural knowledge)四大类别。

(一)社会规约性知识

社会规约性知识是指儿童在社会与文化环境中通过向他人学习、模仿才能获得的关于社会规范、技能和准则的知识。这种知识不依赖于事实性或客观的标准来判断其对与错。在此过程中,儿童的心理和生理两方面均获得发展,进而不断适应社会和文化环境并逐渐掌握被该社会团体所认可的行为方式。与此同时,儿童也掌握了适应社会的能力,在与他人的交往过程中具有融入社会所需的品质和特征。例如,儿童在遇到父亲的朋友时会主动问"叔叔好";在与同伴进行游戏时会制定相应的游戏规则并按照规则实施游戏;东方文化中的儿童在进餐时会使用筷子等。由此,儿童对他人和外部世界的认知逐渐趋于客观和深刻。随着社会交往经验的丰富,儿童开始理解他人言语和非言语行为的目的,并在内心深处形成社团生活所具有的"相似性",即一致的价值观和信念。从一定意义上说,儿童社会化的过程是与社会的教化分不开的,因为儿童在与社会文化环境融为一体时会将社会知识技能、行为范式和价值观等内化,并形成被社会所认可的行为方式和个体特征以便适应并改造社会,进而使自身获得发展。同时,儿童社会化的发展也离不开文化传承的作用，儿童在汲取社团群体的文化风俗习惯和价值观念时会对社会化的本质有较为深入的认识，从而形成对文化的认同。

可以说，儿童的社会化是社会教化与儿童内化二者结合的必然结果。社会教化源于社会赋予儿童的符号系统，这种符号系统可通过在社会环境中的自然灌输而习得，也可通过专门教育而掌握。借助该符号系统儿童可在社会中扮演相应的社会角色并习得某些社会经验。此外，儿童作为社会的主体并不是对社会规约制度、文化习俗以及价值标准进行简单临摹，而是从自身的意向出发为自我的行为、规范等寻找根基，为形成个性化的社会个体探求方向。在社会个体形成的同时，儿童从自身视角重新解读社会文化并与成人共同创造新的文化以及积极地习得社会规约性行为，这就是所谓的反向社会化、再社会化以及正向社会化的过程。除此之外，儿童在多元文化的影响下会以本民族文化为基石，综合各民族乃至各国文化，成为文化的存在者。总之，儿童是社会文化的塑造物，是社团文化的继承者，是在社会规约的准则内确定自我的社会角色。

因此，儿童经过社会的教化以及自我内化之后可通过调用社会规约性知识方式表达其言语和非言语目的和超级目的。在此过程中，儿童会基于社团群体共享的价值观念、风俗习惯、行为技能和共有信仰向受话人传递其知识性言语和非言语的行动意图。实际上，儿童会按照对现实世界的理解以自我目的和超级目的的实现为基点将社会规约性行为有意识、有目的、创造性地再现出来。而受话人由于与儿童共享同一社会规范制度和准则并结合交际情境，可以迅速解读出儿童借助言语和非言语规约性知识所传递的目的和超级目的。比如，吃饭的时间到了，母亲让儿童乖乖地坐在餐桌前吃饭，可儿童还想继续玩 10 分钟的电脑游戏，并说道："吃好饭就给我玩，吃不好饭就不给我玩对吗？"这一实例说明，儿童知道应该按照就餐时间的规范进行用餐，但他还是希望可以玩电脑游戏，因此通过选择问句的方式表达向母亲证实的目的，从而实现一会儿可以继续玩电脑游戏的超级目的。

（二）想象性知识

想象性知识是指儿童对头脑中的现有形象进行加工并重新组合成新形象的相关认知。此外，儿童借助体现文化结构和概念结构认知操作过程，在幻想世界和神话世界中实现以虚代实。事实上，儿童在 2 岁之后其想象力可获得飞速的发展。可以说，幼儿的想象力最为活跃，贯穿于诸多活动之中，如做游戏、听音乐、读绘本、讲故事、堆积木等活动都离不开想象性知识。儿童想象性知识的发展趋势是从简单的自由联想升华为创造性的想象。具体为，儿童想象性知识的无意识性发展为有意识性，简单的再造性发展为复杂的创造性，极度的夸张性发展为符合逻辑的现实性。从某种程度上说，无意识想象属于自由联想，在儿童初级阶段处于绝对优势地位。这种无意识想象并无预期目标、特定主题，由外部刺激而直接引发并受儿童的兴趣或情绪等因素影响，想象的内容缺乏系统性和统一性。儿童在无意识想象的过程中会获得某种满足感。而有意识想象是在后天的教育中逐渐形成的，但是 6 岁之前的儿童其有意识想象还处于较低水平。此外，再造想象在幼儿阶段占主要地位，而创造想象是在此基础上发展起来的。幼儿再造想象的发展与游戏活动以及看护人的语言描述分不开，它会根据外界环境的变化而发生变化。由此，幼儿再造想象为儿童创造想象的发展奠定了基础，即再造想象可以转换成创造想象。儿童最初的创造想象是一种无意识的自由联想，可以认为是一种最低级的外显式创造，一种介于模仿与创造之间的略微改造。随着儿童的不断成长以及认知能力的逐渐发展，其创造想象的情节种类和数量不断丰富，由此，儿童可以在不同中找到非常规性的相似之处。儿童的想象性知识还具有夸张性，他们会夸大事物的某些部分或某类特征，混淆想象与真实的存在，这都是由儿童想象表现能力和认知水平的局限所致。但是，伴随儿童认知水平以及想象力的发展，儿童的夸张性想象会逐渐趋于合理且符合逻辑现实。

实际上，各年龄段学龄前儿童的想象性知识各具特点。2—3 岁儿童的想象性知识缺乏目的性，想象内容简单、单调且需要感知觉的帮助，想象过程缓慢，常常与记忆中的知识相混淆且依赖成人的语言提示。3—4岁儿童的想象力缺乏贯穿始终的主体，想象内容贫乏，较为零散且为无意义的联想。此外，该年龄段儿童想象的数量较少。4—5岁儿童的突出特点是无意识想象中出现了有意识的成分。这时他们的想象具有了目的性和计划性，尽管还具有零散性，但想象内容较从前丰富很多。5—6岁儿童有意识的创造想象开始出现，有意识的想象部分较为显著并符合客观逻辑。同时，他们的想象内容也丰富多彩并具有情节性，新颖程度显著增强。

因此，儿童可以借助想象性知识完成言语和非言语行为并实现自我的目的和超级目的。儿童依靠头脑中已有的表象（感知过的事物在儿童的头脑中留下的印记）并对其进行改造和利用，这种新的形象可能是儿童从未感知过的或是在现实中并不存在的，但是儿童却可借助想象性知识表达出对客观世界的看法或是自我行动的目的和超级目的。而受话人需要调动记忆中的假设和假设图式并结合交际情境对儿童的想象性知识加以解读，理解儿童通过想象性知识所传递的目的和超级目的。例如，儿童听说哥哥在备考便联想到哥哥要想通过考试可以向牛魔王借芭蕉扇，母亲听到这里，便会借助记忆中的假设和假设图式并结合现实语境解读出儿童想象性话语的目的和超级目的。这里的目的是指儿童想通过神话的力量实现以虚代实；超级目的是指该儿童使母亲深信哥哥通过考试还是有希望的。

（三）陈述性知识

陈述性知识是指儿童在外界环境中所掌握的有关客观事实及其背景或它们之间的关系方面的知识，主要回答事件的属性、产生的根由以及变化情况等问题，这可以帮助儿童描述并识别事件或客体。换句话说，陈述性知识是关于某事物为事实的知识，是儿童有意识掌握并可被陈述的知识，它以命题的形式储存在儿童的头脑之中，这些知识可以借助词语进行表达或通过视觉手段进行描述，它的主要表征方式是借助命题之间的网络关系、表象系统或是图式而存在。事实上，命题通过句子进行表达，是陈述性知识的最小单位，可表述某一事实或描述某一状态，常常由一个关系和一个以上的论题构成。在此基础上，某些涉及共同信息的命题相互关联便成为命题网络。表象意指对事物信息的大致情况、方位顺序的表征，是对事物诸多物理属性进行持续保留的一种知识形式。可见，表象系统借助意象编码（外界输入的信息与记忆中已存储的概念或思想相关联，旨在识记新信息）贮存相关事件和客体的信息，这种表象表征与实际知觉相类似；当命题无法表征宏大的概念时，便会求助于图式进行表征。图式是儿童头脑中关于客体、事件以及相关情境的知识结构，包括事实和概念图式、自我图式以及角色图式等，可表征抽象的知识。

此外，同化是陈述性知识产生的心理机制，可以通过赫尔巴特的统觉理论、皮亚杰的图式理论以及奥苏泊尔的有意义学习过程理论进行阐释。统觉理论主要强调新概念知识被现存于意识中的旧观念知识所同化或吸收。正如赫尔巴特所表示的一切概念的存在并不是独立的，而是与其他概念相互关联成为一个"概念团"，这个"概念团"凭借统觉过程将相关的新概念吸纳过来，并且会伴随统觉过程不断扩张直至趋于完善成为概念体系，最终成为统觉团；皮亚杰的图式理论指的是图式通常会对输入的外部刺激进行选择和重组，以便将外部刺激内化于已有的图式之中，这也是同化的过程。在儿童成长的过程中也会将环境因素内化于自我的图式之中，以便强化或丰富有机体的动作活动；奥苏泊尔在提到有意义学习时表示，借助符号所表达的新概念往往会与儿童认知结构中的现存知识建立起实质性的联系。总之，儿童可通过观察、学习和理解获得陈述性知识。此外，儿童对语言的认知、对语用知识的掌握均属于陈述性知识范畴。因此，儿童对陈述性知识的激活速度较慢，是一种有意识的过程，需要儿童对相关事实进行确认与再现。比如，母亲和儿童在家里看电视，窗户边摆着几盆花儿，儿童突然一边手指着花儿、一边手指着窗户，妈妈顺着儿童的方向看去，说道："有哈气了。"这时儿童回答："我们里边热，外边冷，肯定会有哈气的。"上述例子表明，儿童在利用陈述性知识阐释窗户上有哈气的原因，即其陈述性知识话语的目的。而超级目的是儿童想让妈妈把屋里的花盆挪到温暖的地方，防止花儿被冻坏。儿童是以命题的形式在头脑中贮存该问题的原因，通过词语的方式表达出来。更进一步说，需要借助命题之间的网络关系、表象系统或是图式等形式进行表征。同时，受话人可借助上述表征方式对儿童调用陈述性知识所传递的目的和超级目的进行解码。该例子中所提及的命题之间的网络关系指的是：（1）室内是热的；（2）室外是冷的；（3）由于室外温度低、室内温度高，空气中的水分子遇冷后会液化；（4）这种液化现象一定会产生哈气。同时，儿童需要将外界输入的信息（产生哈气的现象）与记忆中已储存的概念进行关联，这便是表象系统。再者，儿童还会对头脑中关于此物理现象的知识结构进行选择、改造，以便同化到现有的认知结构之中。

（四）程序性知识

程序性知识强调儿童为完成某项行为或任务会调用头脑中所掌握的关于程序、步骤、操作等方面的知识。换句话说，是儿童所掌握的关于"如何做"的知识可归为一种过程性知识。程序性知识主要通过产生式和产生式系统这种目的流的形式进行表征。产生式是条件和动作的关联，是在某一条件下将会产生某一动作的准则，通过条件项"如果"以及动作项"那么"组成，即在符合某个条件时儿童将会做出某项动作，体现了儿童在何种条件下采取何种行动来达到一系列的目的，又如何通过实现相关目的来获得最终的超级目的。与此同时，诸多的产生式关联在一起就组成了复杂的产生式系统，借此表征儿童复杂技能的完成过程。为阐释产生式系统的内涵可以通过如下的例子进行理解。比如房间是昏暗的，如果儿童想观看房间内的布局且知道开关就在房门的右手边，那么儿童只需按下这一开关就可看到该房间内的布局了。儿童的程序性知识又可分为运动技能知识、心智技能知识和认知策略知识。运动技能也可称为操作技能，是经过学习而构成的合乎法则的操作性行为，依靠骨骼肌肉系统的协作而完成，因此运动技能具有相对的客观性和外显特征。可以说，运动技能的获得需要经历认知、联系以及自动化三个阶段。在认知阶段，儿童在头脑中形成完整的运动阶段目标图式，对需要执行的动作系统进行初步的认知。在联系阶段，儿童将掌握的局部动作知识进行组合，将个别的产生式合成为一个前后连贯的产生式系统，以便为程序化动作做准备。由此，在自动化阶段儿童的骨骼肌肉动作可以实现程序化、自动化。心智技能又被称为智力技能，是需要通过内部言语在头脑中进行加工、处理的认知活动，其具有概念性以及内隐性的特点。对于心智技能，儿童需要经过任务的定向阶段、物质化任务阶段、有声言语阶段、无声的"外部"言语阶段、有声思维阶段。儿童在任务定向阶段会事先了解任务活动，构建关于任务本身或结果的表象。在物质化任务阶段，儿童常常会凭借事物、模型或是指示图等实施某些智力活动。其后，儿童逐渐摆脱对物质或物质化事物的依赖，以发声或不发声的方式对心智活动进行表征，在儿童对程序化知识熟悉之后便可完全借助内部言语完成，通过有声思维方式执行心智活动，从而达到高度简化的熟练程度。还有一种程序性知识是认知策略，认知策略和心智技能统称为认知技能。认知策略与心智技能的不同之处在于认知策略是以对客观事物的观察和把握为基点，通常受意识制约，在运用过程中很难达到自动化程度。因此，儿童在执行某一行为或行动时需要进行有意识的监控。下面将用具体事例对程序性知识进行说明。例如，儿童做全国第二套幼儿广播体操《世界真美好》就遵循了运动技能的三个阶段。儿童的目的是想在头脑中形成关于此套广播体操的目标图式，并对每个动作步骤进行初步认知，因为儿童的超级目的是将掌握的每个动作进行整合以便为实现程序化动作做准备。又如，儿童要搭建城堡，会事先了解要搭建城堡的大体结构和样式，并借助完整的城堡图片实施搭建这一智力活动。此后，儿童将逐渐摆脱对城堡图片的依赖，通过自言自语的方式指导搭建过程。久而久之，儿童将会达到高度简化的熟练程度，通过有声思维的方式借助内部言语完成搭建城堡的任务。可见，儿童事先了解任务本身并借助图片、有声语言以及内部言语是为搭建城堡这一超级目的而服务。而儿童在骑脚踏车时往往需要借助认知策略，儿童的目的是对交通情况进行监控，而监控的超级目的便是为人身安全着想。

由此可以推知，儿童利用上述四种知识，即社会规约性知识、想象性知识、陈述性知识和程序性知识实施言语和非言语行为，旨在实现自身的目的和超级目的。社会规约性知识帮助儿童掌握社会文化环境中的诸多规范准则，使儿童可以按照对现实世界的理解以自我目的和超级目的的实现为目标将社会规约性行为有意识、有目的、创造性地再现出来；想象性知识使儿童借助神话或幻想世界实现以虚代实的超级目的；陈述性知识帮助儿童积累外在客体或事件的属性、根由等信息，这样儿童便可借助命题之间的网络关系、表象系统和图式等表征方式，通过词语或视觉手段对头脑中的陈述性知识进行再现，以此实现自我的超级目的；程序性知识教会儿童关于某项行为、任务的操作流程，使儿童熟练掌握运动技能和认知技能等知识，并可在实践中充分利用运动技能和认知技能知识，以便通过产生式和产生式系统达到言语和非言语行为的目的和超级目的。

二 儿童调用语言的目的和超级目的

语言是儿童交际目的的传递方式，也是揭示儿童社交倾向的主要工具。儿童通过语言和受话人共同建构话语意义。正如斯珀波（Sperber）和威尔逊（Wilson）认为，从交际的符号理论来看，信源和信宿分别是说话人和受话人的中枢思维过程，编码器和解码器代表交际的语言能力，信息是说话人的某个具体思想，信道是载有声响信号的气流。[1] 因此，交际实则揭示说话人向受话人传递交际目的和超级目的，

---

[1] ［法］丹·斯珀波、［英］迪埃珏·威尔逊：《关联：交际与认知》，蒋严译，中国社会科学出版社2008年版，第5页。

受话人在接收信号后，借助认知假设进行推理的过程。① 具体而言，说话人需要将交际意图转换成语言编码来源要素，这必然要经过话语编码过程。与此同时，受话人需要对说话人的话语进行感知，体验说话人的思想、行为、意志和情感等，并借助语言编码来源要素对其进行解码。显然，在话语交际过程中说话人和受话人的认知加工过程都是围绕交际意图和语言编码来源要素之间的关系而进行。儿童从某一交际目的和超级目的着眼选择适切的语言编码来源要素，即说话人的话语编码过程；受话人从说话人的语言编码来源要素出发，感知说话人的话语并识别出说话人的交际目的，即受话人的解码过程。这样，话语意义就在说话人和受话人这种"选择（编码）—识别（解码）"过程中生成。交际双方对话语意义的认知加工过程并不是单纯的符号传递，而是一种创造性的建构过程。因此，基于 INCA–A 编码系统并结合维特根斯坦的"语言游戏说"、韩礼德的微观功能以及交际与认知视角下的关联理论对儿童的话语意义建构过程（借助话语实现交际的目的和超级目的）进行深入解读。

（一）话语的编码过程

话语意义的建构是话语主体（儿童和受话人）将储存在长时记忆中的信息激活、调用，并在短时记忆中予以调配、重组的过程，也是话语编码的过程。实际上，言语交际行为由交际需求、心智状态、社会互动环境、交际背景、命题态度、认知环境、已有图式要素组成，这些要素构成话语编码的来源。其一是交际需求。正如奥斯汀所言，说话就是在实施一种言语行为，行为离不开动机的驱使，而动机与交际者的需求是分不开的。如儿童以语言作为媒介将形成某种需求动机，即语言是帮助儿童做事的手段，可实现诸如工具功能、控制功能、交流功能、个人功能、启发功能、想象功能、告知功能等七种微观功能。这种动机将变成儿童言语的目的和超级目的

---

① 程璐璐、尚晓明：《儿童语用发展取效行为的语力探讨——以认知语言学为视角》，《学术交流》2017 年第 5 期。

并催生实际的言语行为,这样儿童的交际需求将会得到满足。其二是心智状态。交际双方参与话语意义建构,因此其心智状态会对话语意义建构产生影响,对话语意义产生投射作用。如儿童看到妈妈因为自己在幼儿园打了小朋友而生气,他便说道:"妈妈别生气了,宝宝以后一定乖乖听话,不打闹。"可见,儿童意识到妈妈(受话人)的心智状态(生气)便在话语编码过程中选择"乖乖听话""不打闹"等表示遵守规则的字眼,将"请妈妈不要生气"的意义投射到了话语意义中。其三是社会互动环境。这里指的是言语交际行为所发生的"此时此地"的状况。言语交际行为常常在具体的社会互动环境中生成,因此社会互动环境因素也会直接影响话语的编码。比如,儿童递给母亲一支蜡笔想让母亲陪其一起画画,但是母亲发现他们并没有准备纸,并环顾四周每一个角落,儿童通过社会互动环境读懂了母亲的意图,便告诉母亲纸在电脑桌上。这表明,儿童需要在具体的社会互动环境中结合与受话人共同关注的事物对话语进行编码。其四是交际背景。任何言语交际都避免不了受交际双方所处的时代、民族或国家及其社会、政治、历史、文化、经济等因素的影响,这就是一种交际背景。上述这些因素会融合到话语编码的过程之中,成为话语意义建构的组成成分。比如,儿童在与同伴游戏时说道:"我是奥特曼,你别怕,我来救你了。"奥特曼是儿童心目中非常熟悉的动画英雄人物,它正直、善良、与怪兽对决,是正义的化身。因此,该例说明儿童在进行话语编码的过程中还会有意将特定时代的文化等信息渗透到话语意义的建构之中,更好地表达出话语的目的和超级目的。其五是命题态度。命题态度又被称为高层显义(higher-level explicature),因为字面义本身的命题义是基层显义,而命题态度是对基层显义作进一步的显谓所得到的结果,[①] 它是儿童所持有及表达某个命题的具体方式,如相信、打算、

[①] [法]丹·斯珀波、[英]迪埃珏·威尔逊:《关联:交际与认知》,蒋严译,中国社会科学出版社 2008 年版,"前言"第 9 页。

需要、希望等。换言之，交际中的任何一个语句都传递对所承载的命题的不同态度。有时，命题态度是通过某一词汇、句法或是语调来实现的，如用"吗""A—非—A"结构或升调表示疑问，或借用高阶谓词来表达更为丰富的态度，如抱歉、假装、怀疑等:[1]

(1) 小璐姑姑，你可以今晚留下来吗？（"吗"表疑问）
(2) 妈妈，你到底要不要抱抱我？（"A—非—A"结构表疑问）
(3) 这是我的布娃娃，给你？不行！（升调表疑问）
(4) 抱歉，妈妈，我碰到你了。（抱歉）
(5) 你假装是沙和尚吧。（假装）
(6) 我怀疑他翻我书包了。（怀疑）

而对于那些缺乏明显标记的命题态度，受话人需要通过充实才可对此进行解读：

爸爸，这是妈妈的座位。
（请求爸爸离开，不要坐在妈妈的座位上）（请求）

可见，儿童所说的每个语句中都包含了命题态度，受话人对每个语句的理解都需将相关命题导入正确的命题态度公式，这也是语用推理的过程。因此，受话人对命题态度的解读是理解儿童语句的关键所在。[2]

其六是认知环境。认知环境指的是儿童所掌握的词语信息、逻辑信息以及常识信息。上述三种信息形成的认知环境具有个体差异，

---

[1] ［法］丹·斯珀波、［英］迪埃珏·威尔逊：《关联：交际与认知》，蒋严译，中国社会科学出版社2008年版，"前言"第8页。
[2] ［法］丹·斯珀波、［英］迪埃珏·威尔逊：《关联：交际与认知》，蒋严译，中国社会科学出版社2008年版，"前言"第9页。

即使是同一话语，不同的儿童对此也会有不同的理解结果。[1] 例如，儿童对妈妈说道："妈妈，如果我表现好的话，就给我切点水果，做水果蛋糕吧。"可见，该儿童借助逻辑信息（如果表现好的话妈妈会做好吃的给我）、词语信息（儿童借助明示信息向妈妈发出请求）、常识信息（水果蛋糕）传递交际意图。其七是已有图式。图式是儿童以图行事（do things with pictures）的内隐结果。图的概念包括生活世界中的图画、表征图式、认知图式（尚晓明，2016：63）。儿童经验和概念世界的不同层面存在于头脑的图式之中并借助语言得以外化。例如，儿童看到公园里的竹子便说道："妈妈，这是竹子，是熊猫宝宝吃的。"可见，儿童通过调用头脑中已有图式（熊猫喜欢吃竹子）这一语言编码来源要素来传递话语。

（二）话语的感知与解码过程

当儿童调用某一语言编码来源要素时，受话人需要激活与儿童话语的目的和超级目的相关的认知背景，并在此基础上形成各种认知假设，包括对交际需求、心智状态、社会互动环境、交际背景、命题态度、认知环境、已有图式等方面的认知假设。这些关于儿童交际目的和超级目的的认知假设为受话人认知加工的初步形成以及进一步加工奠定了基础。例如，母亲问儿童："妈妈想跟你商量，爸爸和妈妈想再生一个小宝宝，你觉得怎么样？"儿童回答道："那你们就该不要我了。"该母亲接收到儿童的话语形式时，大概会形成如下交际目的和超级目的假设：（1）目的：陈述（如果爸爸妈妈再生个小宝宝，那么就不会要我了）；（2）超级目的：反对（我不同意爸爸妈妈再生一个小宝宝）。因此，在假设形成阶段，受话人的认知加工需要处理的是儿童话语形式所激活的交际目的和超级目的。在此过程中，受话人需要对儿童的目的和超级目的以及选择的语言编码来源要素进行最大关联。之后，受话人需要根据实际情况对形成

---

[1] 李捷、何自然、霍永寿：《语用学十二讲》，华东师范大学出版社2011年版，第107—108页。

的诸多认知假设进行择优选择以便作出决策。而最优假设的选择由输入的话语形式以及受话人对儿童调用语言编码来源要素的认知状况决定。如下面一家三口的对话。

儿子："妈妈，我害怕。"
爸爸："都是小男子汉了，还害怕啊？"
妈妈："好，妈妈今晚陪你睡。"

该例说明该儿童的超级目的是想和妈妈一同入睡，妈妈将儿童的话语形式与儿童的心智状态进行关联，解读出儿童话语的超级目的。而爸爸由于未能对认知假设进行最优选择，所以难以把握儿童话语的超级目的，认为只是在陈述害怕这一事实。

综上，言语交际是儿童和受话人共同完成的信息加工过程。话语的编码和解码需要由儿童和受话人在各自的心理空间加工完成。上述两个过程将儿童话语的目的、超级目的和语言编码来源要素连接起来，构成一个动态的认知过程。儿童的动态认知加工始于交际目的和超级目的的产生，交际目的和超级目的是将儿童和受话人联系在一起的内在因素。此外，话语形式是交际目的和超级目的的符号载体，是连接儿童和受话人的外在因素，因为一旦离开了话语形式，就不能构成完整的言语交际行为。进一步讲，在整个认知加工过程中，儿童借助语言编码来源要素的终极目标是生成一个适切的话语形式，它可反映儿童的交际目的和超级目的。受话人的认知努力表现在可对接收到的话语形式进行感知，并正确解码儿童话语的目的和超级目的，即不断调动语言编码来源要素并选择最佳认知假设。在此过程中，话语的动态意义得以建构，这也是儿童和受话人对意义创造的结果。可以说，话语意义是交际双方心理和现实相互作用的真实写照。

三 儿童调用行为的目的和超级目的

行为是非言语的另一种组成成分，它同言语的作用一样，是儿童与社会环境进行有效互动的基本方式，也是儿童与受话人相互交际和理解的重要手段。行为交际归属于社会心理学范畴，是儿童心理功能的外在表现，指儿童利用语言符号之外的手段，如指向、给予、手势、表情等传递交际目的和超级目的。事实上，儿童行为动作的发起和实现取决于内外信息在儿童心理系统中的注册、编码、存储以及提取。所以，正确解读儿童调用行为的目的和超级目的是有效交际的重要条件。本书以自定义编码为基础并结合哈贝马斯的交往行为理论以及符号互动论的基本内涵，对儿童行为动作发展过程进行深入剖析，即将行为动作分为感知—动作协调阶段、行为动作模仿记忆阶段以及元认知指导行为动作计划、实施和调控阶段。

（一）感知—动作协调阶段

3个月大的婴儿就可感知到不同方位的声源，并将头和眼转向声音来源的方向。4个月大的婴儿可在视觉的帮助下寻找声源并追踪移动的物体。7—8个月大的婴儿可以随着音乐的节拍舞动双臂并扭转身躯。可见，婴儿最初的动作是无意识的、普遍存在的。随着年龄的增长逐渐发展为有意识的、精细化的动作，这种动作是可被生活世界中每一个主体所解读的符号化标识，即哈贝马斯交往行为理论的核心思想。感知和动作发展在儿童的活动中共同作用构成儿童的行为系统。儿童对当前环境中物体的感知决定了其可能发出的行为动作。比如，对于成人而言小板凳是用来坐的，但是对于儿童来说它可能仅仅是其抓取的玩具。儿童随着感知经验的丰富，才会对小板凳的概念有新的认识，产生坐下的动作。此外，行为动作也辅助感知过程的完成。儿童在环境中所实施的各种活动可为其感知信息的丰富提供便利条件。与此同时，所获得的感知信息也帮助儿童完成诸多行为动作。这样，感知和行为动作趋于协调统一，成为持续的连环。

正如皮亚杰所言，探索是儿童行为动作发展的动力所在，儿童天生就具有一定的探索能力，认知发展也是儿童通过自发的探索行为获取知识的结果。最初，婴儿就可受感知信息的影响并做出探索性行为，并且他们的行为动作随着感知的分化而逐渐变得协调统一。由此，感知的学习和行为动作的学习构成相互统一的整体。儿童对外在世界的感知不单单在于其感知系统的发展，还在于儿童借助行为动作去探索外在世界所获得的信息。所以，感知和行为动作的发展是相辅相成的两个过程，可互通信息、彼此向更高的层次发展，以便适应周围环境和活动任务的需要（董奇、陶沙，2004：89）。儿童感知经验的不断丰富可帮助其完成以交际为目的的有效行为动作，这就为儿童行为动作的目的和超级目的的表达作了一定的铺垫。

（二）行为动作模仿记忆阶段

符号互动论强调社会角色和行为的掌握是儿童模仿他人行为的主要原因。儿童通过对他人行为的模仿不断了解自我、他人以及他人的社会角色，借此实现自我的社会化过程。虽然新生婴儿可以模仿成人的行为动作，但这只是婴儿的反射式模仿行为。直到婴儿9—12个月大的时候，他们才可以在成人离开时继续模仿行为。模仿的意图理解模型强调儿童必须理解他人的意图才能产生模仿的行为（陈巍，2010：21）。因此，儿童习得他人的行为动作之后，当该儿童再次产生特定动作时，就会期望行为动作相伴而来的相应结果（陈巍，2010：22）。无论怎样，儿童模仿能力的发展是以对行为动作的记忆为先决条件并通过心智对事物进行表征。

对行为动作的记忆可以帮助儿童存储较多种类的动作技巧模式，以便使儿童可以迅速从记忆信息库中提取适切的行为动作，并可在社会互动环境中有效应用所提取的行为动作技能，实现儿童的交际目的和超级目的。儿童对低级行为动作的认知调控需要记忆表象的配合。因而，低级行为动作便可存储在记忆之中渐渐成为自动化的行为方式，为高级行为动作的实施做好准备。高级行为动作需要通过不断练习才能达到高度熟练化程度，成为自动化行为动作单位并被存储在记忆中，如儿童骑脚踏车。在儿童骑脚踏车这一行为动作发展过程中，儿童需要将脚踏车可以滑行作为头脑中编码的目标，其中一些编码信息使手脚协同配合以实现脚踏车与身体的平衡态，而另一部分编码信息用来帮助儿童感知来自不同感官系统的综合，如听觉、视觉系统的配合等。当儿童练习骑脚踏车的次数增多时，其行为动作就越富有技巧性，可以掌握转弯、掉头以及曲线滑行的规律，并以神经知觉码的形式存储在记忆之中成为自动化的行为。所以，动作的记忆过程可以恰当阐释儿童形成熟练的行为动作技巧的过程，还可解释他们如何在时间、空间、速度、力度、节奏等因素影响下形成不同类型的行为动作模式，如儿童在山坡上和平地上骑脚踏车的速度和技巧就各有差异（董奇、陶沙，2004：92）。

（三）元认知指导行为动作计划、实施和调控阶段

元认知能力是指儿童对自我思维的认知能力。元认知能力对于儿童行为动作发展的精细程度发挥着重要作用。儿童在行为动作技巧学习的初始阶段或将要完成复杂的行为动作时需要较多的认知努力；但在行为动作技巧学习的后期阶段或处理简单的行为动作时，则不需要大量的认知努力。儿童在执行某一行为动作时会按照非言语行为的目的和超级目的选择身体的某些部位进行精确运动，而控制其他不需要执行运动的部位，这是行为动作的计划性。它可使儿童对自我和外界发出的指令、当前交际情境等做出准确的反应，这是行为动作的实施阶段。当儿童发现取效效果与他们最初的交际目的和超级目的不相符时会立即调整行为动作方式并进行恰当适宜的复杂行为动作，这是行为动作的调控性。可以说，元认知指导行为动作的计划、实施和调控，它可使儿童的行为动作更具针对性和目的性。随着元认知能力的发展，儿童可以采用更好的行为动作策略表达自我的非言语目的和超级目的，更好地注意行为动作之前的计划准备，关注行为动作实施过程中的准确性以及调控行为动作的方向性，旨在解决目前的任务难题。由此，儿童在具体情境中选择和执行某种行为动作以传递非言语目的和超级目的的能力会显著提高。

在儿童元认知能力提高的同时其有声思维能力也同步发展。比如，给儿童布置轮廓是小兔子的线条涂颜色任务。为判断儿童元认

知发展水平，要使儿童大声说出涂色的大致计划。如儿童会说"首先，我应该搞清楚我需要完成的任务是什么"；"然后，我会按照由上到下的顺序，先涂小兔兔的耳朵，最后涂小兔兔的脚"。在动作的实施过程中进行自我激励以及行为调控，如"我要左手按住画纸，右手拿着彩笔，这样会涂得快些"。在动作结束之时还需要进行自我评价及反馈，如"我涂得还算可以吧，但是有的地方涂到了线条外面"。通过有声思维训练可以帮助儿童掌握如何实施行为动作前的计划以及如何获得更好的动作表现方案。这也说明，元认知对于儿童思维水平的提高和行为动作的有效实施意义重大（董奇、陶沙，2004：93）。儿童在丰富的感知经验以及较高的认知能力的作用下能够感知和计划越来越精细的行为动作，但是儿童的行为动作计划、实施以及调控能力存在个体差异性。例如，某些儿童可以毫不费力地将分解的行为动作加以整合，而某些儿童连最基本的日常行为都难以完成。上述儿童行为动作的差异来自他们对分解动作的注意程度、记忆程度、组织能力和神经中枢系统成熟度的不同。

由此认为，儿童可在社会互动环境中丰富感知经验，通过模仿他人的行为动作了解所生活的社团普遍存在的行为动作内涵，即某个行为动作可传递的非言语目的和超级目的。此外，儿童将内化的行为动作存储在长时记忆中，并在适宜的交际情境下予以调用。与此同时，儿童还需在成人指导下提高元认知能力，这样可充分发挥元认知指导行为动作的计划、实施和调控。

第二节 学龄前儿童语用发展取效行为理论的效果说

学龄前儿童在知识、语言和行为及其交互关系层面所传递的目的和超级目的将会产生相应的取效效果，即儿童为实现某种目的和超级目的调用知识、借助语言和行为对受话人的心智状态或行为方式产生影响。具体而言，儿童调用知识传递的目的和超级目的对于受话人而言是不可预料的，具有不可预料效果；儿童借助语言传递的目的和超级目的对于受话人而言是可预料的，具有可预料效果；儿童通过行为动作的探试所表达的目的和超级目的对于受话人而言是可探试的，具有探试效果。

一 儿童调用知识的不可预料效果

正如前文所述，儿童的知识分为社会规约性知识、想象性知识、陈述性知识、程序性知识四大类别，因此在实际交际中往往会包含上述四种知识类型中的一种或多种。如儿童会利用社会规约性知识实现知识的目的和超级目的。儿童向手里提着自己喜欢吃的零食的小姨问好，说明该儿童较好掌握了适应社会的能力，社会交往经验不断丰富。受话人（小姨）并不能通过简单的问好方式推断出儿童社会规约性知识话语的目的和超级目的，因此属于知识的不可预料效果。受话人需要结合具体的交际情境以及与儿童共享的社会规约性知识推断出儿童想得到喜欢吃的零食的超级目的。实际上，儿童是以礼貌的方式（社会规约性知识）实现满足自我需求的超级目的的。

此外，儿童在与同伴的游戏中常常利用想象性知识完成假想游戏，作为同伴的受话人对组织假想游戏的儿童的想象性知识不可预料，需要与其进行协商，确定假想游戏规则并共享想象中的情境知识，这样才可推断出游戏所传递的目的和超级目的。在游戏中通过真实与虚构的结合体验生活世界，感受不同的社会角色（目的）。如几名儿童一起进行扮演在公交车上的游戏并为彼此分配角色任务，有司机、售票员、夫妇、孩子、学生、成年人、老人。此外，儿童以椅子代替车上座位，扮演司机的儿童通过动作手势代表把握方向盘。在"公交车"行驶过程中，上来一位"老人"和两位"带着孩子的夫妇"，这时，"司机"和"售票员"呼吁给"老人"和"孩子"让座。坐在座位上的"学生"和"成年人"纷纷站了起来，让

"老人"和"孩子"坐下。因此，儿童通过假想游戏充分发挥自我想象力，这对受话人而言具有不可预料效果，需要受话人基于游戏情境以及记忆中的假设和假设图式推导出儿童在想象情境中不用受真实活动条件限制，全面感受情感关系以及尊老爱幼的传统美德（超级目的）。

再者，儿童也会借用陈述性知识表达自我的目的和超级目的，对于受话人而言同样是不可预料的，虽然表面上看陈述性知识只是在表达某一事实或描述某一状态，揭示事件的属性、变化属性或是产生根由等，但事实上，儿童欲通过陈述性知识的事实性传递与此事实相关的超级目的。因此，受话人需要调用头脑中建构的命题网络、表象系统以及图式，并结合"此时此景"在不可预料的情况下推知儿童调用陈述性知识所传递的超级目的。例如，一名儿童对正在开车的父亲说："爸爸，我们正在颠簸的路上开车。"简单分析儿童的目的是陈述爸爸在颠簸的路上开车这一事实，而儿童的超级目的是告知爸爸开车小心。所以说，儿童通过借用陈述性知识传递交际的目的和超级目的从表层上看是可预料的，但是从深层上讲该话语具有不可预料性，需要受话人结合上述多维因素进行推导。

最后，程序性知识也可用于帮助儿童传递交际目的和超级目的。虽然受话人可以理解儿童所表达的程序性知识，即为实现某项任务或行为所需的步骤、程序、方法等方面的知识，但是它背后所传递的超级目的对于受话人是不可预料的，需要综合考虑交际情境、认知策略以及产生式知识才可对此做出正确解读。例如，儿童问母亲是否知道蜂蜜柚子茶的做法，当母亲沉默片刻后，儿童说道："就是先把柚子的皮儿洗好，切成块儿，晒干，然后跟蜂蜜一起在锅里煮煮就好了。"之后，儿童很享受地闭上眼睛并吧嗒着小嘴巴。从这则实例可以推知，起初母亲只是以为儿童在向她询问蜂蜜柚子茶的做法，当母亲正在思考其做法时，儿童立即说出了制作蜂蜜柚子茶的程序性知识。上述这一过程对于母亲来讲是不可预料的，她需要结合该儿童想喝蜂蜜柚子茶的行为表现推知儿童陈述做法（表达程序性知识）的目的是实现母亲给他做蜂蜜柚子茶喝的超级目的。

二 儿童调用语言的可预料效果

儿童和受话人在使用语言的过程中建构了话语的意义。儿童将交际目的和超级目的以话语形式传递给受话人，受话人接收到儿童话语之后会从话语形式中探寻出儿童的交际目的和超级目的。因此，儿童和受话人就在编码和解码两个环节中表征心理过程。编码过程强调儿童的认知加工首先考虑的是交际目的和超级目的，而这始于外界的刺激。因此，儿童为了实现交际目的和超级目的会从长时记忆中提取有用信息以便在短时记忆中进行整合，通过语言编码来源要素这一媒介，儿童不仅传递了言语信息这一直接证据，还传递了与该信息有关的目的和超级目的的间接证据。因此，儿童通过语言进行的交际行为是一种明示或暗示的过程，通过借助话语的字面意义或自然意义向受话人进行明示或暗示，从而为受话人的有效解码提供直接或间接的证据。在目的传递过程中，儿童希望自我生成的话语形式能够对受话人产生一定反应。同时在超级目的的传递过程中，儿童又希望受话人能够识别出他或她的目的进而推导出超级目的。应当承认，交际的成功就在于受话人明白儿童所递送的话语形式是可预料的，并在此基础上根据可预料的语言编码来源要素解码儿童的超级目的。目的和超级目的的认知假设是儿童和受话人交际行为的重要组成成分。例如：

  妈妈："怎么会有蓝电话呢？"
  宝宝："我叫爸爸给我买的。"
  妈妈："给你买的蓝电话？爸爸喜欢你吧？"
  宝宝："爸爸喜欢我。"
  妈妈："妈妈喜欢你吧？"
  宝宝："花好多钱给我买机器人好不好？"

可见，该儿童利用语言的可预料效果向受话人（母亲）明白无误地传递了她的目的，这也是儿童的话语编码过程，即告诉母亲"爸爸给我买蓝色的电话玩具是因为喜欢我"以使母亲明白"如果妈妈喜欢我的话就应该花钱给我买机器人玩具"这一超级目的。而这一推导往往需要受话人根据儿童提供的暗示信息（语言的可预料效果）解码出儿童话语的超级目的。由此，儿童借助话语形式的交际实际是在语言的可预料效果之中使受话人感知并解码话语的目的和超级目的。

此外，受话人首先利用语言的可预料效果对儿童的话语形式进行感知，并关联儿童的交际需求、心智状态（思想、情感、行为、意志等）、共享的社会互动环境、交际背景、命题态度、认知环境等因素，结合头脑中已有图式解码儿童话语的目的和超级目的。事实上，解码意味着受话人根据语言的可预料效果以及儿童所提供的明示或暗示信息去获取儿童所隐含的超级目的。如果受话人的解码结果与儿童话语的超级目的相吻合，那就意味着儿童通过语言的可预料效果明白无误地传递了目的和超级目的，这也是一种儿童和受话人的互明（mutual manifestness）过程。上例中，儿童通过向受话人（母亲）提供一条表面上不相关的信息"花钱为其买机器人玩具"而改变母亲的认知环境，在解码时母亲可以基于这一语言的可预料效果，获得如下可预料的前提（1）和认知假设（2），并在此基础上推导出儿童的超级目的（3）：

（1）宝宝希望我为她买个机器人玩具。
（2）在宝宝看来，爱她和花钱给她买玩具是一回事。
（3）如果我爱宝宝的话，会花好多钱给她买机器人玩具的。

这样，根据儿童语言的可预料效果关联语言编码来源相关要素，受话人就会从中获取一定的新信息，从而选择最佳的认知假设。如此，母亲便可推理出如果爱宝宝的话就要花好多钱给她买机器人玩具这一结论。因此，儿童和受话人的成功交际必须依靠关联性，依靠儿童在编码过程中的明示或暗示信息（使语言具有可预料效果）以及受话人对于儿童话语的感知和解码（基于语言的可预料效果以及语言编码来源要素）。这也说明，儿童和受话人的交际是一个认知过程、一个编码与解码过程、一个明示与推理过程（何自然、冉永平，2009：307）。

三　儿童调用行为的探试效果

随着儿童感知经验的丰富，他们借助行为动作探索世界的能力不断增强，因此，感知系统和行为动作呈现协调发展的态势。这样，儿童可以不断理解已经被社团公认的各种行为动作意义，并在此过程中识别自身和他人的情感内涵。随着时间的推移，儿童不仅学会了成人期望他们做出的行为动作，也学会了如何完成该行为动作。此外，儿童还学习了在不用情境、不同场合应该做出哪些行为动作，并学会了要思考这种行为动作可能产生的交际效果。的确，儿童在向受话人发送某个行为动作时会通过探试的方式取得受话人对其行为动作的目的和超级目的的理解，最后达到高度合作的效果。

事实上，儿童是从模仿他人的行为动作开始了解自我在社会中所扮演的角色，并不断实现自我的社会化进程。在模仿他人的行为动作中儿童习得并记忆行为动作所承载的交际目的。当儿童在特定的情景下调用行为动作以满足交际需要时，会通过探试的方式验证该行为动作的得体性与有效性。同时，儿童还会调用元认知策略对自我的行为动作进行计划、实施以及调控。在多次模仿学习、记忆提取、元认知指导与探试验证中儿童可以逐步内化行为动作，并将其在交际中予以准确运用。比如，儿童在食杂店旁看到小朋友在吃糖，便也想让爷爷买糖给他吃，但是以往的经验提示该儿童的爷爷反对他吃糖，原因是会导致蛀牙。儿童不敢开口向爷爷提出买糖要求，只好拽着爷爷往食杂店方向走去。该例说明，儿童明知爷爷会反对买糖给他吃，便不会通过语言表达的方式传递想吃糖的超级目的，只好在头脑中利用元认知计划行为动作的实施方式。在行为动作的实施过程中，儿童通过拽着爷爷衣襟这一行为动作的探试实施自我的目的和超级目的。儿童行为动作的目的是想让爷爷陪他去食杂店，而超级目的则是希望爷爷给他买糖吃。最后，儿童会通过取效效果来判断是否应该调整行为动作方式以实现行为动作的超级目的，这也是儿童通过行为动作实现探试效果的所在。

第三节 学龄前儿童语用发展取效行为理论框架的解释

在厘清学龄前儿童语用发展取效行为中言语和非言语行为的目的和效果内涵及它们之间的相关性后，通过分析儿童在知识、语言和行为层面所具有的目的和超级目的如何产生相应的不可预料效果、可预料效果和探试效果，在此基础上解释学龄前儿童语用发展取效行为理论框架。

一 儿童调用知识的不可预料效果和隐性取效过程

对于受话人而言，儿童利用知识（社会规约性知识、想象性知识、陈述性知识和程序性知识）做事具有不可预料效果，即儿童借助知识来做事并不是一步到位，因为知识是难以捉摸的、隐性的，常常潜藏于话语之中。这对于受话人而言是预料不到的，具有不可预料效果。需要受话人按照知识种类借助相应的运作机制对此进行推理，把握儿童调用知识的目的和超级目的，这就是隐性取效过程。

具体而言，儿童调用知识的不可预料效果和隐性取效过程分为如下四类。其一是社会规约性知识的不可预料效果和隐性取效过程。儿童在社会环境影响下逐渐从自我中心语言阶段过渡到社会化语言阶段。具有社会化语言能力的儿童可以借助语言实施祈使与威胁、批评与嘲笑、提问与回答、传递信息等言语行为（李宇明，2004：

252），在与他人的社会互动中形成对世界的正确看法，同时可以正视"自我"，在客观外在世界中寻找自我的社会角色，这样儿童的社会化语言能力会随着他们认知结构的发展而发展起来。此外，儿童对于社会化语言的运用也逐渐具有目的性且在社会规约范围内发挥言语和非言语的交际作用，而这一过程又是隐性的，其蕴含在儿童的社会性话语和行为之中，从某种程度上说具有不可预料效果。对于受话人而言，需要结合社会规范、技能和准则知识以及交际情境等因素，在隐性取效过程中推知儿童调用社会规约性知识所传递的目的和超级目的。譬如，在家里儿童将碗里的饭全部吃掉后，将右手伸向母亲，说道："妈妈，给我的手上画朵小红花吧。"母亲后来了解到，原来是在幼儿园吃午餐时，如果小朋友将碗里的饭全部吃光之后，老师会在遵守公共卫生规则的小朋友手上画朵小红花。可见，儿童调用社会规约性知识的目的是实施请求，请求母亲帮其在右手上画一朵小红花。该儿童的超级目的是希望母亲可以表扬自己遵守规则的行为。母亲在听到儿童社会规约性话语之后，对此传递的目的和超级目的难以预料，具有不可预料的交际效果，属于隐性取效过程。母亲需要结合社会规范知识、儿童用餐这一交际情境解读儿童社会规约性话语的交际目的和超级目的。

其二是想象性知识的不可预料效果和隐性取效过程。儿童的想象性知识主要借助行为动作和语言的方式呈现出来，是一种记忆表象在新情境下的激活，从而建构出与记忆中的事物基本相似或是完全不同的新形象。可以说，无论儿童是进行无意识想象还是有意识想象，再造想象还是创造想象，夸张想象还是符合逻辑的想象，其想象性知识均传递了交际目的和超级目的。儿童的想象性知识通过分析和综合得以实现，是对记忆中的表象进行分解，并依据一定关系将其综合成为新形象的过程。如，孙悟空的形象就是对猴子的表象进行分解并提取出头部，又对人的表象进行分析并提取出身体，加以组合后孙悟空的形象基本就形成了。由此认为，儿童的想象性知识既具有形象性又并不失新颖性，是对记忆中表象信息的改造和重组。这种改造或重组过程使儿童调用想象性知识所传递的目的和超级目的对于受话人而言具有不可预料效果,受话人要结合现实语境、记忆中的假设和假设图式对此进行解读。如某个夏天的中午,一儿童在房间里画画,爸爸走近一看,儿童将太阳涂成了绿色,这对于爸爸来讲是不可预料的,是一种隐性取效。爸爸百思不得其解就问该儿童,儿童回答道:"这屋子太热了,我把太阳画成绿色就会变得凉快些。"爸爸结合当时的交际情境以及依靠记忆中的假设和假设图式才能推断出儿童将太阳涂成绿色的目的是想向其传递很热这一信息,并希望天气能变得凉爽些这一超级目的。

其三是陈述性知识的不可预料效果和隐性取效过程。儿童也经常会利用命题网络化或结构化来表征概念之间的关系,这就是陈述性知识。它主要强调"是什么"的知识,即关于客观事物或事件属性、根由及变化情况等方面的知识。陈述性知识在头脑中提取速度较慢,属于一种静态性知识。儿童通过命题网络、表象系统以及图式对陈述性知识进行表征。受话人在接收到儿童陈述性话语后,需要将命题网络中命题之间的相互关系进行提取,并将此命题信息与头脑中所存储的概念信息进行关联,以便识别新的命题信息,这也是同化的过程。同时,受话人还需借助图式对抽象命题进行合理表征。如操场上几名儿童在玩"警察抓小偷"游戏,其中扮演小偷的一名儿童对另一名儿童喊道:"你快跑吧,我爆胎了。"可见,儿童所发起的陈述性知识话语的交际目的和超级目的对于另一名儿童而言是不可预料的,其潜藏于陈述性话语之中,是隐性取效过程。作为受话人的儿童若想正确解读出儿童陈述性知识的目的和超级目的,则需要借助上述所提及的关于陈述性知识表征方式对其进行解读。这里作为受话人的儿童需对"你快跑吧,我爆胎了"这一命题的网络关系进行推导,即(1)你快跑吧;(2)我跑不动了;(3)不用管我;(4)你别让"警察"抓到。由此可推知,作为说话人的儿童传递该命题的目的是想对作为受话人的儿童实施命令这一言语行为,其超级目的是希望作为受话人的儿童快跑,别让"警察"抓到。此外，还需将这一命题同化到头脑记忆中关于"爆胎"（"爆胎"原指汽车轮胎在极短时间内因破裂使其失去空气而瘪掉）的概念之中，完成对认知结构的重组过程。

其四是程序性知识的不可预料效果和隐性取效过程。儿童有时也会借助程序性知识完成系列动作程序或心智程序任务。程序性知识突出事件进行的先后顺序，是关于具体特定情境下的一套控制儿童行为的操作程序，包括外显的身体活动以及内在的思维活动。因此，程序性知识包括运动技能、认知技能知识。运动技能主要通过外部动作来表现，心智过程参与较少，属于运动技能越娴熟越可脱离心智的掌控而成为自动化的无意识动作。而认知技能主要涉及内部的心智操作，较少表现为外部动作。此外，程序性知识激活速度较快，可实现自动化提取。同时，程序性知识的形成也会帮助其掌握新的陈述性知识，可见程序性知识是对陈述性知识的具体运用，其基本结构为动作或产生式、产生式系统。程序性知识形成的关键是对操作步骤的熟练掌控。因此，受话人需要识别儿童程序性知识中的产生式和产生式系统，通过条件与动作之间的关联性挖掘儿童利用言语和非言语行为以实现一系列交际目的和超级目的的方式。比如，以上节儿童询问母亲蜂蜜柚子茶的做法为例。儿童告知母亲蜂蜜柚子茶的做法，是以如下产生式的形式进行表征的：如果柚子皮是晒干的，且有蜂蜜和煮锅的话，那么就可以制作蜂蜜柚子茶。受话人母亲对儿童陈述制作蜂蜜柚子茶的超级目的不可预料，因为该儿童通过阐释制作蜂蜜柚子茶的步骤将希望母亲做给他喝这一超级目的隐含在话语之中，成为隐性取效过程，需要受话人借助交际情境、产生式知识、认识策略等因素推导儿童调用程序性知识的目的和超级目的。

综上，儿童按照社团的行为规范准则利用社会规约性知识完成言语和非言语行为交际，借助幻想世界和神话世界所营造的非真实条件发挥想象性知识的作用。此外，儿童运用命题之间的网络关系、表象系统和图式等方式实现陈述性知识话语的表征。同时，儿童操纵运动技能和认知技能等程序性知识，以便通过产生式和产生式系统实现交际目的和超级目的。对于受话人而言，上述过程具有不可预料效果，是隐性取效过程。因此，针对儿童调用的社会规约性知识，需要调动受话人的社会规范知识以及考虑交际情境等因素来对此加以解读；针对儿童调用的想象性知识，受话人可结合当时的交际情境以及依靠记忆中的假设和假设图式对此进行推断；针对儿童调用的陈述性知识，受话人需结合陈述性知识表征方式对此进行推导；针对儿童调用的程序性知识，需要受话人借助交际情境、产生式知识、认识策略等因素对此进行推理（见图3-1）。

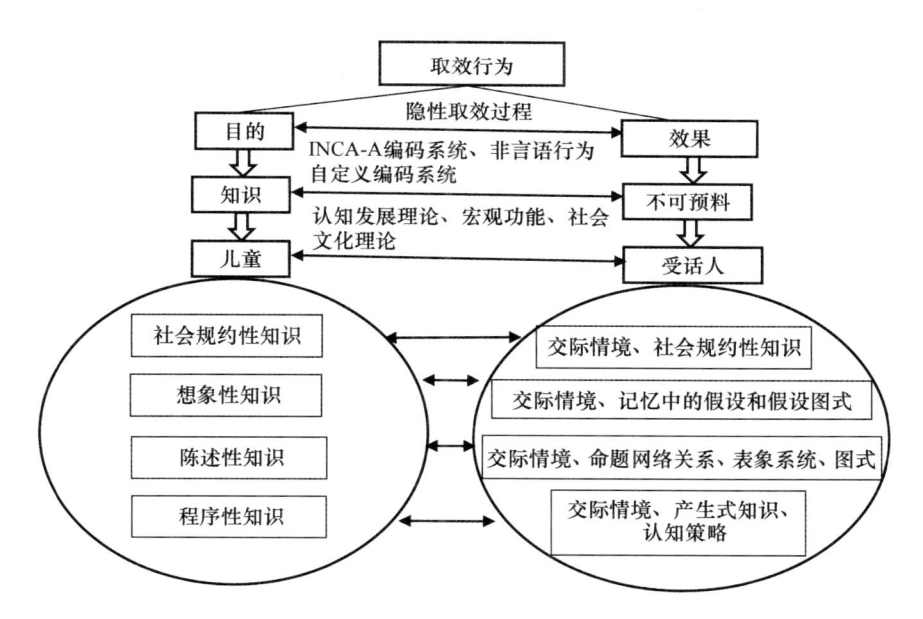

图 3-1 取效行为中知识的不可预料效果与隐性取效过程

二 儿童调用语言的可预料效果和显性取效过程

儿童在向受话人表达交际目的和超级目的时，会通过话语形式实现诸多交际功能。在言语交际过程中，儿童和受话人将分别考虑相关因素和原则以完成对话语的编码和解码过程。换句话说，完成对话语的编码和解码就是找到话语的目的、超级目的和话语形式相关联的方式。话语形式和交际目的、超级目的之间有时会直接关联，但多数情况下属于间接关联或间接言语行为。这种间接言语行为只有在交际目的和超级目的实现的途径内才具有意义。在言语交际中，任何话语意义都是由话语形式承载而来，区别只在于话语形式传递交际目的和超级目的的方式各有差异。虽然儿童从交际目的和超级目的出发选择话语形式或受话人通过儿童的话语形式寻找儿童的交际目的和超级目的都是潜在的心理过程，难以进行直接观察，但是可以通过言语交际的显性层面分析话语形式和交际目的、超级目的之间的关联方式，以此推断话语形式选择和推理的方式。因此可以说，儿童编码的话语形式是可被感知的，属于显性取效过程，对于受话人成功解码话语形式具有直接作用，具有可预料效果。

  儿童话语编码过程的显性取效意味着儿童将通过词汇或语法手段明示自我的言语目的和超级目的。明示意味着儿童将结合交际目的和超级目的的实现条件，通过具有明确交际目的和超级目的的词汇化和语法化的话语形式以直接或间接的方式进行交际。如果话语形式中标识交际目的和超级目的的词汇化或语法化形式与儿童所要传递的交际目的和超级目的相吻合就属于直接交际方式；如果某些词汇化或语法化形式所标识的交际目的和超级目的并非与儿童实际交际目的和超级目的相符合就是间接交际方式。间接交际方式需要受话人推理交际目的和超级目的到话语形式之间的中间环节。但是无论是直接还是间接交际方式，在言语交际行为中话语形式的选择和解读都会受到诸多因素影响，只是在间接交际途径中，交际目的、超级目的和话语形式之间存在推理环节，该环节将决定交际目的、超级目的和话语形式之间的制约关系，即如果交际目的和超级目的确定，如何选择话语形式将由这一推理环节决定；如果话语形式固定，如何确定交际目的和超级目的也取决于该推理环节。推理环节由认知假设构成，需要受话人对此加以利用。

  基于此，受话人通过显性取效过程利用语言的可预料效果，通过认知假设对儿童的话语形式进行感知与解码。在言语交际中，交际双方常常将话语形式和交际目的、超级目的之间的关联建立在认知假设基础上，对于受话人而言，凸显交际目的和超级目的的话语形式激活其内在的认知假设，因此将话语形式纳入其认知假设中并析取出儿童的目的和超级目的。而认知假设包括上文提及的儿童的交际需求、心智状态、社会互动环境、交际背景、命题态度、认知环境和已有图式要素。因此，受话人对儿童话语感知和解读的关键在于对认知假设的充分利用。这样，话语形式和交际目的、超级目的通过受话人的认知加工过程得以关联。例如，在商场女儿想让妈妈为她买小兔子玩具。下面是母女俩之间的对话。

女儿：妈妈，我可以将这个小兔子带回家吗？
母亲：宝宝，不可以啊，家里已经有小兔子了。
女儿：妈妈，你看这个小兔子多可怜，它一定是找不到家了。
妈妈：哦，这样啊，那好吧。

通过上述对话可以推断，儿童在商场中看到一个喜爱的小兔子玩具就想将其买回家，这是超级目的。因此，该儿童通过询问的方式实施请求的目的，并在此请求提出前可能需要对请求得以实现的条件进行确认，即商场中正好有喜爱的玩具和母亲的意愿、能力等，进而通过显性词汇（动词短语"带"回家）以及语法化（一般疑问句：请求允许）的话语形式以直接的方式表达自我的目的和超级目的以及希望买到小兔子玩具的命题态度。母亲基于社会互动情境在显性取效过程中会很容易利用语言的可预料效果判断出儿童想买玩具的超级目的。当母亲说家里已经有玩具小兔子并对该儿童的请求予以拒绝时，儿童便使用间接的交际方式，即通过陈述的方式传递小兔子因为找不到家而极其可怜的信息，再一次向母亲实施请求的目的。母亲在感知话语之后，需要结合社会互动环境、儿童的心智状态（渴望将玩具小兔买回家）、认知环境（逻辑信息：询问买小兔玩具是否可行→母亲予以拒绝→再次请求→母亲予以妥协；词语信息：儿童通过明示信息向母亲发起请求→在听到母亲拒绝的话语后通过暗示途径再次发起请求；常识信息：小兔子找不到家了→太可怜→还是帮小兔子找到"家"吧）、头脑中已有的图式（购物图式：买家、卖家、商品、付款等交易行为）等认知假设因素解码儿童话语的目的和超级目的，理解儿童话语所暗示的信息。这样，受话人通过语言的可预料效果在显性取效过程中将儿童的交际目的、超级目的和其话语形式在解码过程中进行关联（见图3-2）。

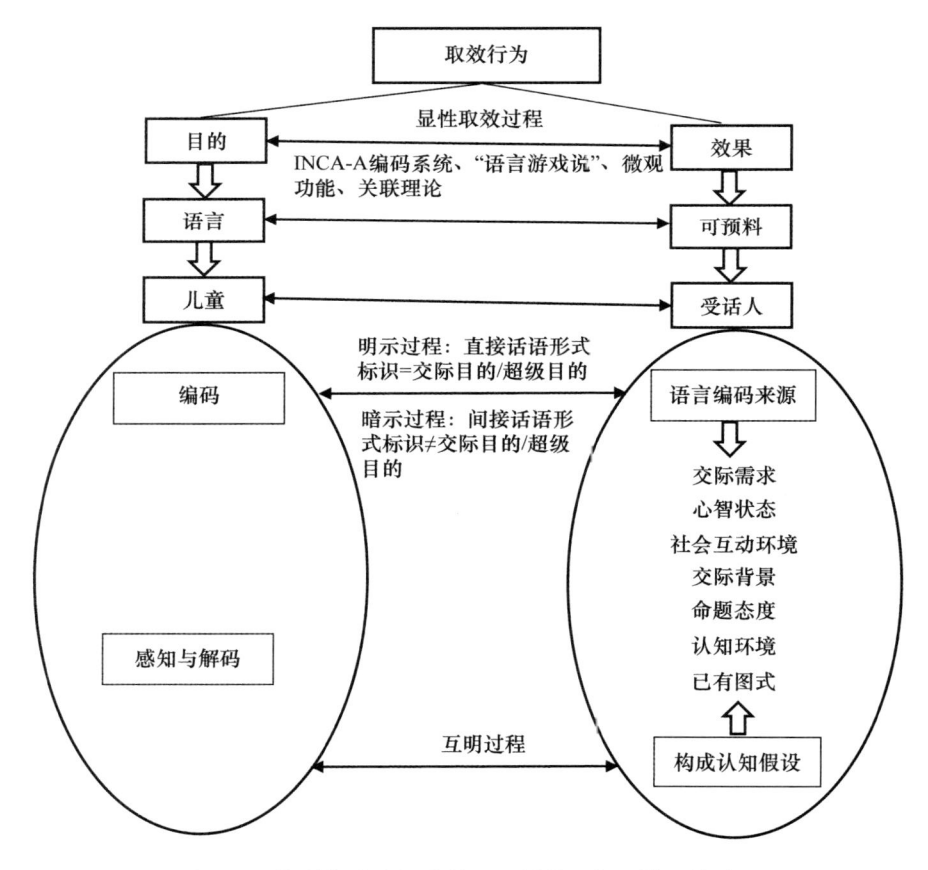

图3-2 取效行为中语言的可预料效果与显性取效过程

三 儿童调用行为的探试效果和受动取效过程

行为动作不仅是儿童与他人进行人际互动与沟通的有效方式，还是儿童交际的目的和超级目的实现的选择结果。儿童通过掌握交际的行为动作方式传递交际的目的和超级目的、延续社团文化。事实上，研究者表示儿童最初的行为动作来自对他人的模仿（Meltzoff & Moore，1994：83），如新生儿在看到成人吐舌之后会模仿其做同样的动作，而稍大一些的婴儿更愿意关注模仿做出此类动作的成人（Meltzoff，1990：139）。此外，18个月大的婴儿就开始理解成人行为的意向性和目的性（Meltzoff，1995：838）。因此，儿童倾向于通过多种行为方式传递自我交际的目的和超级目的，并且还会监测这些交际目的和超级目的是否会被成人进行成功解读并产生取效效果。比如，儿童通过注视、发声或指向等方式与某个物体或事件相关联，并期待成人对此予以关注或回应（Bates，1974：153）。儿童和成人借助联合注意场合确立共同关注的认知焦点，同时儿童通过外在世界的感知经验获取行为动作操作知识来帮助他们发展交际能力，完成有效行为动作的交际。此外，儿童通过对行为动作的记忆帮助他们存储行为动作技巧以及实现交际目的和超级目的。随着儿童心智不断成熟，其认知能力逐渐发展。儿童可利用元认知指导自我行为方式的精细化程度，以及行为动作的计划、实施以及调控过程，在此过程中儿童逐渐掌握解读他人行为动作意图的技巧。

实际上，儿童和受话人在儿童的语用发展中同构非言语行为类型。为了更准确解读儿童行为动作探试的目的和超级目的，需要依靠受话人调用文化、认知、心理等多种因素并作出多重推理和解读，通过推理来实现受动取效。受动取效在行为层面上的作用是促使受话人充分调用认知策略，即人类的演绎机制来理解儿童行为动作的目的和超级目的或行为的意义所在（程璐璐、尚晓明，2017：23）。这里的认知策略是指在儿童利用行为的探试实现交际目的和超级目的过程中，受话人调用头脑中已有的行为图式和对行为的认知假设，结合现实语境在高度知识共享、高度合作的前提下实现对儿童行为动作探试目的和超级目的的理解（尚晓明，2013：79）。例如，厨房里妈妈正在为宝宝炖鸡汤，宝宝走进厨房顿感肚子饥饿，便通过手揉腹部的探试行为方式传递肚子饿的目的以及想喝鸡汤来填饱肚子的超级目的。母亲看到儿童手揉腹部这一行为动作便会在受动取效的作用下调用人类的演绎机制即头脑中已有的行为图式（手揉腹部→饥肠辘辘→吃东西→填饱肚子），并结合现实语境（在厨房做饭）在高度知识共享与合作的前提下对该儿童行为动作探试的目的和超级目的进行认知假设及解读（见图3-3）。

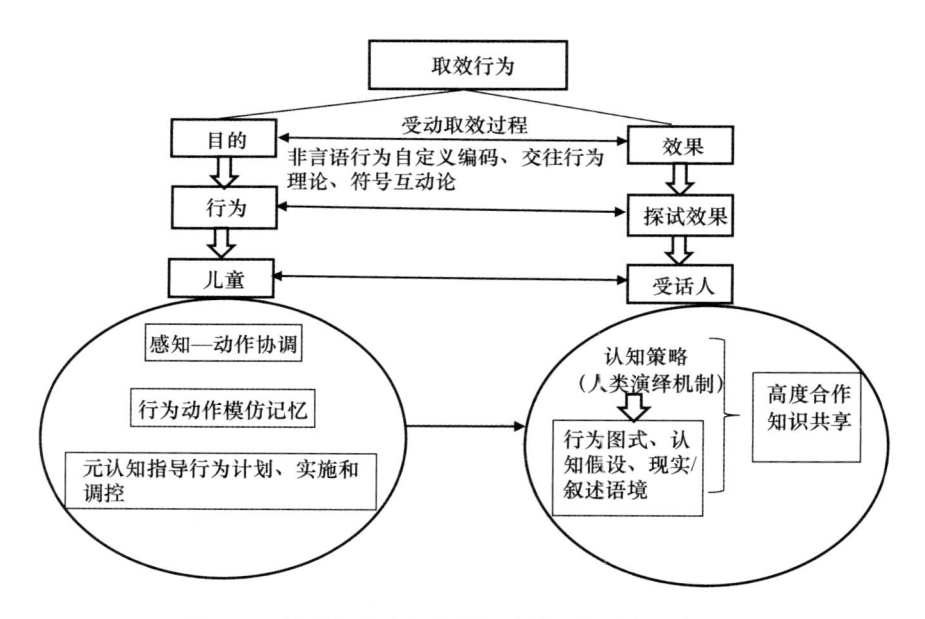

图3-3 取效行为中行为的探试效果与受动取效过程

四 取效行为理论框架的阐释

通过上述知识的不可预料效果与隐性取效过程之间的关系、语言的可预料效果和显性取效过程之间的关系以及行为的探试效果与受动取效过程之间的关系，阐释所设想的学龄前儿童语用发展取效行为理论框架（见图3-4）。

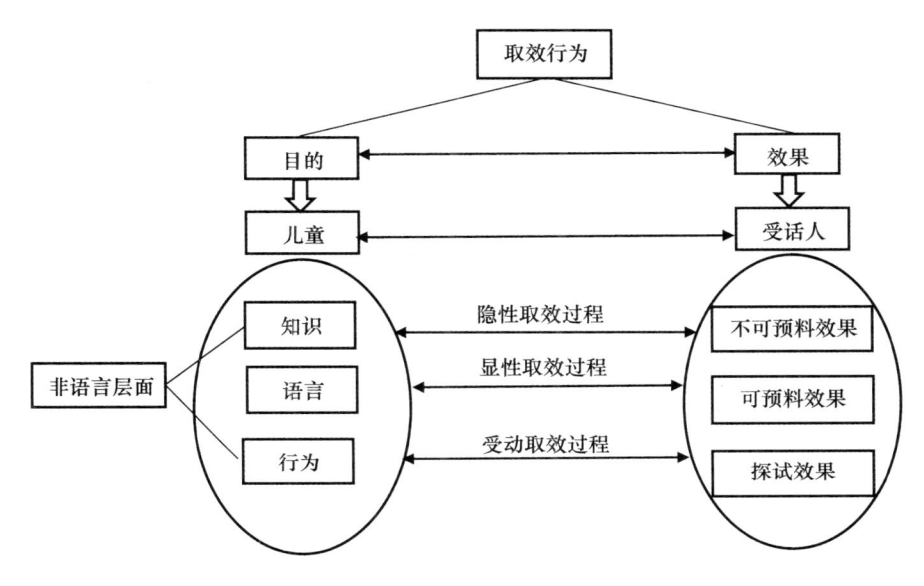

图 3-4　取效行为理论框架设想

图 3-4 呈现出学龄前儿童语用发展取效行为理论整体框架的设想，即取效行为展现的是儿童言语和非言语的目的、超级目的和交际效果之间的关系。知识和行为是非言语的组成成分，进一步讲，儿童在知识、语言和行为层面分别对受话人产生不可预料效果、可预料效果和探试效果。此外，知识的不可预料效果在隐性取效过程中得以实现，语言的可预料效果通过显性取效过程进行阐释，行为的探试效果借助受动取效过程加以解读。

图 3-1 阐释的是儿童知识性言语和非言语目的、超级目的的不可预料效果在隐性取效过程中得以呈现。根据 INCA-A 编码系统、自定义编码、皮亚杰的认知发展理论、韩礼德的宏观功能以及维果茨基的社会文化理论，可将知识归为社会规约性知识、想象性知识、陈述性知识以及程序性知识。儿童利用上述四个方面的知识所产生的不可预料效果需要受话人结合具体要素进行解读。如儿童所产生的社会规约性知识需要受话人结合具体语境以及共享社会规范知识对此进行解读；儿童所产生的想象性知识需要受话人依靠记忆中的

假设和假设图式结合"此时此地"的交际情境对该类言语和非言语行为加以阐释；儿童所产生的陈述性知识，受话人可充分利用命题网络之间的关系、表象系统以及图式并结合交际情境对该类知识予以分析；而儿童所生成的程序性知识需要调用受话人的认知策略、产生式知识以及结合当时的交际情境对此加以解析。

图 3-2 呈现的是儿童利用语言对受话人所产生的可预料效果在显性取效过程中得以实现的方式。基于 INCA-A 编码系统、维特根斯坦的"语言游戏说"、韩礼德的微观功能以及关联理论，将儿童的语言层面分为编码、感知与解码两个阶段。儿童在前一个阶段往往考虑自身的交际需求、受话人的心智状态、社会互动环境、交际背景、所持有的命题态度、认知环境以及调用头脑中的已有图式等要素作为话语编码的来源。如果儿童所生成的话语形式与其所要传递的交际目的、超级目的相符则为直接的话语表达方式，属于话语明示过程；如果儿童所生成的话语形式与其所要传递的交际目的、超级目的不相符则为间接的话语表达方式，属于话语暗示过程。当受话人感知到儿童所传递的话语形式时需要对其进行解码，解码过程也是儿童和受话人话语互明的过程，这离不开受话人对儿童话语形式的认知假设，即充分调用上述 7 种要素对儿童的话语形式进行感知和解码。

图 3-3 是关于儿童行为动作所产生的探试效果在受动取效过程中得以显现。依照自定义编码、哈贝马斯的交往行为理论以及符号互动理论，将儿童行为动作技能的发展划分为感知—动作协调阶段、行为动作模仿记忆阶段以及元认知指导行为动作计划、实施和调控阶段。由此，受话人可对儿童通过行为动作的探试所传递的目的和超级目的利用认知策略（人类的演绎机制）进行推理。这里的认知策略包括受话人调用头脑中已有的行为图式，充分利用认知假设并结合现实语境在高度合作以及高度知识共享的前提下对儿童的交际目的、超级目的进行解读。

本章小结

　　本章基于取效行为的定义，从知识、语言和行为层面分别剖析儿童所调用知识的目的和超级目的、语言的目的和超级目的以及行为的目的和超级目的的合理内涵。此外，从取效行为的效果说入手，对儿童所调用知识的不可预料效果、语言的可预料效果以及行为的探试效果进行阐释。在此基础上深入解读学龄前儿童语用发展取效行为理论的目的说、效果说之间的相互关系，并分别阐明隐性取效过程对于知识的不可预料效果、显性取效过程对于语言的可预料效果以及受动取效过程对于行为探试效果的不同作用。在厘清上述关系之后，提出学龄前儿童语用发展取效行为理论框架的设想，旨在重新阐述儿童语用发展能力内涵并客观揭示学龄前儿童语用发展的规律所在。

第 四 章

学龄前儿童语用发展取效行为
研究的设计与分析

    本章对学龄前儿童语用发展总体情况进行调查，挖掘其语用发展水平，包括会话能力、[①] 语篇能力，在此基础上对比不同情境下即家庭互动情境，师生、同伴互动情境以及陌生互动情境下学龄前儿童语用发展能力特征的差异。此外，具体分析不同年龄段学龄前儿童语用能力的发展水平，并试图探究其差异根由，为验证学龄前儿童语用发展取效行为理论框架提供实证依据。

第一节 学龄前儿童语用发展取效
行为研究的前期准备

    本节将对学龄前儿童语用发展取效行为研究的语料来源、收集标准、语料转写及符号说明进行具体阐述。

一 语料来源

    本书按分阶段抽样的方式，先在全国范围内选取 7 个省（直辖

---

① 交流行为水平与儿童会话能力合并编码。

市）进行整群抽样。依据各省（直辖市）地理位置将全国划分为南方和北方两大区域。其中，南方区域包括江苏、四川、广东；北方区域包括辽宁、黑龙江、北京、陕西。选取216名语言发展正常、身体发育健全、智力正常、无言语障碍和听觉障碍的普通话儿童作为研究对象，按照年龄因素对其进行分层抽样，儿童年龄3—6岁不等，男女比例相当，各108名。再将儿童分成低龄组（3岁）、中龄组（4岁）以及高龄组（5—6岁）三个组别。在幼儿园教师及家长知情同意的前提下获取实验数据。儿童父母教育背景基本相似，[①] 家庭收入情况无显著差异，[②] 均为独生子女家庭。此外，216名儿童无论是在家庭中还是在幼儿园，家庭成员、教师以及研究者都使用普通话与儿童进行日常交流。同时采用独立样本t检验，以便考察南北方区域差异对儿童语用发展能力（会话能力和语篇能力）是否存在影响，方差齐性检验结果显示：南北方区域差异对儿童语用发展能力不存在显著影响。其中，会话能力（$t = -1.446$，$df = 34$；$p = 0.157 > 0.05$）；语篇能力（$t = 0.635$，$df = 30.311$，$p = 0.530 > 0.05$）。[③] 因此，可以将南北方区域儿童视为整体进行分析。

二　收集标准

采用观察法和话题法相结合的方法收集语料，以录像的方式录制视频语料，语料收集场所为学龄前儿童比较熟悉的幼儿园及家庭情境。每名儿童在不同情境下每次录制视频时长为10—15分钟，共计98次（排除假期休息）。为保证研究结论的可靠性，对视频内容和录制时间进行半结构化处理。具体如下：

录制儿童与幼儿教师、同伴、家庭成员、研究者的日常语言交流情况，包括读绘本、讲故事、做游戏等日常活动。在录制过程中，

---

① 父母均为大学本科毕业生。
② 家庭收入与家庭所在地的城镇家庭平均收入持平。
③ 由于篇幅所限，独立样本t检验所输出的表不汇报，只汇报结果。

儿童与受话人的交流自然真实且不受外界干扰。录制时如出现儿童持续沉默现象，成人可通过给他们玩具或提问等方式诱导儿童开口讲话，但上述诱导形式并不以测试儿童的语用发展能力为目的。

此外，将视频语料按照不同情境进行分类：

其一，家庭互动情境：录制儿童与家庭成员在家庭互动情境中（包括住宅小区、附近公园）进行自然交流的语料，如进餐、做游戏、讲故事、读绘本等活动的自然语料。熟悉的家庭情境便于儿童与家庭成员自然互动，录像时仅有家庭人员和儿童在场，以避免无关人员进行干扰。

其二，师生、同伴互动情境：录制教师为儿童讲绘本、与儿童做游戏以及儿童为教师或同伴讲故事语料，为儿童提供绘本故事书20本以及其熟悉和喜爱的主题游戏材料，包括医生职业扮演体验服以及针筒、听诊器等1套和快乐小厨房1套、郎朗教育（益智区）积木1套、牙齿标本（放大镜、牙具）1套、儿童颗粒塑料益智拼装插积木1套、儿童毛绒布娃娃3个。此外，儿童还可到幼儿园内的快乐城堡进行游戏。

其三，陌生互动情境：录制研究者作为固定的陌生交流对象与儿童进行交流时的语料。

现场录制的视频语料经过研究者认真筛选（剔除儿童发音模糊和转写时无法确定的视频语料），剩余63501个语音清晰、内容丰富完整的视频语料，时长总计793800分钟，其中师生、同伴之间对话视频10582个，时长137566分钟；家庭成员与儿童之间对话视频10585个，时长148190分钟；研究者与儿童之间对话视频10576个，时长116336分钟；儿童为家庭成员、幼儿教师以及同伴讲故事视频31758个，时长391708分钟。所收集的部分儿童语用发展视频语料示例如图4-1所示。

第四章　学龄前儿童语用发展取效行为研究的设计与分析　　135

VID_083548　VID_084640　VID_085727　VID_090505　VID_091603

VID_103949　VID_105312　VID_113159　VID_115205　VID_121349

VID_153310　VID_153835　VID_154826　VID_155617　VID_160108

VID_102418　VID_105431　VID_114618　VID_115945　VID_120738

VID_093802　VID_094631　VID_095207　VID_113444

VID_151426　VID_151936　VID_161037　VID_90754

VID_101858　VID_103543　VID_112535　VID_120615

图 4 – 1 部分儿童语用发展视频语料截图

三 语料转写及符号说明

将收集到的语料严格按照国际儿童语言研究数据交换系统中规定的儿童语言转录分析编码格式进行文字转写，通过文字方式将儿童言语和非言语行为记录下来，除汉字外所有符号都在英文状态下输入，并转换成可在计算机语言分析系统中运行的文本文件，转写的内容以 .cha 文档格式保存。所有语料由 20 名本科生和研究生转写，并两人一组将转写完成的语料交换核查，以确保文字内容准确（见图 4 – 2）。

幼儿园1	2017/11/1 17:52	CHA 文件
幼儿园2	2017/11/1 17:56	CHA 文件
幼儿园3	2017/11/1 18:20	CHA 文件
幼儿园4	2017/11/1 18:44	CHA 文件
幼儿园5	2017/11/1 18:53	CHA 文件
幼儿园6	2017/11/1 19:05	CHA 文件
幼儿园7	2017/11/1 19:12	CHA 文件
幼儿园8	2017/11/1 19:18	CHA 文件
幼儿园9	2017/11/6 20:28	CHA 文件
幼儿园10	2017/11/6 20:32	CHA 文件
幼儿园11	2017/11/6 20:00	CHA 文件
幼儿园12	2017/11/6 19:49	CHA 文件

图 4-2　部分儿童语用发展语料转写截图

在转录过程中需要考虑诸多因素，如言语和非言语的录写标准，因为这些因素会对转录的准确性以及语料分析的客观性产生直接影响。在此基础上，CHILDES 的设计者编写了一套录写符号，可客观准确地再现儿童使用语言的实际情况。

以自建语料库中一则语料为例，举例说明如何使用该系统中的一些符号。

@ Begin
@ Languages：zho
@ Participants：LZX 李志萱 Target_ Child, RES Researcher
@ ID：zho | shang1 | LZX | 4；8. | | | | Target_ Child | | |
@ ID：zho | shang1 | RES | | | | Researcher | | |
@ Date：02 - AUG - 2017
＊RES：咱们 讲 故事 好 不 好 啊？
＊LZX：好.
＊RES：那 咱们 开始 吧.

%act：（LZX 点头示意开始）
@End

@Begin 表示开始转录文件，@Languages：zho 表示该语料为汉语语料，@Participants 表示该实验的参与者。此例中 RES 代表研究者，LZX 代表儿童姓名的拼音首字母大写缩写。*RES 表示研究者的话语，*LZX 表示儿童的话语，@End 提示转录语料的结束，%act 表示行为编码层。同时，在转录语料时会遇到一些常用标点符号以及特殊语句符号等（见表 4-1）。

表 4-1　　　　　　　　常用标点符号及特殊语句符号

句号（Period）	*CHI：我 是 一 个 好 宝宝.
感叹号（Exclamation）	*MOT：这 个 花儿 好 美 啊！
问号（Question）	*CHI：妈妈 你 爱 我 吗？
语句并未说完且语音被拖长，如说话人将注意力从所说的话语中移开，或是忘记所要表达的话语，因此会出现停顿现象。停顿之后说话人可能继续某一语句或将话轮交由另一说话人（Trailing off）	*CHI：妈妈 我 洗 完 澡 之后 +… *MOT：嗯.
打断（Interruption）	*MOT：你 做 了 +/. *CHI：妈妈.
快速地接下去说（Quick Uptake）紧接着前一位说话人说话，中间并未有句子之间的短暂停顿	*MOT：宝宝 你 为什么 去 那里？ *CHI：+^我 真的 没有 去.
语句在中断之后自我进行补全（Self-Completion）	*CHI：妈妈 我 洗 完 澡 之后 +… *MOT：嗯. *CHI：+，之后 你 给 我 讲 故事 吧.
他人将儿童未完成的话语予以补全（Other-Completion）	*CHI：如果 妈妈 知道 +… *MOT：++知道 你 又 偷 吃糖 了.
引述别人或书本中的话语（Quotation Mark）	*CHI：然后 小熊 说 +"/. *CHI：+"请 将 你 所有 的 蜂蜜 给 我.

续表

最佳猜测（Best Guess） 由于屋子里的噪声或是录摄技术原因，转写者听起来比较费力，但是可以进行最佳猜测	[？] *MOT：你 想 要 青蛙 [？]？
转写文本时简要的解释（Explanation）	[=] *MOT：不 要 碰 那个 [=电风扇]！
说话人同时说话的现象 (Overlapping Utterances)	[>]（与后面的话重叠） [<]（与前面的话重叠） *MOT：宝宝 你 <吃 这个> [>]！ *CHI：<妈妈 我 不 想 要 这个> [<]. *CHI：它 不 好 吃.
说话人重复刚刚所说的话语，但并未进行修正 (Retracting without Correction)	[/] *CHI：<我 想> [/] 我 想 邀请 小明 来 我 家 玩儿.
说话人重复刚刚所说的话语，但进行修正 (Retracting with Correction)	[//] *CHI：<我 昨天> [//] 我 今天 去 了 快 乐 城堡.
难以理解的话语（Unintelligible Speech）	xxx
不可转写的语料（Untranscribed Material）	www
停顿（Pause）	# *CHI：我 不 # 知道.
只有动作没有语言（Action without Speech）	0

事实上，CHAT 共有约 130 种符号，由于篇幅所限这里不再赘述。①②

第二节 语用发展分析工具及程序

本节介绍本书所使用的儿童语用发展分析工具，包括 CHILDES、CLAN 以及 INCA-A 编码系统。在儿童语用发展分析程序部分，用语料处理方式以及 SPSS 数据分析方法进行阐释。

---

① 可通过 CHILDES 主页中的 CHAT 使用说明全面了解所有符号之意义。
② ［美］MacWhinney, B.：《国际儿童语言研究方法》，许文胜等译，教育科学出版社 2010 年版，第 106 页。

一　儿童语用发展分析工具

本书采用儿童语言研究数据交换系统、计算机语言分析系统以及 INCA – A 编码系统对收集到的学龄前儿童语用发展视频语料进行文本处理与分析，包括转写、编码、系统运算等，深入了解学龄前儿童语用的发展特点。

（一）儿童语言研究数据交换系统

为了客观揭示儿童日常语言的实际使用情况，建设理想化儿童语料库，卡内基－梅隆大学布莱恩·麦克维尼（Brian Mac Whinney）教授携手软件工程师以语料库语言学理论为基础并结合软件技术开发了儿童语言研究数据交换系统。该系统汇集数据库处理技术及计算机编程知识，适用于多语种儿童语言发展研究所需的命令操作。CHILDES 弥补了由于技术手段限制而无法实施儿童语言研究的缺陷，研究者可根据研究需要对语料进行编码与运算。然而值得注意的是，迄今为止，学龄前儿童语用发展的主流研究仍然是英文语料，由此得出的一些规律必须在其他语种中得到验证。[1]

（二）计算机语言分析系统

计算机语言分析系统是由卡内基－梅隆大学斯佩克托尔（Spektor）设计并进行维护，旨在为分析通过 CHILDES 格式转写的儿童语料服务。该系统具备相应的程序设置并且可自动分析儿童语料，如频率统计、查找关键词、共现分析、语句平均长度计算、交互分析、文本修改以及形态句法、类符/形符比、平均话轮长度等。计算机语言分析系统大约有 30 个语句[2]供研究者从多维视角对儿童语料进行分析。

（三）INCA – A 编码系统

INCA – A（Inventory of Communicative Acts-Abridged）编码系统

---

[1] 刘森林：《学龄前儿童语用发展状况实证研究——聚焦言语行为》，《外语研究》2007 年第 5 期。

[2] http：//talkbank. org/manuals/CLAN. pdf.

是由哈佛大学诸多学者提出的一种评价系统，即"语用交流行为目录（简要版）"（见附录）。INCA-A 编码系统是尼诺等人根据尼诺和惠勒所研制的编码系统简缩改编而成，可对面对面的交互行为，如对话语层面和社会交互层面的交际意图进行编码。INCA-A 编码系统根据话语使用类型将互动语料进行分组归类，但并不考虑语境因素的影响。例如，商议即刻活动的互动语料可归为一类，包括商议活动和行为的开始、结束、继续和停止等。同样，所有的标记性互动话语（排除问候）也归为一类，包括感谢、致歉、保佑、祝贺或标记行为的完成等话语。

斯诺（Snow）等借助该编码系统、CHILDES 以及 CLAN 进行儿童语用发展相关研究。随着这一研究方法逐渐成熟，国内外掀起了相关研究热潮（Ninio & Snow, 1996; Pan et al., 1996; 周兢, 2001, 2002, 2006, 2009）。可以说，与之前版本相比较，INCA-A 编码系统更适合研究去语境化的语言使用情况（Ninio & Snow, 1996）。此外，研究表明，此研究框架的重测信度高达 90% 至 95%（杨晓岚, 2009; 李晓燕, 2008）。INCA-A 编码系统将语用交流行为分为三个层面：（1）言语倾向水平（social interchanges）；（2）言语行动（speech acts）；（3）言语灵活度（pragmatic flexibilities）。

二 儿童语用发展分析程序

（一）语料处理

将视频语料中儿童和受话人的言语和非言语行为按照 CHILDES 进行编码，并将编码结果通过 CLAN 进行自动分析。编码过程可分为如下几个步骤。

其一，语料编码。本书采用 INCA-A 编码系统和自定义编码相结合的方式对儿童和受话人的言语和非言语行为进行编码。以研究目的为基准分为如下 7 类编码：

1. 会话编码

根据会话结构角度将会话分为会话发起、会话维持、会话修补、会话修补回应四个层面。此外，结合国内外相关研究成果[①]以及儿童语用发展能力涉及的知识、语言和行为及其交互关系层面，将会话编码类型分为 28 种（详见附表 5）。

2. 言语倾向水平编码

言语倾向水平编码是对话语双方的交往意图倾向进行编码（本书主要对儿童的交往意图倾向进行编码），共有 22 种类型，如 NCS（Negotiate co-presence and separation）（协商共同的意见或分歧，调控转变）、SAT（Showing attentiveness）（表示关注，表明说话人正在关注受话人）等。同时，基于对语言的编码、感知和解码过程中语言编码来源要素的探讨，又对上述 22 种类型产生的根源从宏观上进行归类，归为 CN（communicative needs）（交际需求）、MS（mental state）（心智状态）、SE（social environment）（社会互动环境）、CB（communicative background）（交际背景）、PA（propositional attitude）（命题态度）、IS（image schemata）（已有图式）、CE（cognitive environment）（认知环境）等七大类别（详见附表 1）。需要强调的是，语言是极其复杂的现象，在考察时的确有相互重叠的情况。为了处理上的便利，这里仅考察儿童主要调用的一种语言编码来源要素。

3. 言语行动编码

言语行动编码是对说话人通过一定的话语方式表达自我交往意图的编码，共有 65 种类型（详见附表 2），如 RP（Request/propose/suggest action for hearer, or for hearer and speaker）（向受话人要求、提议或建议某种行为，所提议的行为也可能涉及说话人）、DR（Dare or challenge hearer to perform an action）（挑战受话人，实施某种行动）等。

4. 非言语行为编码

非言语行为编码是对儿童的非言语行为进行编码。本书结合国内外研究成果（McTear，1985；杨晓岚，2009；李欢，2014）以及对

[①] 李欢：《智力落后儿童语用干预研究》，科学出版社 2014 年版，第 39 页。

儿童非言语行为的分类，将儿童的非言语行为分为三大类别，即感知—动作协调、行为动作模仿记忆以及元认知指导行为计划、实施和调控。此外，针对上述三大类别，又将感知—动作协调分为 TOU（Touching hearer）（身体触碰）、NOD（Nodding）（点头赞同）、SHA（Shaking one's head to refuse）（摇头拒绝）、FE（Facial expression）（面部表情）；将元认知指导行为计划、实施和调控分为 SHO（Showing something to hearer）（向受话人展示物品）、GIV（Giving something to hearer）（给予受话人某物）、MOV（Move position）（位置移动）、POI（Pointing）（手势指示）。此外，还有 IAM（Imitation and Memory）（行为动作的模仿记忆，简称"模仿"）共9种类型（详见附表3）。

5. 会话修补编码

会话修补可视为一种特殊类型的会话维持手段，是指在会话进程中话语双方借助语言的方式更正或进一步声明之前所说话语的现象。由于并非每句话都会涉及会话修补，所以它可作为候选层而存在。基于国内外关于儿童会话修补相关研究（Aviezer, 2003；杨晓岚, 2009）以及研究的实际情况，将会话修补方式分为知识修补、语言修补、行为修补、知识+语言修补、知识+行为修补、语言+行为修补以及知识+语言+行为修补。针对会话修补的回应，又进一步被分为知识回应、语言回应、行为回应、知识+语言回应、知识+行为回应、语言+行为回应以及知识+语言+行为回应（详见附表5）。

6. 知识的言语和非言语行为编码

基于对儿童所调用知识的言语和非言语行为的分类，考察儿童的会话能力以及语篇能力维度时，可对涉及的知识类型进行归类。如，SCK（Social conventional knowledge）（社会规约性知识）、IK（Imaginative knowledge）（想象性知识）、DK（Declarative knowledge）（陈述性知识）、PK（Procedural knowledge）（程序性知识）（详见附表4）。

编码后规范的语料文件示例如下。

会话阶段

*ZYX：我 在 我 婆婆 家 倒 是 有 一 把 AK．　　会话发起：知识会话发起：陈述性知识
%CON：KI：DK
*TEA：什么？
*ZYX：我 在 我 婆婆 家 的 话 是 有 一 把 AK．　　会话维持：知识会话维持：陈述性知识
%CON：KC：DK
*TEA：AK？
*TEA：什么 是 AK 呢？　　会话修补：知识会话修补：陈述性知识
%CON：KR：DK
*ZYX：AK 就 是 一 把 枪 的 名字．　　会话修补回应：语言会话修补回应：澄清事实：交际需求：通过陈述回答特殊疑问句
%CON：URR：DCA：CN：SA

语篇阶段

*CHI：有 一 天 有 一 只 小 兔子 [^c]．　　叙述事件：时间：交际背景叙述事件：人物：交际背景

%nas：EVTDRD:TIM:CB.EVTDRD:AGO:CB　　叙述观点：形容词：想象性知识

%eva：EVAADJ:IK

*CHI：它 每天 起床 时候 都 在 操场 玩 [^c]．　　叙述事件：时间：交际背景叙述事件：假想事件的场景：认知环境.叙述事件：已有图式

%nas：EVTDRD:TIM:CB.EVTDRD:GEN:CE.$EVT:IS

*CHI：第 二 天 它 起床 在 操场 玩 的 时候 [^c] 突然 发现 它 旁边 有 个 小 乌龟 [^c]．

%nas：EVTDRD:TIM:CE.EVTDRD:LOC:CE.$EVT:IS.$EVT$DRD:AGO:CE

%eva：EVAADV:CE

*CHI：小 兔子 说 <咱俩 来 个 龟 兔 赛跑 吧> [^c]．

%nas：$EVT.$SPE:IS

*CHI：我 妈妈 说 [^c]　+"赛跑 会 让 我们 更 有 活力 [^c]．

%nas：$EVT.$SPE:IK　　叙述事件：引述：想象性知识

*CHI：结果 小 乌龟 <先> [/] # 先 [^c]．　　儿童没有说完

%nas：$NUC

%tep：$CAU:CE

*CHI：小 兔子 说 完 就 立刻 跑 了 [^c]．

%nas：EVTDRD:AGO.$EVT

%eva：$ADV:IS

*CHI：小 乌龟 在 后边 慢 慢 追 着 [^c]．

%nas：EVTDRD:AGO.$EVT

%eva: $ADV: IS

*CHI: 最后 小 兔子 看 太阳 快 下山 的 时候 [^c] 它 困 了 它 在 大 树 边 上 睡 了 一 觉 [^c] .

%nas: $EVT $ DRD: GEN: CE. $EVT $ DRD: GEN: CE

%eva: $ADV: CE

%tep: $SEQ: CE

> 叙述顺序：认知环境

*CHI: 然后 小 乌龟 慢 慢 爬 着 一 下 就 到 终点 了 [^c] .

%nas: $EVT $DRD: GEN: CE. $EVT

%eva: $ADV: IS. $ADV: CE

%tep: $SEQ: CE

*CHI: <小 乌龟>[/] # 小 乌龟 它 已经 到 终点 了 [^c] .

%nas: $EVT: CE

%tep: $ASP: CE

*CHI: 它 搁 小 乌龟 后边 追着 [^c] .

%nas: $EVT: CE

*CHI: 它 第 二 名 [^c] 小 兔子 就 不 高兴 了 [^c] .

%nas: $EVT: CE

%eva: $EMO: CE

*CHI: 讲 完 了 [^c] .

> 叙述事件:结束语:认知环境

%nas: $EVT. $CLE: CE

*MOT: 讲 完 了 啊 ?

*CHI: 讲 完 了 啊 .

*MOT: 好 那 妈妈 问 你 .

*CHI: 恩 .

> 回答主试问题：交际需求

%nas: $NNT: R: CN

*MOT: 最后 比赛 谁 赢 了 ?

*CHI: 当然 是 乌龟 了 .

%nas: $NNT: R: CE

7. 语篇叙事能力编码

儿童语篇叙事能力是指儿童独自或儿童与家庭成员、同伴、研究者等叙述真实生活故事或幻想世界故事的能力。根据张鑑如（Chang，1998，2000）的编码系统并结合知识、语言、行为及其交互关系的 7 种多维编码，将儿童语篇叙事能力分为三个维度：叙述结构、叙述观点以及叙述顺序。具体为：

（1）叙述结构（编码为%nas），其包括如下 7 种类型：

① ＄EVT——叙述事件（event narration）（多维编码类别）。

② ＄DRD——时间、人物、地点、背景叙述（durative/descriptive talk）（多维编码类别）。这里需要指出的是，＄DRD 为主层编码，还有次层编码。主层和次层编码之间以"："相隔。具言之：

＄DRD:TIM——时间

＄DRD:AGO——人/物

＄DRD:LOC——地点

＄DRD:OBJ——论述、描述的事物

＄DRD:GEN——行为动作发生的场景，假想事件的背景（场景）（注：＄EVT 是真实发生的事件编码）

③ ＄SPE——模仿或转引（speech）：模仿或转述他人所说的话语或行为（多维编码类别）。

④ ＄CLE——结束语（closing）：叙述语料中表明结束的话语或行为，如"讲完了""好了""就这些了"（多维编码类别）。

⑤ ＄NUC——不可归类的叙述（narrative unclassifiable）：与叙述相关但儿童没有说完或当儿童所描述的与事件相关，但难以判断是 ＄EVT、＄EVA、＄DRD 时的叙述。

⑥ ＄NNT:R——儿童回答主试问题的编码。

⑦ ＄NNT:I——与叙述主题完全无关的话语的编码。

（2）叙述观点（编码为%eva）

叙述观点是指儿童在叙述故事/事件时表达自我或故事/事件中人物的感受或观点。参照 Labov（1972）、Peterson & McCabe（1983）

以及 Chang（2000）的研究成果以及多维编码类别，将叙述观点编码为 10 种类型：

① $ ADJ——评价性形容词（evaluative adjectives）

② $ ADV——评价性副词（evaluative adverbs）

③ $ COM——比较词（comparison）

④ $ EMO——表达内心情感、认知或生理状况的词（emotions）：喜爱、气愤、头疼、认为等

⑤ $ EMP——强调词（emphasis）

⑥ $ IND——夸张词（intensifiers or delimiters）：非常、太、很等

⑦ $ INT——体现意图或强迫的词：想、盼望、不能等

⑧ $ NEG——否定词（negations）

⑨ $ REP——重复词（repetitions）

⑩ $ VER——状态词（verbal qualifiers）：开始、持续、一直

（3）叙述顺序（编码为%tep）

对儿童叙述语料中的叙述顺序进行编码指的是对儿童如何运用适切的连词、时态词、时间副词等叙述语篇中的时间以及因果关系进行编码。结合叙述顺序的考察维度以及知识、语言和行为及其交互关系编码类别将叙述顺序分为如下 4 种类型：

① $ ASP——表示体态的词（aspectual morphemes）：着、了、过、已经、在等

② $ CAU——因果关系连词（causal junctions）：因为、因此、所以、结果、既然……就……、之所以……是因为……等

③ $ SEQ——顺序连词（sequential connectives）：之后、然后、然后……就等

④ $ TEM——时间连词（temporal connectives）：……小时前、一……就……、……的时候、后来等

对儿童叙述性话语进行编码时还需要强调如下几点要求:[1]

①并不是对儿童所说的每句话都要进行编码,只需编码儿童开始叙述的时间点,成人的话语(幼儿教师、家庭成员以及研究者)无须进行编码。

②对儿童叙述语料编码时是以小句(Clause)为编码单位,因为要对每一个小句进行编码,并用"."将编码进行分割。同时,小句中的语素也需进行相应的切分。

③小句的切分要依据如下标准:一是小句中的动词;二是主语发生变化。如研究成人与儿童的互动,就以话语作为单位,将语气词归为一个小句。

④每个小句都要有叙述结构的编码,而叙述结构的编码要有如下顺序:＄SPE—＄EVT—＄EVA—＄DRD,即当一个句子兼具上述编码的特征但难以决定归为何种编码时,需要以优先原则作为编码标准。

⑤在儿童叙述语篇时,研究者会通过"然后呢"等词语引导儿童继续某一话题的讲述。这样儿童就不可避免重复研究者所说的"然后呢"等词语。因此,在编码时应认真考虑儿童重复的词语是否具有内涵意义,如果有实质性的内涵意义就要依据叙述顺序进行编码。

⑥针对儿童的非言语行为,如儿童的肢体语言、眼神、手势等,编码为%act。

⑦视频语料中一些特殊符号是CLAN程序中CHAT格式所使用的符号,具体见表4-1。

其二,通过CLAN对编码结果予以分析。本书中涉及的CLAN命令主要有freq。freq是指通过统计各种编码类型的数量,计算儿童在会话阶段和语篇阶段调用知识、语言和行为及其交互关系的数量。freq的命令操作和结果如下(如会话阶段):

---

[1] 周兢:《汉语儿童语言发展研究——国际儿童语料库研究方法的应用与发展》,教育科学出版社2009年版,第287—288页。

freq +t%con +t*CXR +s$*:%:%:%:%:% CXR-family.cha

freq	执行freq命令，即统计频次
t%con	统计会话编码层
t*CXR	统计儿童CXR的全部编码语句
s$*:%:%:%:%:%	统计第一层编码类型频次，其他各层运算命令相同，即*代表运算层；%代表不进行运算的编码层
CXR-family.cha	运算CXR-family.cha语料

From file <CXR-family.cha>
Speaker: *CXR:
 9 $UAI:DHA:CN:RP:POI
45 $UAC:DJF:SE:SS:SHO
14 $UAC:DFW:IS:SS:IAM
 8 $UAC:MRK:PA:AA:NOD
 6 $UAC:MRK:PA:AN:SHA
 7 $UR:DHA:CN:RP
 6 $URR:DRE:CE:SC

（二）运用 SPSS 进行数据分析与统计

将 CLAN 命令运算后的数据结果输入 SPSS 22.0 进行统计，分析学龄前儿童语用发展特点，即会话发起、会话维持、会话修补、会话修补回应的使用总数、使用比例，以及在上述四种会话阶段中调用知识（社会规约性知识、想象性知识、陈述性知识和程序性知识）、语言即语用交流行为（交际需求、心智状态、社会互动环境、交际背景、命题态度、认知环境、已有图式）和行为（感知—动作协调：身体触碰、点头赞同、摇头拒绝、面部表情；行为动作的模仿和记忆；元认知指导行为计划、实施和调控：展示物品、给予物品、位置移动、手势指示）及其交互关系的数量；儿童语篇叙述维度中叙述结构、叙述观点以及叙述顺序使用总数以及借助知识、语言和行为及其交互关系的数量。通过上述结果分析不同情境下儿童各类语用发展能力差异，并比较不同年龄段儿童在会话以及语篇阶段的量化指标。

三 研究的信度分析

为保证量化研究的信度，本书对学龄前儿童会话能力以及语篇能力的编码语料实施二次重审方式，研究者和20位语言学专业本科生及研究生（对视频语料转写、标注以及编码工作非常熟悉，曾接受过 INCA-A 编码系统培训，参与编码工作长达一年）完成所有视频语料的第一次转写、标注以及编码工作。此外，针对自定义编码部分包括知识、语言、行为及其交互关系编码层的分类和归类方法进行深入讨论和细致分析，随机选取各年龄段儿童的转写语料进行初试编码，对于编码异议部分又进行详细讨论并最终达成共识。同时，以60%的比例对第一次完成的文本语料进行抽样，进而完成第二次转写、标注与编码工作。通过第二次转写、标注与编码工作后，经统计语料转写一致性比率为99%，语料标注一致性为98%，语料编码一致性为95%。

第三节 不同情境下学龄前儿童语用发展特点分析

不同情境下学龄前儿童语用发展特点是指儿童在不同场合、时间、地点与不同身份的人进行交际时的语用特点。本书所涉及的情境是指家庭互动情境，师生、同伴互动情境以及陌生互动情境，通过上述三种情境全面考量学龄前儿童的语用发展能力。

一 家庭互动情境下儿童语用指标分析

针对学龄前儿童在家庭互动情境中的语用指标，从知识、语言、行为、知识+语言、知识+行为、语言+行为、知识+语言+行为7个层面对儿童的会话能力（儿童的会话能力按照语用交流行为编码标准进行编码，故儿童语用交流行为通过其会话能力进行考察，下同）和语篇能力进行量化分析。[①]

（一）家庭互动情境下儿童语用指标整体分析

1. 会话能力

针对学龄前儿童在会话发起、会话维持、会话修补以及会话修补回应阶段所涉及的知识、语言、行为及其交互关系数量，[②] 采用卡方独立性检验和对应分析法进行分析。对应分析中，4×7的交互表可得到行列维度最小值减1的维度。由表4-2可知，第一维度 Dim 1 解释了列联表的86.5%，第二维度 Dim 2 解释了列联表的13.3%，这说明上述两个维度已经能够说明数据的99.8%。

表4-2　　　　家庭互动情境下儿童会话阶段调用语用指标摘要表

Summary

Dimension	Singular Value	Inertia	Chi Square	Sig.	Proportion of Inertia		Confidence Singular Value	
					Accounted for	Cumulative	Standard Deviation	Correlation 2
1	.763	.582			.865	.865	.007	.068
2	.300	.090			.133	.998	.006	
3	.030	.001			.001	1.000		
共计		.673	7725.445	.000ª	1.000	1.000		

a. 18 degrees of freedom.

---

① 本书考察儿童主要调用的语用指标，下同。

② 根据本书所获得的全部视频语料以及学龄前儿童在语言和认知能力发展方面的局限性，发现学龄前儿童并不具有自我修补的能力。因此，本书所涉及的会话修补均属于他人修补。此外，本书还发现儿童对会话修补的发起方式均有回应，因此还对儿童会话修补的回应方式进行了统计，下同。

表4-3 显示皮尔逊卡方值为7725.445，p值为0.000，表示极其显著，说明会话阶段对知识、语言、行为及其交互关系的调用存在制约关系。

表4-4、图4-3显示出家庭互动情境下的儿童在会话阶段所调用的知识、语言和行为及其交互关系的具体结果。结果显示，上述七种语用指标的数量均存在显著差异。具体为：儿童会话发起的主要方式是通过语言及相应行为（3396次）；此外，儿童也通过语言并借助行为使会话维持下去（2922次）；针对会话修补，儿童主要通过语言发起修补请求（1057次），而对会话修补的回应大部分借助语言得以实现（707次）。由此可见，在家庭互动情境下，儿童与成人的会话方式以讨论当前共同关注的事物为主，会话互动

表4-3 家庭互动情境下儿童会话阶段调用语用指标卡方测试表

Chi-Square Tests

	Value	df	Asymp. Sig. (2-sided)
Pearson Chi-Square	7725.445[a]	18	.000
Likelihood Ratio	7757.392	18	.000
Linear-by-Linear Association	2990.426	1	.000
N of Valid Cases	11481		

a. 0 cells (0.0%) have expected count less than 5. The minimum expected count is 15.62.

表4-4 家庭互动情境下儿童会话阶段调用语用指标对应表

会话阶段	调用情况							共计
	知识	语言	行为	知识+语言	知识+行为	语言+行为	知识+语言+行为	
会话发起	435	301	0	379	0	3396	92	4603
会话维持	239	245	497	459	262	2922	95	4719
会话修补	108	1057	0	106	0	0	0	1271
会话修补回应	80	707	0	86	0	0	15	888
共计	862	2310	497	1030	262	6318	202	11481

第四章　学龄前儿童语用发展取效行为研究的设计与分析　　153

环境相对宽松，因此儿童倾向于借助语言＋行为的方式发起并维持会话。儿童可在轻松氛围下，借助语言并辅以行为向自己亲近的家庭成员发起会话并维持会话（目的），使受话人快速识别儿童的交际意图（超级目的）。此外，当家庭互动情境下儿童未能领会受话人的话语时，可直接通过语言请求受话人的证实（目的）以进行会话修补，并借助语言予以修补回应（目的）。这说明，对于熟悉的受话人儿童会以最直接的方式请求其修补未能理解的话语，并对受话人的修补请求有所回应，因为儿童希望该话题持续下去（超级目的）。诚然，由于与受话人的共享信息较多，当儿童对受话人修补请求进行回应时同样也只是借助语言，这样受话人对此可以迅速解码。

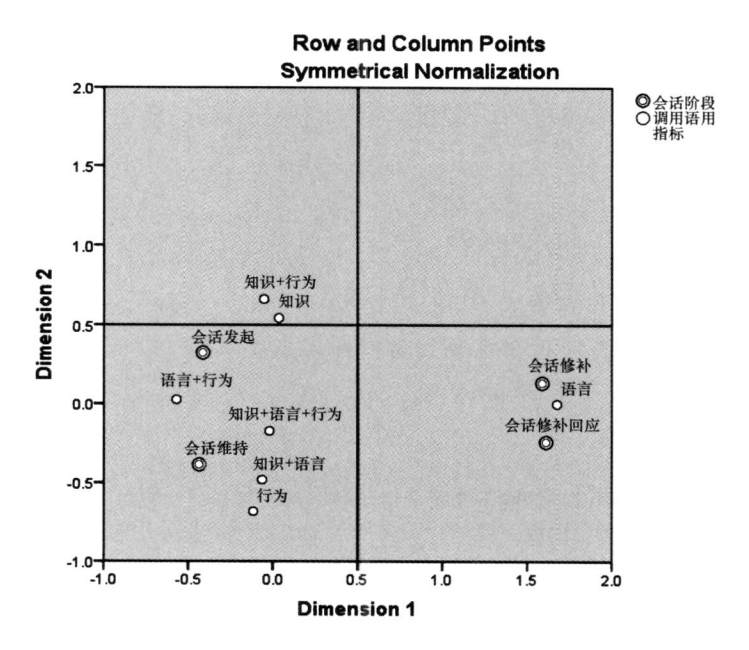

图4-3　家庭互动情境下儿童会话阶段调用语用指标对应的正规化图①

---

①　该正规化图的具体观察法是从中心向会话发起、会话维持、会话修补以及会话修补回应方向作向量，然后将所有调用指标向这条向量及延长线上作垂线，垂点靠近向量正向的表示常调用某种语用指标，下同。

由此认为，当受话人针对儿童借助语言所传递的交际目的和超级目的进行解码时，可在显性取效过程中综合话语形式、语言编码来源要素形成原型行为假设、无标记假设和语境共享假设等认知假设，① 解读语言的可预料效果。此外，针对儿童调用语言+行为表达交际目的和超级目的的情况，受话人可以以语言在显性取效过程中的可预料效果为出发点，通过对探试行为的观察在受动取效过程中结合现实语境并调用相关行为图式、认知策略（精细化策略、组织策略、理解—控制策略、情感策略），② 在思考话语形式、语言编码来源要素基础上形成原型行为假设、无标记假设、语境共享假设等认知假设，识别儿童借助语言+行为所传递的目的和超级目的。

2. 语篇能力

如上文所述，儿童的语篇能力可从叙述结构、叙述观点以及叙述顺序三个层面进行考量。首先，叙述结构通过叙述事件、人物时地背景、引述或模仿他人话语（简称为引述或模仿）、结束语、儿童回答主试问题五个维度得以体现。③ 通过对体现儿童语篇能力的语用指标进行分析，皮尔逊卡方值为6288.057，p=0.000，表示语篇叙述维度对知识、语言、行为及其交互关系的调用存在制约关系（见表4-5）。

具言之，家庭互动情境下，儿童在叙述事件时主要借助语言

---

① 陈新仁对语用全释的基础所作出的假设，包括原型行为假设（指不带有任何语境影响的痕迹）、无标记假设（具有不同社会属性的交际者在实施言语行为时有与其社会属性相适应的常规方式）以及语境共享假设。见陈新仁《试论语用解释的全释条件》，《现代外语》2001年第4期。

② 参照 Weinstein & Mayer (1985) 对认知策略的分类，将认知策略分为：(1) 精细化策略：找出新信息与已知信息之间的联系；(2) 组织策略：概括信息内容；(3) 理解—控制策略：不理解某个信息时采取某种行动进行调整，如自我提问、预先提问、设立子目标，调整策略；(4) 情感策略：保持动机、集中注意力、感同身受。Weinstein, C. E., R. E. Mayer, "The teaching of learning strategies", in M. Wittorock, eds. *Handbook of Research on Teaching* (3rd Ed.), New York: Macmillan, 1985.

③ 叙述结构中还涉及不可归类的叙述以及与叙述主题不相关的表达。因本书只考察儿童语篇能力的实际发展状况，故不对上述两个维度进行统计，下同。

(855 次)或语言+行为（669 次）或知识+语言（434 次）传递叙事目的（调用多种语用指标向家庭成员叙述事件）和超级目的（通过叙述故事/事件向受话人传递中心主题）。这说明，儿童根据故事/事件的主题选择事件的陈述方式，如果儿童认为与家庭成员共享较多信息时，会直接借助语言传递事件；如果叙述的故事/事件想象性情节较多，儿童则会在运用语言的同时调用知识来陈述事件；如果对于某事件来讲，儿童认为家庭成员了解该事件的可能性太小，则会在运用语言的同时辅以行为进行表述，以便向家庭成员讲述事件之间的关系（目的），为主题思想的积淀服务（超级目的）。在叙述人物时地背景时使用知识+语言（808 次）或语言（532 次）。这是由于在涉及某些背景信息时，儿童需要调用头脑中关于该事件主题的已有图式，因此不仅要借助语言还需要调用知识传递背景信息（目的），以使家庭成员对该故事/事件发生的根由有所把握（超级目的）。此外，儿童主要通过语言（448 次）或知识+语言（218 次）引述或模仿（目的），旨在支持所述论点（超级目的），并通过语言（1664 次）的方式明确表示叙述的结束（目的），使作为家庭成员的受话人掌握叙述的进度（超级目的）。在回答主试（在家庭互动情境中指的是家庭成员）问题时，大多数情况下儿童也使用语言（962 次）或知识+语言（677 次）。共享知识、信念和预设内容帮助儿童和家庭成员只需借助语言或在调用语言的同时借助相关知识完成回复任务（目的），这样儿童和受话人之间可以相互理解，实现成功的叙述任务（超级目的）。从儿童对所叙述的故事/事件的感受和看法（叙述观点）来看，主要通过语言（868 次）或语言+行为（614 次）的方式进行呈现。因为某些感受或观点对于儿童而言属于内心感受，有时需要儿童在调用语言的同时辅以行为对此进行直观阐释，使受话人明确把握儿童的感受或看法（目的），与儿童产生共鸣（超级目的）。而儿童在故事/事件叙述中所使用的叙述顺序主要借助语言（1522 次）反映出来，借此阐释语篇中的时间或逻辑关系（目的），使叙述内容更具脉络性和条理性（超级目的）（见表 4-6、图 4-4）。

对于儿童借助语言所传递的叙述目的和超级目的，受话人可在显性取效过程中借助话语形式、语言编码来源要素形成原型行为假设、语境共享假设、无标记假设等认知假设，解码语言的可预料效果。此外，针对儿童调用知识＋语言传递叙述目的和超级目的的情况，受话人可从话语形式、语言编码来源要素在显性取效过程中的可预料效果着手，在隐性取效过程中定位儿童所调用的知识类型并确定相应的知识解码方式，从而解读儿童调用知识＋语言的叙述目的和超级目的。对于儿童借助语言＋行为传递的叙述目的和超级目的，受话人可基于话语形式、语言编码来源要素在显性取效过程中的可预料效果，借助对探试行为的观察在受动取效过程中考虑现实语境和相关行为图式，并调用精细化策略、组织策略、理解—控制策略和情感策略等认知策略，形成原型行为假设、无标记假设、语境共享假设等认知假设，以便解读儿童调用语言＋行为的叙述目的和超级目的。

表4-5　家庭互动情境下儿童语篇叙述中调用语用指标卡方测试表

Chi-Square Tests

	Value	df	Asymp. Sig. （2-sided）
Pearson Chi-Square	6288.057[a]	36	.000
Likelihood Ratio	6136.086	36	.000
Linear-by-Linear Association	425.474	1	.000
N of Valid Cases	11334		

a. 7 cells （14.3%） have expected count less than 5. The minimum expected count is 1.36.

表4-6　家庭互动情境下儿童语篇叙述中调用语用指标对应表

语篇叙述维度	调用语用指标							共计
	知识	语言	行为	知识＋语言	知识＋行为	语言＋行为	知识＋语言＋行为	
叙述事件	139	855	0	434	0	669	0	2097
人物时地背景	49	532	0	808	0	0	0	1389

续表

语篇叙述维度	调用语用指标							共计
	知识	语言	行为	知识+语言	知识+行为	语言+行为	知识+语言+行为	
引述或模仿	3	448	0	218	0	0	0	669
结束语	42	1664	0	33	0	0	0	1739
回答主试问题	63	962	163	677	95	83	23	2066
叙述观点	49	868	5	94	0	614	0	1630
叙述顺序	94	1522	0	128	0	0	0	1744
共计	439	6851	168	2392	95	1366	23	11334

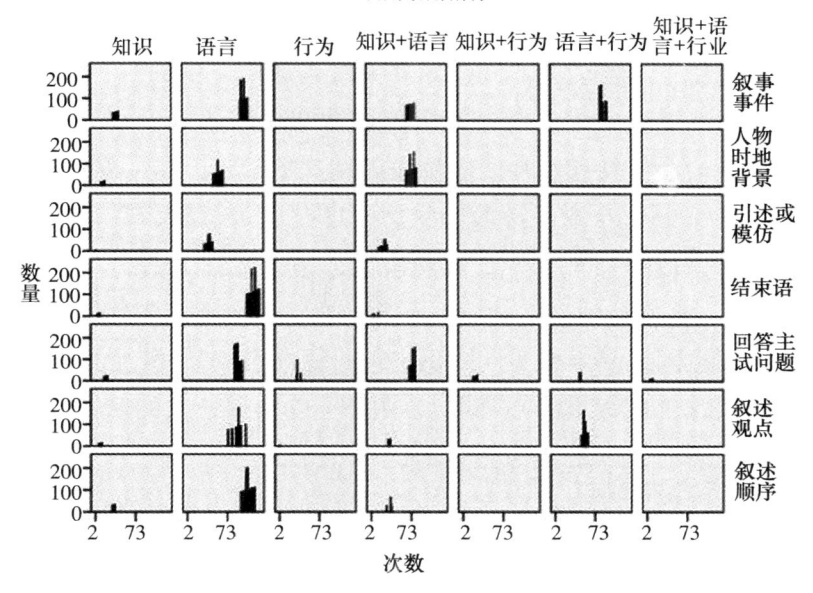

图 4-4 家庭互动情境下儿童语篇叙述中调用语用指标条形图

（二）家庭互动情境下儿童的知识语用指标分析

1. 会话能力

在家庭互动情境中，儿童与成人进行会话互动时也会偶尔借助知识完成会话任务。正如上文所述，知识包括社会规约性知识、想象性知识、陈述性知识和程序性知识。本部分对儿童在会话发起、会话维持、会话修补、会话修补回应中所涉及的知识语用指标差异进行比较，并分析其不同的特点。

调查显示，皮尔逊卡方值为 404.634，p = 0.000，[①] 说明在家庭互动情境下会话阶段对儿童调用知识的数量存在制约关系。

此外，表4-7、图4-5显示，儿童在会话维持时调用程序性知识次数最多，在会话修补时最少。由此可知，儿童对客观事物的属性、关系、特征等方面的认知需要依靠认知活动加以完成，这是儿童心智技能逐渐成熟的标志。这说明会话维持阶段的儿童在与成人会话互动中可逐步掌握会话进程，其借助认知策略、调用程序性知识实现交际目的（使该话题维持下去）和超级目的（对该话题产生兴趣）。儿童在家庭互动情境下与受话人共同感知并关注当前情境中的人、事、物，因此在整个会话进程中都会通过使用陈述性知识描述并识别事件或客体，尤其是在会话修补和修补回应阶段调用次数最多。这一结果表明，在相对轻松的氛围下儿童保持放松状态，思路更为清晰，在请求家庭成员对其话语进行修补时可尊重客观事实，请求受话人进行重复或确认（目的），旨在使会话自然延续（超级目的）。此外，在会话修补回应阶段，儿童也同样基于事实性知识进行回复（目的），使受话人明确尚未清晰的概念（超级目的）。同时，由于与作为受话人的家庭成员共享信息较多而活动又以游戏为主，因此在宽松的家庭环境下儿童会偶尔调用想象性知识发起会话，旨在吸引受话人对所发起的话题的关注（超级目的），希望与受话人开展会话交流（目的）。

儿童所调用的知识对于受话人而言具有不可预料的效果，受话人可根据儿童所调用的具体知识类型在隐性取效过程中定位知识解码方式，获得儿童调用知识的目的和超级目的。

---

① 由于篇幅所限，这里不再呈现表格，只汇报皮尔逊卡方值和 p 值以便判断，下同。

表 4-7　家庭互动情境下儿童会话阶段调用知识语用指标对应表

会话阶段	调用知识语用指标				共计
	社会规约性知识	想象性知识	陈述性知识	程序性知识	
会话发起	144	224	40	27	435
会话维持	23	73	37	106	239
会话修补	32	6	64	6	108
会话修补回应	5	9	45	21	80
共计	204	312	186	160	862

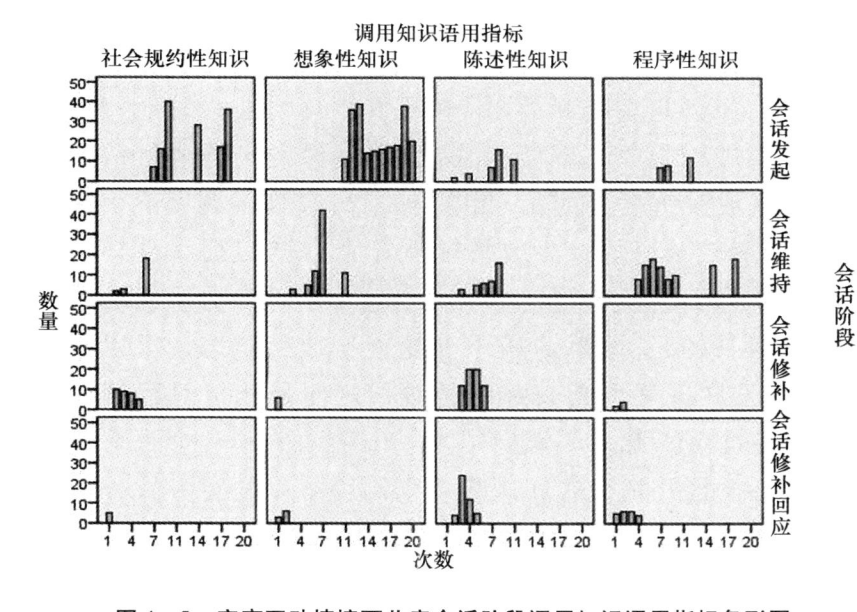

图 4-5　家庭互动情境下儿童会话阶段调用知识语用指标条形图

2. 语篇能力

对儿童的语篇能力评价维度：叙述事件、人物时地背景、引述或模仿、结束语、回答主试问题、叙述观点和叙述顺序中涉及的知识语用指标进行统计，① 皮尔逊卡方值为 189.940，p = 0.000，表示

---

① 对儿童的语篇能力进行评价，均从叙述事件、人物时地背景、引述或模仿、结束语、回答主试问题、叙述观点和叙述顺序 7 个维度展开，下同。因此，余下篇幅对儿童的语篇能力进行评价，7 个维度均不再赘述。

语篇叙述维度对家庭互动情境下儿童调用知识的数量存在显著制约关系。

由表4-8、图4-6可见，儿童在叙述事件时偶尔会调用陈述性知识。在表述人物时地背景、引述或模仿时，少数情况下会借助陈述性知识或想象性知识来完成。儿童在回答主试问题时，少数情况下会调用四种知识语用指标中的一种。由此推出，儿童在家庭互动情境下倾向于讲述事实性事件，因此往往需要通过陈述性知识来叙述事件（目的），使受话人对该事件更加信服（超级目的）。而涉及人物时地背景、引述或模仿时，如果对此记忆并不准确，少数儿童会对故事/事件中涉及的人物时地背景以及引语等内容进行想象，以便交代故事/事件发生的背景信息并向受话人引述或模仿（目的），旨在为故事/事件主题埋下伏笔（超级目的）。对于结束语，少数情况下儿童会调用程序性知识或社会规约性知识表达叙述的终结（目的），并期待受话人的进一步指示（超级目的）。家庭氛围下儿童处于放松状态，可以根据故事/事件的发展进程判断其终结位置，这便是儿童对程序性知识调用的最好诠释。此外，家庭作为一个浓缩的小社会也有相应的规则制度，少数儿童会遵守这些规则制度，以礼貌方式提示受话人叙述任务的结束。当回答家庭成员针对故事/事件的提问时，少数情况下儿童会调用各个知识语用指标，回答他人提问（目的），希望获得受话人的正向评价（超级目的）。可见，家庭成员的提问意在帮助儿童掌握社团生活的规约性行为，培养儿童重组头脑中已有形象的能力，并熟悉某项行为的具体步骤或操作方式、了解事物的根由属性。就叙述观点而言，少数情况下儿童会通过调用想象性知识传递自我或故事/事件中人物的观点或感受（目的），使受话人对此产生强烈兴趣，渲染故事/事件情节（超级目的）。对于叙述顺序，儿童偶尔会调用程序性知识，究其原因，儿童在叙述故事/事件过程中选择时间连词、因果连词、序列词以及表示状态词时会调用时间或逻辑关系，这离不开

表4-8　家庭互动情境下儿童语篇叙述中调用知识语用指标对应表

语篇叙述维度	调用知识语用指标				共计
	社会规约性知识	想象性知识	陈述性知识	程序性知识	
叙述事件	12	14	98	15	139
人物时地背景	8	14	19	8	49
引述或模仿	0	1	2	0	3
结束语	11	5	4	22	42
回答主试问题	16	17	18	12	63
叙述观点	6	31	5	7	49
叙述顺序	16	17	14	47	94
共计	69	99	160	111	439

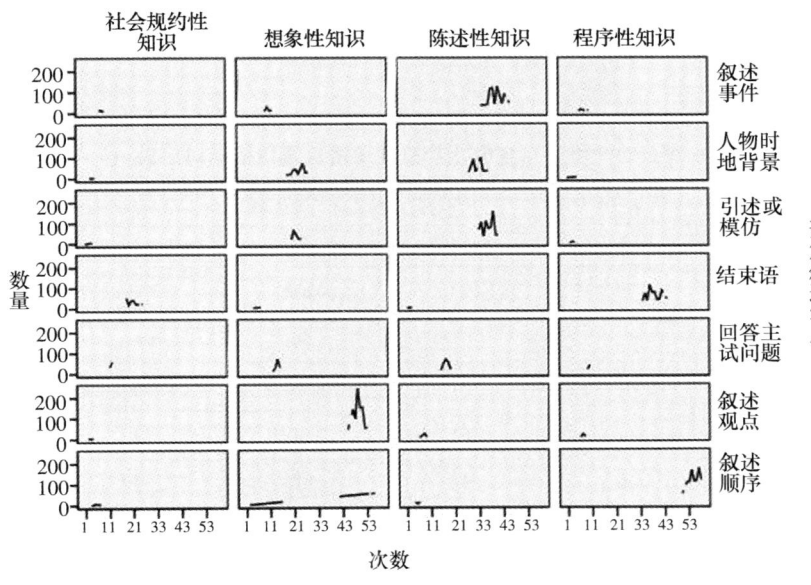

图4-6　家庭互动情境下儿童语篇叙述中调用知识语用指标线性图

产生式和产生式系统的协助。因此，儿童会借助程序性知识传递故事/事件之间的相互关系（目的），使叙述内容合情合理且连贯通顺（超级目的）。

受话人需要在隐性取效过程中确定知识类型，找出相应的解码方式，使不可预料效果变为可预料效果。

（三）家庭互动情境下儿童的语言语用指标分析

1. 会话能力

儿童在家庭互动情境中倾向于使用语言这一传递交际目的和超级目的的方式与成人针对某一主题进行会话。本书基于语言编码来源要素，将儿童形成话语的要素囊括为交际需求、心智状态、社会互动环境、交际背景、命题态度、认知环境以及已有图式，由此定量分析儿童在会话发起、会话维持、会话修补以及会话修补回应中调用上述 7 种语言编码来源要素的情况及差异特点（见表 4-9、图 4-7）。

表 4-9　家庭互动情境下儿童会话阶段调用语言语用指标对应表

调用语言语用指标	会话发起	会话维持	会话修补	会话修补回应	共计
交际需求	74	34	242	123	473
心智状态	12	3	66	189	270
社会互动环境	68	31	221	118	438
交际背景	11	61	64	33	169
命题态度	60	30	207	99	396
认知环境	12	58	59	31	160
已有图式	64	28	198	114	404
共计	301	245	1057	707	2310

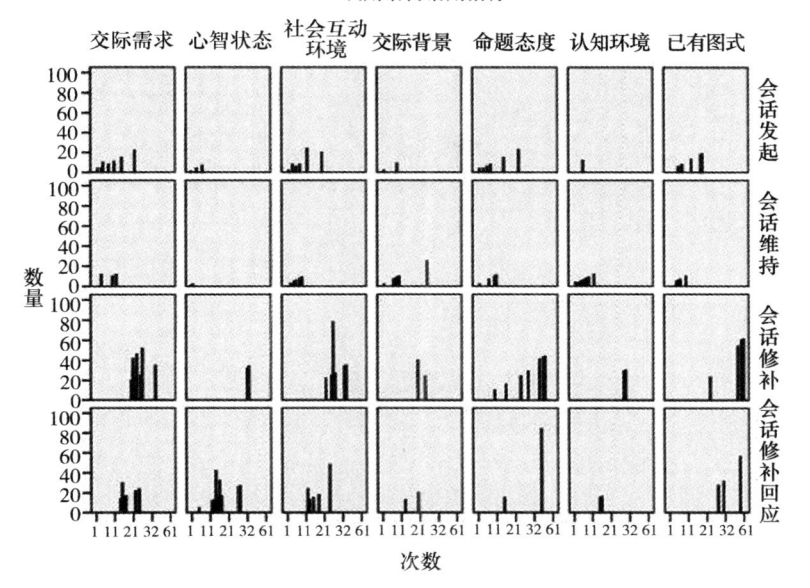

图4-7 家庭互动情境下儿童会话阶段调用语言语用指标条形图

调查表明，皮尔逊卡方值为479.432，p=0.000，表明家庭互动情境下会话阶段对儿童调用语言的数量存在影响。

表4-9、图4-7表示，儿童无论是在会话发起、会话维持阶段，还是在会话修补、会话修补回应阶段均会通过使用语言的方式将需求体现在交际目的和超级目的的传递中，旨在满足自我和受话人的交际需要（目的），使会话得以延续下去（超级目的）。当然，儿童在与成人会话互动时还会针对眼前的事物或与此相关但并不能被观察到的与过去或将来有关的特征展开谈话（目的），这就是社会互动环境要素在会话进程中所起的重要作用（超级目的）。而儿童头脑中已有图式的发展是其认知发展的折射，儿童作为社会化的个体往往通过周围环境了解外在世界，形成对现实的表征图式。由此，儿童在会话互动中会将已有图式组织并转化为更具适应性的结构，使经验和对概念的诠释赋予言语行为类型建

构中（目的），以此满足现实社会交际需要（超级目的）。此外，家庭环境下儿童表现出较为随性的交流态度，可通过语句表达出对所持有命题的具体态度（目的），以及对当前所讨论事物的态度（超级目的），因此儿童在整个会话阶段使用命题态度表达交际目的和超级目的的次数较多。儿童在整个会话过程中对受话人的心智状态关注较少，只是偶尔在成人提示下会对他人的情感体验有所察觉（目的），这反映在对会话修补的回应阶段，以期回复成人的修复请求，与成人保持良好交际关系（超级目的）。

儿童偶尔会借助交际背景要素维持会话（目的）并通过交际背景知识建构话语意义（超级目的），这可能与儿童是否熟悉会话主题有关。儿童只有在会话进展阶段才可能充分把握会话主题脉络，明确意识到交际背景的状况并有目的地将交际背景知识渗透到话语意义中，以此传递交际意图。再者，儿童对认知环境要素的把握是一个渐进的过程。儿童在会话延续中逐渐对自我、他人、社会角色以及人际关系形成充分认知（目的），并意识到自我以及他人的感知、动机以及思维等心理活动，在此基础上将逻辑信息、词语信息以及常识信息组织起来，传递交际意图（超级目的）。所以，家庭互动情境下儿童只有在会话维持阶段才会偶尔调用认知环境要素进行交际。

受话人若想解读儿童借助语言所传递的交际目的和超级目的，需要在显性取效过程中结合儿童的话语形式所传递的可预料效果判断其交际目的，并基于语言编码来源要素形成原型行为假设、无标记假设以及语境共享假设等认知假设，解读儿童借助语言所表达的交际目的和超级目的。

2. 语篇能力

对儿童的语篇能力进行评价，皮尔逊卡方值为 5485.212，$p = 0.000$，表示语篇叙述维度对儿童调用语言的数量存在显著影响。

表 4-10、图 4-8 表明，当家庭互动情境下儿童叙述故事/事件时会提取头脑中已有图式并将其内化、重组为幻想世界或神话世界中的情节（目的），以使情节丰富多彩，引人入胜（超级目的）。在

叙述人物时地背景时会借助交际背景要素来介绍事件发生的基本环境，并根据情节的需要发挥认知环境要素中逻辑信息、词语信息和常识信息的作用以支持所叙述的内容（目的），为下面的叙述做好铺垫（超级目的）。大多数儿童在叙述的同时如需回答主试问题将会首先考虑到主试的交际需求（目的），以期帮助主试理解所叙述的故事/事件（超级目的）。此外，儿童在引述或模仿时会调用头脑中已有相关图式引述或模仿故事/事件中人物的话语（目的），使情节生动形象（超级目的）。再者，儿童在叙述结束时会调取认知环境要素中的词语信息提示叙述的终结（目的），向受话人传递语篇叙述的完整性（超级目的）。除此之外，家庭互动情境下儿童在叙述观点时会充分调用已有图式或利用认知环境要素中的逻辑信息、词语信息等，通过副词、评价性的形容词、夸张词以及表达内心情感的词传递故事/事件中人物的感受或观点（目的），旨在向受话人呈现自身价值观念（超级目的）。最后，当儿童在呈现故事/事件的时间或因果关系时，将基于故事/事件的交际背景或整合认知环境中的词语信息、逻辑信息，借助因果关系词、顺序连词以及时间连词使故事/事件的叙述顺序得以体现（目的），以使所叙述的语篇层次明确（超级目的）。但是交际双方心智状态、社会互动环境以及命题态度等因素较少被儿童调用。这可能是由于儿童在轻松的家庭氛围中讲述或陈述故事/事件时往往沉浸在所叙述的内容之中，并不会在意受话人的内心体验以及当时的交际情境。此外，儿童在非常熟悉的家庭成员面前忽略表达对所叙述的故事/事件的具体态度。

　　受话人需要在显性取效过程中根据儿童的话语形式、语言编码来源要素所传递的可预料效果形成语境共享假设、原型行为假设、无标记假设等认知假设，从而解读儿童借助语言传递的叙述目的和超级目的。

表4-10　家庭互动情境下儿童语篇叙述中调用语言语用指标对应表

语篇叙述维度	调用语言语用指标							共计
	交际需求	心智状态	社会互动环境	交际背景	命题态度	认知环境	已有图式	
叙述事件	64	58	56	72	57	102	446	855
人物时地背景	62	58	69	112	72	108	51	532
引述或模仿	24	20	16	19	18	20	331	448
结束语	96	88	102	99	95	1092	92	1664
回答主试问题	620	61	55	62	57	55	52	962
叙述观点	69	72	68	53	81	242	283	868
叙述顺序	93	95	102	569	89	488	86	1522
共计	1028	452	468	986	469	2107	1341	6851

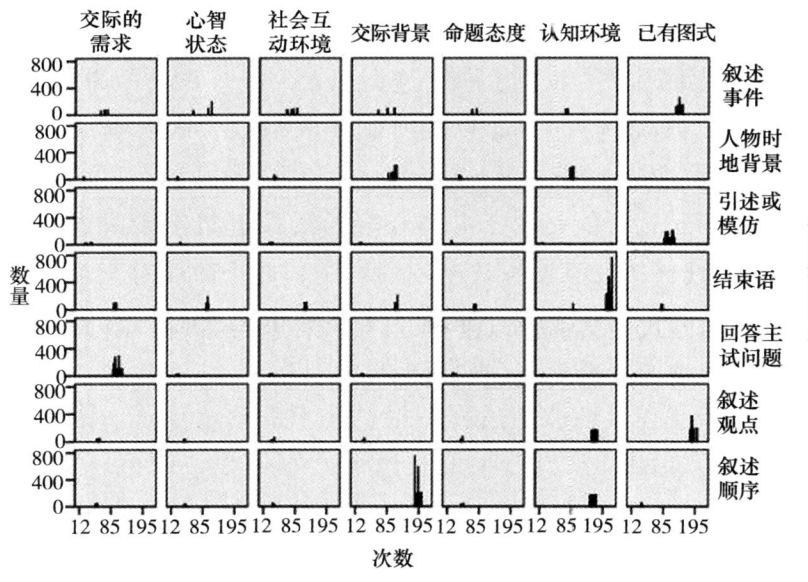

图4-8　家庭互动情境下儿童语篇叙述中调用语言语用指标条形图

（四）家庭互动情境下儿童的行为语用指标分析

1. 会话能力

如上文指出，本书的行为语用指标包括向受话人展示物品、给予受话人某物、位置移动、手势指示、点头赞同、摇头拒绝、身体触碰、模仿、面部表情 9 种类型。本部分在此基础上对儿童在会话发起、会话维持、会话修补以及会话修补回应中所涉及的行为语用指标进行分析。

研究表明，无动作基本贯穿于会话的整个环节[①]，除在会话维持过程中儿童在为数不多的情况下会使用部分行为动作。

在家庭互动情境下，儿童在会话发起、会话修补、会话修补回应中不会只调用非言语行为动作，而是借助语言或调用语言＋行为的方式引起某一话题，儿童与家庭成员朝夕相处，共享知识较多，因此只需要借助语言或调用语言＋行为发起话题，并请求受话人对话语进行修补或对修补请求进行回应即可。而在会话维持阶段，儿童偶尔会通过位置移动或手势指示或面部表情的方式来回应受话人（目的），意在与家庭成员持续该话题（超级目的），其中面部表情可反映儿童的内心变化、情感态度、生理状态等。此外，在会话维持过程中，儿童偶尔通过点头赞同、摇头拒绝的行为方式表示赞同或拒绝（目的），并针对某些不需要具体阐释的简单性问题明确表态（超级目的）。当与家庭成员玩游戏时，儿童还会通过向受话人展示物品或模仿的方式使会话得以维持，以使游戏继续进行（目的），在游戏中具体生成话语意义（超级目的）。

受话人可在受动取效过程中通过对儿童探试行为的观察，利用认知策略（情感策略、精细化策略、组织策略、理解—控制策略）并借助原型行为假设、无标记假设、语境共享假设等认知假设以及现实语境，在高度合作共享的前提下感知并解码儿童行为的交际目

[①] 由于无动作基本贯穿于会话的整个环节，所以本部分不进行卡方独立性检验以及对应分析，下同。

的和超级目的。

2. 语篇能力

统计儿童在语篇叙述中所调用的行为语用指标，结果进一步表明，家庭互动情境下儿童在对故事/事件进行叙述时并未伴随非言语行为。这是因为儿童与家庭成员分享较多背景信息，作为受话人的家庭成员可以在毫无提示的前提下感知并解码儿童的叙述信息，如在涉及叙述事件、人物时地背景、引述或模仿、结束语、叙述顺序时可直接借助语言或知识+语言或语言+行为的方式为受话人呈现叙述主题。

只有在回答主试问题或在极少数情况下进行观点叙述时，儿童才会借助行为动作，即在记忆的帮助下对行为动作予以模仿，以便回答问题或传递自我或故事/事件中人物的观点（目的），这是由儿童感知思维所决定的。儿童在对未能知觉到的现象的感知，比如在回答启发式提问或传递较为抽象的感受时，需要行为图式辅助心理符号或表象予以内化（超级目的）。

受话人通过观察儿童的行为动作以及基于行为动作所产生的探试效果定位儿童行为动作技能发展阶段，在认知策略（精细化策略、组织策略、情感策略、理解—控制策略）指导下调用头脑中相关行为图式，并在受动取效过程中借助现实语境形成认知假设（语境共享假设、无标记假设、原型行为假设），从而对儿童通过行为动作所传递的叙述目的和超级目的进行解码。

（五）家庭互动情境下儿童的知识+语言语用指标分析

1. 会话能力

基于语料发现，在家庭互动情境下，儿童偶尔会在调用知识的同时借助语言完成会话任务，皮尔逊卡方值为797.932，$p=0.000$，表示会话阶段对家庭互动情境下儿童调用知识+语言的数量存在影响。

结果表明（见表4-11、图4-9），儿童在会话发起时偶尔会调用社会规约性知识表达自我交际需求，而借助陈述性知识或想象性知识表达自我交际需求的情况较少。这说明儿童将家庭视为最小的社会单位，已初步具备适应社会能力的儿童有意识地对社会规约性行为及规约技能予以运用并且恪守家庭价值取向，并在遵守社会行为规范、维护平等社会关系基础上，通过社会规约性知识表达自我的交际需求以便促进成功交际（目的），进而希望获得受话人的回应（超级目的）。但在家庭互动情境下儿童通过对事实、规则及事件的陈述，以及调用想象性知识传递自我交际需求的情况较少。究其原因，陈述性知识是关于命题、命题网络以及表象的知识，需要在他人激活下才能提取，这充分显现出儿童认知能力发展的阶段性特点。同时，对于儿童想象性知识的激发也需要在适切的交际环境之下；如果离开了交际环境，儿童对想象性知识的调用便成了无源之水、无本之木。

对儿童在会话发起、会话维持和会话修补时对心智状态关注度进行的调查结果显示，儿童不会对受话人的心智状态有所察觉。在会话修补回应方面，儿童在成人的主动提示下才会有可能关注受话人的内心体验并调用程序性知识，通过产生式或产生式系统对成人的修补请求进行表征（目的），以便对该修补请求进行回应（超级目的）。此情境下的儿童对他人心理活动的洞察力相当欠缺，难以与他人产生情感共鸣，即移情。然而儿童移情指向性的发展与其认知水平的发展和解释性心理理论的获得不无关系（胡金生、杨丽珠，2005：47）。因此，在家庭互动情境下儿童的移情能力还有待完善，他们并不能主动对他人的心理活动感同身受。

此外，在会话发起、会话维持以及会话修补回应阶段，儿童偶尔会基于社会互动环境调用社会规约性知识或陈述性知识或想象性知识。儿童首先观察话语生成的社会互动环境，并对该情境因素进行识解。知识是儿童心理语境中一个关键的调用因素，儿童根据社会互动环境以及交际的目的和超级目的对调用的知识做出相关性判断、预设、推理，在社会规约性知识或陈述性知识或想象性知识中选择与外部社会互动环境相衔接的知识性话语（目的）。这样儿童便不断激活、更新受话人的个人和社会知识，与受话人针对自己感兴趣的话语展开交流并建立良好的交往关系（超级目的）。即儿童在社会互动环境下对程序性知识的使用在会话维持阶段出现次数相对较多。儿童在成人提示下形成心智技能，在头脑中规划运动技能的目标图式并发挥认知策略的作用。在此基础上将程序性知识的基本单位相关联，并基于产生式的活动条件推导出另一个产生式所需满足的条件。如此，儿童在与成人共享的社会互动环境下以及会话不断推进过程中，在头脑中逐渐勾勒出某项任务的整体步骤（目的），在使用程序性知识的前提下为受话人的话题延伸做好准备（超级目的）。此外，在会话修补阶段，儿童偶尔基于社会互动环境并在头脑中调用想象性知识或陈述性知识或程序性知识，尽力去理解他人话语意图，然而当儿童的理解遇到困难时则需要他人对此进行修补（目的），以使话题持续（超级目的）。

　　统计儿童在会话发起、会话维持、会话修补以及会话修补回应阶段调用交际背景与相关知识的情况时发现，儿童在会话维持阶段偶尔会调用想象性知识，并会考虑到交际背景。因为儿童的想象性知识在 2 岁左右就开始出现，在感性知觉的帮助下其想象性知识与记忆中所存储的关于社会、文化、科学等相关交际背景知识相互整合（目的）。关于交际背景因素的把握主要是与话语的选择有关。在会话维持阶段，儿童已经熟悉会话主题，可以较容易地将想象性知识与交际背景因素融合，这是由于儿童的想象性活动无处不在并贯穿于儿童诸多活动中。因此，儿童可在会话维持阶段将交际背景因素与想象性知识整合，以维持相关话题（超级目的）。

　　关于儿童对命题态度的调用，其在整个会话过程中偶尔通过调用社会规约性知识表达自我交际目的和超级目的。儿童在家庭环境氛围下对社会活动的意识开始萌芽，父母的言传身教及家庭的生活环境影响儿童的身心健康发展并熏染儿童的言谈举止。所以，儿童在会话的发起、维持、修补以及修补回应阶段意图寻求家庭成员帮助时会以礼貌的方式进行表达，如通过"吗"等疑问句形式请求家

第四章　学龄前儿童语用发展取效行为研究的设计与分析　　171

庭成员在自己难以操控的任务上提供帮助（目的），并希望得到父母的积极回应（超级目的）。这就是儿童在调取社会规约性知识的情况下通过命题态度表达交际目的和超级目的的典型事例。

儿童偶尔在调用认知环境要素的同时调用陈述性知识，通过命题之间的网络关系、表象系统或是图式并借助具体事实性知识维持会话（目的），使受话人在儿童事实性知识的基础上延续会话、接应话轮（超级目的）。由于儿童感知并推理出来的相关事实需要以逻辑信息、词语信息以及常识信息为基础，所以只有在认知推理能力不断提高的前提下，儿童才能以具体的认知环境为基础对会话做出推理和结论。而认知推理能力需要在话题推进中才会从量变达到质变，这也可解释此情境下儿童在会话发起、会话修补、会话修补回应阶段尚未借助认知环境要素产生交际活动的原因。

同时，儿童在整个会话阶段均会调用头脑中的已有图式并结合相应的知识传递交际目的和超级目的。在会话发起阶段，儿童偶尔会利用自己所建构的关于思维或行为的组织化模式以及对事物本质属性的观察和认识，通过社会规约性知识或陈述性知识希望与受话人进行会话（目的），并借助已有图式＋社会规约性知识以礼貌的方式发起会话，希望得到受话人的回应，并通过某一事实性知识发起话题，希望获得受话人的赞同（超级目的）。因为家庭情境是具有社会规范化的"社团"，儿童为引起家庭成员对其话语的注意与回应需要借助社会规约性知识与对现实的表征系统完成交际任务。此外，在家庭互动情境下，儿童倾向于与家庭成员共同探索事物的本真，因此儿童将头脑中储存的命题通过图式进行表征并外化为陈述性知识。在会话维持阶段，儿童偶尔会通过调用程序性知识或想象性知识或陈述性知识和已有图式实现交际目的和超级目的。随着会话持续进行，儿童对话题的中心思想有所把握并已逐渐熟悉会话发展脉络，这样他们会以头脑中已有图式为认知基点，通过结合话语现实并借助程序性知识或想象性知识帮助他们阐释认知思维难以企及的制高点（目的），使相关话题持续下去（超级目的）。再者，随着会话的持续进行，在成人话语的指引下，儿童在已有图式背景下通过对陈述性知识的使用厘清命题形式之间的逻辑关系（目的），通过事实性知识将会话维持下去（超级目的）。就会话修补阶段而言，儿童偶尔会通过调用已有图式并在头脑中搜索相关陈述性知识或程序性知识，若发现他人话语并未在其搜索范围之内，儿童则需要他人对所述话语进行修补（目的），以期顺利完成会话任务（超级目的）。此外，在对会话修补的回应中，儿童偶尔会结合头脑中已有图式，通过调用陈述性知识或程序性知识实现交际目的。其原因是儿童在成人会话修补的请求下可重新认识事物之间的相互关系以及客观事实本质属性，通过梳理任务步骤之间的逻辑关系重新调整认知策略（超级目的），对他人的修补作出适宜回应（目的）。

因此，受话人需要在显性取效过程中感知并利用语言编码来源要素解码儿童借助话语形式传递的可预料效果，并在隐性取效过程中根据儿童所调用的知识类型的不可预料效果找出相应的解码方式，旨在识解儿童调用知识+语言所传递的交际目的和超级目的。

表4-11　**家庭互动情境下儿童会话阶段调用知识+语言语用指标对应表**

调用知识+语言 语用指标	会话发起	会话维持	会话修补	会话修补回应	共计
社会规约性知识+交际需求	67	0	0	0	67
想象性知识+交际需求	15	0	0	0	15
陈述性知识+交际需求	28	0	0	0	28
程序性知识+心智状态	0	0	0	15	15
社会规约性知识+社会互动环境	49	14	0	11	74
想象性知识+社会互动环境	25	55	19	12	111
陈述性知识+社会互动环境	31	30	17	14	92
程序性知识+社会互动环境	0	77	13	0	90
想象性知识+交际背景	4	27	3	2	36
社会规约性知识+命题态度	40	52	16	11	119

续表

调用知识+语言语用指标	会话阶段				共计
	会话发起	会话维持	会话修补	会话修补回应	
陈述性知识+认知环境	0	32	0	0	32
社会规约性知识+已有图式	63	0	0	0	63
想象性知识+已有图式	0	59	0	0	59
陈述性知识+已有图式	57	50	16	10	133
程序性知识+已有图式	0	63	22	11	96
共计	379	459	106	86	1030

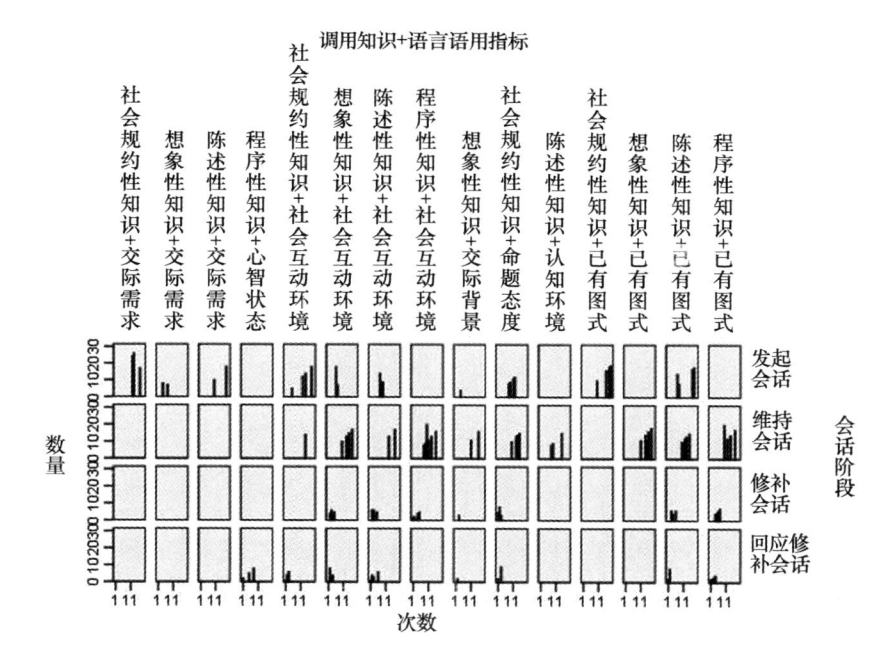

图4-9 家庭互动情境下儿童会话阶段调用知识+语言语用指标条形图

2. 语篇能力

对儿童在语篇叙述中调用知识+语言语用情况的调查结果显示，皮尔逊卡方值为7347.375，$p=0.000$，表明语篇叙述维度对儿童调用知识+语言的数量存在制约关系。具体情况如下（见表4-12、图4-10）。

表4-12 家庭互动情境下儿童语篇叙述中调用知识+语言语用指标对应表

调用知识+语言语用指标	叙述事件	人物时地背景	引述或模仿	结束语	回答主试问题	叙述观点	叙述顺序	共计
社会规约性知识+交际需求	1	12	2	0	142	0	2	159
想象性知识+交际需求	2	11	7	0	144	0	3	167
陈述性知识+交际需求	1	9	9	0	139	0	1	159
程序性知识+交际需求	0	6	6	0	143	0	6	161
社会规约性知识+心智状态	1	7	12	0	12	0	0	32
想象性知识+心智状态	1	11	8	0	18	2	0	40
陈述性知识+心智状态	1	6	6	0	11	3	0	27
程序性知识+心智状态	3	7	5	0	10	1	0	26
社会规约性知识+社会互动环境	1	10	5	1	12	2	2	33
想象性知识+社会互动环境	2	9	8	0	11	1	3	34
陈述性知识+社会互动环境	3	12	3	2	11	0	2	33
程序性知识+社会互动环境	4	5	3	0	14	0	1	27
社会规约性知识+交际背景	1	8	2	0	10	2	5	28
想象性知识+交际背景	2	187	5	1	0	0	3	198
陈述性知识+交际背景	3	142	6	2	0	0	7	160
程序性知识+交际背景	5	1	0	1	0	0	12	19
社会规约性知识+命题态度	4	4	7	2	0	2	4	23
想象性知识+命题态度	3	4	3	0	35	0	0	45
陈述性知识+命题态度	2	7	5	0	0	33	0	47
程序性知识+命题态度	1	6	5	0	0	2	0	14
社会规约性知识+认知环境	1	5	4	1	0	2	5	18
想象性知识+认知环境	6	176	64	3	0	0	1	250
陈述性知识+认知环境	6	163	43	1	0	3	4	220
程序性知识+认知环境	7	0	0	16	0	1	0	24
社会规约性知识+已有图式	10	0	0	1	0	3	0	14
想象性知识+已有图式	11	0	0	1	0	2	0	14
陈述性知识+已有图式	350	0	0	0	0	0	0	350
程序性知识+已有图式	2	0	0	1	0	0	67	70
共计	434	808	218	33	677	94	128	2392

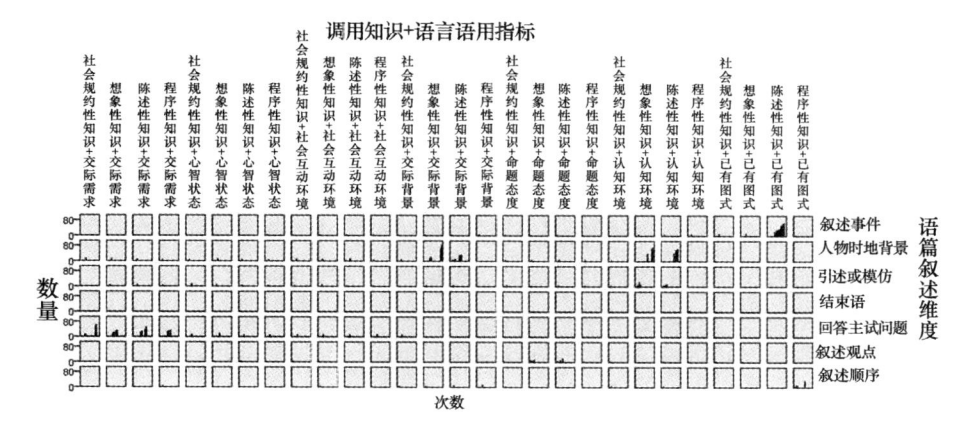

第四章　学龄前儿童语用发展取效行为研究的设计与分析　　175

图 4-10　家庭互动情境下儿童语篇叙述中调用知识 + 语言语用指标条形图

　　对于叙述事件这一维度，大多数情况下儿童是在头脑中提取已有图式要素并结合所叙述事件，通过对陈述性知识的调用揭示客观事件之间的关系（目的），以此向受话人陈述事件之间的相互关系（超级目的）。针对人物时地背景，主要通过调用交际背景或认知环境要素，并借助陈述性知识或想象性知识将其凸显。因为处在轻松舒畅家庭环境中的儿童可以充分调用交际背景这一要素，以便向受话人全面交代所叙述事件的人物时地背景（目的），并且家庭氛围有利于儿童对知识的再创造，所以某些人物时地背景知识是儿童通过对想象性知识的调用创造出来的（目的）。另外，倾听儿童叙述的是具有较强认知能力的成人，儿童在叙述人物时地背景时也会考虑这一点，因此会通过逻辑信息、词语信息、常识信息以及陈述性知识或想象性知识揭示事件背景之间的关系（超级目的）。此外，当儿童回答主试即家庭成员的问题时会在思考对方交际需求（目的）的同时，通过提取相应知识来回复问题（超级目的）。这是由于家庭成员会对儿童所叙述的内容多视角提问，需要儿童根据具体情况调用不同方面的知识。针对引述或模仿，儿童在叙述过程中会利用认知环境要素获取其所能感知或推出的所有显明事实之集合，并在此基础上通过利用想象性知识或陈述性知识引述或模仿（目的），为叙述内容提供强有力的证据支持（超级目的）。就结束语而言，少数情况下儿童会借助认知环境要素所提供的定识信息以及程序性知识所提供的对叙述阶段的整体认知，以结束语的方式告知受话人叙述内容的结束（目的），并期待受话人的评价或进一步指示（超级目的）。对于叙述观点，在家庭互动情境下，少数儿童会在完全放松状态下畅所欲言并表达出真实观点或看法，因此会在调用命题态度要素的同时，借助陈述性知识或想象性知识表达自我或故事/事件中人物的观点或感受（目的），以便使受话人感同身受（超级目的）。关于叙述顺序，儿童偶尔会在头脑中提取已有图式要素并利用程序性知识叙述语篇的时间或逻辑顺序（目的），在家庭互动情境下，少数儿童在放松状态下会详细阐释事件发展过程，旨在使家庭成员对该语篇的前因后果了解清楚（超级目的）。

受话人可在显性取效过程中利用语言编码来源要素以及语言的可预料效果识解儿童的话语形式，并在隐性取效过程中找到知识的相应解码方式，借助认知策略（组织策略、精细化策略、理解—控制策略、情感策略）形成语境共享假设、原型行为假设、无标记假设等认知假设，旨在解码儿童利用知识所传递的不可预料效果，这样便可对儿童调用知识+语言传递的叙述目的和超级目的进行解读。

（六）家庭互动情境下儿童的知识+行为语用指标分析

1. 会话能力

调查发现，在家庭互动情境下，儿童只有在会话维持阶段会在使用知识的同时借助行为与他人进行交流。

在会话维持阶段，儿童偶尔会通过位置移动或手势指示的方式辅助程序性知识的调用。因为程序性知识需要儿童充分调用运动技能、心智技能和认知策略，而位置移动或手势指示的行为动作可以较好帮助儿童梳理复杂的技能完成过程（目的），以便维持与受话人的话题（超级目的）。同时，作为成人的受话人也会帮助儿童合理调用认知策略，儿童通过点头赞同或摇头拒绝的方式向受话人表示自己是否熟悉产生式知识和认知策略的具体流程。再者，儿童在使用陈述性知识时偶尔会通过手势指示的方式辅助厘清命题之间的关系（目的），使受话人对此可以清晰判断，以便维持会话的进行（超级目的）。儿童在调用想象性知识的同时，偶尔会通过面部表情的表达进入言语联想网络，使语言更加生动、形象（目的），具有更大的承载量（超级目的）。当儿童与家庭成员处于游戏状态时，处于会话维持阶段的儿童偶尔会通过向受话人展示物品或模仿的行为方式调用想象性知识。游戏是儿童现实生活的写照，是儿童参与社会活动的特殊方式。当向受话人展示物品时，儿童意图借助物品为受话人呈现假想情境（目的），最终为受话人呈现他们改变现实并反映现实的方式（超级目的）。另外，儿童还会通过模仿虚拟与现实中的行为动作，向受话人传递行为意图（目的），使受话人理解某些只可意会不可言传的抽象意义（超级目的）。

受话人需要在受动取效过程中调用认知策略（精细化策略、组织策略、理解—控制策略、情感策略），考虑交际情境并在隐性取效过程中调用知识的相应解码方式形成语境共享假设、无标记假设、原型行为假设等认知假设，解读儿童通过行为动作的探试所传递的交际目的和超级目的。

2. 语篇能力

在家庭互动情境下对儿童在语篇叙述中调用知识+行为状况进行调查发现，儿童只有在回答主试问题时才会调用知识+行为实现交际目的和超级目的。

儿童进行语篇叙事时，家庭成员偶尔会根据儿童所叙述故事/事件的进展情况提出不同层面的问题，旨在充分调用儿童各维度知识，如社会规约性知识、想象性知识、陈述性知识和程序性知识，并且在家庭成员启发下通过对记忆中行为动作的模仿回答问题（目的），完成叙述活动（超级目的）。

儿童调用上述四种知识对于受话人而言是不可预料的。受话人需要在隐性取效过程中根据相应知识的解码方式，结合儿童对行为动作的模仿所产生的探试效果，在受动取效过程中充分调动头脑中的行为图式以及认知策略（精细化策略、组织策略、理解—控制策略、情感策略）并考虑现实语境，形成无标记假设、语境共享假设等认知假设，全面解析儿童所传递的叙述目的和超级目的。

（七）家庭互动情境下儿童的语言＋行为语用指标分析

1. 会话能力

调查结果显示，儿童只在会话发起、会话维持阶段才会调用语言＋行为传递交际目的和超级目的。而在会话修补以及修补回应阶段，儿童与家庭成员共享较多信息，可直接借助语言请求他人对会话进行修补，以满足自我的交际需求。此外，还会对他人的修补请求予以回应，以满足他人的交际需要。因此，该部分只对会话发起、会话维持阶段的儿童的语言＋行为情况进行分析。

在会话发起阶段，当儿童具有交际需求时会借助语言，通过位置移动或手势指示或面部表情发起会话（目的），并期待受话人的积极回应（超级目的）。儿童通过位置移动、手势指示或面部表情来弥补语言表达的欠缺。

此外，会话维持阶段的儿童在与受话人游戏时会考虑到社会互动环境，因为社会互动环境可帮助儿童形成语境假设集，使语境具有相应的效果。儿童借助语言并伴随行为动作，如向受话人展示物品或通过手势指示希望话题维持下去（目的），并期盼受话人就该话题进行延伸（超级目的）。儿童在游戏中借助向受话人展示物品或手势指示的行为动作意在使受话人直观推导出其在虚拟现实中所传递的交际目的和超级目的。同时，儿童还会通过调用已有图式要素并借助模仿行为维持会话（目的），使话轮在儿童和受话人之间传递（超级目的）。儿童可根据头脑中已有的知识结构并借助模仿行为直观向受话人传递其为维持会话所做出的努力。再者，儿童往往会在受话人的提示下调用命题态度要素，通过点头或摇头的方式意在表达赞同或反对受话人对其命题态度的解读（目的），以便受话人根据儿童的赞同或反对态度进一步明确其所要传递的命题态度（超级目的）。然而，认知能力有待发展的儿童需要在成人连环提问下，重新审视自我对某一个命题所持有的态度。

受话人可在显性取效过程中通过现实语境、话语形式、语言编码来源要素所传递的可预料效果在受动取效过程中结合儿童的探试行为调用头脑中相关的行为图式、认知策略（精细化策略、组织策略、理解—控制策略、情感策略）形成语境共享假设、无标记假设、原型行为假设等认知假设，从而解读儿童调用语言＋行为所传递的交际目的和超级目的。

2. 语篇能力

考察儿童在家庭互动情境下调用语言＋行为完成语篇任务的情况。结果显示，儿童只有在回答主试（家庭成员）问题（调用较少）、叙述事件以及叙述观点时会调用语言＋行为。具体为，少数情况下受话人针对所叙述的语篇进行提问时儿童会考虑到受话人的交际需求（目的），通过调用并模仿记忆中的行为动作清楚回复（超级目的）。家庭成员的提问往往针对语篇的逻辑关系、条理性等问题而展开，少数家庭互动情境下的儿童在回答受话人提问时才会意识到叙述时逻辑与条理方面的缺陷。然而儿童的语言和认知能力发展并不完善，需要借助记忆中的行为动作对心智进行表征以便辅助语言进行表达，这属于儿童话语和行为的明示过程。儿童在叙述某些想象性事件或与内心世界相关事件时会调用已有图式或认知环境要素，并辅以模仿的行为方式传递事件（目的），旨在帮助受话人准确把握所述事件（超级目的）。当儿童叙述观点时会调用头脑中的已有图式或结合认知环境要素表达自我或所叙述的人物的感受或看法（目的），借此希望受话人与其产生共鸣（超级目的）。同时，儿童往往利用手势指示或面部表情对已有图式或认知环境要素的调用。

受话人要基于现实语境、话语形式及语言编码来源要素，在受动取效过程中调用认知策略（精细化策略、组织策略、理解—控制策略、情感策略），结合儿童的探试行为调用头脑中相关行为图式，在显性取效过程中形成语境共享假设、无标记假设、原型行为假设等认知假设，旨在解读儿童调用语言＋行为所传递的叙述目的和超级目的。

（八）家庭互动情境下儿童的知识＋语言＋行为语用指标分析

1. 会话能力

调查发现，在家庭互动情境下，儿童调用知识＋语言＋行为的情况较少。在会话发起阶段，少数情况下儿童会基于社会互动环境并调用社会规约性知识以向受话人展示物品的方式发起会话（目的）。在家庭成员耳濡目染的教育下，少数儿童会以礼貌的方式引起受话人的注意，使受话人参与到儿童话语意义建构中（超级目的）。在会话维持阶段，少数情况下儿童会考虑受话人的交际需求或结合社会互动环境通过位置移动或手势指示的方式调用程序性知识或陈述性知识，借此维持会话（目的），希望就该话题与受话人继续展开讨论（超级目的）。除此之外，与受话人一起游戏的儿童在调用头脑中已有图式要素的同时发挥想象性知识的作用并通过向受话人展示物品或行为模仿的方式传递交际目的和超级目的。游戏中的儿童通过利用想象性知识和象征性材料（向受话人展示的物品）重现社会中人与人之间的关系（超级目的），并借此持续游戏话题（目的）。同时，儿童通过模仿现实或虚拟世界中人物的行为动作创造性地传递交际目的和超级目的。在会话修补阶段，儿童并没有行为动作的辅助，因为儿童的认知能力毕竟有限，当他人话语对其构成认知障碍时，儿童并没有过多时间去调用相关行为辅助其发起修补请求。在会话修补回应阶段，极少数情况下儿童会在向受话人传递社会规约性知识的同时，借助面部表情或点头赞同或摇头拒绝的方式表达出某种命题态度（目的），以便回复他人的修补请求，使会话顺利进行（超级目的）。在家庭互动情境下，儿童在会话修补回应阶段需要在家庭成员帮助下找出请求修补的话语，并以礼貌的方式简单对其回复，其原因是儿童对社会规约性知识的掌握还不够娴熟，常常需要借助面部表情表达出对社会规约性知识的认同或疑问。此外，儿童所传递的命题态度可帮助受话人深入了解某些社会规范、准则，儿童只需通过点头或摇头的方式表达出对命题的态度，简单回复修补请求即可。

受话人可在显性取效过程中根据话语形式、语言编码来源要素所传递的可预料效果，观察儿童借助行为动作在受动取效过程中所传递的探试效果，在结合交际情境以及相关行为图式的基础上借助认知策略（精细化策略、组织策略、理解—控制策略、情感策略）形成认知假设（原型行为假设、语境共享假设、无标记假设），并在隐性取效过程中借助相应知识的解码方式识解知识所传递的不可预料效果，从而解读儿童借助知识＋语言＋行为所传递的交际目的和超级目的。

2. 语篇能力

调查显示，极少数情况下，儿童在回答主试（家庭成员）问题时，会考虑受话人的交际需求并充分调用各知识语用指标，以及通过对记忆中行为动作的模仿予以回应；而在叙述事件、人物时地背景、引述或模仿、结束语、叙述观点以及叙述顺序维度上只是调用语言或知识＋语言或语言＋行为来完成。这可能是因为在家庭互动情境下儿童与家庭成员共享相似的背景信息和相关知识，在叙述语篇时所涉及的上述 6 种维度是一种显明信息，足以使受话人对此进行推理，而无须再通过行为辅助表达。

当家庭成员针对所叙述的故事/事件进行提问时，儿童很容易识别出家庭成员的交际需求。实际上，儿童是在家庭成员意向的指导下（受话人的交际需求）选择恰当话语和行为方式以回复家庭成员的提问（目的），儿童渴望与家庭成员就所叙述的内容展开相关讨论（超级目的）。而这种选择需要儿童广泛调用社会规约性知识、想象性知识、陈述性知识或程序性知识，这与提问内容是否涉及社会规约性知识、想象性知识、命题网络关系抑或产生式知识有关。当儿童借助上述知识语用指标难以充分回答受话人的提问时，便会从记忆中提取相关行为动作并通过模仿这一探试方式辅助传递交际目的和超级目的。

受话人若希望解读出儿童所传递的目的和超级目的，需根据话语形式、语言编码来源要素在显性取效过程中的可预料效果观察儿童的行为在受动取效过程中的探试效果，运用相应的认知策略（精细化策略、组织策略、理解—控制策略、情感策略）以及头脑中已有的行为图式，在隐性取效过程中借助相应知识的解码方式获取儿童调用知识的不可预料效果，从而形成认知假设（语境共享假设、无标记假设、原型行为假设），并结合儿童在语篇叙事时所创设的交际情境对儿童借助知识＋语言＋行为所传递的交际目的和超级目的进行解码。

二 师生、同伴互动情境下儿童语用指标分析

从知识、语言、行为、知识＋语言、知识＋行为、语言＋行为、知识＋语言＋行为 7 个层面对师生、同伴互动情境下儿童的会话能力、语篇能力进行考察和分析。

（一）师生、同伴互动情境下儿童语用指标整体分析

1. 会话能力

采用卡方独立性检验和对应分析法对学龄前儿童在会话阶段所调用知识、语言、行为及其交互关系的语用指标数量进行分析。同样是 4×7 的交叉表，其可获得行列维度最小值减 1 的维度，如表 4-13 所示。第一维度 Dim 1 解释了列联表的 61.6%，第二维度 Dim 2 解释了列联表的 37.7%，即上述两个维度足以解释数据的 99.3%。

表4-13　师生、同伴互动情境下儿童会话阶段调用语用指标摘要表

Summary

Dimension	Singular Value	Inertia	Chi Square	Sig.	Proportion of Inertia		Confidence Singular Value	
					Accounted for	Cumulative	Standard Deviation	Correlation 2
1	.738	.545			.616	.616	.007	.215
2	.577	.333			.377	.993	.007	
3	.078	.006			.007	1.000		
共计		.885	11597.355	.000[a]	1.000	1.000		

a. 18 degrees of freedom.

表4-14提示皮尔逊卡方值是11597.355，p值是0.000，这表明会话阶段对师生、同伴互动情境下儿童调用知识、语言、行为及其交互关系的数量存在制约关系。

表4-14　师生、同伴互动情境下儿童会话阶段调用语用指标卡方测试表

Chi-Square Tests

	Value	df	Asymp. Sig. (2-sided)
Pearson Chi-Square	11597.355[a]	18	.000
Likelihood Ratio	10019.267	18	.000
Linear-by-Linear Association	1369.904	1	.000
N of Valid Cases	13110		

a. 0 cells (0.0%) have expected count less than 5. The minimum expected count is 22.18.

具体而言，由于师生、同伴往往是在游戏中进行互动，所以儿童常常通过语言并调用知识和行为发起并维持会话。游戏中儿童的主要目的是使游戏活动顺利进行，因此儿童在会话发起和会话维持阶段会充分调用知识+语言+行为（会话发起2469次；会话维持4111次）以便与受话人紧密配合（目的），完成任务（超级目的）。在会话修补阶段，儿童使用最多的是借助语言（1299次）请求重复

和解释。游戏本身就为儿童和受话人提供了使用情境，加之儿童有限的认知能力和推理能力，因此儿童仅会借助语言直接发起修补请求（目的），以维持会话并使游戏顺利进行（超级目的）。另外，儿童倾向于借助语言＋行为的方式（1214次）予以修补回应。儿童回应的修补请求一般与游戏内容相关，因此只需借助语言和行为完成回复（目的），使游戏活动顺利进行（超级目的）（见表4－15、图4－11）。

具体来说，师生、同伴通常将区角游戏作为基本活动方式，教师寓教育于诸多游戏活动之中。因此，儿童在宽松的游戏环境中为完成与教师、同伴共同的游戏任务往往会通过语言并调用知识和适切的行为实现交际目的和超级目的。如在与教师及同伴搭建城堡游戏时，儿童在会话发起时告知教师和同伴将"停车场"的标识立在空地之处。可见，儿童在调用头脑中知识的同时，通过语言和手势指示传递交际目的和超级目的。再者，由于游戏活动的特殊性，教师需要引导儿童主动参与，并回答教师或同伴针对游戏进行的提问，这样在会话维持阶段的儿童需要结合交际情境充分调用知识并辅以恰当的行为方式弥补语言表述的不足。而儿童针对他人所述话语中难以理解或缺乏明确性信息的成分会发起修补请求，即请求解释与说明，如教师要求儿童及其同伴一起搭建铁轨以便高铁可以通过，儿童便借助语言请求教师解释高铁的内涵。儿童在对同伴发起修补请求时往往也使用语言请求他人进行重复，旨在对未能听清楚的话语要求同伴进行重复，如其中一名儿童表示晚上要去Amy（该儿童的好朋友）家做客，而另一名儿童未能听清楚，因此询问该儿童晚上究竟去谁家。儿童在对会话修补进行回应时大部分属于适宜性回应且需要借助语言＋行为的方式，这是由于行为动作可以辅助儿童进行语言表达，更加有效地向同伴或教师补充说明，实现交际目的和超级目的。

表4-15　师生、同伴互动情境下儿童会话阶段调用语用指标对应表

会话阶段	调用语用指标							共计
	知识	语言	行为	知识+语言	知识+行为	语言+行为	知识+语言+行为	
会话发起	125	126	212	243	166	1128	2469	4469
会话维持	38	87	175	211	99	116	4111	4837
会话修补	19	1299	174	154	92	105	102	1945
会话修补回应	17	62	201	139	95	1214	131	1859
共计	199	1574	762	747	452	2563	6813	13110

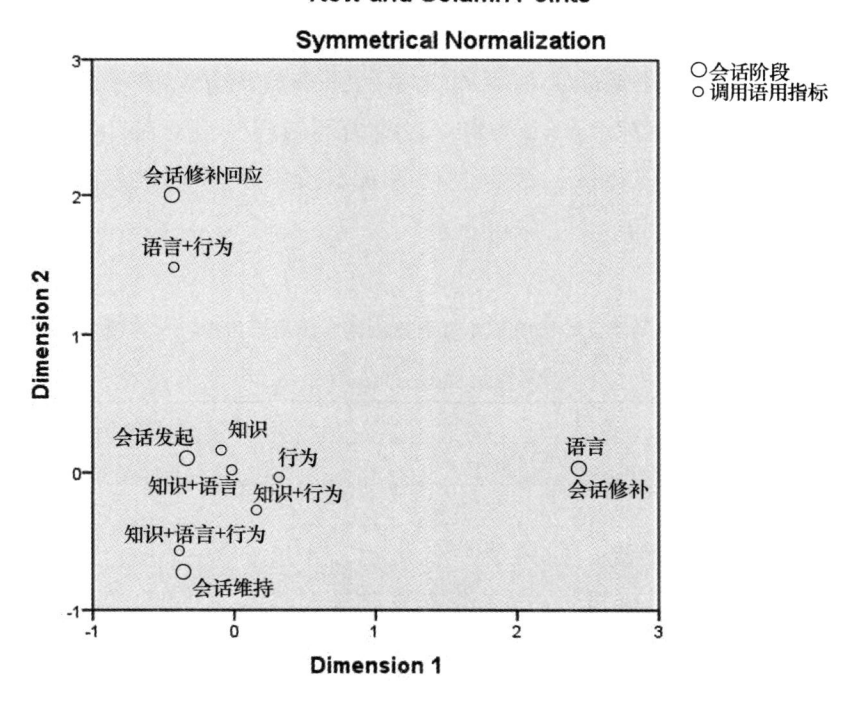

图4-11　师生、同伴互动情境下儿童会话阶段调用语用指标对应的正规化图

受话人在解读儿童交际目的和超级目的时需考虑知识、语言和行为分别产生的不可预料效果、可预料效果和探试效果之间的关系

以及形成的隐性取效过程、显性取效过程和受动取效过程并结合具体要素对此进行解码，旨在使会话得以顺利进行。受话人在解读儿童调用语言所传递的交际目的和超级目的时，可在显性取效过程中借助话语形式、语言编码来源要素形成原型行为假设、无标记假设和语境共享假设等认知假设，从而解读儿童借助语言所传递的交际目的和超级目的。此外，受话人在解读儿童调用语言+行为传递交际目的和超级目的时，可在显性取效过程中基于话语形式、语言编码来源要素在受动取效过程中结合行为的探试效果、现实语境以及头脑中的行为图式形成原型行为假设、无标记假设、语境共享假设等，以便解读儿童的交际目的和超级目的。

2. 语篇能力

在师生、同伴互动情境下对儿童的语篇能力予以调查。皮尔逊卡方值为 26641.877，p=0.000，表明语篇叙述维度对师生、同伴互动情境下儿童调用知识、语言、行为及其交互关系的数量存在显著影响（见表 4-16）。

表 4-16 师生、同伴互动情境下儿童语篇叙述中调用语用指标卡方测试表

Chi-Square Tests

	Value	df	Asymp. Sig. (2-sided)
Pearson Chi-Square	26641.877[a]	36	.000
Likelihood Ratio	19684.949	36	.000
Linear-by-Linear Association	1138.677	1	.000
N of Valid Cases	19214		

a. 3 cells (6.1%) have expected count less than 5. The minimum expected count is 3.46.

具体来看，儿童在叙述事件时主要借助知识+语言（3690 次）向受话人传递所叙述语篇的主要事件（目的），即调用头脑中的知识结构并借助语言传递所叙述内容的主要感情基调（超级目的）。对于人物时地背景的叙述也通过知识+语言（2188 次）的方式进行，其

目的是调用相关知识并辅以语言交代所叙述语篇的主要背景信息，通过背景信息构建文本世界（超级目的）。此外，儿童还会调用知识+语言+行为（2337次）进行叙述，因为有些背景信息需要儿童同时借助行为帮助受话人理解所叙述的背景信息（目的），以便为受话人对整个语篇的把握奠定基础（超级目的）。同时，儿童通过知识+语言（1063次）的方式进行引述或模仿，主要目的是借助语言并调用知识表征形式支撑其叙述观点，超级目的是使受话人信服所叙述的内容，内隐地表达出儿童的主观倾向性。儿童借助语言（2226次）提示叙述的结束，表达出其强调叙述结束的目的以及使语篇连贯的超级目的。而儿童在回答主试问题时（师生、同伴互动情境下指的是教师或同伴）主要借助知识+语言（1405次），其目的是充分利用知识概念的图式化并借助语言的可预料性回复受话人的问题，超级目的是使回复更具理据性。此外，在叙述观点时，儿童主要借助知识+语言（1975次）阐释自我或故事中人物的感受，目的是调用知识组织形式并利用语言的外显特征使所叙述的人物形象更加丰满，超级目的是丰富叙述内容，并将自身的价值观呈现给受话人。在叙述顺序层面，儿童则使用知识+语言（3692次）表达出所叙述故事/事件的时间和因果关系，其目的是借助知识+语言向受话人提示故事/事件发生的前因后果，超级目的是使所叙述的语篇逻辑清晰（见表4-17、图4-12）。

　　儿童通过语言传递叙述目的和超级目的对于受话人而言具有可预料效果，可根据儿童的话语形式、语言编码来源要素在显性取效过程中形成无标记假设、原型行为假设和语境共享假设等认知假设来解码儿童叙述目的和超级目的。儿童借助知识+语言传递的叙述目的和超级目的需要受话人在显性取效过程中借助语言的可预料效果，解读儿童知识的不可预料效果所产生的隐性取效过程，并基于叙述语境，借助话语形式、语言编码来源要素、知识类型形成原型行为假设、无标记假设、语境共享假设等认知假设，以便对儿童的目的和超级目的进行阐释。儿童借助知识+语言+行为传递叙述的目

表 4-17 师生、同伴互动情境下儿童语篇叙述中调用语用指标对应表

语篇叙述维度	知识	语言	行为	知识+语言	知识+行为	语言+行为	知识+语言+行为	共计
叙述事件	33	16	0	3690	13	28	38	3818
人物时地背景	49	9	0	2188	0	65	2337	4648
引述或模仿	8	11	0	1063	0	9	16	1107
结束语	11	2226	0	6	0	0	12	2255
回答主试问题	13	16	72	1405	32	0	6	1544
叙述观点	19	23	0	1975	15	15	16	2063
叙述顺序	28	29	0	3692	0	0	30	3779
共计	161	2330	72	14019	60	117	2455	19214

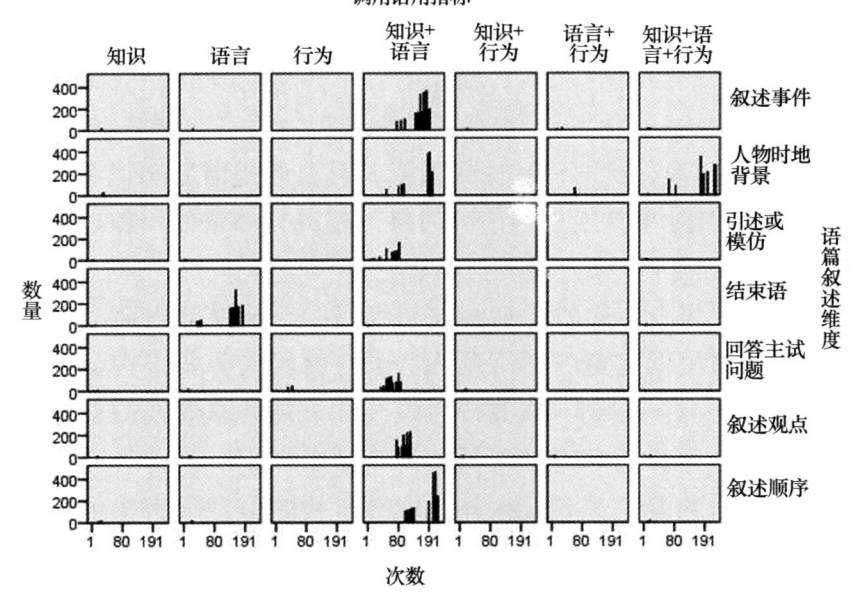

图 4-12 师生、同伴互动情境下儿童语篇叙述中调用语用指标条形图

的和超级目的需要受话人在显性取效过程中通过语言可预料效果解码儿童在受动取效过程中所传递的探试行为效果。同时，受话人根据叙述语境、话语形式、语言编码来源要素、相应知识的解码方式、认知策略（精细化策略、组织策略、理解—控制策略、情感策略）及头脑中的行为图式在高度合作知识共享的前提下通过隐性取效过程推导儿童调用知识的不可预料效果，旨在形成认知假设（原型行为假设、无标记假设、语境共享假设）。

（二）师生、同伴互动情境下儿童的知识语用指标分析

1. 会话能力

在师生、同伴互动情境下对儿童在会话阶段所调用的知识情况进行比较分析。调查结果显示，皮尔逊卡方值为 21.246，$p = 0.012 < 0.05$，表明会话阶段对师生、同伴互动情境下儿童调用知识的数量存在显著影响。

表 4－18、图 4－13 进一步表明，儿童在与教师、同伴互动时，少数情况下会针对当前情境中的人或物开展会话活动，因此在整个会话阶段都会调用陈述性知识完成交际目的和超级目的。同时，儿童的社会规约性知识始终贯穿于整个会话阶段，因为儿童在教师的监督下有着良好的社会规约意识以及主动遵守社会规则的动力。如下面在"小餐厅"游戏中的对话。

扮演顾客的儿童问道："请问有烤鸡吗？"（会话发起阶段）
扮演餐馆服务员的儿童回答道："抱歉，可是没有啊。"（会话维持阶段）
扮演顾客的儿童继续问道："那请问有这个吗？"（手指着菜单上羊肉串的图片）（会话维持阶段）
扮演餐馆服务员的儿童接着顾客的问题回答道："请问，是什么啊？"（会话修补阶段）
扮演顾客的儿童恍然大悟，回答道："啊，对不起，是羊肉

串……"（会话修补回应阶段）

据此可以推知，儿童在整个会话阶段倾向于借助与受话人共享的社会规约性知识，按照对现实世界的理解，以目的和超级目的的实现为基点将社会规约性知识有目的地再现。

在会话维持及会话修补回应阶段，儿童的程序性知识有时会得以调用。如教师在与儿童聊天时，儿童需在教师提示下充分调用认知策略，在意识的制约下通过一系列的活动——比如，儿童在教师指引下层层推进寻找解决问题的办法，如儿童通过画线、轮流玩儿等方式（目的），将大小轮胎分开、组别分开，防止出现混乱（超级目的）。因此，少数情况下儿童会在会话维持以及对会话修补的回应中调用程序性知识。相对而言，他们在会话发起以及会话修补阶段调用程序性知识较少，这与儿童认知能力的发展需要教师有的放矢地指导不无关系。

此外，少数情况下儿童会在会话维持及会话修补回应阶段利用想象性知识传递交际目的和超级目的。因为儿童可以在教师的启发引导下利用头脑中的想象性知识维持会话或对受话人的会话修补予以回应（目的），以便可以继续游戏（超级目的）。而儿童在会话发起、会话修补阶段较少调用想象性知识。这表明，儿童在没有外界刺激（如教师的语言刺激）的情况下难以产生具有预定目的或与某一主题相关的想象性知识。

受话人需结合交际情境解读儿童所调用的知识类型及该知识在隐性取效过程中产生的不可预料效果，使儿童的交际目的和超级目的得以凸显。

表4-18 师生、同伴互动情境下儿童会话阶段调用知识语用指标对应表

会话阶段	调用知识语用指标				共计
	社会规约性知识	想象性知识	陈述性知识	程序性知识	
会话发起	44	20	45	16	125
会话维持	10	10	9	9	38
会话修补	9	1	8	1	19
会话修补回应	5	4	2	6	17
共计	68	35	64	32	199

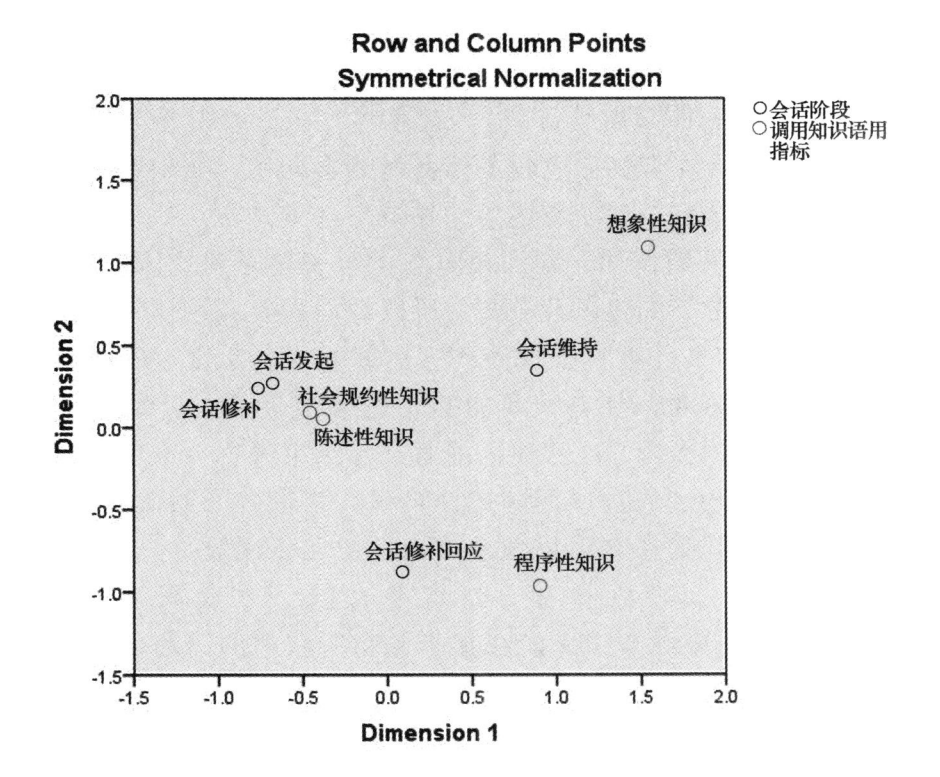

图4-13 师生、同伴互动情境下儿童会话阶段调用知识语用指标对应的正规化图

2. 语篇能力

在师生、同伴互动情境下对儿童语篇能力情况进行调查。结果表明，皮尔逊卡方值为131.567，p=0.000，说明语篇叙述维度对师

生、同伴互动情境下儿童所调用的知识数量存在显著制约关系。进一步讲，陈述性知识、想象性知识在儿童的 6 种叙述维度中（除结束语维度）均有调用；对于社会规约性知识，儿童只在结束语维度有所调用；就程序性知识而言，儿童只在回答主试问题、叙述观点、叙述顺序三个维度中予以调用（见表 4 – 19、图 4 – 14）。

具体来看，在语篇结束时，少数情况下儿童会使用社会规约性知识向教师或同伴传递所叙述内容的终结（目的），以礼貌的方式希望获得受话人的评价或等待受话人的进一步提问（超级目的）。在极少数情况下，儿童在回答主试问题、叙述观点以及叙述顺序时才会调用程序性知识回复或阐述（目的），使自我回复或阐述更具逻辑性（超级目的）。程序性知识涉及对认知策略的选择，儿童只有在需要完成较难任务时才会调用，如回答针对语篇叙述内容的提问，对所叙述的人物或事件表达观点或看法，选择具有逻辑关系的连词、副词或时态词等表达时间或因果关系。由于儿童面对的是同伴以及教师，所以他们需要调用认知策略使所叙述的故事/事件更具合理性，这样才能树立儿童在同伴或教师中的地位和形象，使其更具有自信心和成就感。就陈述性知识、想象性知识而言，在叙述语篇时，除结束语这一维度之外儿童偶尔均会调用。通过调用陈述性知识，儿童会借助命题网络、表象系统或图式描述客体属性及根由，旨在传递故事/事件的中心思想（目的），使故事/事件情节的合理性令人信服（超级目的）。此外，想象性知识一向存在于儿童所叙述的语篇中，可借此调动受话人倾听的欲望（超级目的）。这是因为想象性知识最符合儿童的心理，儿童可利用其展现故事/事件的趣味感和美感（目的）。

受话人需要解读儿童在叙述故事/事件时所调用知识的目的和超级目的，并结合叙述语境定位知识类型及解码方式，在隐性取效过程中识解儿童利用相应知识所产生的不可预料效果。

表4-19 师生、同伴互动情境下儿童语篇叙述中调用知识语用指标对应表

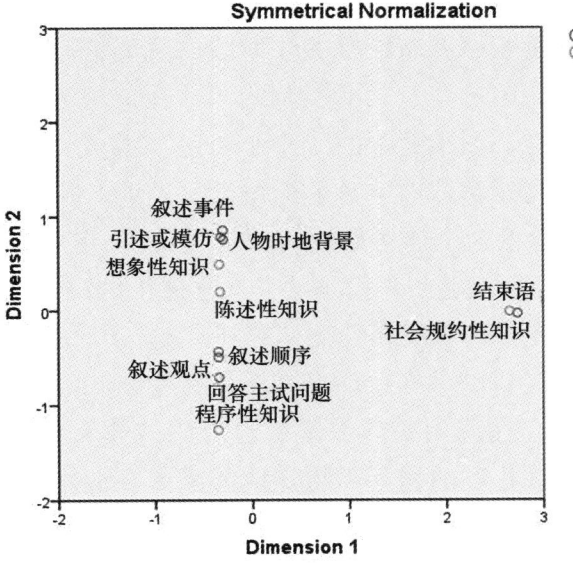

语篇叙述维度	调用知识语用指标				共计
	社会规约性知识	想象性知识	陈述性知识	程序性知识	
叙述事件	2	16	15	0	33
人物时地背景	5	25	19	0	49
引述或模仿	0	4	4	0	8
结束语	11	0	0	0	11
回答主试问题	0	3	6	4	13
叙述观点	0	8	6	5	19
叙述顺序	0	7	12	9	28
共计	18	63	62	18	161

图4-14 师生、同伴互动情境下儿童语篇叙述中调用知识语用指标对应的正规化图

(三) 师生、同伴互动情境下儿童的语言语用指标分析

1. 会话能力

在师生、同伴互动情境下儿童也会使用语言完成会话交际任务。

调查显示，皮尔逊卡方值为995.225，p=0.000，表明不同会话阶段对师生、同伴互动情境下儿童调用语言的数量具有显著影响。

从表4-20、图4-15可知，在会话发起、会话维持及会话修补回应阶段，儿童会基于自我和他人的交际需求、结合社会互动环境或交际背景，在调用认知环境或已有图式要素基础上传递交际目的和超级目的。此外，儿童只有在会话维持阶段且在教师的提示下才会偶尔考虑到心智状态这一要素。如教师在搭建城堡时需要帮手并提示儿童："一个人找（积木），其他小朋友一起搭。"其中一名儿童解读出教师需要帮手的交际目的，便通过回答"老师，我可以一起搭"表达其对教师心智状态准确把握的目的以及可以为教师提供帮助的超级目的。儿童在会话修补回应阶段偶尔会表达其对命题的基本态度。这一结果可能是与师生、同伴互动情境下以游戏作为主要的互动方式有关。游戏中儿童往往关注游戏的进展情况而忽视对某个命题的具体表达，因此儿童仅对教师或同伴在请求证实的情况下表达自我的命题态度，如小朋友的"小小厨房"游戏。扮演顾客的小朋友对端上来的烤饼津津有味地假装吃着。这时，扮演服务员的小朋友问道："你觉得这个烤饼好吃吗？""顾客"在"服务员"会话修补请求的发起下回复道："我非常喜欢吃这个烤饼。"旨在清楚表达自我的命题态度并重新阐释爱吃"烤饼"这一目的以及"烤饼"味道很好这一超级目的。在会话修补阶段，受认知能力和表达能力的局限，儿童仅会在调用交际需求或已有图式要素的基础上，即受话人所说话语对该儿童的交际需求造成影响或在调用已有图式要素之后发现受话人的话语难以理解时才会发起修补请求，以便满足自我的交际需求（目的），并继续该话题或任务（超级目的）。

受话人在解读儿童交际目的和超级目的时，可结合语言的可预料效果、语言编码来源要素形成语境共享假设、原型行为假设、无标记假设等认知假设，并在显性取效过程中识别儿童的话语形式，解码交际目的和超级目的。

表4-20 师生、同伴互动情境下儿童会话阶段调用语言语用指标对应表

调用语言 语用指标	会话发起	会话维持	会话修补	会话修补回应	共计
交际需求	26	14	634	11	685
心智状态	2	13	8	1	24
社会互动环境	23	14	5	10	52
交际背景	29	16	4	9	58
命题态度	1	2	6	12	21
认知环境	25	14	7	9	55
已有图式	20	14	635	10	679
共计	126	87	1299	62	1574

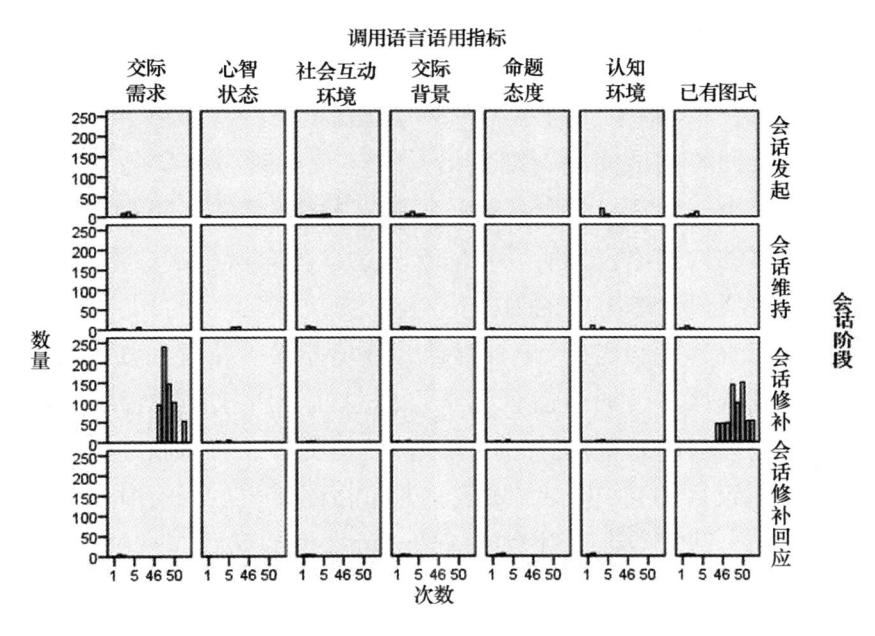

图4-15 师生、同伴互动情境下儿童会话阶段调用语言语用指标条形图

2. 语篇能力

在师生、同伴互动情境下对儿童调用语言进行语篇叙述的情况进行评价，皮尔逊卡方值为1404.364，p=0.000，说明语篇叙述维

度对师生、同伴互动情境下儿童调用语言的数量存在显著影响。

表4-21、图4-16也进一步表明，在师生、同伴互动情境下，儿童在选择适宜主题故事/事件进行叙述，阐释人物时地背景、回答主试问题、传递所述人物或自身的感受或呈现故事/事件的逻辑顺序时会满足受话人的需求，使受话人喜爱所叙述的故事/事件（目的），并使受话人对所叙述的语篇产生共鸣（超级目的）。同时，少数情况下儿童在涉及语篇叙述的6个维度（除结束语维度之外）时会基于所处的社会互动环境考虑到是为同伴和教师进行讲述，因此会选择他们喜爱的故事/事件进行叙述，使叙述内容丰富多彩（目的），并使叙述情节引人入胜（超级目的）。再者，对于交际背景和已有图式要素而言，除结束语这一语篇叙述维度涉及极少之外，其他维度均有少量涉及。交际背景、已有图式两个要素通过语篇渗透儿童所叙述故事/事件的基调（目的），使情节跌宕起伏、扣人心弦（超级目的）。除此之外，师生、同伴互动情境下儿童在涉及叙述事件、人物时地背景、回答主试问题、结束语及叙述观点时会将命题态度融会贯通，这是由于儿童在为同伴或教师讲述故事/事件、回答主试问题时具有较多的共同语言，所以倾向于表达自我对所叙述故事/事件的命题态度或通过命题态度的形式传递叙述的终结（目的），以凸显自我情感价值观（超级目的）。针对认知环境要素，儿童在叙述的全过程中利用逻辑信息、词语信息及常识信息厘清所叙述内容之间的逻辑关系，把握叙述的整体脉络（目的），使受话人对所叙述的语篇更加信服（超级目的）。但调查发现，儿童在回答主试问题时极少会调用心智状态，回复受话人针对所叙述语篇提出的问题（目的），以识解出受话人此时的心智状态（超级目的）。如儿童叙述道："……七只小羊抱着石头，装进大灰狼的肚子里。羊妈妈将大灰狼的肚子缝上了，然后大灰狼醒了，走到河边，一下子掉进了河里。"同伴便满脸疑惑地问道："为什么大灰狼掉到了河里啊？"儿童看到同伴满脸疑惑的表情回答："因为那个石头很沉啊。"可见，叙述故事的儿童开始并未考虑到受话人此时的心理活动是思考大灰狼掉到河里的原

第四章 学龄前儿童语用发展取效行为研究的设计与分析 197

因，因此当被问及时才恍然大悟，识解出他人的心智状态并予以恰当回复。

表 4-21 师生、同伴互动情境下儿童语篇叙述中调用语言语用指标对应表

语篇叙述维度	交际需求	心智状态	社会互动环境	交际背景	命题态度	认知环境	已有图式	共计
叙述事件	2	0	2	4	2	3	3	16
人物时地背景	1	0	2	2	1	1	2	9
引述或模仿	0	0	2	2	0	4	3	11
结束语	3	4	3	6	1066	1139	5	2226
回答主试问题	2	2	2	2	2	3	3	16
叙述观点	2	0	3	4	5	4	5	23
叙述顺序	5	0	5	7	0	7	5	29
共计	15	6	19	27	1076	1161	26	2330

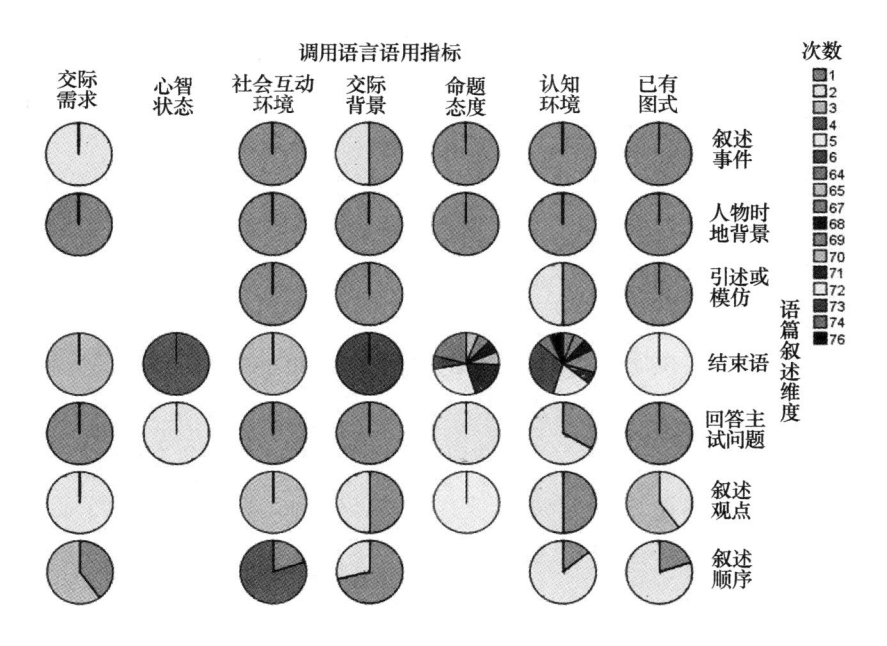

图 4-16 同伴互动情境下儿童语篇叙述中调用语言语用指标饼状图

受话人在儿童语言编码来源要素所产生的可预料效果基础上形成原型行为假设、无标记假设、语境共享假设等认知假设,并通过显性取效过程和话语形式对儿童叙述目的和超级目的进行推导。

(四)师生、同伴互动情境下儿童的行为语用指标分析

1. 会话能力

在师生、同伴互动情境下,儿童偶尔通过行为传递交际目的和超级目的。研究结果显示,皮尔逊卡方值为1365.703,$p=0.000$,说明会话阶段对师生、同伴互动情境下儿童调用行为指标的数量具有显著影响。

调查表明,由于儿童与教师或同伴的会话互动往往是在游戏中进行,所以在会话发起阶段,儿童偶尔通过给予受话人物品(目的:使受话人接受物品;超级目的:与受话人共享该物品以便进行游戏)、手势指示(目的:询问某物;超级目的:想要得到该物品)或位置移动(目的:接近受话人;超级目的:拉近与受话人的语用距离)的方式传递行为目的和超级目的。在会话维持阶段,儿童偶尔也会通过手势指示(目的:指示方向;超级目的:使受话人将某物放到其指示的地方或使受话人关注其所指示方向的物品)、身体触碰(目的:在接受某物时的必要接触;超级目的:在友好的氛围下与受话人共同完成游戏任务)、向受话人展示物品(目的:在受话人的要求下展示某物;超级目的:满足受话人的需求)或面部表情(目的:表示对受话人的友好;超级目的:喜爱所进行的游戏)的方式实施行为的目的和超级目的。在会话修补阶段,儿童有时会通过使用手势指示(目的:使受话人关注其所指示的物品;超级目的:请求受话人的证实)的方式传递目的和超级目的。在会话修补回应阶段,儿童偶尔通过点头赞同或摇头拒绝(目的:赞同或否定说话人的提问;超级目的:对说话人的提问给予回应)的方式对修补请求予以回应。

受话人需调用认知策略(精细化策略、组织策略、理解—控制策略、情感策略)在受动取效过程中对儿童通过行为的探试所传递

的目的和超级目的进行推理,即调用头脑中已有的行为图式并基于无标记假设、语境共享假设等认知假设,结合现实语境实现知识共享、高度合作(见表4-22、图4-17)。

2. 语篇能力

在师生、同伴互动情境下对儿童通过行为完成语篇叙述情况进行调查,结果表明儿童基本不会借助行为完成故事/事件的叙述。

具体为,儿童只有在回答主试针对所叙述内容的问题时才会借助位置移动的方式(目的:靠近说话人;超级目的:希望能完美回答说话人的提问)传递行为的目的和超级目的。因为儿童在师生、同伴互动情境下具有归属感,他们更愿意通过语言并借助知识等方式分享自我的感受或故事。

受话人在解读儿童的回复时可调用认知策略(情感策略)和认知假设(语境共享假设),在头脑中搜索行为符号意义并结合现实语境,在受动取效过程中解读其探试行为的目的和超级目的。

表4-22 师生、同伴互动情境下儿童会话阶段调用行为语用指标对应表

调用行为 语用指标	会话发起	会话维持	会话修补	会话修补回应	共计
向受话人展示物品	1	44	3	2	50
给予受话人某物	66	1	2	1	70
位置移动	60	1	2	2	65
手势指示	79	39	156	1	275
点头赞同	1	1	2	95	99
摇头拒绝	1	1	1	96	99
身体触碰	1	47	2	1	51
模仿	1	1	2	1	5
面部表情	2	40	4	2	48
共计	212	175	174	201	762

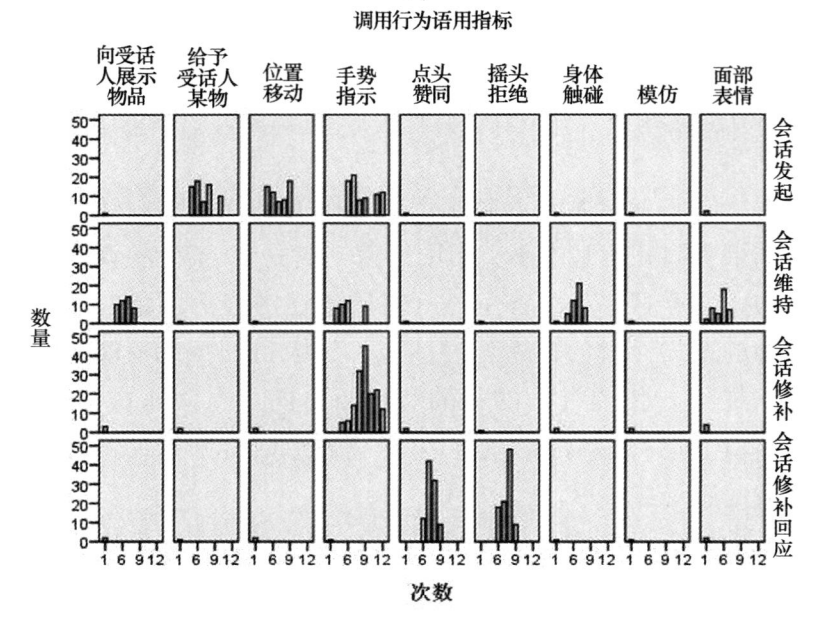

图 4-17 师生、同伴互动情境下儿童会话阶段调用行为语用指标条形图

（五）师生、同伴互动情境下儿童的知识+语言语用指标分析

1. 会话能力

调查结果显示，皮尔逊卡方值为 815.507，p=0.000，表示会话阶段对师生、同伴互动情境下儿童调用知识+语言的数量存在显著影响。

在会话阶段，师生、同伴互动情境下儿童偶尔会在调用知识的同时使用语言传递交际目的和超级目的（见表 4-23、图 4-18）。

表 4-23 师生、同伴互动情境下儿童会话阶段调用知识+语言语用指标对应表

调用知识+语言 语用指标	会话阶段				共计
	会话发起	会话维持	会话修补	会话修补回应	
社会规约性知识+交际的需求	39	2	1	0	42
想象性知识+交际的需求	0	36	0	18	54

续表

调用知识+语言语用指标	会话阶段				共计
	会话发起	会话维持	会话修补	会话修补回应	
陈述性知识+交际需求	1	0	1	0	2
程序性知识+交际需求	0	0	1	0	1
社会规约性知识+心智状态	1	1	0	0	2
陈述性知识+心智状态	1	35	1	0	37
程序性知识+心智状态	0	1	0	0	1
社会规约性知识+社会互动环境	37	0	89	0	126
想象性知识+社会互动环境	29	0	0	24	53
陈述性知识+社会互动环境	37	0	0	20	57
程序性知识+社会互动环境	0	23	0	23	46
社会规约性知识+交际背景	0	1	0	0	1
想象性知识+交际背景	34	21	0	0	55
想象性知识+命题态度	0	0	1	0	1
陈述性知识+命题态度	29	21	0	18	68
程序性知识+命题态度	1	0	0	0	1
程序性知识+认知环境	0	43	0	17	60
想象性知识+已有图式	33	27	60	19	139
程序性知识+已有图式	1	0	0	0	1
共计	243	211	154	139	747

在会话发起阶段，儿童偶尔会鉴于自我或受话人的交际需求并借助社会规约性知识传递交际目的和超级目的。如师生、同伴互动情境下儿童在获得教师要搭建城堡这一信息时，便推知该教师的交际需求是需要一些小帮手，于是便通过询问的方式（可不可以……）礼貌地向教师发起会话，即希望将木制玩具置于所搭建的城堡之下成为一条路。这样，儿童通过调用社会规约性知识进行礼貌询问（目的），以便提供帮助或获得帮助（超级目的）。可见，儿童对社会规约性知识的调用离不开平时教师对其良好社会规约习惯养成所做出的努力。

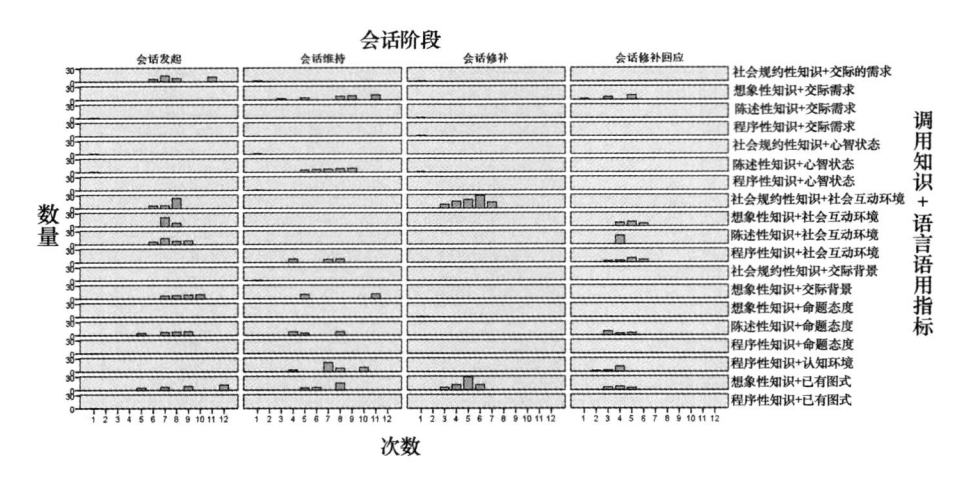

图 4-18　师生、同伴互动情境下儿童会话阶段调用知识+语言语用指标条形图

此外，在会话维持或会话修补回应阶段，儿童偶尔通过对想象性知识的调用来对教师的交际需求进行解读并传递交际目的和超级目的。在会话维持阶段，如教师询问这条路应该如何处理时，儿童便调用想象性知识表示可以将空地围上并使用麻将（搭建城堡游戏时的道具）（目的：提供建议），以便铺成供行人行走的小路（超级目的）。而在会话修补回应阶段，儿童偶尔也会通过调用想象性知识满足受话人的交际需求。如下例，儿童表示这个（卡片）要递给教师，而教师希望儿童可以对卡片进一步予以解释，此时儿童识解出教师的交际需求（超级目的），便通过想象性知识表示这是前方正在施工的标志（目的）。

　　　　　＊CHI6：＜老＞［／］＜老＞［／］老师这给你．
　　　　　＊TEA：哦．
　　　　　＊TEA：这是什么？
　　　　　＊CHI6：这是前方施工．

针对心智状态要素，调查发现儿童只有在会话维持阶段才会偶尔通过调用陈述性知识以恰当的情感回应受话人。如下例，教师表示在幼儿园总是哭闹是不对的，这时作为受话人的儿童识别出说话人（教师）的心智状态（超级目的），便通过陈述性知识表示哭闹的确是很难堪的表现（目的）。究其原因，儿童只有在教师提示下才会对心智状态准确把握，由此启发儿童对他人的心智状态作出逻辑性推理。

  ＊TEA：那你说幼儿园小朋友没有一个哭的．
  ＊TEA：都大班了．
  ＊TEA：小班的小弟弟小妹妹都不哭了．
  ＊TEA：完了你到点就哭．
  ＊FF：是啊太丢人了！

  对于社会互动环境要素，有时儿童在整个会话阶段会通过调用四种知识中的一种或多种表达交际目的和超级目的。儿童与教师、同伴互动本身就处在社会互动环境中，因此可根据交际目的和超级目的的需要调用适切的知识。如在会话发起阶段，儿童会基于社会互动环境调用社会规约性知识或陈述性知识或想象性知识实现自己的目的和超级目的。如儿童询问某事时会选择社会规约性知识或陈述性知识表达探求信息的目的以及渴望得到对方肯定回复的超级目的。此外，如果儿童在与教师或同伴进行游戏时会借助想象性知识发起会话（目的），这主要由游戏的性质决定，通过想象性知识儿童可以邀请受话人加入游戏或会话（超级目的）。在会话维持阶段，儿童偶尔会考虑社会互动环境并调用程序性知识来维持会话（目的）。由于儿童与教师或同伴每天相处时间较长，所以彼此更加熟悉，可营造出轻松的思考空间，即在会话的持续过程中思考某一任务的具体步骤或某一问题的认知过程以便深入交流（超级目的）。就会话修补阶段而言，儿童偶尔会通过调用社会规约性知识对教师或同伴的话语以礼貌的方式请求重复或是请求证实（目的），以此维持会话并完成游戏任务（超级目的）。在会话修补回应阶段，儿童偶尔针对教师或同伴的修补请求适时调用陈述性知识或想象性知识或程序性知识进行回应（目的），使会话交往或游戏活动顺利进行（超级目的）。

对于交际背景要素，儿童偶尔会在会话发起和会话维持中调用想象性知识并结合交际背景传递交际目的和超级目的。想象性知识离不开记忆中的交际背景知识，而想象性知识又与游戏活动相伴而生，借此儿童通过调用想象性知识并借助交际背景发起或维持会话（目的），使游戏活动充满趣味性（超级目的）。

针对命题态度要素的调查发现，在会话发起、会话维持及会话修补回应阶段，儿童偶尔通过调用陈述性知识表达命题态度。如"欢乐水果捞"游戏，扮演服务员的小朋友将葡萄汁上错了餐桌。扮演顾客的小朋友对该"服务员"说道："这是我点的葡萄汁。"由此，儿童在会话发起时通过调用陈述性知识表达出"葡萄汁是我点的"这一事实（目的），并借此传递其隐含的命题态度，即请求将葡萄汁给他（超级目的）。又如，"小小厨房"游戏，扮演顾客的儿童想要点羊肉串，扮演服务员的儿童回答道："抱歉，这个没有啊。"这说明在会话维持阶段，儿童也会调用陈述性知识（目的：陈述羊肉串已售罄的事实）表达命题态度（超级目的：对此表示歉意）。再如"搭建别墅"游戏，教师引导儿童进行搭建，便问道："这个放哪里呢？"儿童回复："这个放这儿。"而后，教师请求该儿童对此进行详述，便问道："这是哪儿？"儿童回答："放在这个平地上，这样别墅可以搭得大一点。"可见，儿童在会话修补回应阶段，通过陈述性知识（目的：详述积木应该搭建的位置）传递命题态度（超级目的：希望别墅能建大一点）。

就认知环境要素而言，研究表明，儿童在会话维持阶段及修补回应阶段偶尔会调用程序性知识，结合认知环境要素传递交际目的和超级目的。在会话维持和修补回应阶段，处于较熟悉的幼儿园环境下的儿童在他人话语提示下，有较充分的空间和时间调用程序性知识，并借助交际情境遵循认知策略及产生式知识来寻找最佳关联，旨在推导他人话语的语用内涵并做出相应的回应（目的），维持会话与相关游戏（超级目的）。

关于已有图式要素研究显示，儿童在整个会话阶段偶尔会在调用头脑中已有图式的基础上借助想象性知识表达交际目的和超级目的。处于游戏状态下的儿童在会话发起、会话维持、会话修补及会话修补回应阶段会在头脑中搜索相关图式，并将同伴或教师话语内容进行兼容。同时由于游戏活动的特殊性，儿童通过调用想象性知识实现对已有图式的心理表征。由此，作为认知主体的儿童在感性认知的基础上发起、维持、修补会话并进行修补回应（目的），使会话活动以及与之相关的游戏活动顺利进行（超级目的）。

受话人需要在显性取效过程中考虑语言编码来源要素以便解码儿童借助话语形式所传递的可预料效果。同时，在隐性取效过程中针对儿童调用的知识类型寻找知识所呈现的不可预料效果的解码方式，并结合交际情境形成原型行为假设、无标记假设和语境共享假设等认知假设，旨在推导儿童借助知识+语言所传递的交际目的和超级目的。

2. 语篇能力

在师生、同伴互动情境下对儿童调用知识+语言完成语篇叙述情况的调查显示，皮尔逊卡方值为 24109.847，$p=0.000$，表明语篇叙述维度对师生、同伴互动情境下儿童调用知识+语言的数量存在显著制约关系。

针对叙述事件，多数情况下儿童从知识的储存库中调取相关想象性知识并结合已有图式要素生动叙述故事/事件（目的），使事件扣人心弦（超级目的）。同时，儿童还会从头脑中提取陈述性知识节点的网络信息，在认知环境要素协助下对过往记忆事件进行加工，并对所叙述故事/事件的语境进行假设，以便获取与所述故事/事件相关的全部陈述性知识，如"砸碎""救宝宝"等。幼儿园情境更利于儿童发挥，他们可以摆脱经历本身的制约，通过生动的故事/事件吸引倾听者的注意。

对于人物时地背景，儿童主要运用想象性知识并借助已有图式要素交代故事/事件背景信息。可见，处于师生、同伴互动情境下的儿童在叙述人物时地背景时多会从已有图式中提取象征符号，并将其进行整合构成想象性知识，借此虚构故事/事件的人物时地背景，传递语篇（目的），并为所叙述的故事/事件"布置舞台"（超级目的），为受话人指明故事/事件方向。由于受话人是儿童朝夕相处的同伴和教师，儿童可以在熟悉和轻松的环境下与他们"敞开心扉"，有条不紊地从长时记忆中正确提取故事/事件的背景信息，并大胆想象和创编符合逻辑的背景信息。

就引述或模仿而言，儿童往往借助想象性知识或陈述性知识并考虑认知环境要素，以最直接的引用方式拉近与同伴或教师的距离（目的）。通过想象性知识或陈述性知识为受话人提供词语信息或逻辑信息或常识信息并承接上文、厘清逻辑关系，旨在通过引用他人话语揭示故事/事件中人物的立体性格，深化故事主题（超级目的）。

对于结束语，极少数情况下儿童会在考虑认知环境要素基础上调用程序性知识结束叙述任务。在师生、同伴互动情境下儿童处于轻松状态，他们偶尔会调用认知环境要素，通过逻辑关系、认知策略以及产生式知识帮助自己了解叙述进程，适时结束叙述任务（目的），告知教师或同伴叙述的结束（超级目的）。

在回答主试问题阶段，儿童通过使用程序性知识并结合认知环境要素回复问题（目的），帮助受话人理解儿童在叙述中的模糊内容，维持人际关系（超级目的）。由于教师围绕儿童所叙述的主题故事/事件延伸问题，故儿童需要调用认知策略等程序性知识并斟酌教师问题涉及的逻辑信息、词语信息或常识信息，合理回复其延伸性问题。

对于叙述观点，儿童在利用认知环境要素基础上通过对状态词、副词等陈述性知识的运用表达看法（目的），使故事情节紧凑、自然

（超级目的）。此外，儿童还会调用已有图式要素并利用想象性知识设身处地表达故事/事件中人物或自我的感受（目的），凸显自我的价值取向并深化主题（超级目的）。

关于叙述顺序，儿童往往以认知环境要素为出发点，借助程序性知识来表达。同样，儿童在为同伴和教师叙述故事/事件时希望他们能够喜爱，因此在叙述中会考虑到因果、时间等逻辑信息。在调用认知策略或产生式知识的同时呈现故事的时间或因果关系（目的），使故事更具条理性（超级目的）。

受话人需要在显性取效过程中利用话语形式、语言编码来源要素所具有的可预料效果考虑叙述语境与相应知识的整合所产生的不可预料效果，在隐性取效过程中利用知识的解码方式在头脑中建构原型行为假设、无标记假设、语境共享假设等认知假设，从而解读儿童的叙述目的和超级目的（见表4-24、图4-19）。

表4-24 师生、同伴互动情境下儿童语篇叙述中调用知识+语言语用指标对应表

语篇叙述维度	程序性知识+交际需求	想象性知识+认知环境	陈述性知识+认知环境	程序性知识+认知环境	想象性知识+已有图式	共计
叙述事件	0	0	1857	0	1833	3690
人物时地背景	0	0	0	0	2188	2188
引述或模仿	0	527	536	0	0	1063
结束语	0	0	0	6	0	6
回答主试问题	9	0	0	1396	0	1405
叙述观点	0	0	984	0	991	1975
叙述顺序	0	0	0	3692	0	3692
共计	9	527	3377	5094	5012	14019

图 4-19 师生、同伴互动情境下儿童语篇叙述中调用知识+语言语用指标条形图

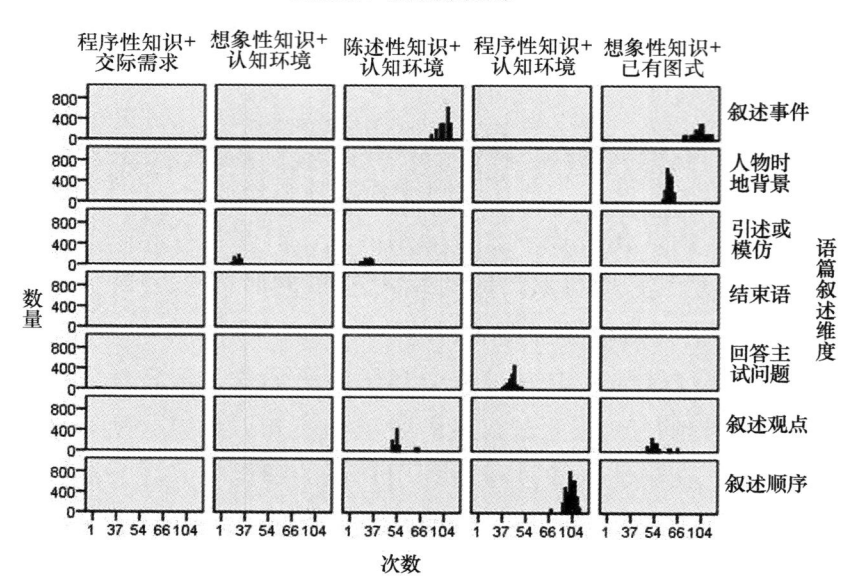

(六) 师生、同伴互动情境下儿童的知识+行为语用指标分析

1. 会话能力

调查显示，皮尔逊卡方值为 1348.803，p = 0.000，说明会话阶段对师生、同伴互动情境下儿童调用知识+行为的数量存在显著影响。

此情境下，儿童在整个会话阶段偶尔会在调用知识的同时，伴随行为动作以便传递交际目的和超级目的。由于师生以及同伴之间常常通过游戏进行互动，在会话发起阶段，儿童会在调用陈述性知识的同时，通过位置移动或给予受话人某物的方式使受话人关注所传递的物品或自己（目的），协助教师或同伴完成游戏任务（超级目的）。在会话维持阶段，儿童同样在调用陈述性知识的同时，通过手势指示的方式使受话人获得直观答案（目的），并维持会话或游戏（超级目的）。在多数情况下，此阶段的儿童是在回答教师或同伴的

提问，因此会通过手势指示辅助陈述某一事实或客体，使受话人在游戏中可以直观获取所需答案。在会话修补阶段，儿童会通过调用社会规约性知识并伴随位置移动的方式请求重复、证实、解释或详述（目的），澄清模糊概念，以便继续会话或游戏（超级目的）。会话修补意味着请求说话人进一步重复、证实、解释或详述话语，而幼儿园是培养儿童掌握社会规约性知识的场所，儿童自然而然会融入其中，因此在会话修补阶段会通过调用社会规约性知识，请求说话人对模糊概念进行重复、解释等。同时，儿童会走近说话人表示对说话人的尊敬与重视。在会话修补回应阶段，儿童会借助陈述性知识，并通过向受话人展示物品的方式来传递交际目的和超级目的。如老师正在找红色的麻将准备"铺路"，儿童说："老师，于老师，我有一个秘密。"老师问："你有什么秘密？"即请求儿童对该秘密进行详述，儿童便对此会话修补进行回应："看，这里面装的是麻将，红色的，全都是。"一边说一边向教师展示装有麻将的盒子。由此可见，在会话修补回应阶段，儿童陈述事实的同时会伴随展示物品的行为以便回复他人（目的），通过具体详述，使受话人清晰可见（超级目的）（见表4-25、图4-20）。

表4-25 师生、同伴互动情境下儿童会话阶段调用知识+行为语用指标对应表

调用知识+行为语用指标	会话发起	会话维持	会话修补	会话修补回应	共计
陈述性知识+向受话人展示物品	0	0	0	94	94
社会规约性知识+给予受话人某物	0	2	0	0	2
陈述性知识+给予受话人某物	79	1	0	0	80
程序性知识+模仿	0	1	0	0	1
社会规约性知识+位置移动	0	0	92	0	92

续表

调用知识+行为语用指标	会话阶段				共计
	会话发起	会话维持	会话修补	会话修补回应	
陈述性知识+位置移动	86	0	0	0	86
陈述性知识+手势指示	0	95	0	0	95
程序性知识+摇头拒绝	0	0	0	1	1
想象性知识+面部表情	1	0	0	0	1
共计	166	99	92	95	452

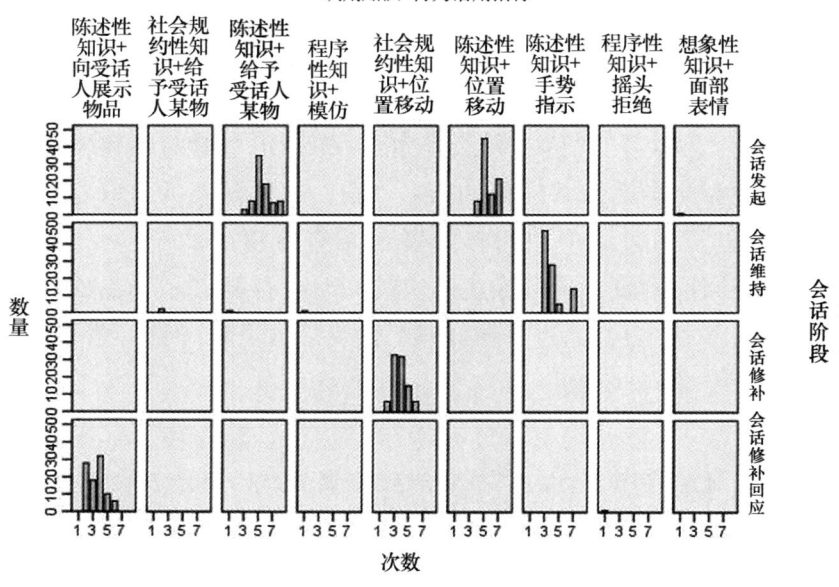

图4-20 师生、同伴互动情境下儿童会话阶段调用知识+行为语用指标条形图

受话人在解读儿童调用知识+行为所传递的交际目的和超级目的时，需在隐性取效过程中基于儿童所调用知识的不可预料效果，结合儿童的探试行为、认知策略（精细化策略、组织策略、理解—控制策略、情感策略），以高度合作、高度知识共享为前提在受动取效过程中调用行为图式并结合现实语境，形成认知假设（原型行为假设、无标记假设、语境共享假设），以便解码儿童所传递的目的和超级目的。

2. 语篇能力

儿童偶尔有借助知识并辅以行为进行语篇叙述的现象，这主要体现在叙述事件、回答主试问题和叙述观点三个维度。而对于人物时地背景、引述或模仿、结束语、叙述顺序，儿童基本会调用知识+语言或语言的方式进行阐释，无须借助行为。因为作为受话人的师生与儿童的共享知识较多，在叙述某些对于受话人而言是清晰易懂的内容时可以直接调用知识+语言或语言。

针对叙述事件，极少数情况下儿童会通过调用想象性知识或程序性知识并辅以手势指示或面部表情传递叙述目的和超级目的。如儿童在叙述一个小孩的经历：小孩儿把地给砸了一个大坑，妈妈买了个金木板补在了地上。可见，儿童通过调用想象性知识（金木板铺在地上会结实）或程序性知识（如果地上有坑的话就需要修补）并辅以行为动作（做铺地板的手势）或面部表情（事态紧急时的凝重表情）叙述故事中的事件（目的），使叙述的事件生动清晰（超级目的）。儿童借助"情境性言语"，即手势指示或面部表情弥补想象性知识或程序性知识带给同伴和教师的突兀感，受话人可借助行为并结合情境边聆听边猜测儿童所叙述的故事/事件。此外，儿童在回答主试问题时，少数情况下会调用四种知识语用指标并借助面部表情（微笑）予以回复（目的），希望获得受话人的肯定（超级目的）。这说明，儿童会以礼貌的方式回答主试针对所叙述故事/事件的问题，并调用相应知识对此进行回复。而儿童在回复时面带微笑表示与受话人的友好，展示其在幼儿园的社会化过程。再者，儿童在叙述观点时极少数情况下会通过调用陈述性知识并伴随手势指示的方式传递叙述目的和超级目的。这主要体现在儿童表达"没有"等否定概念时，如"没有空闲时间"，则会在陈述该事实的同时借助手势表达否定概念，意为强调该话语（目的），旨在凸显人物性格特点（超级目的）。

尽管儿童在叙述故事/事件时借助知识+行为所传递的目的和超级目的对于受话人来讲具有不可预料效果和探试效果，但受话人可在隐性取效和受动取效过程中结合叙述语境找到解码相应知识的方式，结合头脑中已有的行为图式并在充分调用认知策略（精细化策略、组织策略、理解—控制策略、情感策略）的基础上形成认知假设（原型行为假设、无标记假设、语境共享假设），从而解读儿童所传递的叙述目的和超级目的。

（七）师生、同伴互动情境下儿童的语言+行为语用指标分析

1. 会话能力

调查发现，皮尔逊卡方值为 6889.537，p = 0.000，说明会话阶段对师生、同伴互动情境下儿童调用语言+行为的数量存在显著影响。

具体为，在会话发起阶段，与教师、同伴进行游戏的儿童在考虑社会互动环境或交际需求基础上通过给予受话人物品的方式发起会话（目的），传递受话人所需物品、完成游戏任务（超级目的）。游戏情境为儿童营造了社会互动环境，此外儿童还需考虑受话人的交际需求并向受话人传递其所需要的游戏素材，在同伴和教师的配合下方可完成游戏任务。在会话维持阶段，儿童偶尔会在考虑交际需求或社会互动环境或已有图式要素基础上通过向受话人展示物品的方式维持会话（目的），使受话人全面解析话语，以便继续会话或游戏（超级目的）。游戏中的儿童为完成游戏任务需要与同伴、教师通力合作，因此需调用头脑中有关过去的、一般化知识的集合体即已有图式，并关联交际需求或社会互动环境建构话语意义，从而使会话活动得以延续。此外，儿童还会借助向受话人展示物品的行为方式使会话意义更加清晰，为话轮的交替做好准备。在会话修补阶段，儿童偶尔会根据自身的交际需求并通过位置移动的方式请求修补会话（目的），希望会话或游戏持续下去（超级目的）。当儿童听到难以理解的话语时一般会主动靠近与自己共同游戏的说话人（同伴或教师）。因为同伴及教师是儿童亲近的伙伴，他们之间并没有多少距离感。儿童希望说话人可以对此进行具体阐述以满足他们的交际需求，使得话题延续下去。在会话修补回应阶段，儿童往往会基于交际需求使用面部表情或调用心智状态，同时通过对行为的模仿对会话进行修补回应（目的），使受

话人全面解读儿童的想法，旨在继续会话或游戏（超级目的）。针对他人提出的会话修补请求，儿童意识到他人的交际需求或此时的心智状态即渴望得到具体的回复，便会调用面部表情或模仿的行为方式，旨在辅助语言进行表达及逻辑推理，使受话人对会话修补的回应理解得更为全面（见表4–26、图4–21）。

表4–26　师生、同伴互动情境下儿童会话阶段调用语言＋行为语用指标对应表

调用语言＋行为语用指标	会话发起	会话维持	会话修补	会话修补回应	共计
交际需求＋向受话人展示物品	0	38	0	0	38
心智状态＋向受话人展示物品	1	0	1	0	2
社会互动环境＋向受话人展示物品	0	41	0	0	41
已有图式＋向受话人展示物品	0	35	0	0	35
交际需求＋给予受话人某物	636	0	1	0	637
社会互动环境＋给予受话人某物	490	0	0	0	490
认知环境＋给予受话人某物	0	1	0	0	1
已有图式＋给予受话人某物	0	0	1	0	1
交际需求＋模仿	0	0	1	0	1
心智状态＋模仿	0	0	0	604	604
交际需求＋位置移动	0	0	100	0	100
交际需求＋摇头拒绝	0	0	1	0	1
社会互动环境＋摇头拒绝	0	1	0	0	1
已有图式＋身体触碰	1	0	0	0	1
交际需求＋面部表情	0	0	0	610	610
共计	1128	116	105	1214	2563

受话人在解读儿童借助语言＋行为所传递的交际目的和超级目的时，需在显性取效和受动取效过程中借助可预料效果和探试效果感知并解码话语和行为意义，在行为图式中寻找儿童的心理表征和思维模式并结合现实语境形成认知假设（原型行为假设、无标记假设、语境共享假设）。此外，受话人还需根据语言编码来源要素探索

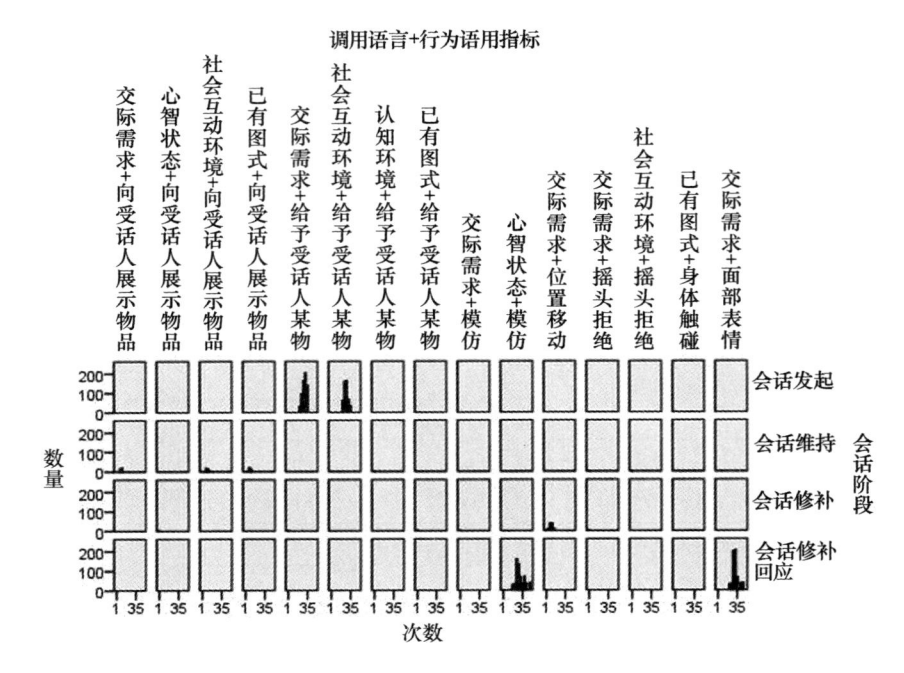

图 4–21　师生、同伴互动情境下儿童会话阶段调用语言＋行为语用指标条形图

话语形式所传递的交际目的，并调用认知策略（情感策略、组织策略、精细化策略、理解—控制策略）识别儿童的目的及超级目的，以便实现高度合作。

2. 语篇能力

在师生、同伴互动情境下对儿童借助语言＋行为进行语篇叙述的情况进行调查。结果表明，儿童在叙述事件、人物时地背景、引述或模仿、叙述观点时，少数情况下会借助语言＋行为传递叙述目的和超级目的。而在涉及结束语、回答主试问题、叙述顺序三个维度时，儿童仅借助语言或知识＋语言完成叙述目的和超级目的。由于儿童与作为受话人的师生和同伴享有较多信息，所以可以借助语言或知识＋语言叙述相对容易传递的内容。

针对叙述事件，儿童通过调用头脑中的已有图式要素并辅以手势指示的行为进行表述（目的），使受话人对该故事/事件产生共鸣

（超级目的）。由于受话人是同伴和教师，他们可以对儿童所叙述的故事/事件产生共鸣，作为叙述者的儿童便会受到鼓舞，调用头脑中相关事件图式并通过手势指示的方式对该事件详细阐述。

对于人物时地背景，儿童在涉及平时很少去的地方时会在调用已有图式要素的基础上借助手势模仿该地点的自然状况帮助受话人进行猜测与理解，从而叙述背景信息（目的），以便帮助受话人准确理解，为接下来的叙述做铺垫（超级目的）。

在引述或模仿时，儿童会调用已有图式要素（关于他人个性、特点等知识）（目的），使所叙述的故事/事件生动可信（超级目的）。

对于叙述观点，儿童会借助手势指示表达所叙述故事/事件中人物的命题态度，传递叙述观点（目的），以便将抽象概念具体化，突出人物性格及故事/事件的主题基调（超级目的）。总结原因，对于儿童而言，人物的命题态度较难传递尤其是对象为同伴，儿童的抽象表达能力还不完善，而作为受话人的同伴也不具有较好理解故事/事件中人物命题态度的能力。因此儿童只好再借助手势表示故事/事件中人物所持有的命题态度。如，儿童在叙述老爷爷的命题态度："老爷爷心想，快点把竹子支起来吧。"并通过做心形的手势表示老爷爷此刻的命题态度。

受话人在解读儿童借助语言＋行为所传递的目的和超级目的时，可通过显性取效和探试取效过程考察可预料效果和探试效果。由此，受话人需要激活头脑中的行为图式并调用相关认知策略（精细化策略、组织策略、理解—控制策略、情感策略）及语言编码来源要素体现的话语形式，基于叙述语境建构认知假设（语境共享假设、无标记假设），以便识解儿童的叙述目的和超级目的，完成知识共享与合作。

（八）师生、同伴互动情境下儿童的知识＋语言＋行为语用指标分析

1. 会话能力

研究发现，皮尔逊卡方值是 20439.000，$p = 0.000$，表示会话阶

段对在师生、同伴互动情境下儿童调用知识+语言+行为的数量存在显著影响。

具体而言，儿童在师生、同伴互动情境下会在调用知识和语言的同时通过行为传递交际目的和超级目的，这主要体现在会话发起和会话维持阶段，而在会话修补及会话修补回应阶段调用知识+语言+行为的情况较少。在会话发起阶段，儿童往往基于社会互动环境，借助陈述性知识或社会规约性知识，通过位置移动的方式传递交际目的和超级目的。儿童在对同伴及教师发起会话时，会移向受话人并在考虑社会互动环境基础上，将社会规约性知识或陈述性知识再现出来，以便发起会话（目的），希望得到受话人的回复，使会话或游戏持续下去（超级目的）。可见，幼儿园对于儿童社会规约性知识以及陈述性知识的掌握起到熏陶渐染作用，儿童在充满礼仪文明的环境下具有较强的自律性及对客观性知识学习或调用的热情，因此在会话发起时通过对社会规约性知识或陈述性知识的调用以及走到受话人面前讲话表示对他人的尊重。在会话维持阶段，儿童在考虑交际需求或社会互动环境基础上，运用想象性知识或调用头脑中已有图式，并辅以手势指示或向受话人展示物品或借助面部表情来维持会话（目的）和为游戏或会话的深入做好准备（超级目的）。这说明儿童在会话维持阶段，鉴于游戏的特殊需求会考虑社会互动环境或受话人的交际需求，通过游戏激发想象力，使其充分调用已有图式发挥想象性知识的作用。此外，儿童还需借助手势指示或向受话人展示物品的行为动作使想象性知识具体化，以便使受话人对儿童的目的和超级目的迎刃而解。同时，儿童微笑、喜悦等面部表情表示与受话人的友好关系以及对想象性知识成功调用的欣喜若狂。在会话修补阶段，儿童偶尔会在交际需求的驱使下调用社会规约性知识并通过手势指示或位置移动的行为方式请求他人对会话进行修补（目的），使会话或游戏顺利维持下去（超级目的）。当儿童未能听懂他人话语时，会遵循社会规约方式请求他人对话语进行修补，这也是交际的需要。此外，儿童会通过位置移动的方式走到受话人身边

第四章　学龄前儿童语用发展取效行为研究的设计与分析　217

引起他们的注意，使其对会话进行修补。当儿童未能理解他人涉及与物体有关的话语时，会借助手势指示该物体的行为方式使受话人对此进行修复。在会话修补回应阶段，儿童偶尔会在考虑对方交际需求或社会互动环境或已有图式或认知环境要素的基础上调用程序性知识，通过手势指示或向受话人展示物品的方式回应会话修补请求（目的），使受话人清楚明白所进行的会话修补回应，旨在可以持续会话或游戏（超级目的）。由于儿童要维持与同伴或教师的关系，所以会考虑他人的交际需求或社会互动环境，激活相关的认知语境假设提取适宜的图式并形成程序性知识，以便帮助他们完成会话修补回应任务。进一步讲，手势指示以及向受话人展示物品的行为还会帮助儿童将抽象的会话修补回应话语具体化，辅助受话人进行理解（见表 4-27、图 4-22）。

表 4-27　师生、同伴互动情境下儿童会话阶段调用知识 + 语言 + 行为语用指标对应表①

调用知识 + 语言 + 行为语用指标	会话发起	会话维持	会话修补	会话修补回应	共计
社会 + 需求 + 位置	0	0	49	0	49
社会 + 需求 + 手势	0	0	53	0	53
社会 + 互动 + 位置	1298	0	0	0	1298
想象 + 需求 + 展示	0	1378	0	0	1378
想象 + 互动 + 表情	0	1364	0	0	1364
想象 + 图式 + 手势	0	1369	0	0	1369

① 注：囿于篇幅，我们用缩略词代表所调用的语用指标，下同。社会：社会规约性知识；需求：交际需求；位置：位置移动；手势：手势指示；想象：想象性知识；互动：社会互动环境；展示：向受话人展示物品；表情：面部表情；图式：已有图式；陈述：陈述性知识；心智：心智状态；点头：点头赞同；程序：程序性知识；认知：认知环境；摇头：摇头拒绝；背景：交际背景；命题：命题态度；模仿：模仿（行为动作的模仿记忆）。

续表

调用知识+语言+行为语用指标	会话阶段				共计
	会话发起	会话维持	会话修补	会话修补回应	
陈述+心智+点头	2	0	0	0	2
陈述+互动+位置	1169	0	0	0	1169
程序+需求+展示	0	0	0	12	12
程序+需求+手势	0	0	0	16	16
程序+互动+展示	0	0	0	15	15
程序+互动+手势	0	0	0	17	17
程序+认知+展示	0	0	0	20	20
程序+认知+手势	0	0	0	19	19
程序+图式+展示	0	0	0	16	16
程序+图式+手势	0	0	0	16	16
共计	2469	4111	102	131	6813

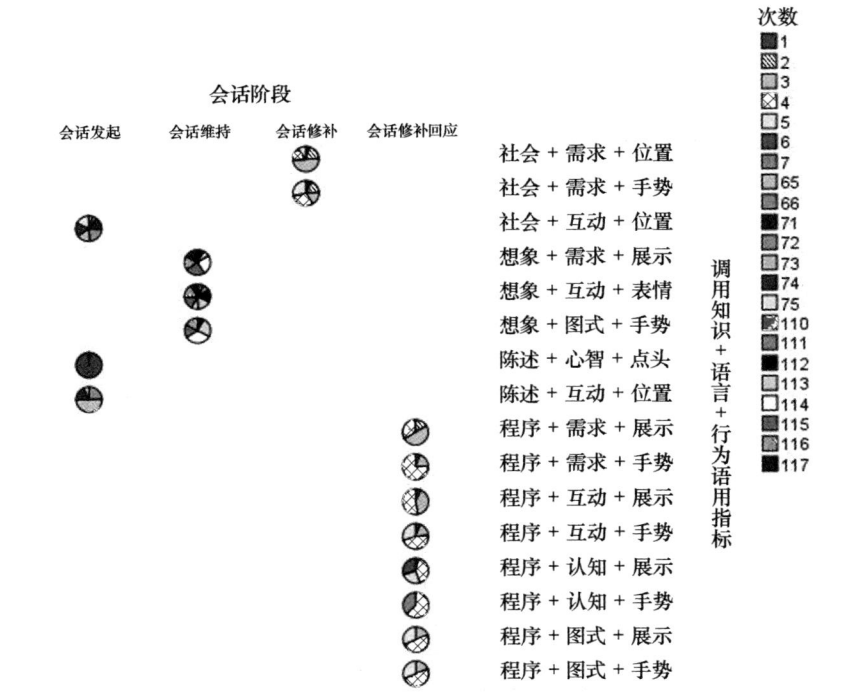

图4-22 师生、同伴互动情境下儿童会话阶段调用知识+语言+行为语用指标饼状图

受话人对儿童借助知识+语言+行为传递交际目的和超级目的的情况需要以话语形式、语言编码来源要素所传递的可预料效果为出发点，在显性取效过程中感知并理解儿童通过行为动作在受动取效过程中所传递的探试效果以及知识在隐性取效过程中所传递的不可预料效果，结合交际情境及相关行为图式调用相应知识的推导方式在认知策略（精细化策略、组织策略、理解—控制策略、情感策略）指导下形成认知假设（语境共享假设、原型行为假设、无标记假设），将不可预料效果和探试效果变成可预料效果，从而寻求儿童交际目的和超级目的的具体操作流程。

2. 语篇能力

在师生、同伴互动情境下，儿童在语篇叙述时，有时还会通过调用知识+语言+行为完成叙述任务。皮尔逊卡方值为 10739.162，$p=0.000$，提示语篇叙述维度对儿童调用知识+语言+行为的数量存在显著制约关系。

针对叙述事件，少数情况下儿童在结合交际背景基础上通过调用想象性知识或已有图式并辅以模仿行为或手势指示阐释事件（目的），以吸引受话人（超级目的）。由于儿童的倾听者是同伴和教师，儿童会为他们讲述最精彩的故事/事件，所以儿童会调用头脑中的已有图式提取与叙述背景相关的想象性知识，并通过模仿或手势指示的方式阐释事件，旨在吸引倾听者的注意。

就人物时地背景而言，多数情况下儿童在进行真实事件陈述时会调用已有图式及陈述性知识并通过模仿行为传递背景信息（目的），以便帮助受话人准确掌握背景信息，为接下来所发生的事件进行铺垫（超级目的）。

对于引述或模仿，少数情况下儿童会在结合交际背景基础上通过行为动作模仿的方式表达陈述性知识。儿童所叙述的故事/事件往往具有某一特定主题，因此需要调用交际背景并通过陈述性知识直接或间接引用并模仿故事/事件中某一角色人物的话语和行为（目的），以便使引语内容真实可信（超级目的）。

在结束语阶段，儿童偶尔会考虑到认知环境要素，通过调用程序性知识并辅以面部表情的方式告知受话人叙述内容的结束（目的），并期待受话人的积极反馈（超级目的）。在师生、同伴互动情境下，少数儿童可以借助认知环境要素中的词语信息和逻辑信息及程序性知识中的认知策略，有意识地把握语篇进程，使语篇自然终结。

在回答主试问题阶段，极少数情况下儿童会考虑认知环境要素并通过调用四种知识语用指标，辅以位置移动的行为方式传递叙述目的和超级目的。极少数儿童会根据具体问题结合认知环境要素调用不同的知识，并通过位置移动走向受话人表示愿意配合受话人进行问题回复（目的），旨在使受话人全面理解其所叙述的内容并澄清受话人的疑惑（超级目的）。

关于叙述观点，少数情况下儿童会结合交际背景或命题态度或提取头脑中的已有图式并借助相关想象性知识，通过模仿的行为方式叙述故事/事件中人物的感受和观点（目的），以凸显人物性格，深化故事/事件主题（超级目的）。少数儿童为了向受话人表达故事/事件中人物或自我的感受和观点或命题态度等抽象概念，会借助想象性知识并调用相关交际背景或已有图式通过模仿行为将其具体化。

就叙述顺序而言，少数情况下儿童会在考虑认知环境要素基础上调用程序性知识并通过面部表情的提示表达故事/事件的时间或逻辑顺序（目的），使所叙述的内容符合常理（超级目的）。可见，少数儿童在师生、同伴互动情境下，可以在放松状态下基于所叙述故事/事件的词语信息、逻辑信息以及常识信息，通过有意识地调用认知策略熟练使用程序性知识，根据面部表情的提示使受话人了解所叙述语篇的进程。

对于儿童在叙述语篇过程中通过调用知识＋语言＋行为的方式传递的目的和超级目的，受话人可借助语言编码来源要素在显性取效过程中所传递的可预料效果，将知识在隐性取效过程中所传递的不可预料效果以及行为在受动取效过程中所产生的探试效果转变为可预料效果。这种转变过程离不开对叙述语境的把握，对认知假设（语境共享假设、无标记假设）的建构，对认知策略（精细化策略、组织策略、理解—控制策略、情感策略）、行为图式的调用以及对相应知识的识别与解读（见表4-28、图4-23）。

表4-28　师生、同伴互动情境下儿童语篇叙述中调用
知识+语言+行为语用指标对应表

调用知识+语言+行为语用指标	语篇叙述维度							共计
	叙述事件	人物时地背景	引述或模仿	结束语	回答主试问题	叙述观点	叙述顺序	
社会+认知+位置	0	0	0	0	1	0	0	1
想象+背景+模仿	10	0	0	0	0	5	0	15
想象+背景+手势	9	0	0	0	0	0	0	9
想象+命题+模仿	0	0	0	0	0	6	0	6
想象+认知+位置	0	0	0	0	1	0	0	1
想象+图式+模仿	10	6	0	0	0	5	0	21
想象+图式+手势	9	0	0	0	0	0	0	9
陈述+背景+模仿	0	0	16	0	0	0	0	16
陈述+认知+位置	0	0	0	0	2	0	0	2
陈述+图式+模仿	0	2331	0	0	0	0	0	2331
程序+认知+位置	0	0	0	0	2	0	0	2
程序+认知+表情	0	0	0	12	0	0	30	42
共计	38	2337	16	12	6	16	30	2455

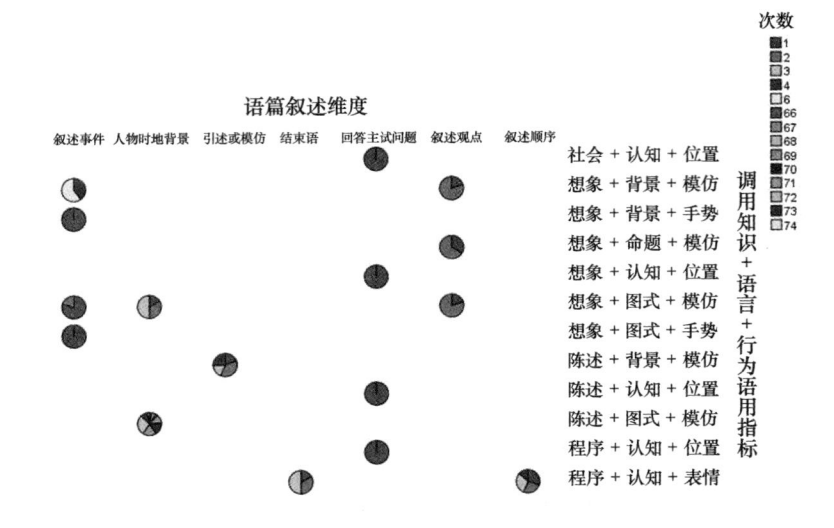

图 4-23 师生、同伴互动情境下儿童语篇叙述中调用
知识+语言+行为语用指标饼状图

三 陌生互动情境下儿童语用指标分析

在陌生互动情境下对儿童在会话阶段、语篇阶段调用知识、语言、行为及其交互关系情况进行考察及量化分析。

(一) 陌生互动情境下儿童语用指标整体分析

1. 会话能力

针对陌生互动情境下儿童在会话阶段调用知识、语言、行为及其交互关系情况,采用卡方独立性检验和对应分析法对其进行量化分析。表 4-29 是 4×7 的交叉表,该表可获得行列维度最小值减 1 的维度,第一维度 Dim 1 解释了列联表的 98.5%,第二维度 Dim 2 解释了列联表的 1.3%,即上述两个维度足以解释数据的 99.8%。此外,表 4-30 提示皮尔逊卡方值是 3571.211, p = 0.000,这表明不同会话阶段对陌生互动情境下儿童调用知识、语言和行为及其交互关系的数量具有极其显著的影响。

表4-29　　陌生互动情境下儿童会话阶段调用语用指标摘要表

Summary

Dimension	Singular Value	Inertia	Chi Square	Sig.	Proportion of Inertia		Confidence Singular Value	
					Accounted for	Cumulative	Standard Deviation	Correlation 2
1	.752	.565			.985	.985	.008	-.009
2	.086	.007			.013	.998	.013	
3	.038	.001			.002	1.000		
共计		.574	3571.211	.000[a]	1.000	1.000		

a. 18 degrees of freedom.

表4-30　　陌生互动情境下儿童会话阶段调用语用指标卡方测试表

Chi-Square Tests

	Value	df	Asymp. Sig. (2-sided)
Pearson Chi-Square	3571.211[a]	18	.000
Likelihood Ratio	3782.588	18	.000
Linear-by-Linear Association	165.237	1	.000
N of Valid Cases	6221		

a. 0 cells (0.0%) have expected count less than 5. The minimum expected count is 17.52.

　　进一步讲，在陌生互动情境下儿童在会话发起（1161次）、会话维持（1353次）和会话修补回应（1057次）中主要借助语言并伴随行为发起、维持会话并回应修补请求（目的）。在会话修补阶段，儿童主要通过行为（847次）发出修补请求（目的）。在上述四个会话阶段，儿童均传递出渴望与受话人建立和谐交际关系的超级目的。此外，研究发现，儿童在陌生互动情境下发起修补请求的次数相对较多。分析原因这可能与儿童和研究者的关系较为生疏有关。虽然研究者在研究准备阶段已与儿童通过热身游戏方式进入自然交流状态。但是同时发现，儿童在发起和维持会话时主动性较差，主要通过语言并辅以行为表达交际目的和超级目的。在会话修补回应阶段，儿童仍通过语言+行为的方式进行修补回应，而行为是心理发展的组织者（Bertenthal, Campos & Barrett, 1984: 175 – 210），这样儿童可发挥行为辅助思维的作用，使受话人（研究者）直观对其话语进行解读。在会话修补阶段，如果儿童对研究者的话语未能理解或没有听清楚，往往通过注视研究者这一面部表情或摇头拒绝的行为方式请求重复（见表 4 – 31、图 4 – 24）。

表 4 – 31　　陌生互动情境下儿童会话阶段调用语用指标对应表

会话阶段	调用语用指标							共计
	知识	语言	行为	知识+语言	知识+行为	语言+行为	知识+语言+行为	
会话发起	82	84	63	60	62	1161	35	1547
会话维持	37	46	90	40	62	1353	49	1677
会话修补	33	516	847	42	48	53	58	1597
会话修补回应	36	55	91	50	51	1057	60	1400
共计	188	701	1091	192	223	3624	202	6221

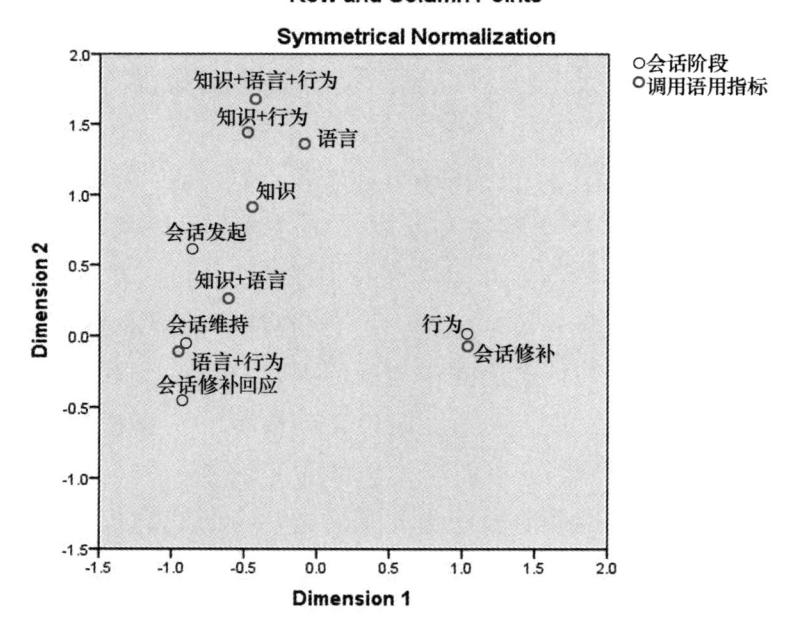

图 4 – 24　　陌生互动情境下儿童会话阶段调用语用指标对应的正规化图

受话人在理解儿童借助语言并辅以行为或借助行为所传递的交际目的和超级目的时，可借助话语形式所传递的可预料效果以及行为所传递的探试效果通过语言编码来源要素和头脑中的行为图式形成认知假设（无标记假设、语境共享假设），并结合现实语境在认知策略（精细化策略、组织策略、理解—控制策略、情感策略）指导下解读儿童的目的和超级目的。

2. 语篇能力

在陌生互动情境下对儿童的语篇能力进行考察，皮尔逊卡方值为 10126.620，$p = 0.000$，说明语篇叙述维度对陌生互动情境下儿童调用知识、语言、行为及其交互关系的数量存在显著影响。

表 4-32　陌生互动情境下儿童语篇叙述中调用语用指标卡方测试表

Chi-Square Tests

	Value	df	Asymp. Sig. (2-sided)
Pearson Chi-Square	10126.620[a]	36	.000
Likelihood Ratio	8476.981	36	.000
Linear-by-Linear Association	721.902	1	.000
N of Valid Cases	6181		

a. 0 cells (.0%) have expected count less than 5. The minimum expected count is 8.88.

调查发现，儿童针对叙述事件主要通过语言及调用相关知识并辅以行为的方式（837 次）向受话人传递所发生的故事/事件（目的），以及为接下来叙述的进行做进一步铺垫（超级目的）。对于人物时地背景，儿童主要借助知识+语言（973 次）表达背景信息（目的）和为接下来情节的展开奠定基础（超级目的）。在引述和模仿层面，儿童主要借助语言+行为的方式（442 次）进行，其目的在于引述并模仿故事/事件中人物的言语和非言语行为，超级目的是使该人物角色活灵活现，以便帮助受话人对该人物角色进行正确把握。就结束语而言，儿童主要借助行为（486 次）表示叙述终止

（目的），以及使受话人进一步指示（超级目的）。在回答主试（研究者）问题时，儿童主要借助语言＋行为（459次）对该问题予以回复，体现其配合研究者并进行适宜回复（目的），以及使回复更直观化便于受话人理解（超级目的）。关于叙述观点，儿童主要通过语言（173次）传递所叙述故事/事件中人物或自我的情感、意图或状态等心理活动（目的）以及通过人物所思所想，突出该人物的情感或品质、故事/事件的中心思想以及儿童的个人价值取向（超级目的）。有关叙述顺序，儿童则调用语言并借助知识的方式（949次）表达所叙述故事/事件的时间或逻辑顺序（目的），使受话人把握故事/事件的发展脉络（超级目的）（见表4－33、图4－25）。由此可知，在陌生互动情境下，儿童在讲述故事或叙述事件时可以将自身置于所讲述或叙述的情境中，较好发挥其应有的叙述水平，体现其应有的语篇能力。然而当回答主试即研究者的问题时，可能仍会与研究者存在距离感，以至表现略显拘谨，因此会借助行为的辅助作用回答问题。

对于受话人而言，需要解读儿童借助语言所传递的叙述目的和超级目的。语言具有可预料效果，受话人可在话语形式所产生的显性取效过程中结合语言编码来源要素构成认知假设（原型行为假设、无标记假设、语境共享假设），从而推导儿童通过语言所表达的叙述目的和超级目的。对于儿童借助行为所传递的叙述目的和超级目的，受话人需要观察儿童的行为所传递的探试效果，并在受动取效过程中借助认知策略（情感策略）、头脑中已有的行为图式在叙述语境的帮助下形成认知假设（语境共享假设），从而解读儿童借助行为所传递的叙述目的和超级目的。对于儿童借助语言＋行为所传递的叙述目的和超级目的，需要受话人在显性取效过程中根据话语形式的可预料效果对儿童行为的探试效果在受动取效过程中进行解码，因此可结合叙述语境并根据语言编码来源要素以及头脑中的行为图式形成认知假设（原型行为假设、无标记假设、语境共享假设），在认知策略（精细化策略、组织策略、理解—控制策略、情感策略）的指导下解读儿童借助语言+行为所传递的叙述目的和超级目的。此外，儿童还会调用知识+语言传递叙述目的和超级目的，由此受话人在话语形式所带来的可预料效果的显性取效过程中解码知识在隐性取效过程中所具有的不可预料效果，并根据语言编码来源要素及知识的具体类型寻找相应解码方式，参考叙述语境构成认知假设（原型行为假设、无标记假设、语境共享假设），从而解读儿童的叙述目的和超级目的。针对儿童调用知识+语言+行为传递叙述目的和超级目的的情况，受话人可在话语形式的可预料效果以及显性取效过程的辅助下，解读儿童所调用的知识在隐性取效过程中所传递的不可预料效果及其行为在受动取效过程中所传递的探试效果。此外，通过语境的辅助作用提取语言编码来源要素以及已有行为图式，定位知识类型，在认知策略（精细化策略、组织策略、理解—控制策略、情感策略）的指导下形成认知假设（原型行为假设、无标记假设、语境共享假设）并解码知识类型，从而解读其借助知识+语言+行为所传递的叙述目的和超级目的。

表4-33　　陌生互动情境下儿童语篇叙述中调用语用指标对应表

语篇叙述维度	调用语用指标							共计
	知识	语言	行为	知识+语言	知识+行为	语言+行为	知识+语言+行为	
叙述事件	55	100	33	53	53	54	837	1185
人物时地背景	43	108	26	973	56	88	23	1317
引述或模仿	2	68	0	68	0	442	0	580
结束语	33	78	486	76	74	112	151	1010
回答主试问题	53	129	16	36	34	459	19	746
叙述观点	34	173	0	46	0	0	0	253
叙述顺序	55	86	0	949	0	0	0	1090
共计	275	742	561	2201	217	1155	1030	6181

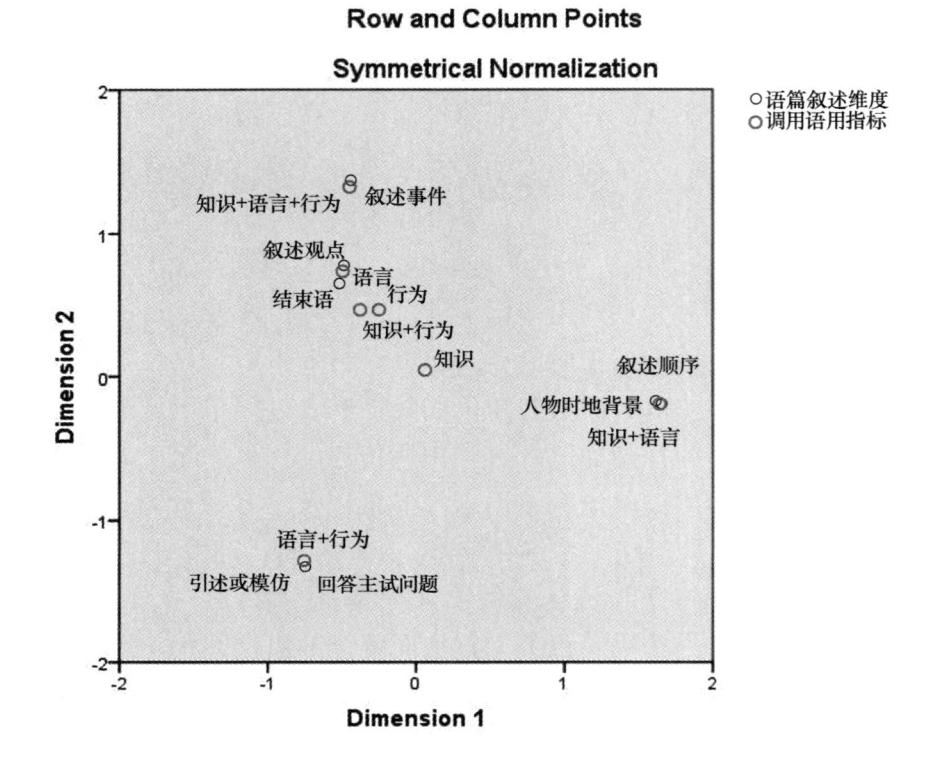

图 4 - 25　陌生互动情境下儿童语篇叙述中调用语用指标对应的正规化图

(二) 陌生互动情境下儿童的知识语用指标分析

1. 会话能力

在陌生互动情境下，儿童在与研究者进行会话互动时会调用知识完成会话任务，但是调用知识的数量较少。此外，皮尔逊卡方值为 492.616，p = 0.000，表示会话阶段对陌生互动情境下儿童调用知识的数量具有显著影响。

表 4 - 34、图 4 - 26 表示，在会话发起阶段儿童偶尔会调用想象性知识发起会话，这可能是儿童与研究者缺少共享知识。此外，儿童认知能力有限，难以以现实作为切入点确定会话发起主题，而需要通过虚拟现实的想象性知识话语发起会话（目的），

以便与研究者建立良好的人际交往关系（超级目的）。在会话维持阶段，少数情况下儿童会借助陈述性知识维持会话，通过事实性知识回复受话人针对客体属性、根由等方面的提问。可见，在会话维持阶段，少数儿童通过事实性知识回复受话人（目的），帮助会话得以维持下去（超级目的）。在会话修补阶段，少数情况下儿童会借助与社团成员共享的社会规约性知识请求研究者对话语进行重复（目的），旨在通过调节自我概念的一致性及认知体验实现和谐的人际交往关系并使话轮交替下去（超级目的）（冉永平、刘平，2015：1）。在会话修补回应阶段，少数情况下儿童会借助程序性知识回应研究者发起的修补请求（目的）以保持会话持续进行（超级目的）。由此可知，此情境下的少数儿童具有社会性认知能力和社会化情感，通过研究者的帮助在头脑中搜索产生式知识及相关条件，以便回应研究者关于程序性知识的会话修补问题。

受话人需结合儿童调用的具体知识类型对现实语境加以考察，并结合每种知识类型的解码方式在隐性取效过程中将不可预料效果转变为可预料效果。

表4-34　陌生互动情境下儿童会话阶段调用知识语用指标对应表

会话阶段	社会规约性知识	想象性知识	陈述性知识	程序性知识	共计
会话发起	5	68	4	5	82
会话维持	4	7	24	2	37
会话修补	21	4	5	3	33
会话修补回应	6	5	3	22	36
共计	36	84	36	32	188

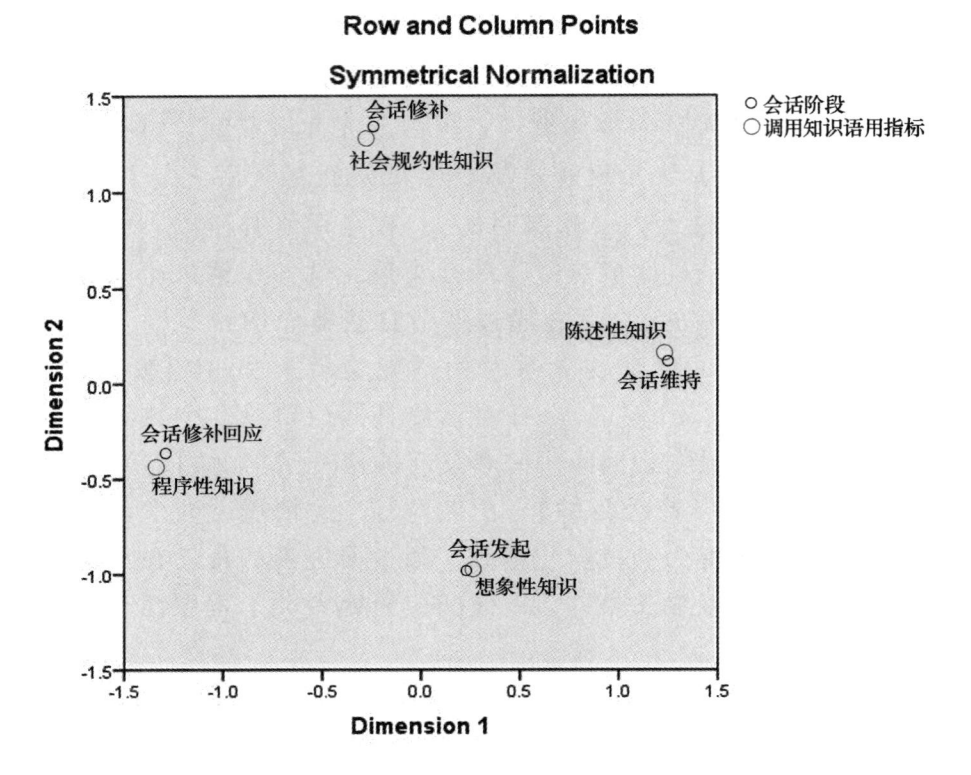

图4-26　陌生互动情境下儿童会话阶段调用知识语用指标对应的正规化图

2. 语篇能力

在陌生互动情境下，儿童在叙述语篇时仅调用知识传递叙述目的和超级目的的情况虽不多见，但有所涉及。皮尔逊卡方值为362.192，p=0.000，说明语篇叙述维度对陌生互动情境下儿童调用知识的数量存在显著制约关系。

儿童只有在涉及叙述顺序时偶尔会使用程序性知识。在陌生互动情境下儿童通过时间和因果关系向受话人传递条理清晰的叙述事件（目的），旨在吸引陌生人关注其所叙述的语篇（超级目的）。此外，回答受话人提问也是需要儿童调用程序性知识表征信息之环节，然而儿童却通过调用想象性知识予以回应（目的）。这可能是儿童在回答陌生人提问时倍感紧张所致，因此需要通过调用想象性知识对此进行回应以消除紧张感（超级目的）。同时还发现，儿童偶尔会使用社会规约性知识表达叙述任务的完成（目的），并希望得到研究者的反馈（超级目的）。这说明，少数儿童在与陌生人沟通时会展现出其遵守社会规约的品行，这也是儿童已掌握社会性行为的标志。而儿童在其他四种语篇叙述维度中均有使用陈述性知识和想象性知识。分析原因认为，儿童对研究者还是会有一定程度的陌生感，因此他们在叙述语篇时会基于记忆中的意象提取陈述性知识，并对头脑中已有的陈述性知识进行加工、改造成想象性知识，从而表达叙述目的（叙述事件：阐释事件；人物时地背景：交代背景信息；引述或模仿：引述或模仿人物话语或行为；叙述观点：表达人物或自我的意向或感受）和超级目的（在减少自我拘谨感的基础上传递如下超级目的：叙述事件：使所叙述的故事/事件情节丰富；人物时地背景：为研究者呈现故事/事件主题基调；引述或模仿：使所叙述的故事/事件自然过渡；叙述观点：体现儿童心理状态的意向性，指向儿童的意识与某物之间的关系）（见表4-35、图4-27）。

受话人可结合叙述语境，定位儿童所使用的知识类型与解读方式，在隐性取效过程中解码儿童调用知识的不可预料效果。

表4-35　陌生互动情境下儿童语篇叙述中调用知识语用指标对应表

语篇叙述维度	社会规约性知识	想象性知识	陈述性知识	程序性知识	共计
叙述事件	7	24	18	6	55
人物时地背景	1	21	19	2	43
引述或模仿	0	1	1	0	2
结束语	28	2	1	2	33
回答主试问题	2	46	3	2	53
叙述观点	1	16	15	2	34
叙述顺序	1	2	3	49	55
共计	40	112	60	63	275

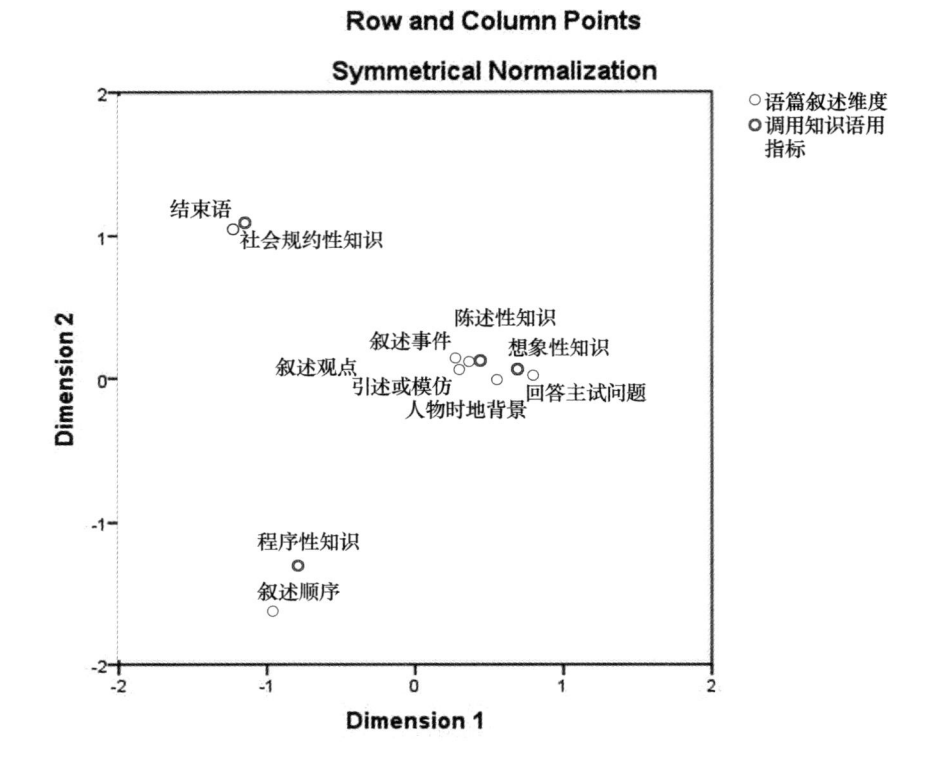

图4-27　陌生互动情境下儿童语篇叙述中调用知识语用指标对应的正规化图

（三）陌生互动情境下儿童的语言语用指标分析

1. 会话能力

在陌生互动情境下儿童也会借助语言完成会话任务。调查发现，皮尔逊卡方值为99.453，p = 0.000，说明会话阶段对陌生互动情境下儿童调用语言的数量具有显著制约关系。

表4-36、图4-28显示，儿童在整个会话阶段偶尔会考虑社会互动环境或调用交际背景或已有图式表达交际目的和超级目的。由于儿童与陌生人交际时缺少共有的信息成分，需要依靠社会互动环境或交际背景或已有图式获取语境的最大关联（目的），使会话成为明示的交际行为（超级目的）。而儿童只有在会话修补阶段才会较多关注交际需求。鉴于对陌生人的会话存在理解困难，儿童不得不通

过提出修补请求的方式使陌生人重复或解释所说话语（目的），旨在希望会话可以维持下去（超级目的）。在会话修补回应阶段，儿童在受话人发起修补请求后，极少数情况下会关注到他人的心智状态或表达自我的命题态度。心智状态属于心理语境中的关联成分，是一种大脑状态；对于儿童而言则是抽象的概念，儿童难以把握，更何况需要其识别陌生人的心智状态，所以可谓难乎其难。此外，对于陌生的受话人儿童不会轻易表达命题态度，因为命题态度属于一种心理状态，在陌生人面前儿童难以将自我心理状态予以外显。所以，儿童在会话修补回应阶段在受话人的提示下偶尔会使用心智状态或命题态度表达对他人心智状态的识别情况及建构话语的命题态度（目的），以便配合受话人完成交际任务（超级目的）。而儿童在整个会话阶段调用认知环境要素的情况较少，这可能与儿童在陌生人面前较为紧张且彼此缺少共知信息有关，因此儿童难以借助认知环境要素进行信息加工，为受话人提供明示信息以及推导受话人的语义表征并进行语境假设。

受话人需结合话语形式、语言编码来源要素在显性取效过程中形成认知假设（原型行为假设、无标记假设、语境共享假设），识别儿童借助语言所传递的可预料效果并解读其交际目的和超级目的。

表4-36　陌生互动情境下儿童会话阶段调用语言语用指标对应表

会话阶段	交际需求	心智状态	社会互动环境	交际背景	命题态度	认知环境	已有图式	共计
会话发起	2	2	24	24	2	3	27	84
会话维持	2	3	11	13	1	3	13	46
会话修补	75	12	135	132	8	12	142	516
会话修补回应	4	9	10	8	10	4	10	55
共计	83	26	180	177	21	22	192	701

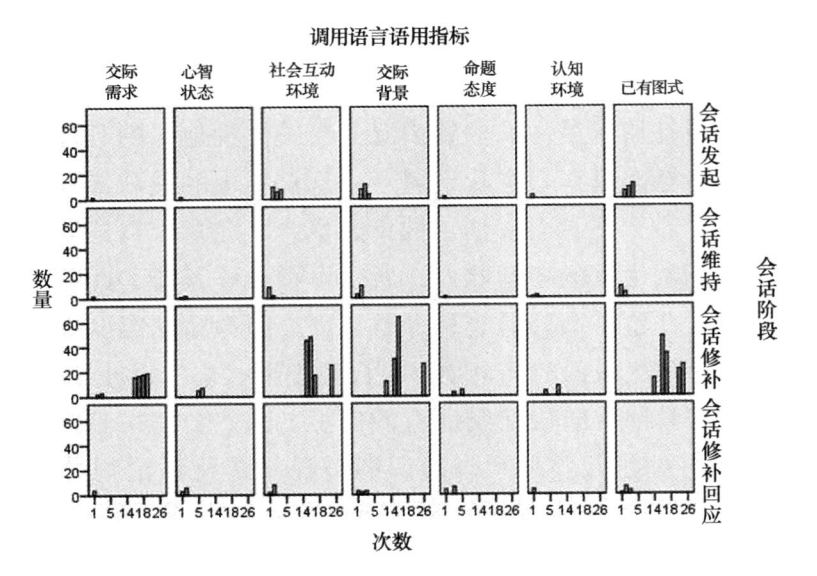

图 4-28　陌生互动情境下儿童会话阶段调用语言语用指标条形图

2. 语篇能力

对儿童在陌生互动情境下调用语言传递叙述目的和超级目的的情况进行分析，皮尔逊卡方值为 400.205，p=0.000，说明语篇叙述维度对陌生互动情境下儿童调用语言的数量存在显著影响。

如表 4-37、图 4-29 所示，在陌生互动情境下，儿童在叙述语篇过程中（除叙述观点这一语篇叙述维度之外）会以交际背景为主线沉浸在某一主题的语篇叙述中，以降低紧张程度和陌生人焦虑度（stranger anxiety）。除此之外，投入语篇叙述中的儿童可利用认知环境要素调用词语信息、逻辑信息及常识信息或提取已有图式整合叙述信息，将叙述目的（叙述事件：将与语篇主题相关的事件予以陈述；人物时地背景：交代语篇背景信息为叙述做铺垫；引述或模仿：引述或模仿人物话语；回答主试问题：回答受话人提问；结束语：明确叙述的结束；叙述顺序：呈现语篇时间和因果关系）和超级目的（叙述事件：通过一系列相关事件构建语篇内容；人物时地背景：确定语篇"情境性"；引述或模仿：使语篇内容丰富、生动；回答主试问题：与受话人保持和谐的人际交往；结束语：表示语篇完整性并期待受话人总结与评论；叙述顺序：使叙述情节环环相扣且层次清晰）进行凸显。然而，儿童在进行观点叙述时多数情况仅调用认知环境要素，通过词语信息、逻辑信息及常识信息表达故事中人物或自我的感受和观点（目的），以使受话人与儿童在情感或观点上产生共鸣（超级目的）。此外，儿童在回答主试问题时偶尔还会考虑社会互动环境或交际需求或受话人的心智状态，说明儿童需要在他人启发下从叙述语境中重回现实，并基于社会互动环境或以问题为导向解读受话人的交际需求或心智状态（目的），为成功完成交际而努力（超级目的）。此外，儿童在故事/事件叙述中较少调用命题态度要素，尤其是叙述观点时调用得极少。这主要体现在使用表达他人内在情感、认知或生理状态及意图的词语时，极少会调用命题态度表达他人感受以及儿童对世界的总体表征方式，分析原因可能是儿童羞于在陌生人面前表达其真实想法。

受话人可针对话语形式、语言编码来源要素所产生的可预料效果在显性取效过程中确定认知假设（原型行为假设、无标记假设、语境共享假设），以解读儿童调用语言的目的和超级目的。

表4-37　陌生互动情境下儿童语篇叙述中调用语言语用指标对应表

语篇叙述维度	交际需求	心智状态	社会互动环境	交际背景	命题态度	认知环境	已有图式	共计
叙述事件	2	2	2	30	3	32	29	100
人物时地背景	3	2	3	34	2	34	30	108
引述或模仿	2	3	2	16	4	22	19	68
结束语	2	2	3	24	2	22	23	78
回答主试问题	25	26	27	15	1	20	15	129
叙述观点	2	2	3	6	1	148	11	173
叙述顺序	3	4	2	27	5	24	21	86
共计	39	41	42	152	18	302	148	742

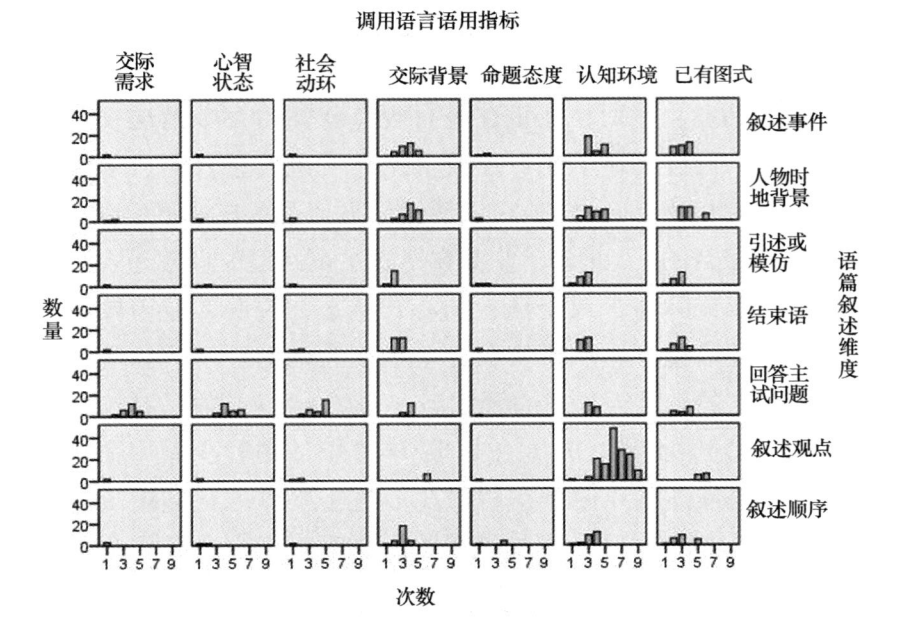

图 4-29　陌生互动情境下儿童语篇叙述中调用语言语用指标条形图

(四) 陌生互动情境下儿童的行为语用指标分析

1. 会话能力

调查显示，在陌生互动情境下，儿童在会话阶段有时会通过行为传递交际目的和超级目的。尤其是在会话修补阶段，多数情况下儿童主要通过行为传递目的和超级目的。进一步讲，皮尔逊卡方值为 691.021，p = 0.000，即会话阶段对陌生互动情境下儿童调用行为的数量具有显著制约关系。

具言之（见表 4-38、图 4-30），儿童在会话发起阶段偶尔会借助面部表情表示希望得到受话人的关注（目的），借此发起会话（超级目的）。如儿童在回答完受话人关于"她心目中未来白马王子的样子"之后，也想就此问题询问受话人。但鉴于与受话人之间的距离感，儿童会通过眼神的期待传递交际目的和超级目的。在会话维持阶段，儿童偶尔通过向受话人展示物品或模仿或点头赞同或摇头拒绝或手势指示的行为方式使受话人便于理解（目的），从而使会话维持下去（超级目的）。如受话人在询问儿童"什么是光盘行动"时，儿童便顺手将正在饮用的水瓶举起（向受话人展示物品）或模仿将水喝光的样子。同时，针对受话人所提出的是非疑问句，如果该句内容超出儿童的认知范围或者儿童羞于回答时，儿童偶尔会通过摇头或点头或手势指示的方式简单表明自己的态度。在会话修补阶段，绝大多数儿童会通过摇头或面部表情发起修补请求（目的），使交际顺利进行（超级目的）。究其原因，儿童与受话人之间具有一定程度的陌生感，当他们对受话人所发起的话语解读困难或具有理解障碍时，往往会通过摇头或传递充满疑惑等面部表情表示希望受话人对此进行重复或予以解释。在会话修补回应阶段，有时儿童也会通过点头赞同或摇头拒绝或模仿或手势指示或向受话人展示物品的行为方式回应受话人的话语（目的），并配合受话人完成会话（超级目的）。这表明，由于儿童对受话人的生疏感，当陌生人对会话修补发出请求时，儿童有时会通过点头或摇头方式进行简单回复，羞于与陌生人进行深入交流。此外，儿童对于受话人所提出的修补请求较难回应时，会借助模仿或手势指示或向受话人展示物品的行为方式辅助回应，使受话人直观获取所需答案。

表4-38 陌生互动情境下儿童会话阶段调用行为语用指标对应表

调用行为语用指标	会话阶段				共计
	会话发起	会话维持	会话修补	会话修补回应	
向受话人展示物品	2	20	5	16	43
给予受话人某物	3	2	5	2	12
位置移动	2	2	6	2	12
手势指示	1	15	6	15	37
点头赞同	3	15	7	19	44
摇头拒绝	2	12	420	15	449

续表

调用行为 语用指标	会话阶段				共计
	会话发起	会话维持	会话修补	会话修补回应	
身体触碰	3	3	9	3	18
模仿	4	19	6	18	47
面部表情	43	2	383	1	429
共计	63	90	847	91	1091

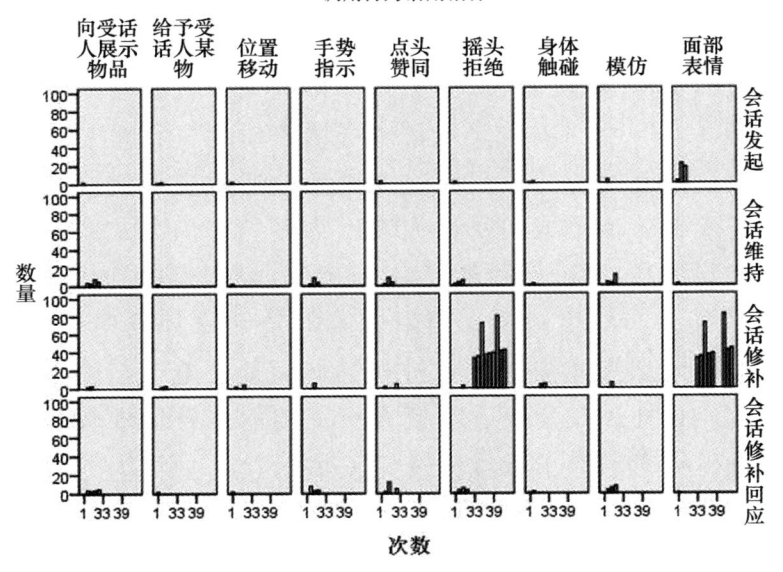

图 4-30　陌生互动情境下儿童会话阶段调用行为语用指标条形图

受话人可结合具体语境和行为所传递的探试效果调用认知策略（精细化策略、组织策略、理解—控制策略、情感策略），提取头脑中已有行为图式形成认知假设（原型行为假设、无标记假设、语境共享假设），在受动取效过程中解读行为的目的和超级目的。

2. 语篇能力

在陌生互动情境下儿童在进行语篇叙述时仅通过调用行为的方式表达叙述目的和超级目的的情况较少。

具体而言，当儿童所叙述的事件是脱离现实的虚拟事件时，偶尔会通过模仿的行为方式表达该事件（目的），使受话人对该事件具体理解（超级目的）。如儿童想表达"摘云朵"这一事件，为了使受话人对该事件及其叙述风格有所了解，通过模仿"摘云朵"的行为方式传递事件。同时，当儿童针对绘本进行事件叙述时，会通过手势指示的方式使所叙述的事件直观化（目的），并使受话人关注其所叙述的事件（超级目的）。

对于人物时地背景，儿童在为受话人讲述绘本时有时会通过手势指示的行为方式使受话人感知到具体的背景信息（目的），为详细的叙述做铺垫（超级目的）。

当叙述结束时，儿童会通过面部表情表示语篇叙述的结束（目的）以及希望受话人进一步指示（超级目的）。这表明，儿童在与陌生人相处时尚不确定他人对其叙述内容和叙述长度是否满意，因此通过面部表情希望受话人进一步指示，以便按照该指示进行下一步任务。

当回答主试问题时，儿童偶尔会通过手势指示的方式进行回复。这可能由于儿童与研究者之间的关系并非亲近因而羞于言语表达，其更愿意通过手势指示这一直观方式回复他人的提问。

在涉及叙述观点、叙述顺序并引述或模仿时，儿童在陌生人面前并无行为动作。这可能是儿童与陌生研究者缺少共知信息且在陌生人面前较为紧张，因此难以将抽象的概念通过行为进行体现。

受话人可在认知策略（精细化策略、组织策略、理解—控制策略、情感策略）指导下调取相关行为图式，结合现实语境形成认知假设（原型行为假设、无标记假设、语境共享假设），从而在受动取效过程中解读儿童行为的探试效果。

（五）陌生互动情境下儿童的知识＋语言语用指标分析

1. 会话能力

陌生互动情境下儿童偶尔在调用知识的同时使用语言完成会话

任务。在陌生互动情境下对儿童使用知识+语言指标的数量进行量化统计，皮尔逊卡方值是521.313，p=0.000，表示不同会话阶段对陌生互动情境下儿童调用知识+语言的数量存在显著制约关系。

结果表明（见表4-39、图4-31），儿童偶尔会基于社会互动环境或交际背景或头脑中的已有图式通过调用想象性知识发起会话。究其原因，儿童在与陌生人相处时，由于可共享的知识、信念和预设较少而略显紧张，这样儿童就会基于社会互动环境或调用交际背景或已有图式发起话语，希望与研究者展开话题（目的），并降低发起会话的紧张度（超级目的）。在会话维持阶段，儿童偶尔会考虑社会互动环境或调取头脑中与话题相关的已有图式或结合交际背景通过陈述性知识使会话维持下去。这说明，一方面，少数儿童为了获得陌生人对其自我概念的较高评价（超级目的），会配合受话人使会话活动顺利进行（目的）。另一方面，受话人为了得到儿童的积极配合，会针对儿童感兴趣的话题发起会话。这样，儿童便通过搜索有关事实或事件的记忆调取陈述性知识以维持会话。就会话修补阶段而言，儿童对陌生人的话语进行迅速解读不是容易之事，因为有时他人的话语并非明示交际的过程，这时鉴于交际需求的考虑，儿童偶尔需要他人对所说的话语进行修补。此外，儿童还会偶尔考虑社会互动环境或交际背景或已有图式，通过使用社会规约性知识希望受话人进行会话修补（目的），并渴望将话轮维持下去（超级目的），而社会规约性知识的调用是儿童社会化过程的有力佐证。在会话修补回应阶段，儿童偶尔会结合具体的社会互动环境或调用交际背景或已有图式，或在考虑受话人心智状态的基础上利用程序性知识表明命题态度。这说明儿童深知陌生人与自己的共同知识较少，只能依靠社会互动环境所提供的语境线索或交际背景所产生的投射意义或调用已有图式来推断陌生人的情感或认知过程，因此会利用产生式和产生式知识详细表达自我心理状态，对受话人提出的会话修补请求进行回应（目的），并通过回应使受话人深入理解并维持会话关系（超级目的）。

表4–39 陌生互动情境下儿童会话阶段调用知识+语言语用指标对应表

调用知识+语言语用指标	会话阶段				共计
	会话发起	会话维持	会话修补	会话修补回应	
社会规约性知识+交际需求	1	0	8	0	9
社会规约性知识+心智状态	1	0	0	0	1
想象性知识+心智状态	1	0	0	0	1
陈述性知识+心智状态	0	0	0	1	1
程序性知识+心智状态	1	0	0	8	9
社会规约性知识+社会互动环境	1	0	9	0	10
想象性知识+社会互动环境	17	0	0	0	17
陈述性知识+社会互动环境	1	15	0	0	16
程序性知识+社会互动环境	1	0	0	11	12
社会规约性知识+交际背景	0	0	13	0	13
想象性知识+交际背景	17	2	0	0	19
陈述性知识+交际背景	0	12	0	0	12
程序性知识+交际背景	0	0	0	12	12
社会规约性知识+命题态度	0	0	0	1	1
程序性知识+命题态度	0	0	0	9	9
社会规约性知识+已有图式	0	0	12	0	12
想象性知识+已有图式	18	0	0	0	18
陈述性知识+已有图式	0	11	0	0	11
程序性知识+已有图式	1	0	0	8	9
共计	60	40	42	50	192

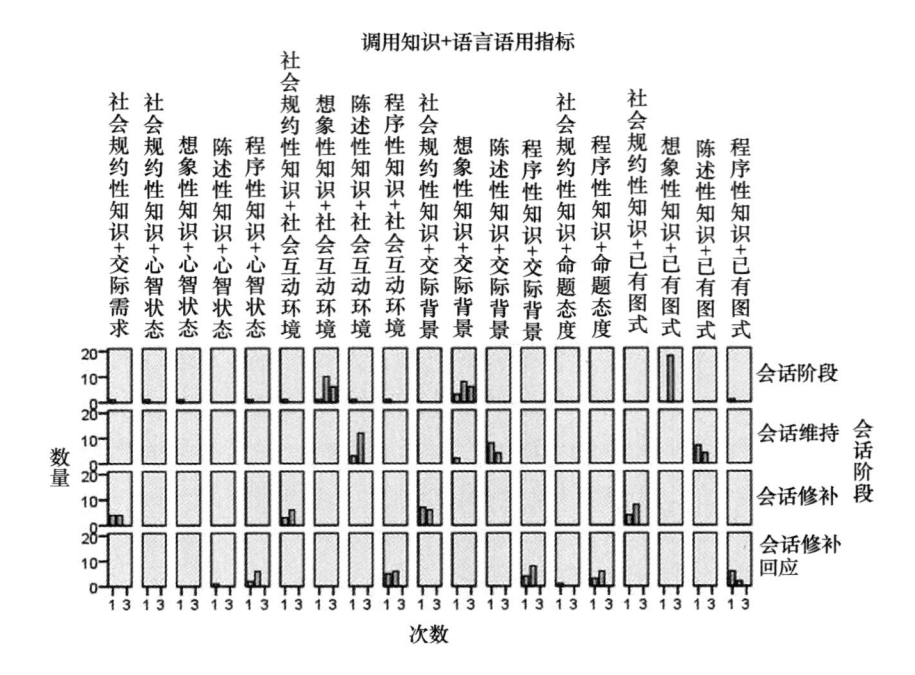

图 4-31　陌生互动情境下儿童会话阶段调用知识+语言语用指标条形图

作为研究者的受话人需根据话语形式、语言编码来源要素以及语言的可预料效果，在显性取效过程中结合现实语境理解儿童所调用的知识在隐性取效过程中所产生的不可预料效果。此外，受话人还要识别知识类别，确定不同类型知识的解码方式并形成认知假设（原型行为假设、语境共享假设、无标记假设），进一步将不可预料效果转变为可预料效果。

2. 语篇能力

在陌生互动情境下，儿童在进行语篇叙述时会在调用知识的同时使用语言表达叙述目的和超级目的。皮尔逊卡方值为 6383.678，p=0.000，表示语篇叙述维度对陌生互动情境下儿童调用知识+语言的数量存在显著制约关系。而在人物时地背景以及顺序的叙述中表现尤为明显，其他语篇叙述维度调用的次数较少（见表 4-40、图 4-32）。

表4-40 陌生互动情境下儿童语篇叙述中调用知识+语言语用指标对应表

调用知识+语言语用指标	叙述事件	人物时地背景	引述或模仿	结束语	回答主试问题	叙述观点	叙述顺序	共计
社会规约性知识+心智状态	1	0	0	0	0	0	0	1
社会规约性知识+交际背景	0	0	0	25	0	0	0	25
想象性知识+交际背景	10	0	14	1	9	4	0	38
陈述性知识+交际背景	11	0	10	0	2	6	0	29
程序性知识+交际背景	0	0	0	0	0	0	60	60
想象性知识+命题态度	0	0	1	0	0	7	0	8
陈述性知识+命题态度	0	0	0	0	0	5	0	5
社会规约性知识+认知环境	0	0	0	26	0	0	0	26
想象性知识+认知环境	8	0	10	0	12	5	0	35
陈述性知识+认知环境	6	83	9	0	0	5	0	103
程序性知识+认知环境	0	0	0	0	0	0	889	889
社会规约性知识+已有图式	0	0	0	24	1	0	0	25
想象性知识+已有图式	11	890	16	0	12	7	0	936
陈述性知识+已有图式	6	0	8	0	0	7	0	21
共计	53	973	68	76	36	46	949	2201

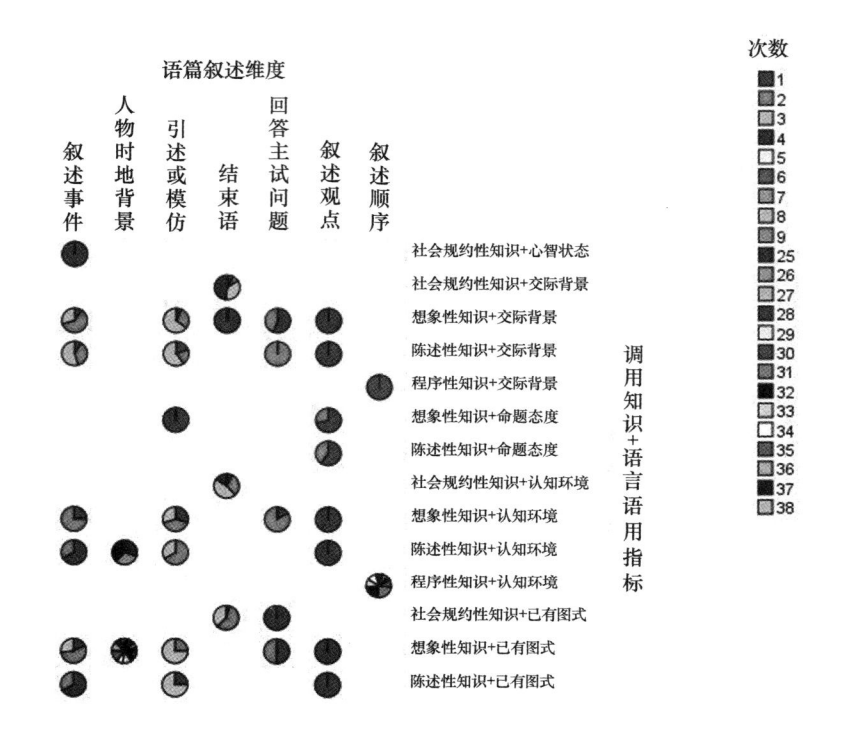

图 4-32　陌生互动情境下儿童语篇叙述中调用知识+语言语用指标饼状图

对于叙述事件、引述或模仿两个语篇叙述维度，儿童偶尔会结合交际背景或认知环境或已有图式要素调用陈述性知识或想象性知识表达叙述目的（叙述事件：将主要故事/事件叙述出来；引述或模仿：转引或模仿他人话语）和超级目的（叙述事件：为故事/事件主题服务，使陌生的受话人认同该事件；引述或模仿：使陌生的受话人信服所述内容）。因为儿童在对陌生人讲述故事/事件，特别是在讲述关键内容时，其紧张感在所难免。儿童通过调用想象性知识或激活长时记忆中与该故事/事件相关的陈述性知识并结合交际背景或认知环境或已有图式要素使自己沉浸于语篇的叙述之中，隔离外在世界。

针对人物时地背景，大多数儿童会通过调用已有图式并借助想象性知识提供背景信息（目的），以便渲染该故事/事件情节（超级目的），消除在陌生人面前讲述时的紧张感。

针对结束语，儿童偶尔会在交际背景或认知语境或已有图式要素的帮助下明确意识到讲述内容已经结束（目的），并通过调用社会规约性知识的方式告知陌生的受话人，以示对陌生人的尊重（超级目的）。

当儿童回答陌生人针对所讲述内容的提问时，偶尔会基于认知环境或头脑中已有图式或在考虑交际背景要素基础上调用想象性知识。对于陌生人所提出的问题，儿童会以礼相待并在认知环境中兼顾语言情境、现实语境、心理语境以及共享知识语境，提取已有图式或交际背景并处理相关刺激信息即陌生人的提问语句，形成定识（assumption）集，[①] 通过使用想象性知识回答陌生人的提问（目的），缓解在陌生人面前的紧张感（超级目的）。

对于叙述观点，儿童偶尔会结合交际背景或利用认知环境或已有图式要素，通过调用陈述性知识或想象性知识传递命题态度。可见，少数情况下儿童在陌生人面前讲述故事/事件时会重新审视物质环境以及根据自我认知能力，在调用已有图式或交际背景要素的过程中将定识在认知环境中显明，并使用陈述性知识或想象性知识表达命题态度（目的），这也是儿童在陌生人面前希冀自我观点产生共鸣的真实写照（超级目的）。

儿童在涉及叙述顺序时往往会结合认知环境要素并调用程序性知识。这也进一步说明，儿童在与自己互有知识交集成分并不多的陌生受话人面前会选择较为详细、符合产生式知识的逻辑形式来叙述故事/事件的顺序，旨在叙述故事/事件的时间或逻辑顺序（目的），使陌生的受话人可以顺利把握故事/事件的发展脉络（超级目的）。

受话人需以语言在显性取效过程中所传递的可预料效果为线索，通过儿童的话语形式及语言编码来源要素解读知识在隐性取效过程

[①] assumption一词被翻译成"定识"，是蒋严在《关联：交际与认知》一书的译者前言中提出的。

中所传递的不可预料效果，在充分考虑叙述语境的基础上确定知识类型并形成认知假设（原型行为假设、无标记假设、语境共享假设），定位不同知识类别的解码方法，旨在识别儿童的叙述目的和超级目的。

（六）陌生互动情境下儿童的知识+行为语用指标分析

1. 会话能力

在陌生互动情境下儿童偶尔会在调用知识的同时借助行为动作完成会话任务。皮尔逊卡方值是662.256，$p=0.000$，表示会话阶段对陌生互动情境下儿童调用知识+行为的数量具有显著影响。

具体为（见表4-41，图4-33），儿童偶尔会调用想象性知识并通过眼神等面部表情提示受话人会话的发起，因为儿童与受话人缺乏共有知识，儿童在内心深处并不确定受话人对其想象性知识是否可以正确解读。因此会借助眼神等面部表情探试受话人的反应，希望发起会话（目的），以探试受话人是否可以正确识解（超级目的）。会话维持阶段的儿童偶尔会在调用陈述性知识的同时，伴随向受话人展示物品或手势指示或模仿的行为方式传递其视为事实的思想（目的），辅助与儿童缺少共有信息的受话人理解话语意图（超级目的）。此外，由于儿童认知能力有限，难以对受话人提出的话语作进一步回应时会通过点头赞同或摇头拒绝的行为方式简单表明自己的看法（目的），以便可以持续会话（超级目的）。在会话修补阶段，已在幼儿园掌握社会规范的儿童对陌生人偶尔会通过提取已有的社会规约性知识并通过礼貌地摇头或眼神、眉头紧锁等面部表情发起修补请求，表示请求受话人对话语进行修补（目的），希望与研究者将话题持续下去，以示对他人的尊重（超级目的）。在会话修补回应阶段，儿童有时会通过使用程序性知识并伴随模仿或手势指示或向受话人展示物品的行为方式将复杂化的知识性话语通过行为的直观化加以阐释，弥补受话人与儿童互有认知环境的不足（超级目的），以便回应受话人发起的会话修补请求（目的）。

第四章　学龄前儿童语用发展取效行为研究的设计与分析　　247

表4-41　陌生互动情境下儿童会话阶段调用知识+行为语用指标对应表

调用知识+行为语用指标	会话发起	会话维持	会话修补	会话修补回应	共计
陈述性知识+向受话人展示物品	0	12	0	0	12
程序性知识+向受话人展示物品	0	0	0	13	13
陈述性知识+模仿	0	9	0	0	9
程序性知识+模仿	0	0	0	23	23
程序性知识+位置移动	1	0	0	0	1
陈述性知识+手势指示	1	15	0	0	16
程序性知识+手势指示	0	0	0	15	15
陈述性知识+点头赞同	0	11	0	0	11
社会规约性知识+摇头拒绝	0	0	22	0	22
陈述性知识+摇头拒绝	0	15	0	0	15
社会规约性知识+面部表情	0	0	26	0	26
想象性知识+面部表情	60	0	0	0	60
共计	62	62	48	51	223

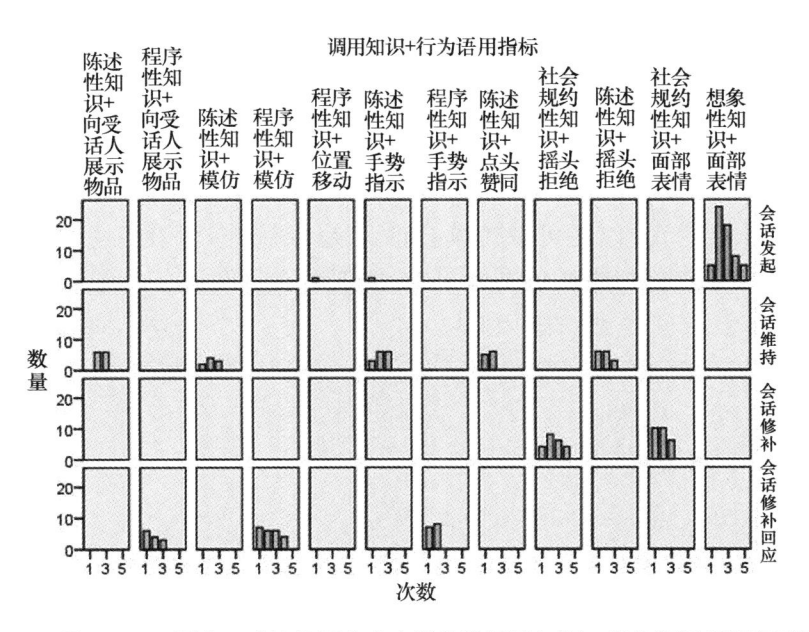

图4-33　陌生互动情境下儿童会话阶段调用知识+行为语用指标条形图

受话人需要在认知策略（精细化策略、组织策略、理解—控制策略、情感策略）指导下根据行为在受动取效过程中的探试效果，借助现实语境从长时记忆中提取相关行为图式进行演绎和推理，确定知识类别并进行分类解读，以便形成认知假设（原型行为假设、语境共享假设、无标记假设），从而在隐性取效过程中识别不可预料效果。

2. 语篇能力

在陌生互动情境下，儿童在语篇叙述时调用知识的同时借助行为传递叙述目的和超级目的的情况也不多见。

针对叙述事件，如儿童在脱稿状态下有时会调用想象性知识，并通过行为动作模仿该事件以便传递叙述目的和超级目的。结果表明，儿童在叙述某一想象性事件时（目的），若发现受话人并不是自己熟悉的对象，则会通过行为动作模仿的方式使受话人对其叙述的事件清楚明白（超级目的）。而当儿童在叙述绘本中的事件时，则会借助陈述性知识描述绘本中实际发生的事件（目的）并伴随手势指示使受话人对此事件予以关注（超级目的）。

对于人物时地背景，儿童在为受话人讲绘本时偶尔会在调用陈述性知识或想象性知识的同时，通过手势指示的行为方式传递真实与虚拟的背景信息（目的），使受话人形成主体意向的语用标记假设，自行区别虚与实（超级目的）。

就结束语来讲，儿童在结束某一语篇叙述时面对陌生的受话人偶尔会选择借助社会规约性知识以示对他人的重视（超级目的），因此会通过眼神交流的方式提示受话人叙述的终结（目的）。

当回答受话人提出的具有一定难度的问题时，儿童有时会通过对想象性知识的调用并辅以手势指示行为将之浅显化（目的），实现以虚代实，便于研究者理解（超级目的）。

而儿童在涉及叙述观点、叙述顺序、引述或模仿时并不会调用知识＋行为进行传递。这主要是因为观点、顺序等本身是抽象的概念且难以外显，而儿童是在陌生人面前进行展示，所以其无暇顾及行为动作，只调用语言或知识+语言以便阐述观点或叙述事件顺序。此外，引述的话语又是为故事/事件主题服务的，因此会通过语言承接语篇并借助行为使人物角色鲜活。

受话人可以以探试行为的受动取效过程为切入点，在认知策略（精细化策略、组织策略、理解—控制策略、情感策略）指导下提取头脑中相关行为图式，并结合叙述语境形成认知假设（原型行为假设、语境共享假设、无标记假设），与此同时，定位儿童在叙述过程中所选择的知识类型，找到与特定知识类型相对应的解码方式，在隐性取效过程中解读不可预料效果。

（七）陌生互动情境下儿童的语言+行为语用指标分析

1. 会话能力

在陌生互动情境下对儿童调用语言+行为进行会话的情况展开调查，皮尔逊卡方值为 9544.092，$p = 0.000$，表明会话阶段对陌生互动情境下儿童调用语言+行为的数量存在显著制约关系。此外，绝大多数情况是儿童通过使用语言并借助行为得以进行，这主要体现在会话发起、会话维持以及会话修补回应阶段（见表4-42、图4-34）。

表4-42 陌生互动情境下儿童会话阶段调用语言+行为语用指标对应表

调用语言+行为语用指标	会话发起	会话维持	会话修补	会话修补回应	共计
社会互动环境+向受话人展示物品	0	92	0	0	92
社会互动环境+模仿	0	0	0	52	52
社会互动环境+手势指示	0	0	0	51	51
社会互动环境+点头赞同	0	630	0	0	630
已有图式+点头赞同	0	0	0	954	954
交际需求+摇头拒绝	0	0	8	0	8
社会互动环境+摇头拒绝	0	631	8	0	639
交际背景+摇头拒绝	0	0	7	0	7
已有图式+摇头拒绝	0	0	4	0	4
交际需求+面部表情	0	0	8	0	8

续表

调用语言+行 为语用指标	会话阶段				共计
	会话发起	会话维持	会话修补	会话修补回应	
社会互动环境+面部表情	1129	0	5	0	1134
交际背景+面部表情	32	0	7	0	39
已有图式+面部表情	0	0	6	0	6
共计	1161	1353	53	1057	3624

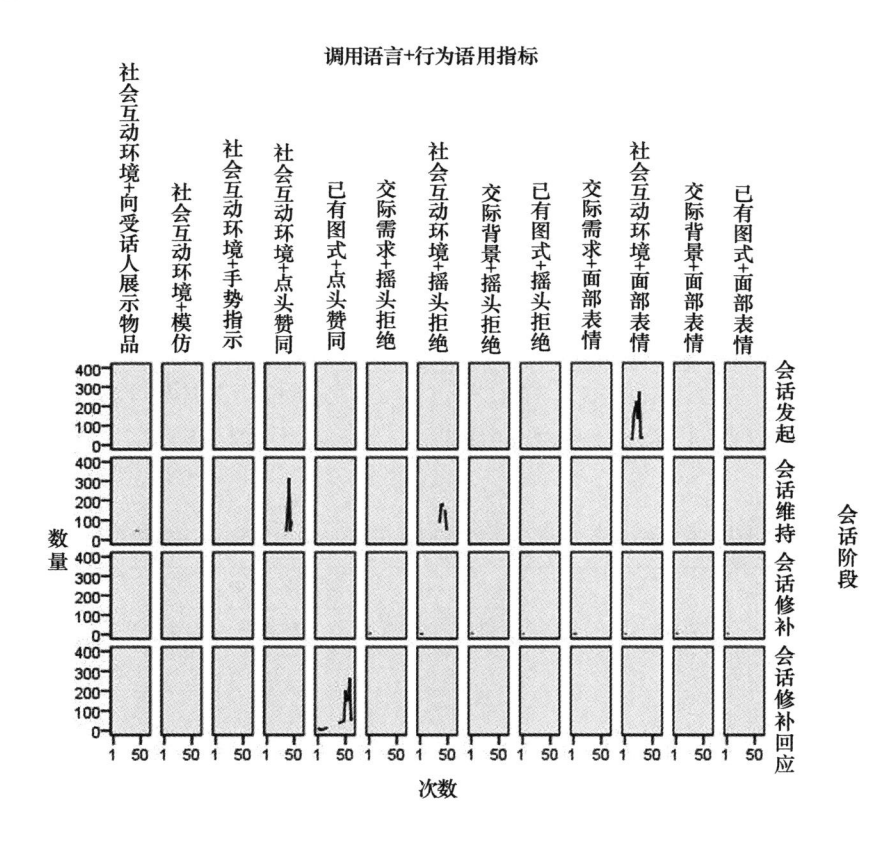

图4-34 陌生互动情境下儿童会话阶段调用语言+行为语用指标线形图

在会话发起阶段，儿童为了传递特定的话语目的和超级目的会调用所处的社会互动环境要素并通过面部表情，如借助与受话人交流的眼神进行会话发起（目的），希望受话人识别其渴望发起会话的想法

（超级目的）。在会话维持阶段，儿童同样会基于社会互动环境并通过点头赞同或摇头拒绝的行为方式希望与受话人持续交流（目的），在共享知识、信念以及预设等要素欠缺的前提下通过行为辅助语言表达，使受话人迅速解码该话语意图并为下一轮会话维持做好准备（超级目的）。而在会话修补阶段，儿童使用语言并调用行为传递交际目的和超级目的的情况较少但略有体现。儿童或以自我交际需求为前提，或考虑社会互动环境或交际背景，或调用已有图式并通过眉头紧锁、专注凝视研究者等面部表情或摇头的方式传递渴望研究者对会话进行修补（目的），以及传递希望与研究者将会话维持下去的信息（超级目的）。由于儿童与受话人之间存在陌生感，儿童不会唐突或直接地表示自己并未理解受话人所述话语，而只能通过间接的表达方式请求受话人对此进行重复、解释或详述。在会话修补回应阶段，结果显示儿童会调用头脑中已有图式并通过点头赞同的方式进行直观回应，表明其理解或赞同受话人的会话修补内容（目的），使某一话题得以持续进行（超级目的）。

由此，受话人需要以语言在显性取效过程中所呈现的可预料效果为突破口，识别儿童所调用的语言编码来源要素，感知并解析话语形式所传递的交际目的和超级目的。此外，对儿童行为动作进行观察，在结合现实语境的基础上调用情感策略等认知策略以及头脑中已经储存的行为图式，形成认知假设（原型行为假设、语境共享假设、无标记假设），通过受动取效过程识解儿童行为动作的探试效果。

2. 语篇能力

儿童在为陌生人讲述故事/事件时偶尔也会使用语言并借助行为完成叙述任务。

对于叙述事件，儿童或以所叙述语篇涉及的交际背景为前提，或调用认知环境或已有图式要素并通过模仿的行为方式对超越现实的想象性故事/事件进行模仿，使受话人可以对想象性事件一目了然（目的），旨在通过想象性事件定位叙述主题，使受话人专注于儿童的语篇叙述（超级目的）。而儿童在为受话人叙述绘本时则需借助手势指示，在调用上述语言编码来源要素基础上通过视觉信息的输入使受话人清晰掌握所叙述的故事/事件（目的），凸显叙述主题（超级目的）。

　　对于人物时地背景，主要体现在儿童讲述绘本时偶尔会基于交际背景或调用认知环境或已有图式要素并通过手势指示的行为方式向受话人具体传递背景信息（目的），并使受话人对整个叙述内容的架构基础有所掌握（超级目的）。

　　当叙述结束时，儿童会根据叙述语篇的交际背景或考虑认知环境或已有图式要素，使语篇自然结束，由此，儿童通过眼神凝视表示叙述的结束（目的），期待受话人对其叙述作出进一步评价（超级目的），旨在希望其在陌生人面前树立自我形象。

　　当回答受话人针对该叙述语篇提问时，儿童往往会依据头脑中已有图式并通过模仿的方式回答受话人的提问（目的），使受话人深入并具体理解儿童的回复（超级目的）。

　　儿童在叙述观点和涉及叙述顺序时，可能由于叙述观点、顺序需要花费大量心力去处理，而儿童又希望在陌生的受话人面前呈现良好状态，所以在上述两个叙述维度中儿童并没有精力或并未处于完全放松的状态下对行为动作予以调用，而仅调用语言或知识＋语言表达自我看法、语篇事件或逻辑顺序。

　　在引述或模仿层面，儿童往往会在调用认知环境要素的同时借助模仿的方式引述或模仿（目的），旨在支持所叙述语篇的论点（超级目的）。鉴于与陌生人之间较少的共享知识，模仿这一行为会帮助儿童向受话人清晰传递所要引述的话语，而认知环境要素又会帮助儿童为受话人提供逻辑信息、词语信息和常识信息，使受话人准确把握其所引述的话语意图。

　　受话人需要感知并解码儿童借助语言编码来源要素所传递的话语形式，以此识别语言的可预料效果以及交际目的和超级目的。在显性取效过程中，受话人根据儿童在语篇叙述时所调用行为的探试效果在受动取效过程中对此进行解读，即在精细化策略、组织策略、理解—控制策略、情感策略等认知策略指导下调用头脑中已有行为图式，形成认知假设（原型行为假设、无标记假设、语境共享假设），旨在解读儿童借助语言+行为所传递的叙述目的和超级目的。

（八）陌生互动情境下儿童的知识+语言+行为语用指标分析

1. 会话能力

儿童在与陌生人会话时调用知识+语言+行为的情况不多。皮尔逊卡方值为 606.000，p=0.000，说明会话阶段对陌生互动情境下儿童调用知识+语言+行为的数量存在显著影响。

如表4-43、图4-35所示，在会话发起阶段，儿童偶尔会选择社会互动环境或从记忆中挑选适当的交际背景或相关已有图式。而由于研究者对于儿童的陌生化，儿童更愿意调用想象性知识并借助面部表情来表示自己有陌生人在场的害羞感。如，研究者正在为儿童摆好一个"生日蛋糕"准备与儿童互动，这时一名儿童走近并首先选择与研究者玩"生日趴"游戏这一社会互动环境，注视研究者并给予微笑，意欲向研究者发起会话，传递是想要过生日并许愿的意图（目的），以及希望研究者识别出自己的目的并给予会话发起鼓励这一意图（超级目的）。同样，儿童在会话维持阶段偶尔会基于社会互动环境或选定某一交际背景或调用与此相关的已有图式，借助陈述性知识并辅以向受话人展示物品或模仿或手势指示的行为方式回答受话人的提问（目的），旨在使会话得以进行（超级目的）。由于处于会话维持阶段的儿童需要针对研究者的上一句提问进行回复，而研究者的提问大部分是关于某些事实性知识或某事物产生的缘由、属性等方面内容，所以儿童会调用陈述性知识并配合具体的行为方式对陈述性知识难以表述清楚的地方予以视觉填充。在会话修补阶段，儿童偶尔会考虑自我的交际需求或当前的社会互动环境或交际背景或已有图式，通过调用社会规约性知识并辅以摇头或面部表情（双眼睁大、目光注视、眉头紧锁）等方式传递会话修补之目的和超级目的（为礼貌起见，不希望与受话人由于没有听清或没有理解某一话语而使会话中断）。就会话修补回应而言，儿童偶尔会思考当前的社会互动环境或交际背景或已有图式,此外还会考虑受话人的心智状态或命题态度,这样才能填补由于与受话人缺乏共有信息所造成的信息鸿沟。由此,儿童借助程序性知识并以产生式、产生式知识为导向,通过直观的行为方式如模仿、手势指示或向受话人展示物品,回复受话人对会话修复的请求(目的),以便使会话交际持续进行(超级目的)。

作为研究者的受话人在解读儿童通过调用知识+语言+行为的方式传递交际目的和超级目的时,可先在显性取效过程中识别语言的可预料效果,根据语言编码来源要素及话语形式所呈现的交际目的和超级目的,并结合现实语境在受动取效过程中通过对探试行为的观察将儿童借助行为所传递的意图与头脑中已有行为图式相匹配,进而在认知策略(精细化策略、组织策略、理解—控制策略、情感策略)的指导下探索隐性取效过程中所传递知识的不可预料效果,并对儿童所调用的知识进行归类与解码,形成认知假设(原型行为假设、无标记假设、语境共享假设),找出儿童所传递的交际目的和超级目的。

表4-43 陌生互动情境下儿童会话阶段调用知识+语言+行为语用指标对应表

调用知识+语言+ 行为语用指标	会话发起	会话维持	会话修补	会话修补回应	共计
社会+需求+摇头	0	0	10	0	10
社会+需求+表情	0	0	5	0	5
社会+互动+摇头	0	0	6	0	6
社会+互动+表情	0	0	7	0	7
社会+背景+摇头	0	0	6	0	6
社会+背景+表情	0	0	7	0	7
社会+图式+摇头	0	0	8	0	8
社会+图式+表情	0	0	9	0	9
想象+互动+表情	15	0	0	0	15
想象+背景+表情	10	0	0	0	10

续表

调用知识+语言+行为语用指标	会话阶段				共计
	会话发起	会话维持	会话修补	会话修补回应	
想象+图式+表情	10	0	0	0	10
陈述+互动+展示	0	6	0	0	6
陈述+互动+模仿	0	6	0	0	6
陈述+互动+手势	0	7	0	0	7
陈述+背景+展示	0	4	0	0	4
陈述+背景+模仿	0	5	0	0	5
陈述+背景+手势	0	6	0	0	6
陈述+图式+展示	0	5	0	0	5
陈述+图式+模仿	0	5	0	0	5
陈述+图式+手势	0	5	0	0	5
程序+心智+展示	0	0	0	2	2
程序+心智+模仿	0	0	0	6	6
程序+心智+手势	0	0	0	5	5
程序+互动+展示	0	0	0	5	5
程序+互动+模仿	0	0	0	2	2
程序+互动+手势	0	0	0	4	4
程序+背景+展示	0	0	0	5	5
程序+背景+模仿	0	0	0	3	3
程序+背景+手势	0	0	0	4	4
程序+命题+展示	0	0	0	4	4
程序+命题+模仿	0	0	0	4	4
程序+命题+手势	0	0	0	6	6
程序+图式+展示	0	0	0	5	5
程序+图式+模仿	0	0	0	3	3
程序+图式+手势	0	0	0	2	2
共计	35	49	58	60	202

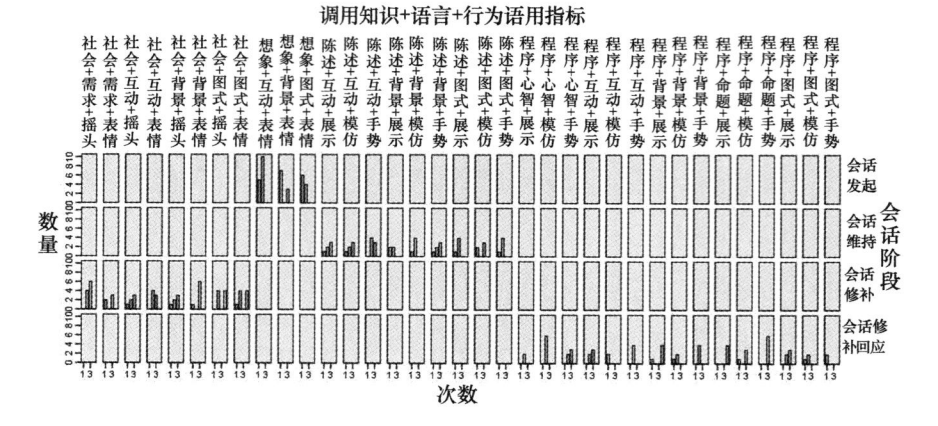

图 4-35　陌生互动情境下儿童会话阶段调用知识＋语言＋行为语用指标条形图

2. 语篇能力

对儿童向陌生人叙述语篇的情况进行分析发现，在涉及叙述事件时，大多数儿童通过调用知识＋语言＋行为的方式传递叙述目的和超级目的，在引述或模仿、叙述观点和叙述顺序时并不会调用知识＋语言＋行为。而在其他三种语篇叙述维度下，调用知识＋语言＋行为的情况并不多见。

针对叙述事件，儿童会基于已有图式通过调用想象性知识并辅以模仿的行为方式详细描述语篇事件（目的），使作为陌生人的研究者能快速把握语篇的主题思想（超级目的）。叙述事件是语篇中心思想的外衣，因此与研究者缺乏共享的知识、信念和预设知识的儿童有必要先以已有图式为切入点，并借助想象性知识以及相应的行为方式传递事件。

对于人物时地背景，少数情况下儿童在阅读绘本时会考虑交际背景或认知环境或已有图式，借助陈述性知识或想象性知识并通过手势指示的行为方式向受话人传递绘本中难以直接观察到的背景信息。儿童在向受话人讲述绘本故事尤其是在涉及难以直接观察到的背景信息时，会通过手势指示明示受话人（目的），使受话人事先对故事的基调有所认知，为受话人指明故事的主体方向

（超级目的）。

关于结束语，儿童偶尔会以交际背景为主线或把握认知环境要素或借助头脑中相关已有图式使语篇自然结尾。此外，此情境下的儿童会通过调用社会规约性知识礼貌地向受话人传递眼神以示叙述的结束（目的），并示意受话人给予进一步指示（超级目的）。

在回答主试问题阶段，由于儿童与研究者共享知识过少，少数情况下儿童会借助社会互动环境或考虑研究者的交际需求或心智状态，或调用交际背景或认知环境或已有图式要素，通过想象性知识并辅以手势指示回答问题（目的）。儿童与研究者之间的距离感是儿童调用想象性知识的根由，因为想象性知识的调用可帮助儿童沉浸在虚拟世界中，暂时摆脱紧张的氛围，可以大胆想象以便通过适宜的答案回复研究者的提问，与研究者建立良好的人际交往关系（超级目的）。

受话人若想解读出儿童借助知识+语言+行为完成的叙述任务，需要以语言编码来源要素为突破口，在显性取效过程中识别话语形式的可预料效果并在受动取效过程中识别行为的探试效果，进而在认知策略（精细化策略、组织策略、理解—控制策略、情感策略）指导下结合叙述语境在头脑中提取相关行为图式，形成认知假设（原型行为假设、无标记假设、语境共享假设）。由此，受话人通过隐性取效过程确定儿童所调用的知识类型并予以解码，使不可预料效果和探试效果变为可预料效果。

第四节 不同年龄段学龄前儿童语用发展特点分析

本节通过量化研究方法分析不同年龄段儿童语用发展特点。不同年龄段指的是低龄组、中龄组以及高龄组。其中，低龄组指 3 岁儿童，中龄组指 4 岁儿童，高龄组指 5—6 岁儿童。① 从会话能力、语篇能力两方面入手全面考察三个年龄段儿童调用知识、语言、行为及其交互关系层面的语用指标，揭示不同年龄段儿童语用发展趋势。

一　低龄组儿童语用指标分析

从知识、语言、行为及其交互关系层面对低龄组儿童的会话能力和语篇能力进行定量与定性分析。

（一）低龄组儿童语用指标整体分析

1. 会话能力

采用卡方独立性检验和对应分析法统计低龄组儿童在会话发起、会话维持、会话修补以及会话修补回应中使用知识、语言、行为及其交互关系的数量。表 4-44 是 4×7 的交互表，其可获得行列维度最小值减 1 的维度，第一维度 Dim 1 解释了列联表的 72.6%，第二维度 Dim 2 解释了列联表的 25.3%，这表明两个维度可以说明数据的 97.9%。

表 4-44　　　　低龄组儿童会话阶段调用语用指标摘要表

Summary

Dimension	Singular Value	Inertia	Chi Square	Sig.	Proportion of Inertia - Accounted for	Proportion of Inertia - Cumulative	Confidence Singular Value - Standard Deviation	Confidence Singular Value - Correlation 2
1	.906	.820			.726	.726	.003	.100
2	.535	.286			.253	.979	.009	
3	.156	.024			.022	1.000		
共计		1.130	10110.046	.000[a]	1.000	1.000		

a. 18 degrees of freedom.

---

①　据对各地幼儿园的调研发现，目前幼儿园所设置的小班、中班、大班招收儿童年龄分别对应 3 岁、4 岁、5—6 岁。因此，本书以此为标准将 3—6 岁学龄前儿童依次分为低龄组、中龄组和高龄组。

表 4-45 表示皮尔逊卡方值是 10110.046，p=0.000，说明会话阶段对低龄组儿童调用知识、语言、行为及其交互关系的数量存在显著制约作用。

表 4-45　　　　低龄组儿童会话阶段调用语用指标卡方测试表

Chi-Square Tests

	Value	df	Asymp. Sig. (2-sided)
Pearson Chi-Square	10110.046[a]	18	.000
Likelihood Ratio	11403.752	18	.000
Linear-by-Linear Association	2057.179	1	.000
N of Valid Cases	8945		

a. 0 cells (0.0%) have expected count less than 5. The minimum expected count is 5.89.

如表 4-46、图 4-36 所示，低龄组儿童在会话发起阶段主要会调用语言+行为（4043 次）。在会话维持阶段，儿童主要借助语言（1013 次）或行为（944 次），但会话维持次数较少。在会话修补阶段，儿童往往借助行为（833 次）发起修补请求。而在会话修补回应阶段，儿童一般会借助语言+行为（623 次）或仅借助行为（653 次）完成回应。分析原因认为，低龄组儿童虽然可以与受话人进行正常的简单交流，但其语言和理解能力还有待发展。因此在会话发起时往往需要借助行为辅助语言进行表达（目的），使受话人理解其话语意图（超级目的）。在会话维持阶段，低龄组儿童对于受话人的简单是非疑问句会以行为动作的方式予以回应（目的），以便维持会话（超级目的）。而对于受话人较为复杂的话语，儿童则需要借助语言对此进行回应（目的），以维持与受话人的友好关系（超级目的）。但是由于低龄组儿童话题保持能力较差，并不能就某一话题持续较长时间。在会话修补阶段，当儿童并未完全理解他人话语时，往往会借助行为的方式希望他人有所意识并予以修补（目的），以此满足自我交际需求（超级目的）。这与低龄组儿童语言表达和认知能力相对有限不无关系。同样，在会话修补回应阶段，儿童作具体阐释时会借助语言+行为进行回应（目的），以便发挥行为辅助语言表达的作用（超级目的）。反之，如果是在受话人启发下进行的会话修补回应，儿童则仅选择调用行为的方式进行回应（目的），保持与他人的交际关系（超级目的）。

  针对儿童借助语言+行为实现会话目的和超级目的的情况，受话人可首先在显性取效过程中感知并解码话语形式的交际目的和超级目的，并结合语言编码来源要素形成认知假设（无标记假设、语境共享假设、原型行为假设），以此为提示条件在受动取效过程中识解儿童借助行为动作所呈现的探试效果，并基于现实语境、认知策略（精细化策略、组织策略、理解—控制策略、情感策略）和头脑中已有的行为图式在高度合作、知识共享前提下解读儿童借助语言+行为所传递的会话目的和超级目的。对于儿童调用语言传递的交际目的和超级目的，受话人可基于儿童的话语形式、语言编码来源要素构成认知假设（原型行为假设、无标记假设、语境共享假设），并在显性取效过程中探索儿童借助语言所传递的交际目的和超级目的。就儿童通过行为实现交际目的和超级目的而言，受话人需充分考虑现实语境、头脑中的行为图式并在认知策略（精细化策略、组织策略、理解—控制策略、情感策略）指导下确定儿童行为动作的类别，形成认知假设（原型行为假设、无标记假设、语境共享假设），进而确定儿童行为的目的和超级目的。

表 4-46   低龄组儿童会话阶段调用语用指标对应表

会话阶段	调用语用指标							共计
	知识	语言	行为	知识+语言	知识+行为	语言+行为	知识+语言+行为	
会话发起	6	10	512	22	19	4043	5	4617
会话维持	9	1013	944	13	16	19	22	2036
会话修补	8	16	833	9	8	7	6	887

续表

会话阶段	调用语用指标							共计
	知识	语言	行为	知识+语言	知识+行为	语言+行为	知识+语言+行为	
会话修补回应	15	10	653	18	21	623	65	1405
共计	38	1049	2942	62	64	4692	98	8945

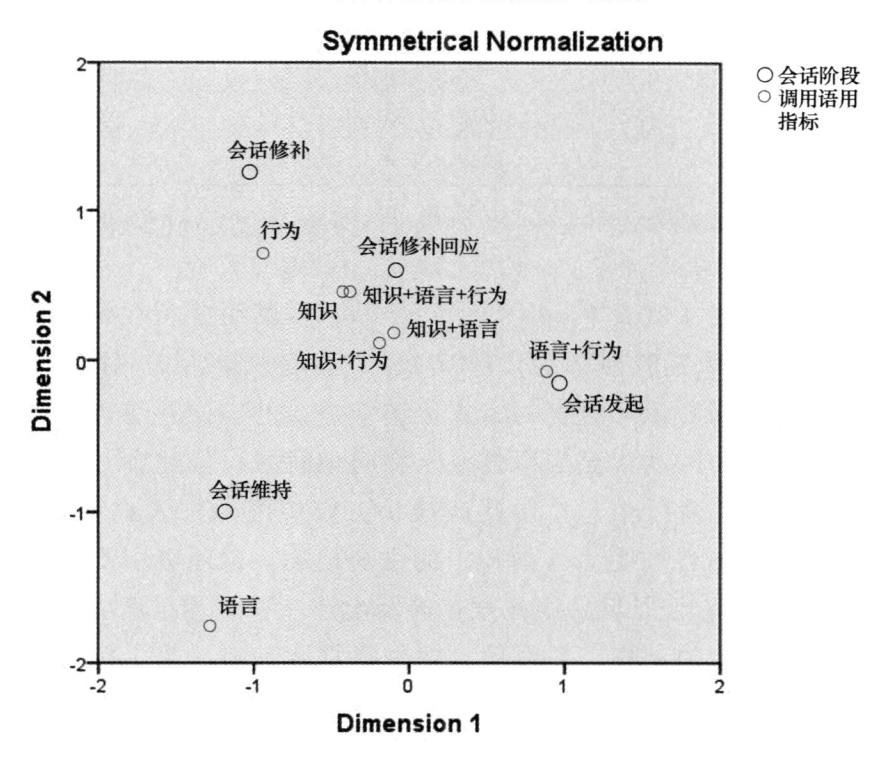

图 4-36 低龄组儿童会话阶段调用语用指标对应的正规化图

2. 语篇能力

低龄组儿童的语篇叙述能力主要指其看图叙述故事的能力。低龄组儿童的语言、认知、情感、社会性能力尚未达到较高水平，因此主要通过看图叙述故事。如表 4-47 所示，皮尔逊卡方值为

29094.095，p=0.000，说明语篇叙述维度对低龄组儿童同时调用知识、语言、行为及其交互关系的数量具有显著影响。

表4-47　　低龄组儿童语篇叙述中调用语用指标卡方测试表

Chi-Square Tests

	Value	df	Asymp. Sig. (2-sided)
Pearson Chi-Square	29094.095[a]	36	.000
Likelihood Ratio	20204.671	36	.000
Linear-by-Linear Association	22.394	1	.000
N of Valid Cases	8406		

a. 0 cells (0.0%) have expected count less than 5. The minimum expected count is 5.76.

研究发现（见表4-48、图4-37），低龄组儿童在叙述事件（1586次）、人物时地背景（1502次）、引述或模仿（741次）时主要通过调用知识+语言的方式传递叙述目的（叙述事件：主要将图片中人物的动作充当事件；人物时地背景：描述图片中的人物时间地点等背景信息；引述或模仿：模仿图片中人物的话语）和超级目的（告知受话人图片中的主要信息，以便吸引受话人对其进行关注）。但是低龄组儿童在涉及上述三种叙述维度时只是叙述图片中人物的动作、关系等，缺少连贯性和对故事主题思想的整体把握。

就结束语而言，低龄组儿童只是通过对行为（1081次）的调用使受话人判断出其叙述的终结（目的），以便可以从事其他活动（超级目的）。

在回答主试问题阶段，儿童会借助知识+语言+行为（1134次）回答受话人针对叙述内容的提问（目的）。可见，低龄组儿童需要调用多种辅助方式弥补语言表达抽象概念的不足（超级目的）。

对于叙述观点，儿童往往需要调用语言+行为（882次）表达自己或故事中人物的看法（目的），可反映其内心活动（超级目的）。行为动作在表达某些抽象概念时可起到辅助儿童语言表达的效果，因为低龄组儿童语言发展还并不完善，无法熟练使用感受或评价的词汇或语气。

针对叙述顺序，儿童仅通过语言（1001次）表达事件的时间或逻辑顺序（目的），以便承接下一事件（超级目的）。鉴于叙述顺序对儿童的认知要求较高，因此认知能力水平有限的低龄组儿童所叙述内容欠缺逻辑性和连贯性。

对于受话人而言，如果儿童调用知识+语言传递叙述目的和超级目的，可先从话语形式的可预料效果入手，在显性取效过程中结合语言编码来源要素并定位儿童所调用的知识类型，进而在隐性取效过程中对儿童的不可预料效果进行认知假设（原型行为假设、无标记假设和语境共享假设），解读其借助知识+语言所传递的叙述目的和超级目的。此外，对于儿童仅借助行为所传递的叙述目的和超级目的，受话人可根据儿童的探试行为在认知策略（精细化策略、组织策略、理解—控制策略、情感策略）指导下调取头脑中行为图式形成认知假设（原型行为假设、语境共享假设），并在受动取效过程中结合现实语境解读其目的和超级目的。针对儿童借助语言传递叙述目的和超级目的的情况，受话人可在显性取效过程中感知并解码话语形式的可预料效果，并结合语言编码来源要素构成对儿童叙述目的和超级目的的认知假设（语境共享假设）。

就儿童调用知识+语言+行为的情况，受话人可首先从语言的显性取效过程入手，识别话语形式的可预料效果，并通过儿童的探试行为动作、现实语境调用认知策略（精细化策略、组织策略、理解—控制策略、情感策略）提取头脑中相关行为图式，在隐性取效过程中定位儿童所调用的知识类型并寻找相应的解码方式，构成认知假设（语境共享假设），从而确定儿童调用知识+语言+行为的叙述目的和超级目的，将不可预料和探试效果变为可预料效果。针对儿童调用语言+行为的情况，受话人需要在显性取效过程中识解儿童通过使用话语形式所传递的可预料效果。此外，受话人还需关注儿童借助行为动作所传递的探试效果，在受动取效过程中调用认知策略（精细化策略、组织策略、理解—控制策略、情感策略）提取行为图式并结合叙述语境与语言编码来源要素，形成对儿童叙述目的和超级目的的认知假设（原型行为假设、无标记假设、语境共享假设）。

表4-48　　　　低龄组儿童语篇叙述中调用语用指标对应表

语篇叙述维度	调用语用指标							共计
	知识	语言	行为	知识+语言	知识+行为	语言+行为	知识+语言+行为	
叙述事件	16	20	0	1586	16	15	17	1670
人物时地背景	8	7	0	1502	0	6	6	1529
引述或模仿	15	17	0	741	7	14	13	807
结束语	8	10	1081	14	15	11	10	1149
回答主试问题	9	7	87	15	9	7	1134	1268
叙述观点	12	13	0	11	13	882	7	938
叙述顺序	13	1001	0	12	0	11	8	1045
共计	81	1075	1168	3881	60	946	1195	8406

（二）低龄组儿童的知识语用指标分析

1. 会话能力

低龄组儿童在与他人进行会话时较少会调用知识完成会话任务（见表4-49、图4-38）。皮尔逊卡方值为38.000，p=0.000，证明会话阶段对低龄组儿童调用知识的数量存在显著影响。

在极少数情况下，儿童会调用想象性知识发起、维持、回应会话并发出修补请求（目的）。低龄组儿童平时的活动仍是以游戏为

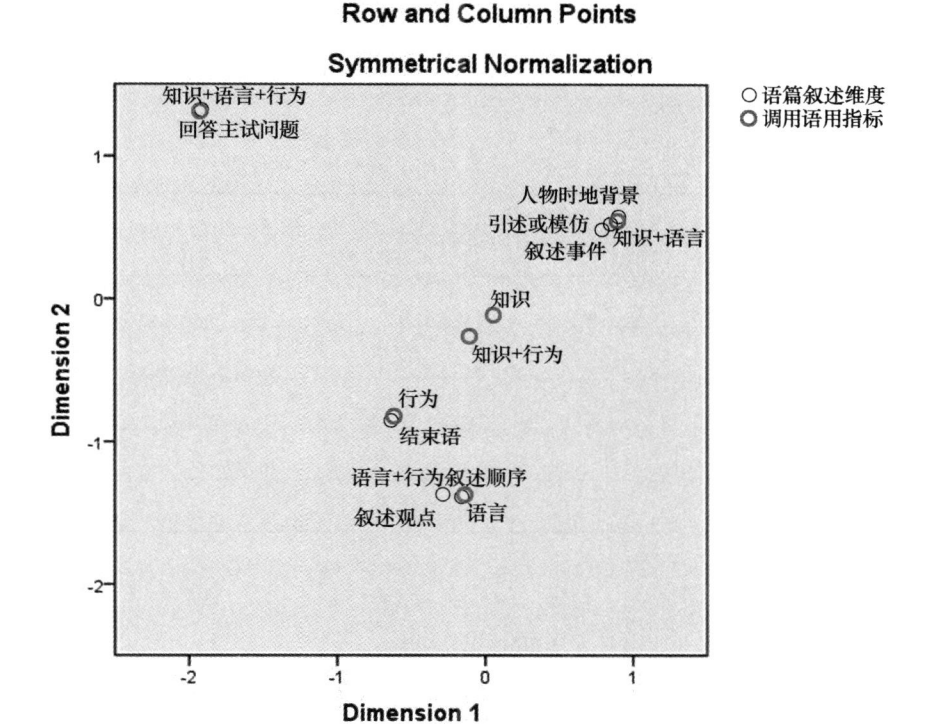

第四章　学龄前儿童语用发展取效行为研究的设计与分析　265

图 4-37　低龄组儿童语篇叙述中调用语用指标对应的正规化图

主，因此少数儿童会将游戏语言引入生活并寓游戏于语言，将话语意义通过游戏语言得以呈现。在这种情形下，少数儿童会通过调用想象性知识在会话发起过程中使受话人关注其话语或所从事的活动、利用想象性知识维持与他人的会话活动，使交际顺利进行并回应他人的会话修补请求，以便可以与他人持续游戏（超级目的）。在会话修补阶段，极少数情况下儿童会通过使用陈述性知识重复他人话语（目的），以便在理解他人话语基础上维持游戏（超级目的）。由于低龄组儿童的认知发展水平有限，他们调用想象性知识或陈述性知识的次数较少。

　　针对儿童调用知识完成会话任务的情况，受话人可根据儿童使用的知识类型定位解读方式，在隐性取效过程中将不可预料效果转变成可预料效果，从而解码儿童调用知识所传递的交际目的和超级目的。

表4-49　低龄组儿童会话阶段调用知识语用指标对应表

会话阶段	调用知识语用指标		共计
	想象性知识	陈述性知识	
会话发起	6	0	6
会话维持	9	0	9
会话修补	0	8	8
会话修补回应	15	0	15
共计	30	8	38

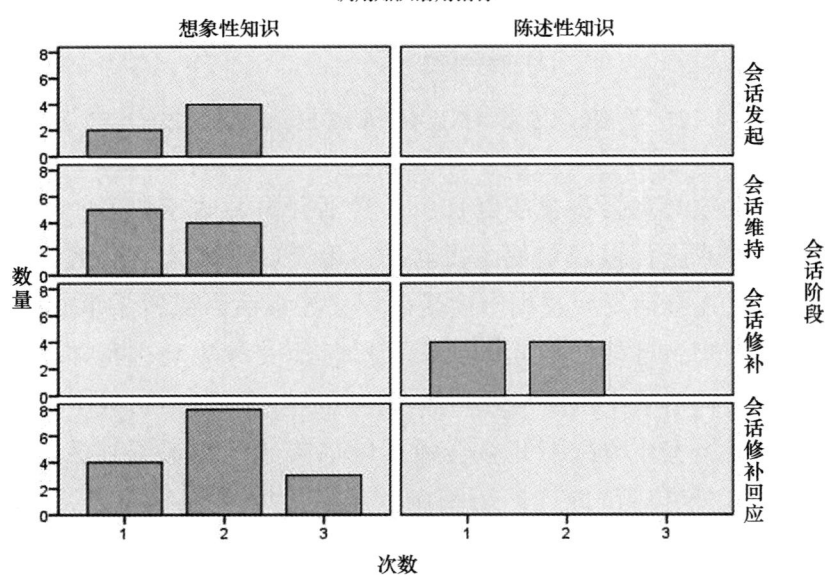

图4-38　低龄组儿童会话阶段调用知识语用指标条形图

2. 语篇能力

对低龄组儿童在看图叙述故事中所体现出的语篇能力展开调查。调查显示，皮尔逊卡方值为 69.684，p = 0.000，说明语篇叙述维度对低龄组儿童调用知识的数量存在显著差异。此外，极少数情况下儿童在涉及叙述事件、人物时地背景、结束语、回答主试问题、叙述顺序时会借助陈述性知识表达叙述目的和超级目的。鉴于低龄组儿童的认知和理解能力相对有限，因此只能基于图片展开事实性陈述（目的）。上述 5 个叙述维度旨在传递希望受话人倾听的超级目的。在引述或模仿时，儿童偶尔调用想象性知识引述或模仿故事中人物话语（目的），旨在使故事惟妙惟肖（超级目的）。在极少数情况下，儿童在叙述观点时也会调用想象性知识，以此传递自我感受、看法（目的），将自我对世界的看法凸显出来（超级目的）（见表 4 - 50、图 4 - 39）。

受话人可根据儿童借助知识传递的叙述目的和超级目的在隐性取效过程中确定儿童所使用的知识类型并找出相应解码方式，使叙述的不可预料效果变为可预料效果。

表 4 - 50　　低龄组儿童语篇叙述中调用知识语用指标对应表

语篇叙述维度	调用知识语用指标		共计
	想象性知识	陈述性知识	
叙述事件	2	14	16
人物时地背景	0	8	8
引述或模仿	15	0	15
结束语	0	8	8
回答主试问题	1	8	9
叙述观点	12	0	12
叙述顺序	0	13	13
共计	30	51	81

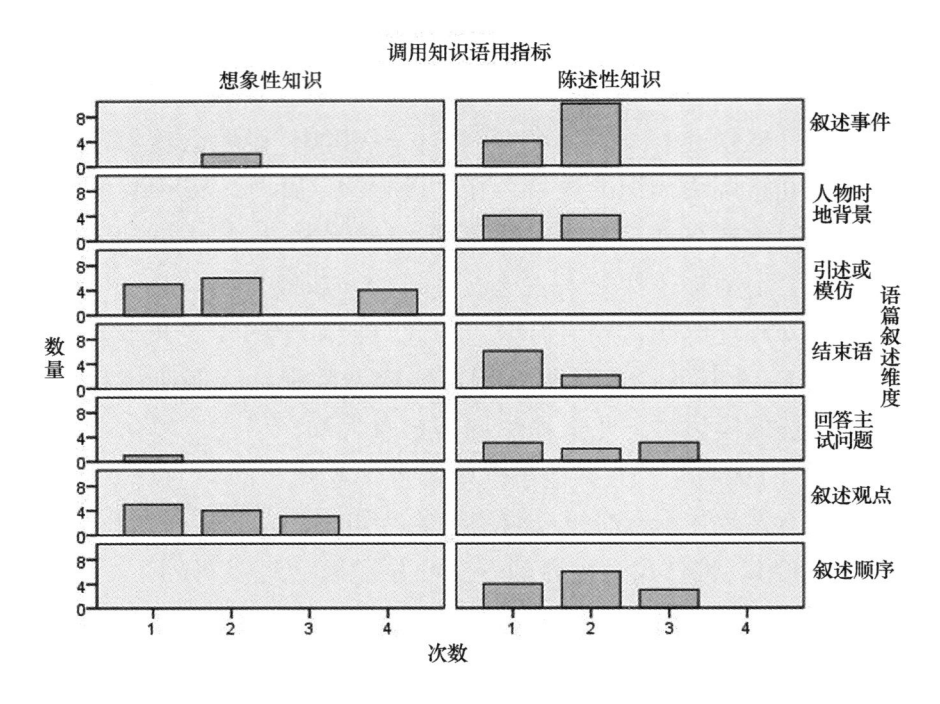

图 4-39　低龄组儿童语篇叙述中调用知识语用指标条形图

(三) 低龄组儿童的语言语用指标分析

1. 会话能力

对低龄组儿童在会话阶段调用语言情况进行调查（见表 4-51、图 4-40）。皮尔逊卡方值是 1072.030，p=0.000，表示会话阶段对低龄组儿童调用语言的数量存在显著制约关系。

具体而言，低龄组儿童也会通过调用语言实现会话任务，这主要体现在会话维持阶段。在会话发起和会话修补阶段，极少数情况下儿童会根据自我的交际需求（超级目的）发起会话或发出修补请求（目的）。低龄组儿童对他人心理活动的认知程度较低，只能意识到自己的内心活动与愿望需求,[①] 因此，他们的会话发起和会话修补

---

① 方富熹、方格、林佩芬:《幼儿认知发展与教育》，北京师范大学出版社 2003 年版，第 89 页。

活动会受到其愿望（交际需求）的支配。在会话维持阶段，多数情况下儿童会考虑到受话人的交际需求或已有图式要素来回应受话人的话语（目的），以便维持与受话人的会话活动（超级目的）。在会话维持阶段，儿童一般会受到受话人的协助，因此会考虑受话人的交际需求并以此为交际辅助线索完成维持会话任务。再者，儿童还会调用头脑中已有图式帮助他们维持会话的进行。在会话修补回应

表4-51　　　低龄组儿童会话阶段调用语言语用指标对应表

会话阶段	调用语言语用指标			共计
	交际需求	认知环境	已有图式	
会话发起	10	0	0	10
会话维持	534	0	479	1013
会话修补	16	0	0	16
会话修补回应	0	10	0	10
共计	560	10	479	1049

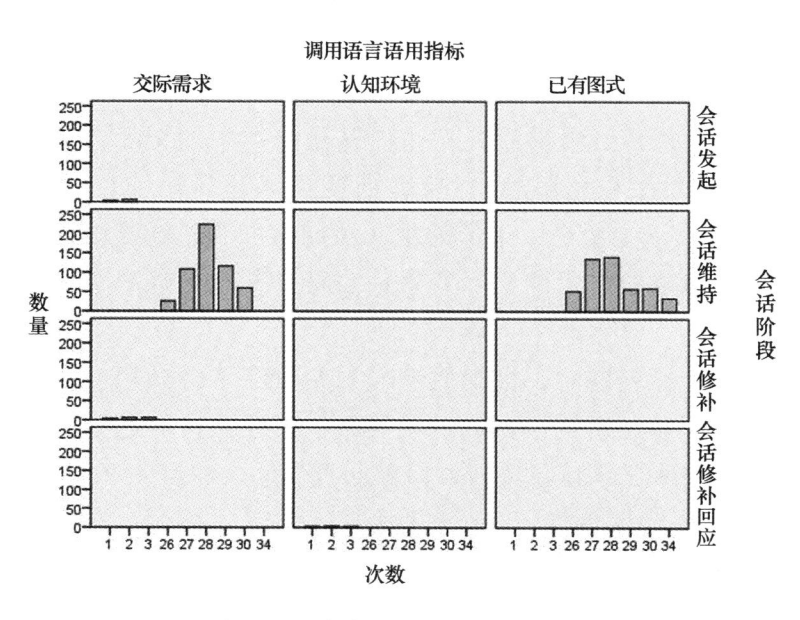

图4-40　低龄组儿童会话阶段调用语言语用指标条形图

阶段，极少数情况下儿童会基于认知环境要素并根据受话人的词语信息、逻辑信息和常识信息的提示回应受话人的会话修补请求（目的），以便可以继续其所从事的活动（超级目的）。

受话人可在显性取效过程中根据儿童话语形式的可预料效果感知并解码话语，在头脑中调取语言编码来源要素形成认知假设（原型行为假设、无标记假设、语境共享假设），进而解读儿童借助语言所传递的目的和超级目的。

2. 语篇能力

对低龄组儿童调用语言完成叙述任务情况进行评价。皮尔逊卡方值为 466.082，p = 0.000，提示语篇叙述维度对低龄组儿童调用语言的数量存在显著影响。具体情况为，极少数情况下儿童在涉及叙述事件、人物时地背景、引述或模仿、结束语、叙述观点时会调用交际背景或已有图式（见表 4-52、图 4-41）。在绘本图片帮助下，儿童沉浸在图片所勾勒的故事情景中，其为儿童提供了交际背景。此外，绘本图片还会帮助儿童调用头脑中已有图式，由此，受话人可了解故事的事件、背景信息、人物话语、故事进程、故事中人物或儿童的看法（目的），以便使受话人喜爱该故事（超级目的）。

对于叙述顺序，低龄组儿童主要基于绘本中的交际背景简单阐释故事的前因后果（目的），旨在向受话人呈现故事的大体内容（超级目的）。这主要是由于低龄组儿童的认知和逻辑能力尚未发展成熟，只能依靠绘本中的交际背景信息帮助儿童梳理故事的时间或因果关系。

在回答主试问题时，极少数情况下儿童除了会调用交际背景或已有图式，偶尔还会调用认知环境要素，以受话人问题中的词语信息、逻辑信息和常识信息为线索简单回复受话人的提问（目的），从而可以继续看图讲述故事（超级目的）。

受话人可根据儿童的话语形式并调用语言编码来源要素感知并解码儿童所传递的可预料效果，在显性取效过程帮助下形成语境共享假设等认知假设，解码儿童借助语言所传递的叙述目的和超级目的。

表4-52　　　　低龄组儿童语篇叙述中调用语言语用指标对应表

语篇叙述维度	调用语言语用指标			共计
	交际背景	认知环境	已有图式	
叙述事件	12	0	8	20
人物时地背景	3	0	4	7
引述或模仿	9	0	8	17
结束语	5	0	5	10
回答主试问题	3	2	2	7
叙述观点	6	0	7	13
叙述顺序	948	0	53	1001
共计	986	2	87	1075

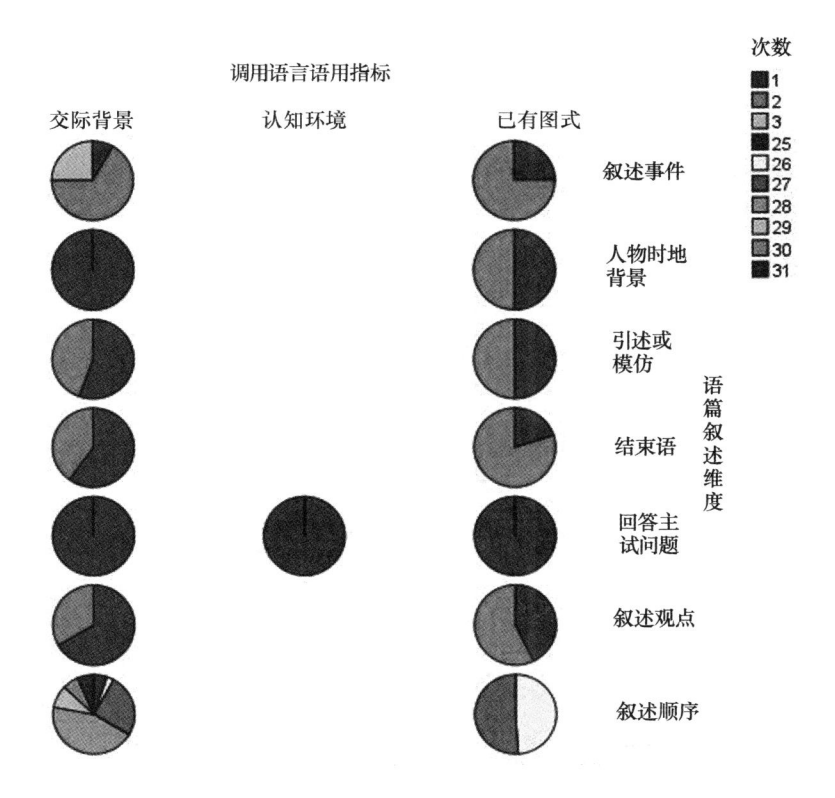

图4-41　低龄组儿童语篇叙述中调用语言语用指标饼状图

(四) 低龄组儿童的行为语用指标分析

1. 会话能力

低龄组儿童在进行会话活动时往往会选择使用行为传递会话目的和超级目的，在会话维持、会话修补以及会话修补回应阶段表现较为明显。此外，皮尔逊卡方值为 7035.399，p = 0.000，即会话阶段对低龄组儿童调用行为的数量具有显著影响。

具体为，在会话发起阶段，少数情况下儿童会通过向受话人展示某物的行为方式发起会话。据对收集到的语料进行观察，低龄组儿童对手中的玩具或事物充满好奇，因此当其想向受话人发起会话时（目的），会通过向受话人展示某物的行为方式意图请求受话人加入其构想的游戏（超级目的）。在会话维持阶段，儿童借助模仿或给予受话人某物或点头赞同或摇头拒绝等行为方式持续话题的情况较为多见。分析原因认为，低龄组儿童在最初的社会化形成过程中主要借助显性或隐性的模仿行为参与社会活动（侯春在，2002：58）。通过模仿，儿童可以借助具体化行为方式直观回应受话人的话语（目的），帮助低龄组儿童实现认知省力，使该话题持续下去（超级目的）。对于受话人简单的是非句提问或是获得某物的要求下，儿童则选择较为明显的点头赞同或摇头拒绝或给予受话人某物等行为直接回应（目的），使受话人清晰解读出儿童的基本态度，为进一步发起会话做铺垫（超级目的）。就会话修补阶段而言，低龄组儿童通过面部表情请求受话人对会话进行修补（目的），以便儿童可以理解受话人的话语意图（超级目的）。低龄组儿童的认知能力、理解能力、表达能力较差，因此只能通过面部表情的行为方式提示受话人进行会话修补，以便修复成低龄组儿童可以理解的话语。在会话修补回应阶段，儿童往往通过点头赞同的行为方式进行会话修补回应（目的），以维持良好的人际交往关系（超级目的）。究其原因，往往是成人对低龄组儿童的会话进行修补情况较多，成人会调用认知策略正确猜测出儿童的话语意图，而儿童仅通过点头赞同就可以对会话修补进行回应也就不足为奇了（见表 4-53、图 4-42）。

表 4-53　低龄组儿童会话阶段调用行为语用指标对应表

调用行为语用指标	会话发起	会话维持	会话修补	会话修补回应	共计
向受话人展示物品	478	5	4	2	489
给予受话人某物	7	213	1	1	222
位置移动	8	37	0	2	47
手势指示	0	3	5	3	11
点头赞同	6	232	3	642	883
摇头拒绝	5	224	2	3	234
身体触碰	5	2	0	0	7
模仿	0	225	2	0	227
面部表情	3	3	816	0	822
共计	512	944	833	653	2942

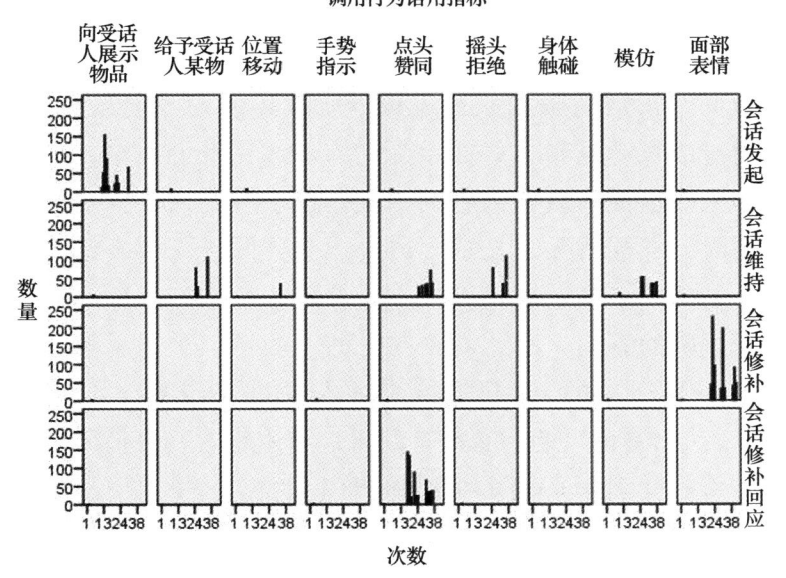

图 4-42　低龄组儿童会话阶段调用行为语用指标条形图

受话人可根据儿童行为动作的探试效果在受动取效过程中判断其行为动作的归属阶段，在现实语境的指导下调用认知策略（精细化策略、组织策略、理解—控制策略、情感策略）并在头脑中搜索相关行为图式，形成关于行为动作的目的和超级目的的认知假设（原型行为假设、无标记假设、语境共享假设），进而实现高度合作效果。

2. 语篇能力

对低龄组儿童借助行为进行叙述的情况进行调查。低龄组儿童在涉及结束语时通过行为传递叙述目的和超级目的的情况较多。而在涉及叙述事件、人物时地背景、引述或模仿、叙述观点、叙述顺序时儿童并无行为动作，因为绘本中的图片较好地为低龄组儿童提供了事件、人物地点、他人话语全貌、人物特点、前因后果等信息，所以他们需要全神贯注于图片，才能为受话人清楚指涉并说明故事的中心思想（目的），以便完成受话人布置的叙述任务（超级目的）。对于结束语，儿童主要通过位置移动（转身离开）的行为方式表示叙述的结束（目的），希望可以从事其他活动（超级目的）。低龄组儿童尚未形成清晰的叙述逻辑，所叙述的内容也较为松散，因此难以通过语言等逻辑方式提示受话人叙述任务的终结，而仅通过行为动作告知受话人叙述内容的结束。在回答受话人针对所叙述的内容提问时，少数情况下儿童会通过点头赞同或面部表情的方式回应受话人的提问。基于语料发现，低龄组儿童还不会针对受话人的提问给予正确的答案，因此需要在受话人的指引和提示下通过点头赞同以示回复（目的），并等待受话人的进一步指示（超级目的）。当儿童认为受话人的问题回答起来过于困难时，会借助面部表情（微笑或凝视受话人）表示难以回复（目的），并希望受话人给予帮助（超级目的）。

受话人可根据儿童行为动作的探试效果在受动取效过程中基于儿童所呈现的叙述语境和现实语境在认知策略（精细化策略、组织策略、理解—控制策略、情感策略）的帮助下调取相关行为图式，对儿童通过行为动作所传递的叙述目的和超级目的形成认知假设（语境共享假设、原型行为假设）。

（五）低龄组儿童的知识+语言语用指标分析

1. 会话能力

在少数情况下，低龄组儿童会调用知识+语言完成会话发起、会话维持、会话修补以及会话修补回应任务。皮尔逊卡方值为101.012，p=0.000，即会话阶段对低龄组儿童调用知识+语言的数量存在显著制约关系。

在会话发起、会话维持阶段，少数情况下低龄组儿童在调用想象性知识或陈述性知识的同时会考虑到自我或受话人的交际需求或社会互动环境或已有图式，从而发起或维持某一话题（目的），进而完成游戏任务或实现交际目的（超级目的）。因为低龄组儿童往往是在游戏活动中进行会话活动，所以儿童会基于当前社会互动环境或自我或受话人的交际需求或已有图式要素调用想象性知识发起并维持会话，这是由游戏的特殊性所决定的。游戏互动活动是一种象征性游戏，可帮助儿童充分发挥想象力，在虚拟情境中体验与社会的特殊关联。同时，儿童在某些益智游戏中会基于上述某种要素调用陈述性知识完成游戏任务（如儿童进行图形归类益智游戏）。在会话修补阶段，极少数情况下儿童会基于交际需求调用社会规约性知识，通过礼貌的眼神注视这一沉默方式提示交际的中断（目的），并希望受话人对此进行修补，以简单的话语诠释其未能理解的内容（超级目的）。在会话修补回应阶段，少数情况下儿童会基于头脑中已有图式调用陈述性知识回复受话人的修补请求（目的），以便其可以继续游戏或从事自己喜爱的活动（超级目的）（见表4-54、图4-43）。这也进一步说明，低龄组儿童的思维结构与心理结构处于发展的初级阶段并且还需不断成熟。

受话人对于儿童调用知识+语言实现交际目的和超级目的的情况，可先从语言在显性取效过程中的可预料效果入手，基于儿童的话语形式调用语言编码来源要素形成认知假设（原型行为假设、无标记假设、语境共享假设)。同时，在语言可预料效果的协助下通过隐性取效过程识别知识类别并定位相应知识的解码方式，从而将不可预料效果转变成可预料效果。

表4-54 低龄组儿童会话阶段调用知识+语言语用指标对应表

调用知识+语言语用指标	会话阶段				共计
	会话发起	会话维持	会话修补	会话修补回应	
社会规约性知识+交际需求	0	0	9	0	9
想象性知识+交际需求	4	2	0	0	6
陈述性知识+交际需求	4	2	0	0	6
想象性知识+社会互动环境	4	2	0	0	6
陈述性知识+社会互动环境	4	2	0	0	6
想象性知识+已有图式	3	2	0	0	5
陈述性知识+已有图式	3	3	0	18	24
共计	22	13	9	18	62

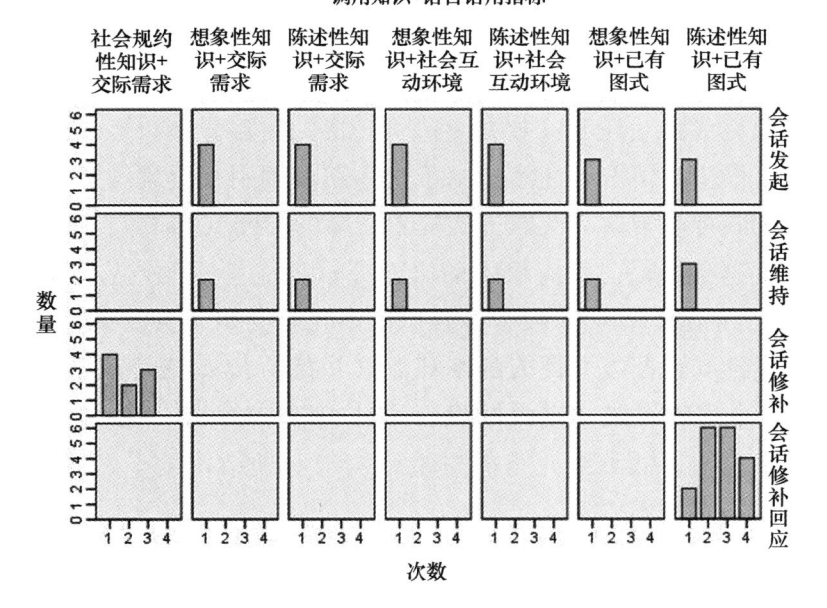

图4-43 低龄组儿童会话阶段调用知识+语言语用指标条形图

2. 语篇能力

对低龄组儿童调用知识+语言完成语篇任务情况进行统计。皮尔逊卡方值为 11635.268，$p=0.000$，说明语篇叙述维度对低龄组儿童调用知识+语言的数量具有显著影响。

统计结果显示，低龄组儿童在涉及叙述事件、人物时地背景、叙述顺序（调用次数极少）时主要在调用交际背景的同时借助陈述性知识简单描述所发生的事件及其背景信息、事件的先后顺序（目的），为受话人呈现故事的基本内容和脉络（超级目的）。绘本中的图片为儿童提供了相应的交际背景，而低龄组儿童由于认知能力和语言表达能力有限，他们仅对图片中的某些人、事、物进行简单的事实性陈述。

对于引述或模仿层面，儿童会基于故事的交际背景调用想象性知识模仿他人话语（目的）。当低龄组儿童看到图片中故事人物张开嘴巴时，他们会联想到故事人物试图要讲述一番，这时就会调用想象性知识模仿故事中人物话语并丰富故事情节（超级目的）。

在结束语阶段，极少数情况下儿童偶尔会在调用已有图式的同时借助社会规约性知识表示叙述内容的结束（目的），并渴望从事其他活动（超级目的）。少数低龄组儿童可以通过调用已有图式意识到自我叙述的终结，并通过礼貌的方式将绘本交给受话人。

在回答主试问题阶段，极少数情况下低龄组儿童会基于已有图式调用社会规约性知识进行回应（目的），以便继续讲述绘本故事，以示与受话人保持友好状态（超级目的）。

在涉及叙述观点时，极少数情况下儿童会在调用命题态度的同时借助想象性知识表达人物的基本观点（目的）以及通过故事人物传递自我对世界的看法（超级目的）。图片中人物的表情信息为儿童提供了一触即发的叙述动机，因此少数儿童会调取想象性知识（想象自己若是故事人物的感受），通过命题态度表达人物或自我观点（见表4-55、图4-44）。这也说明低龄组儿童的认知、理解和语言能力相对有限，他们调用想象性知识并基于此传递命题态度的能力处于较低水平，不能较好地区分虚与实。

受话人在解读儿童调用知识+语言传递叙述目的和超级目的时，首先根据话语形式在显性取效过程中所呈现的可预料效果，并结合语言编码来源要素在隐性取效过程中解读儿童调用知识的不可预料

表4-55　低龄组儿童语篇叙述中调用知识+语言语用指标对应表

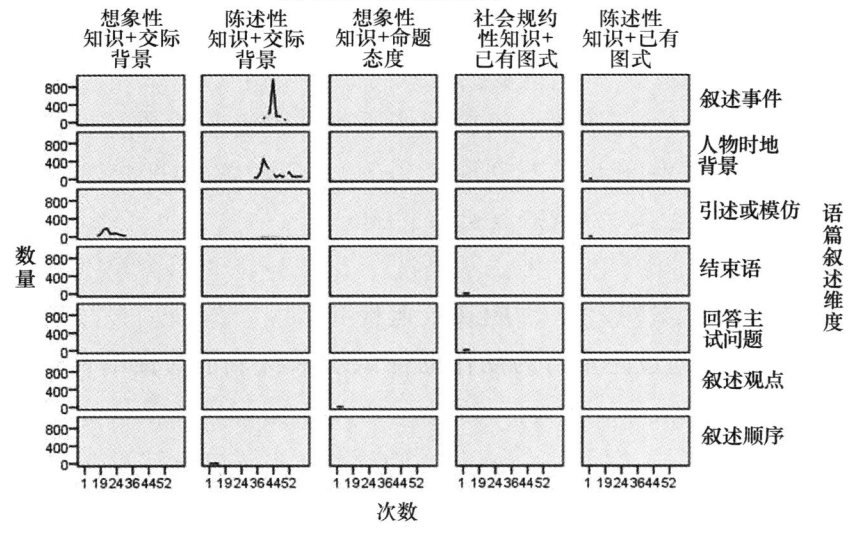

调用知识+语言语用指标	语篇叙述维度					共计
	想象性知识+交际背景	陈述性知识+交际背景	想象性知识+命题态度	社会规约性知识+已有图式	陈述性知识+已有图式	
叙述事件	0	1586	0	0	0	1586
人物时地背景	0	1499	0	0	3	1502
引述或模仿	738	0	0	0	3	741
结束语	0	0	0	14	0	14
回答主试问题	0	0	0	15	0	15
叙述观点	0	0	11	0	0	11
叙述顺序	0	12	0	0	0	12
共计	738	3097	11	29	6	3881

图4-44　低龄组儿童语篇叙述中调用知识+语言语用指标线性图

效果。借此，受话人可定位知识类型并探索相应解码方式，对儿童话语进行认知假设（原型行为假设、无标记假设、语境共享假设），从而解码儿童的叙述目的和超级目的。

（六）低龄组儿童的知识+行为语用指标分析

1. 会话能力

低龄组儿童在会话阶段较少调用知识+行为。皮尔逊卡方值是 192.000，p=0.000，表示会话阶段对儿童调用知识+行为的数量存在显著制约关系。

在会话发起阶段，少数情况下儿童会调用想象性知识并通过给予受话人某物的方式发起会话（目的），表示希望受话人加入其设想的游戏或希望受话人可以提供实施游戏方面的帮助（超级目的）。在会话维持阶段，少数情况下儿童通过面部表情（注视正在把玩的玩具）并调用想象性知识维持会话（目的），帮助受话人理解正在从事的游戏内容（超级目的）。低龄组儿童很容易被玩具所吸引，因此在会话维持过程中也会目不转睛地注视玩具并置身其中，通过调用与玩具或游戏相关的想象性知识回复受话人。在会话修补阶段，极少数情况下儿童会通过手势指示（向受话人确认其所提及的话题是否涉及所指示的物体）的行为方式调取社会规约性知识并以礼貌的方式希望受话人可以修补话语（目的），以便儿童可以理解（超级目的）。在会话修补回应阶段，少数情况下儿童会通过调用陈述性知识并注视受话人（面部表情），以便可以调用所掌握的陈述性知识回应受话人（目的），进而继续从事眼前的游戏活动（超级目的）（见表4–56、图4–45）。这也提示会话阶段的低龄组儿童在适切条件下驾驭知识的能力还处于起步阶段。

受话人可通过儿童行为动作的探试效果所给予的提示在受动取效过程中调取认知策略（精细化策略、组织策略、理解—控制策略、情感策略），并在现实语境基础上提取头脑中已有的行为图式，以便可以在隐性取效过程中识别儿童所调用知识类型的不可预料效果，构成认知假设（无标记假设、语境共享假设），从而解码儿童的会话目的和超级目的。

表4-56 低龄组儿童会话阶段调用知识+行为语用指标对应表

会话阶段	想象性知识+给予受话人某物	社会规约性知识+手势指示	想象性知识+面部表情	陈述性知识+面部表情	共计
会话发起	19	0	0	0	19
会话维持	0	0	16	0	16
会话修补	0	8	0	0	8
会话修补回应	0	0	0	21	21
共计	19	8	16	21	64

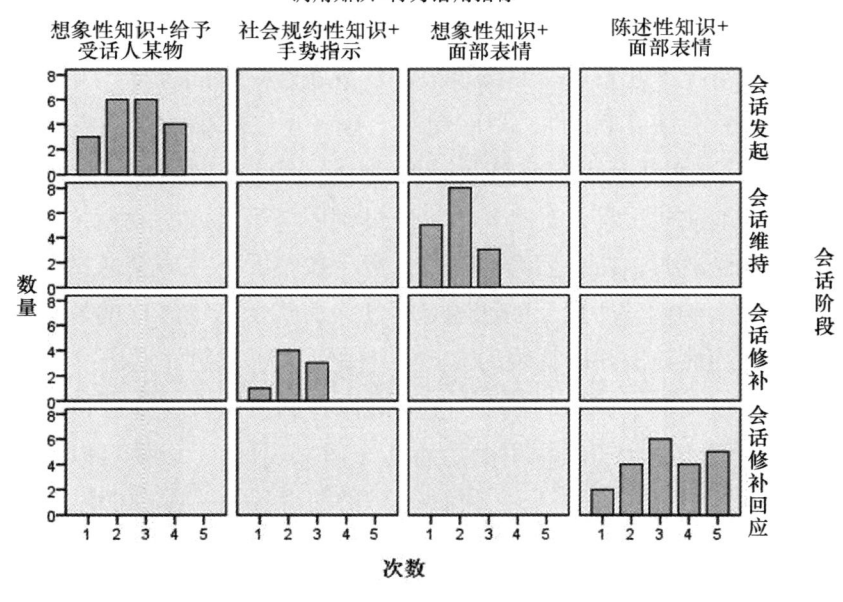

图4-45 低龄组儿童会话阶段调用知识+行为语用指标条形图

2. 语篇能力

对低龄组儿童在进行绘本图片叙述时调用知识+行为情况进行分析。

结果表明，在涉及叙述事件时，极少数情况下儿童会通过调用陈述性知识并借助面部表情传递故事中事件的内容（目的），以便使受话人感同身受（超级目的）。少数低龄组儿童借助图片叙述某些事件时会沉浸在所叙述的情节中，因此会通过调用陈述性知识如实描述图片信息，并借助面部表情传递事件的轻重缓急。这说明幼儿已初步具有引人注目的情绪理解能力，可以解释、预测并影响他人的情绪（方富熹、方格、林佩芬，2003：255）。

对于人物时地背景、叙述顺序，儿童并不伴随行为动作以交代事件发生的基本背景、事件的原委。这恰好验证了皮亚杰认为儿童具有自我中心性这一观点，即低龄组儿童误认为自己所见的事物同样也被他人所见，因此并无行为动作予以指示。

在引述或模仿阶段，少数情况下儿童会通过调取头脑中想象性知识猜想图片中的人物此时此刻应该如何发声，儿童平时所接触到、听到或看到的人物形象会映射到儿童头脑中，儿童通过模仿其话语或行为方式向受话人展示故事中人物的话语（目的），间接传递人物的形象特点（超级目的）。

对于结束语，儿童偶尔通过调用陈述性知识并通过将绘本传递给受话人的方式告知受话人讲述完毕的事实（目的），并提示受话人其渴望进行下一项活动（超级目的）。

在回答主试问题阶段，少数情况下儿童会通过面部表情或点头赞同等行为方式并借助陈述性知识回答受话人针对叙述内容的提问（目的），保持与受话人的良好关系（超级目的）。对于与叙述内容相关的问题，少数儿童会依据有限的对事件理解的陈述性知识并通过面部表情的辅助作用帮助受话人理解其回复内容。同时，对于较难的问题受话人一般会给予提示，少数儿童会将此与头脑中已有的陈述性知识进行匹配，仅需要点头赞同即可。

就叙述观点而言，少数情况下儿童会借助社会规约性知识并辅以面部表情表达对故事中人物的看法或观点（目的），折射出其社会观的显露（超级目的）。可见，低龄组儿童已初步具有社会认知能力，可根据故事中人物形象及其特点调取头脑中已有的社会规约性知识并通过面部表情的辅助表达其情感。

对于儿童调用知识+行为传递叙述目的和超级目的的情况，受话人可从儿童的探试性行为入手，通过直观观察方式在受动取效过程中借助认知策略（精细化策略、组织策略、理解—控制策略、情感策略）以及叙述语境提取头脑中相关行为图式并确定解码知识类型，形成认知假设（无标记假设、语境共享假设），在隐性取效过程中借助行为动作的提示将知识的不可预料效果转变为可预料效果。

（七）低龄组儿童的语言+行为语用指标分析

1. 会话能力

低龄组儿童在会话阶段也会借助语言+行为进行会话，这主要体现在会话发起及会话修补回应阶段（见表4-57、图4-46）。皮尔逊卡方值是11818.307，p=0.000，说明会话阶段对低龄组儿童调用语言+行为的数量具有显著影响。

表4-57　低龄组儿童会话阶段调用语言+行为语用指标对应表

调用语言+行为语用指标	会话发起	会话维持	会话修补	会话修补回应	共计
交际需求+给予受话人某物	224	0	0	0	224
已有图式+给予受话人某物	229	0	0	0	229
社会互动环境+模仿	0	10	0	0	10
已有图式+模仿	0	9	0	623	632
已有图式+位置移动	0	0	3	0	3
交际需求+手势指示	3590	0	0	0	3590
已有图式+面部表情	0	0	4	0	4
共计	4043	19	7	623	4692

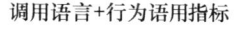

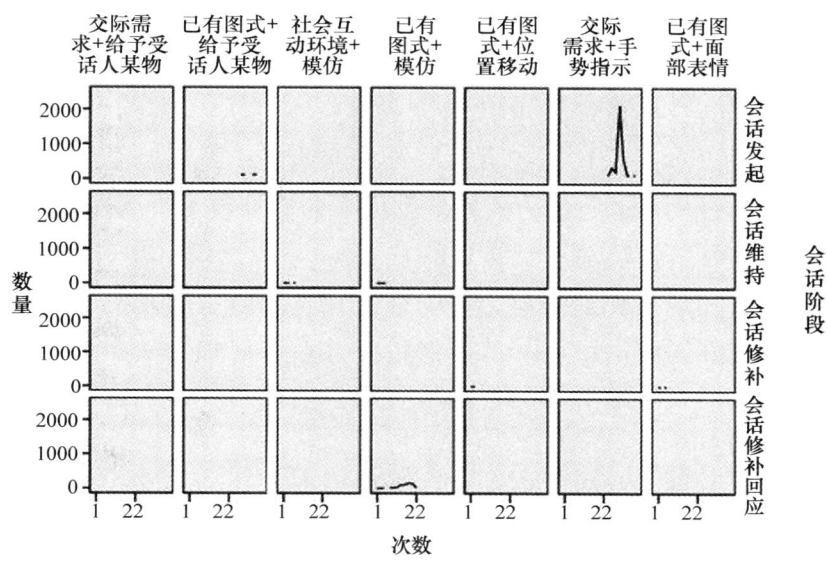

第四章　学龄前儿童语用发展取效行为研究的设计与分析　283

图4-46　低龄组儿童会话阶段调用语言+行为语用指标线性图

在会话发起阶段，低龄组儿童主要会基于自我的交际需求并通过手势指示的行为方式试图发起会话（目的），期待受话人对此进行关注（超级目的）。低龄组儿童有时在发起会话时仅会考虑到自身交际需求并借助语音和动力与自己的身体世界对接（韩礼德，2015：8），由此儿童便借助手势指示传递语言和行为符号意义。在会话维持阶段，低龄组儿童借助语言+行为传递交际目的和超级目的的情况较少，但已有所涉及。这主要体现为儿童基于社会互动环境或已有图式通过模仿的行为方式与受话人共建话语意义（目的），维持话语进程（超级目的）。少数低龄组儿童在回复受话人的提问时一般会考虑到现实互动语境或头脑中已有的相关图式知识，并借助模仿的行为方式直观传递话语意义。极少数情况下，在会话修补阶段，儿童会借助已有图式，并通过位置移动或面部表情向受话人传递修补请求（目的），以便受话人调整话语形式便于儿童理解（超级目的）。当接收到受话人话语时，极少数儿童会在头脑中搜索相关已有图式，将受话人的话语意义与之相匹配。此外，他们发现受话人的话语意义不在其可操控的范围之内时则会借助行为方式发起会话修补请求，如转身离开（位置移动）或注视受话人（面部表情），以便受话人可以迅速识解。在会话修补回应阶段，儿童则会调用已有图式，并通过模仿的行为方式回应受话人的修补请求（目的），旨在可以继续实施其他活动（超级目的）。分析原因发现，鉴于低龄组儿童有限的认知能力和理解能力，受话人在发出修补请求时会选择儿童可以接受并理解的话语形式。低龄组儿童可以借助头脑中的已有图式，在受话人话语形式的帮助下直观模仿即可完成回复会话修补请求的任务。

受话人对于儿童调用语言＋行为传递会话目的和超级目的的情况，可以首先在显性取效过程中挖掘话语形式的可预料效果，并结合交际情境、语言编码来源要素在受动取效过程中观察儿童的行为动作，借助认知策略（精细化策略、组织策略、理解—控制策略、情感策略）调取已有行为图式并进行认知假设（无标记假设、语境共享假设），从而解码儿童借助语言＋行为所传递的交际目的和超级目的。

2. 语篇能力

低龄组儿童在讲述绘本故事时偶尔会通过使用语言＋行为传递叙述目的和超级目的。皮尔逊卡方值为 3615.978，$p = 0.000$，表示语篇叙述维度对儿童调用语言＋行为的数量存在显著制约关系。

低龄组儿童尤其在表达叙述观点时使用语言＋行为数量较多（见表 4-58、图 4-47）。具体为，针对叙述事件、人物时地背景、叙述顺序，极少数情况下儿童会基于绘本中图片的交际背景或已有图式并通过手势指示（手指绘本）的方式向受话人讲述故事的基本事件、背景信息及故事发生的前后顺序（目的），旨在使受话人对故事的梗概作大致了解（超级目的）。这

第四章　学龄前儿童语用发展取效行为研究的设计与分析　285

表明，极少数低龄组儿童可以根据图片信息这一交际背景或调用与此信息相关的已有图式并通过手势指示的方式向受话人进行简单事件罗列。

在引述或模仿层面，少数情况下儿童会考虑交际背景或已有图式，通过调用面部表情模仿他人话语（目的）。由于模仿是低龄组儿童调用行为的主要方式，少数儿童会基于绘本中的交际背景，调用已有图式并通过面部表情将记忆中相应的话语形式赋予故事中的人物，以便凸显故事中的人物特点（超级目的）。

针对叙述观点，低龄组儿童往往会在考虑命题态度基础上通过面部表情传递自我观点（目的），因为正常儿童在 18 个月左右就具有了表征命题态度的能力（王桂琴、方格、毕鸿雁、杨小冬，2001：130），因此会借助面部表情这种直接的方式向受话人传递对某一事件或人物的基本态度及所具有的世界观（超级目的）。

对于结束语，极少数情况下儿童会在考虑交际背景的基础上通过给予受话人某物或位置移动表示叙述的结束（目的），并希望获得可以从事其他活动的许可（超级目的）。当儿童在交际背景提示下发现并未有其他需要叙述的内容时，便会通过位置移动（离开）或给予受话人绘本的方式表示叙述的终结。可见，少数低龄组儿童逻辑思维能力尚不完善，并不能直接借助语言等方式传递叙述任务的结束。

针对回答主试问题，极少数情况下儿童会考虑社会互动环境或认知环境或已有图式并通过面部表情或模仿行为回复受话人的提问（目的），以便可以继续从事目前的活动（超级目的）。当受话人提问时，极少数儿童会基于当前现实语境或根据受话人的词语信息（认知环境）提示或调用与此问题相关的已有图式，通过面部表情或模仿的方式使受话人迅速准确解码其话语意图。

对于儿童借助语言+行为传递叙述目的和超级目的的情况，受话人可先在显性取效过程中识别话语形式的可预料效果，并在语言编码来源要素、叙述语境提示下观察儿童的行为动作，通过受动取效过程调取认知策略(精细化策略、组织策略、理解—控制策略、情感策略)以及相关行为图式并作出认知假设(无标记假设、语境共享假设),由此可以解码儿童借助语言+行为所传递的叙述目的和超级目的。

表4-58　低龄组儿童语篇叙述中调用语言+行为语用指标对应表

调用语言+行为语用指标	叙述事件	人物时地背景	引述或模仿	结束语	回答主试问题	叙述观点	叙述顺序	共计
交际背景+给予受话人某物	0	0	0	6	0	0	0	6
社会互动环境+模仿	0	0	0	0	2	0	0	2
认知环境+模仿	0	0	0	0	1	0	0	1
已有图式+模仿	0	0	0	0	1	0	0	1
交际背景+位置移动	0	0	0	5	0	0	0	5
交际背景+手势指示	9	3	0	0	0	0	6	18
已有图式+手势指示	6	3	0	0	0	0	5	14
社会互动环境+面部表情	0	0	0	0	1	0	0	1
交际背景+面部表情	0	0	8	0	0	0	0	8
命题态度+面部表情	0	0	0	0	0	882	0	882
认知环境+面部表情	0	0	0	0	1	0	0	1
已有图式+面部表情	0	0	6	0	1	0	0	7
共计	15	6	14	11	7	882	11	946

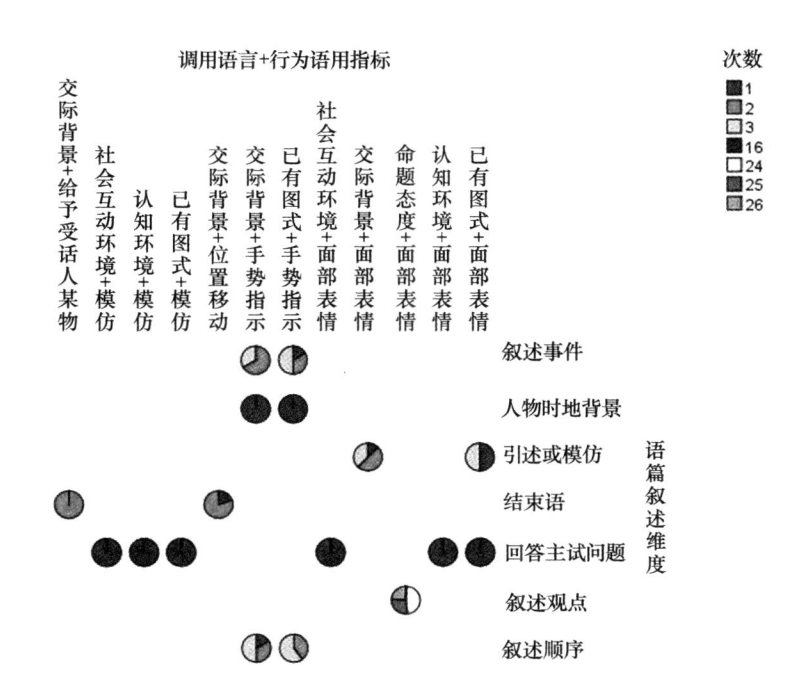

第四章　学龄前儿童语用发展取效行为研究的设计与分析　287

图4-47　低龄组儿童语篇叙述中调用语言+行为语用指标饼状图

（八）低龄组儿童的知识+语言+行为语用指标分析

1. 会话能力

低龄组儿童在会话阶段偶尔也会调用知识+语言+行为来完成会话任务。虽然情况并不多见，但也有所体现。此外，皮尔逊卡方值为260.300，p=0.000，说明会话阶段对低龄组儿童调用知识+语言+行为的数量具有显著影响。

在会话发起时，极少数情况下儿童会基于社会互动环境调用想象性知识并借助给予受话人某物的方式发起会话（目的）。因为儿童以游戏作为主要的活动方式，极少数儿童试图发起会话时会基于当时的游戏情境（社会互动环境），选择与游戏相关的想象性知识并通过给予受话人玩具的方式使受话人加入游戏（超级目的）。在会话维持阶段，少数情况下儿童则会基于社会互动环境或已有图式或认知环境通过调用陈述性知识或想象性知识并辅以模仿的行为方式使会话得以维持（目的），与受话人针对特定主题持续游戏（超级目的）。少数儿童在与受话人持续会话时会依据受话人的实际问题考虑到当前的交际语境或通过调用头脑中的已有图式或根据受话人的词语信息等（认知环境）调取适切知识，如陈述性知识（回应受话人的事实性提问）或想象性知识（儿童对于难以回答的问题会选择脱离现实的想象性知识予以回复来实现以虚代实之目的），在模仿这一直观行为的帮助下实现交际目的和超级目的。在会话修补阶段，极少数情况下儿童会基于当前社会互动环境或认知环境或已有图式，通过调取陈述性知识，辅以面部表情来传递修补的目的和潜意识中希望与受话人将话题维持下去的超级目的。极少数儿童首先会在接收到来自受话人的话语后，进而考虑当前的交际环境或认知语境（受话人的词语等信息）或调取头脑中相关的已有图式，以便将此话语信息与儿童所掌握的陈述性知识相适配，若儿童发现难以适配时则会借助最简单的面部表情（如茫然不知所云）向受话人传递修补请求。在会话修补回应阶段，少数情况下儿童会通过调用认知环境要素（基于受话人的词语等信息）并提取陈述性知识或想象性知识通过面部表情回应受话人的修补请求（目的），以便在回应受话人之后可以从事其他活动（超级目的）。少数儿童以受话人的词语等信息（认知环境要素）为出发点调取陈述性知识（回应受话人有关事实性问题）或想象性知识（回应难以回答的问题），并借助面部表情辅助受话人进行解读（见表4-59、图4-48）。

受话人首先在显性取效过程中以话语形式所产生的可预料效果及语言编码来源要素为突破口，在隐性取效过程中根据知识相应的解码方式对此进行解读。此外，对于儿童的探试性行为在受动取效过程中可借助认知策略（精细化策略、组织策略、理解—控制策略、情感策略）、现实语境并综合语言的可预料效果和知识的不可预料效果形成认知假设（无标记假设、语境共享假设），解读儿童借助知识＋语言＋行为所传递的会话目的和超级目的。

表4-59　低龄组儿童会话阶段调用知识+语言+行为语用指标对应表

调用知识+语言+ 行为情况	会话发起	会话维持	会话修补	会话修补回应	共计
想象+互动+给予	5	0	0	0	5
想象+互动+模仿	0	4	0	0	4
想象+认知+模仿	0	3	0	0	3
想象+认知+表情	0	0	0	31	31
想象+图式+模仿	0	4	0	0	4
陈述+互动+模仿	0	4	0	0	4
陈述+互动+表情	0	0	2	0	2
陈述+认知+模仿	0	4	0	0	4
陈述+认知+表情	0	0	2	34	36
陈述+图式+模仿	0	3	0	0	3
陈述+图式+表情	0	0	2	0	2
共计	5	22	6	65	98

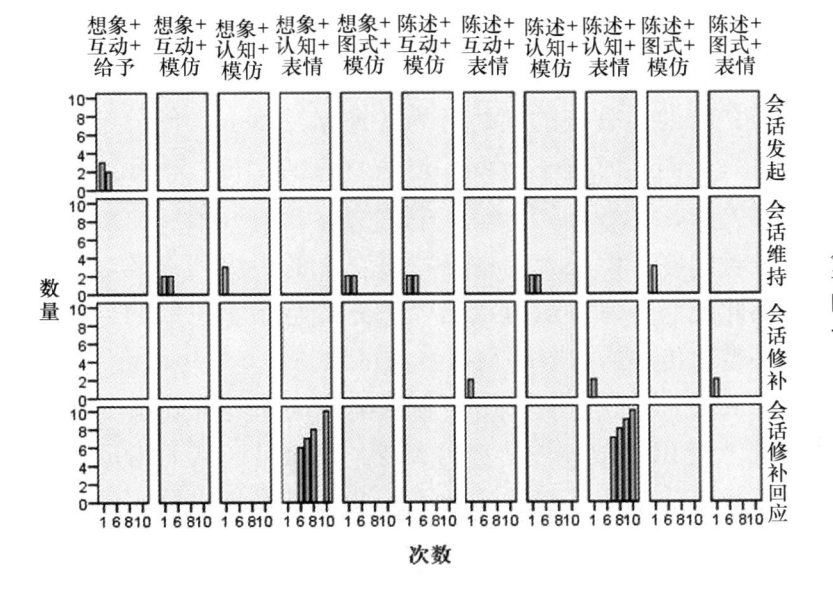

图4-48　低龄组儿童会话阶段调用知识+语言+行为语用指标条形图

2. 语篇能力

低龄组儿童在讲述绘本时偶尔也会调用知识＋语言＋行为来传递叙述目的和超级目的，在回答主试问题阶段表现得尤为明显。皮尔逊卡方值为5975.000，p = 0.000，表示语篇叙述维度对低龄组儿童调用知识＋语言＋行为的数量存在显著制约关系。

在叙述事件时，少数儿童会基于绘本的交际背景通过调用陈述性知识并辅以面部表情向受话人讲述图片中的故事/事件梗概（目的），使受话人对该故事/事件进行简要了解（超级目的）。

对于人物时地背景、叙述顺序两个维度，儿童偶尔会通过调用绘本中的交际背景及陈述性知识并借助手势向受话人直观传递故事发生的背景信息、事件的时间或逻辑顺序（目的），使受话人直接掌握故事/事件发生的主题基调及因果关系（超级目的）。

针对引述或模仿层面，儿童偶尔基于交际背景或已有图式通过调用想象性知识并辅以模仿的行为引述故事/事件中人物的话语（目的），以便受话人可以多方面了解故事/事件中人物性格特点（超级目的）。少数低龄组儿童在讲述绘本故事时对于某些人物形象会通过想象性知识并借助最直接的模仿行为传递给受话人。低龄组儿童的模仿行为也与他们平时善于观察并模仿身边的父母、教师或同伴的话语和行为关系密切。首先，绘本中的交际背景可激发他们对人物性格特点进行阐释，但是人物性格特点对于低龄组儿童是难以传递的层面，因此他们会通过最直接的模仿方式与善于想象的天性相结合，从而将难以传递的内容展现得淋漓尽致。

对于结束语，少数情况下儿童会在调用认知环境要素（逻辑信息）的基础上意识到叙述内容已经结束（目的），从而借助陈述性知识以及位置移动（离开叙述的地点）或给予受话人绘本的方式希望受话人感知到叙述任务已经完成，并允许他们进行其他活动（超级目的）。少数低龄组儿童在教师及父母平时的教育下基本可以掌握礼貌的处事方式，因此会以陈述叙述任务结束这一事实的方式并通过行为向受话人传递叙述结束的信息。

在回答主试问题阶段,儿童会在考虑认知环境要素(受话人的词语等信息)基础上借助陈述性知识(由于受话人对低龄组儿童的提问往往与绘本故事有关,属于陈述性知识问题)并辅以手势指示(手指绘本)的行为方式回答受话人针对叙述内容的提问(目的),以便可以从事其他活动(超级目的)。

就叙述观点而言,极少数情况下儿童会在绘本所呈现的交际背景基础上,通过调用社会规约性知识并借助面部表情传递自我或故事人物的感受(目的),旨在凸显儿童的个人价值观(超级目的)。极少数儿童以绘本交际背景为提示信息,通过调用社会规约性知识以及面部表情(向受话人直接表达情感态度)传递故事图片中人物应该表现出的行为规范。这说明极少数低龄组儿童的社会化能力已初步形成(见表4-60、图4-49)。

受话人在解读儿童借助知识+语言+行为所传递的叙述目的和超级目的时,可先从话语形式在显性取效过程中的可预料效果入手,并借助语言编码来源要素推测儿童的话语意图。此外,需结合行为在受动取效过程中的探试效果并借助认知策略(精细化策略、组织策略、

表4-60　低龄组儿童语篇叙述中调用知识+语言+行为语用指标对应表

调用知识+语言+行为语用指标	叙述事件	人物时地背景	引述或模仿	结束语	回答主试问题	叙述观点	叙述顺序	共计
社会+背景+表情	0	0	0	0	0	7	0	7
想象+背景+模仿	0	0	7	0	0	0	0	7
想象+图式+模仿	0	0	6	0	0	0	0	6
陈述+背景+手势	0	6	0	0	0	0	8	14
陈述+背景+表情	17	0	0	0	0	0	0	17
陈述+认知+给予	0	0	0	5	0	0	0	5
陈述+认知+位置	0	0	0	5	0	0	0	5
陈述+认知+手势	0	0	0	0	1026	0	0	1026
陈述+认知+表情	0	0	0	0	108	0	0	108
共计	17	6	13	10	1134	7	8	1195

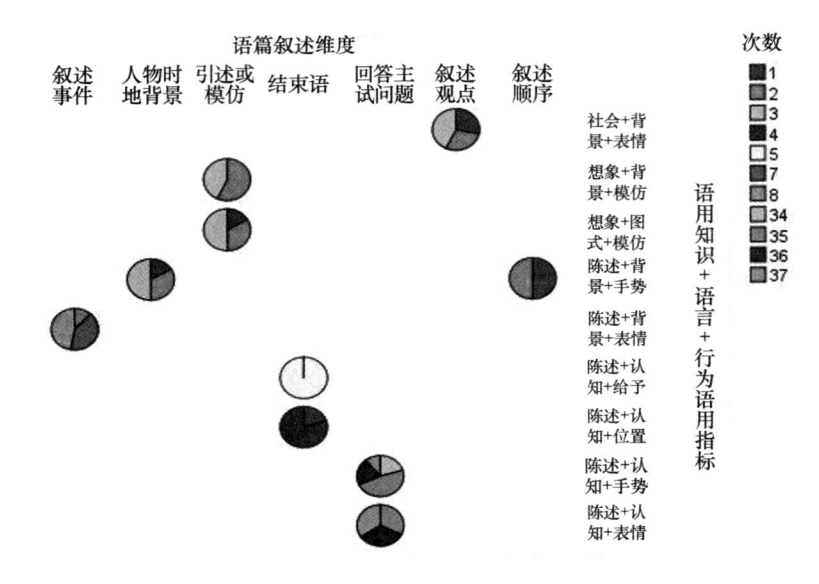

图 4-49　低龄组儿童语篇叙述中调用知识+语言+行为语用指标饼状图

理解—控制策略、情感策略）、叙述语境、头脑中已有的行为图式分析儿童通过隐性取效过程所传递的知识的类型，以便定位相应知识的解码方式，形成认知假设（无标记假设、语境共享假设），从而正确解码儿童借助知识+语言+行为所传递的叙述目的和超级目的。

二　中龄组儿童语用指标分析

同理，通过定性和定量的研究方法对中龄组儿童的会话能力及语篇能力进行调查分析。

（一）中龄组儿童语用指标整体分析

1. 会话能力

对中龄组儿童在会话阶段使用知识、语言、行为及其交互关系的数量进行量化分析，获得 4×7 的交叉表以及行列维度最小值减 1 的维度，见表 4-61。第一维度 Dim 1 解释了列联表的 98.3%，第二维度 Dim 2 解释了 1.7%，即两个维度可以解释数据的 100%。

表4-61　　　　　中龄组儿童会话阶段调用语用指标摘要表

Summary

Dimension	Singular Value	Inertia	Chi Square	Sig.	Proportion of Inertia		Confidence Singular Value	
					Accounted for	Cumulative	Standard Deviation	Correlation 2
1	.674	.454			.983	.983	.006	.062
2	.090	.008			.017	1.000	.010	
3	.003	.000			.000	1.000		
共计		.462	5442.165	.000ª	1.000	1.000		

a. 18 degrees of freedom.

表4-62显示皮尔逊卡方值是5442.165，p=0.000，即会话阶段对中龄组儿童调用各语用指标的数量存在显著制约关系。

表4-62　　　　　中龄组儿童会话阶段调用语用指标卡方测试表

Chi-Square Tests

	Value	df	Asymp. Sig. (2-sided)
Pearson Chi-Square	5442.165ª	18	.000
Likelihood Ratio	5861.232	18	.000
Linear-by-Linear Association	1530.599	1	.000
N of Valid Cases	11769		

a. 0 cells (0.0%) have expected count less than 5. The minimum expected count is 93.49.

在会话发起及会话维持阶段，中龄组儿童可以通过调用知识+语言的方式发起会话（1023次）并维持会话（1496次）（目的），以便就某一话题与受话人展开沟通（超级目的）。当儿童与他人进行游戏时则会选择借助知识+行为（994次）发起并维持会话（1478次）（目的），以便可以使受话人了解其会话目的并加入游戏（超级目的）。儿童在进行游戏时会在头脑中提取相关知识发起并维持会话，而这种知识相对抽象且需要借助行为进行辅助，以便受话人可以正确解读出儿童发起与维持会话的目的。此外，针对与受话人的自然会话，儿童会直接借助语言的可预料效果弥补知识的不可预料性。在会话修补及会话修补回应阶段，儿童均会通过语言直接发起修补请求（1807 次）或回应修补请求（1107 次）（目的），希望与受话人维持交际状态和良好的人际关系（超级目的）。这表明，随着年龄的增长儿童可以在社会互动环境中有效使用语言完成会话修补任务，并可在内容和表达之间做出适宜推论（贝克，2004：535）（见表 4-63、图 4-50）。

针对中龄组儿童使用知识+语言的情况，受话人首先从话语形式在显性取效过程中的可预料效果入手并结合语言编码来源要素分析儿童所调用的知识类型在隐性取效过程中所凸显的不可预料效果，以便形成认识假设（原型行为假设、无标记假设、语境共享假设），并找出相应知识类型的解码方式。对于儿童借助知识+行为传递会话目的和超级目的的过程，受话人可根据探试行为在受动取效过程以及现实语境中调用认知策略（精细化策略、组织策略、理解—控制策略、情感策略），提取相关行为图式并结合知识的相应解码方式作出认知假设（无标记假设、语境共享假设），从而正确推断儿童借助知识+行为所传递的会话目的和超级目的。对于儿童借助语言所传递的会话目的和超级目的，受话人需要借助话语形式所产生的可预料效果并通过语言编码来源要素形成认知假设（原型行为假设、无标记假设、语境共享假设），从而解读出儿童通过使用语言所传递的会话目的和超级目的。

表 4-63　　　　中龄组儿童会话阶段调用语用指标对应表

会话阶段	调用语用指标							共计
	知识	语言	行为	知识+语言	知识+行为	语言+行为	知识+语言+行为	
会话发起	278	271	272	1023	994	274	201	3313
会话维持	232	238	223	1496	1478	228	225	4120
会话修补	149	1807	143	145	143	147	145	2679
会话修补回应	91	1107	89	91	93	93	93	1657
共计	750	3423	727	2755	2708	742	664	11769

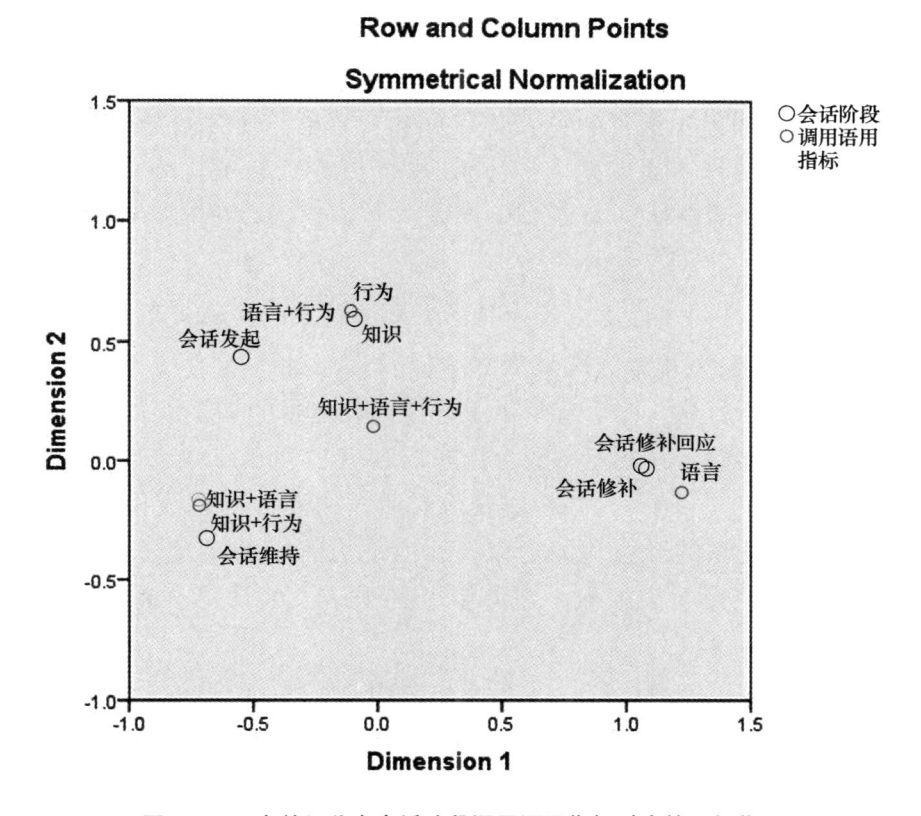

图 4 – 50　中龄组儿童会话阶段调用语用指标对应的正规化图

2. 语篇能力

研究发现，皮尔逊卡方值为 10686.665，p = 0.000，表示语篇叙述维度对中龄组儿童调用各语用指标的数量存在显著制约关系（见表 4 – 64）。

儿童在涉及叙述事件及人物时地背景时，通过调用知识 + 语言 + 行为（叙述事件：831 次；人物时地背景：1200 次）或调用知识 + 语言的方式（叙述事件：821 次；人物时地背景：1211 次）向受话人阐释事件或背景信息（目的）。当儿童在向受话人讲述绘本时会选择调用知识 + 语言 + 行为进行阐释。这可能是因为随着儿童认知能力的提升，他们可以通过行为等方式的辅助将受话人的目光吸引到绘本主要事件及背景信息上，以便调动受话人倾听的积极性（超级目的）。如果儿童仅面对受话人讲述故事/事件，会选择调用知识+语言的方式将事件和背景信息讲述清楚，以便受话人可以了解接下来所发生的故事/事件原委（超级目的）。

针对引述或模仿及叙述顺序层面，儿童只需借助语言引述或模仿（578次）以及呈现事件的先后顺序、前因后果（2338次）（目的），旨在支持前述话语以及为受话人厘清故事的逻辑关系（超级目的）。由于中龄组儿童认知发展水平以及信息加工能力均有所提升，可以仅借助语言这一明示或暗示手段传递叙述目的和超级目的。

就结束语而言，儿童一般会选择语言（1438次）告知受话人叙述内容的结束（目的），并希望获得受话人的评价（超级目的）。这说明中龄组儿童的社会化能力以及语言能力有了长足发展，可以有始有终地叙述完一个故事，并渴望得到受话人的认可（超级目的）（贝克，2004：844）。

在回答主试问题阶段，儿童往往调用语言（1103次）回复受话人的提问（目的），以期可以继续讲述（超级目的）。随着中龄组儿童认知能力的发展，他们可以借助语言梳理思绪，找到回复受话人提问的正确方式。

对于叙述观点，儿童主要通过语言（1061次）来阐述人物或自我的观点或看法（目的），以便凸显人物特点以及自我的价值观（超级目的）。中龄组儿童可以较好地驾驭语言，通过语言来表达某些抽象概念。但是据观察语料发现，对于个别观点词汇，儿童只是在记忆的帮助下表达出来，尚未真正予以理解（见表4-65、图4-51）。

对于儿童仅借助语言所传递的叙述目的和超级目的，受话人可在显性取效过程帮助下解读话语形式的可预料效果，并基于语言编码来源要素对儿童语言形成认知假设（原型行为假设、无标记假设、语境共享假设），从而解读儿童的叙述目的和超级目的。针对儿童借助知识+语言所表达的叙述目的和超级目的，受话人可以以话语形式在显性取效过程中所带来的可预料效果为突破口,在隐性取效过程中定位知识类型及相应解码方式,从而在语言编码来源要素帮助下作出认知假设(原型行为假设、无标记假设、语境共享假设),进而解读儿童的叙述目的和超级目的。针对儿童调用知识+语言+行为情况,受话人依然需要从话语形式在显性取效过程中所形成的可预料效果出发,结合儿童借助行为在受动取效过程中所形成的探试效果,通过认知策略(精细化策略、组织策略、理解—控制策略、情感策略)及相应的行为图式形成认知假设(无标记假设、语境共享假设),并在隐性取效过程中定位儿童所提取的知识类型以及相应的解码方式,验证语言和行为的认知假设,从而正确推导出儿童的叙述目的和超级目的。

表4-64　　中龄组儿童语篇叙述中调用语用指标卡方测试表

Chi-Square Tests

	Value	df	Asymp. Sig. (2-sided)
Pearson Chi-Square	10686.665[a]	36	.000
Likelihood Ratio	12289.522	36	.000
Linear-by-Linear Association	5243.084	1	.000
N of Valid Cases	12085		

a. 2 cells (4.1%) have expected count less than 5. The minimum expected count is 3.94.

表4-65　　中龄组儿童语篇叙述中调用语用指标对应表

语篇叙述维度	调用语用指标								共计
	知识	语言	行为	知识+语言	知识+行为	语言+行为	知识+语言+行为	
叙述事件	96	191	0	821	194	0	831	2133
人物时地背景	16	16	0	1211	55	0	1200	2498
引述或模仿	48	578	0	35	40	0	0	701
结束语	79	1438	0	76	0	0	0	1593

续表

语篇叙述维度	调用语用指标							共计
	知识	语言	行为	知识+语言	知识+行为	语言+行为	知识+语言+行为	
回答主试问题	67	1103	68	71	34	74	69	1486
叙述观点	59	1061	0	46	0	0	0	1166
叙述顺序	76	2338	0	94	0	0	0	2508
共计	441	6725	68	2354	323	74	2100	12085

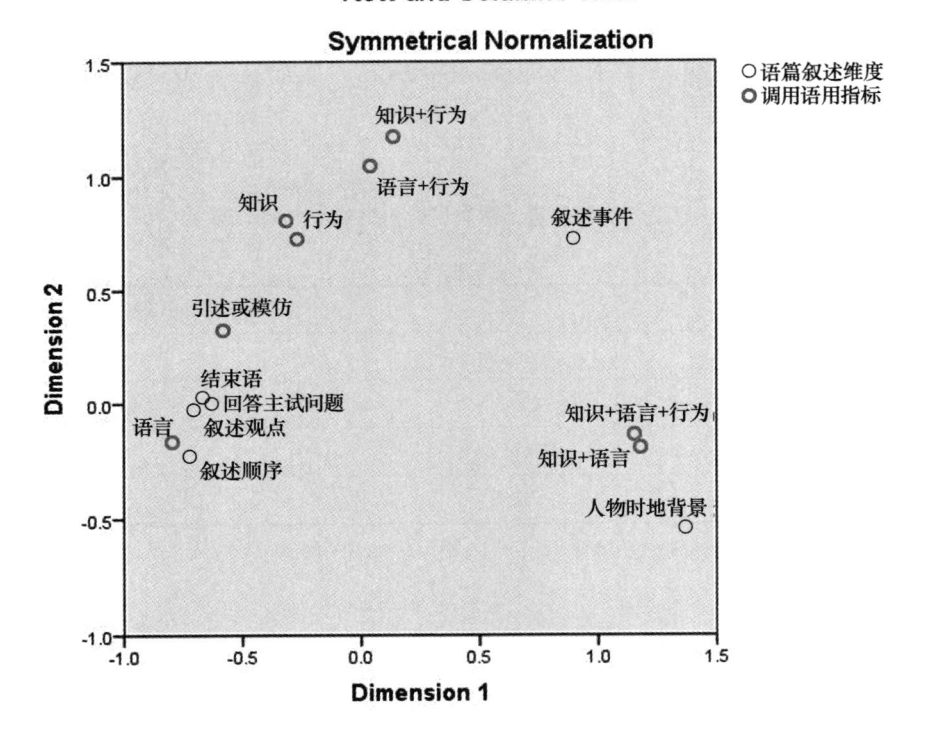

图 4-51 中龄组儿童语篇叙述中调用语用指标对应的正规化图

（二）中龄组儿童的知识语用指标分析

1. 会话能力

中龄组儿童也会通过调用相应的知识进行会话活动（见表 4-

66、图4-52)。皮尔逊卡方值是78.273，p=0.000，表示会话阶段对中龄组儿童调用知识的数量具有显著影响。

在会话发起、会话修补阶段，儿童偶尔会借助社会规约性知识或陈述性知识发起会话或发出修补请求（目的）。可见，中龄组儿童已经具备一定的社会认知能力，可以借助社会规约性知识使受话人融入会话活动或使受话人使用儿童可以理解的话语修补会话（超级目的）。此外，中龄组儿童基本可以正确区别出虚与实，因此可以通过调用陈述性知识向受话人传递某些事实，以便使受话人可以对此进行判断并给予儿童反馈（超级目的）。在会话维持及会话修补回应阶段，儿童除了会调用社会规约性知识或陈述性知识，有时也会调用想象性知识维持与受话人之间的会话活动或回应受话人的修补请求（目的），以便与受话人就该主题进行深入交流（超级目的）。儿童调用想象性知识的目的是维持会话或回应难以通过调用事实性知识进行阐释的话语。这说明中龄组儿童的认知能力和语言能力虽有所发展，但尚未达到成熟程度。因此，他们将想象性知识加以利用并实现以虚代实。

受话人可初步断定儿童所使用的知识类型并定位相应的知识解码方式，在隐性取效过程中识解知识的不可预料效果，形成认知假设（原型行为假设、无标记假设、语境共享假设），以期解码儿童借助知识所传递的目的和超级目的。

表4-66 中龄组儿童会话阶段调用知识语用指标对应表

会话阶段	调用知识语用指标				共计
	社会规约性知识	想象性知识	陈述性知识	程序性知识	
会话发起	111	23	116	28	278
会话维持	69	69	65	29	232
会话修补	65	8	66	10	149
会话修补回应	31	28	28	4	91
共计	276	128	275	71	750

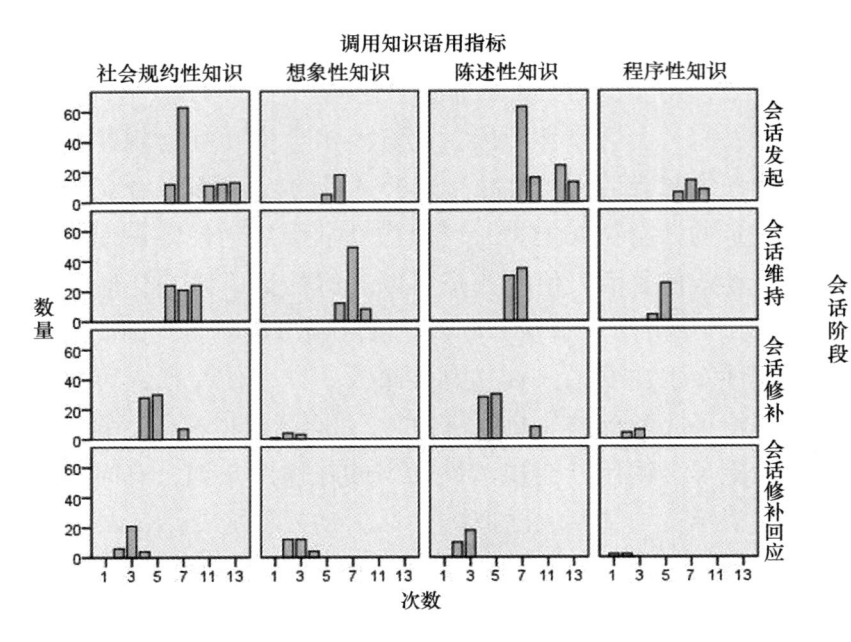

图 4-52　中龄组儿童会话阶段调用知识语用指标条形图

2. 语篇能力

中龄组儿童在进行语篇叙述时偶尔也会通过调用知识传递叙述目的和超级目的（见表 4-67、图 4-53）。皮尔逊卡方值是 331.026，p=0.000，表明语篇叙述维度对儿童调用知识的数量具有显著影响。

在涉及叙述事件、人物时地背景、引述或模仿及回答主试问题时，儿童偶尔会调用陈述性知识或想象性知识。值得注意的是，中龄组儿童的创造性思维能力已获得一定的发展，少数中龄组儿童可以将知觉或表象作为刺激物来提取相关想象性知识以便创编故事或支撑故事情节，调动受话人的倾听热情或借助想象性知识回答某些难以把握的问题。虽然所涉及的事件或所交代的背景信息或所引述或模仿的话语抑或回复主试的话语还欠完整，但这是中龄组儿童调用想象性知识开始叙述或实现以虚代实的佐证。

对于结束语层面，少数情况下儿童会调用社会规约性知识向受话人传递叙述已结束这一事实（目的）。这进一步证实，少数中龄组儿童已形成对语篇的整体性以及社会规范准则的认识，因此可以借此告知受话人叙述已经结束，并期待受话人的进一步反馈或指示（超级目的）。

就叙述观点而言，少数情况下儿童通过调用社会规约性知识或陈述性知识传递人物或自我的感受（目的），旨在与受话人实现情感上的共鸣（超级目的）。由于中龄组儿童的社会化认知能力有所形成，少数中龄组儿童可以根据社会或社团普遍认可的价值观或行为准则判断他人或自我的言行是否符合规范，因此会调用社会规约性知识表达个人认识或看法。对于某些可以直接阐释或通过绘本直接观察到的人或物则选择陈述性知识进行表达。

针对叙述顺序，少数情况下儿童可以通过调用程序性知识或陈述性知识较为清楚地交代故事/事件发生的时间或因果顺序等（目的），以便使受话人了解其来龙去脉，更好把握主题（超级目的）。据此认为，少数中龄组儿童可以初步调用程序性知识并对信息进行加工处理，旨在尽可能为受话人提供清晰的逻辑顺序，尽管这对中龄组儿童来讲仍然稍显困难。

表4-67　　中龄组儿童语篇叙述中调用知识语用指标对应表

语篇叙述维度	社会规约性知识	想象性知识	陈述性知识	程序性知识	共计
叙述事件	4	45	43	4	96
人物时地背景	1	7	7	1	16
引述或模仿	5	19	21	3	48
结束语	68	4	4	3	79
回答主试问题	3	30	31	3	67
叙述观点	21	6	28	4	59

续表

语篇叙述维度	调用知识语用指标				共计
	社会规约性知识	想象性知识	陈述性知识	程序性知识	
叙述顺序	5	5	35	31	76
共计	107	116	169	49	441

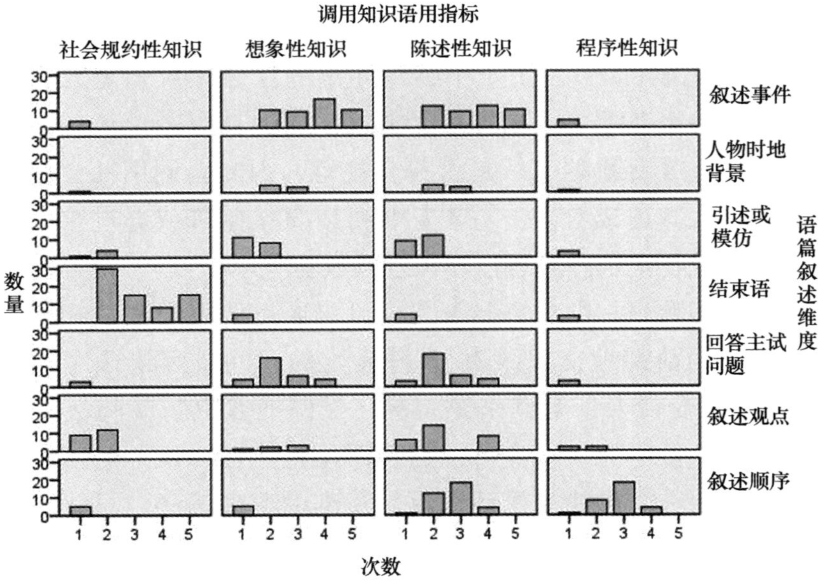

图4-53 中龄组儿童语篇叙述中调用知识语用指标条形图

受话人对儿童在语篇叙述中通过调用知识所传递的叙述目的和超级目的，可首先定位知识类型并获取与之相匹配的解码方式，形成认知假设（无标记假设、语境共享假设），进而在隐性取效过程中解读儿童的叙述目的和超级目的。

（三）中龄组儿童的语言语用指标分析

1. 会话能力

中龄组儿童在会话过程中也会借助语言进行会话活动，这主要体现在会话修补以及会话修补回应阶段（见表4-68、图4-54）。此外，皮尔逊卡方值是 4643.482，p = 0.000，即会话阶段对中龄组儿童调用语言的数量具有显著影响。

在会话发起阶段，儿童偶尔会考虑到交际需求或社会互动环境或已有图式或命题态度发起会话（目的），并期待得到受话人的正确解读，与其进行交流互动（超级目的）。可见，儿童在发起会话时除了会考虑到自我的交际需求，还会兼顾社会互动环境或头脑中与话题相关的已有图式，将语境因素或相关图式知识纳入其话语建构，这充分体现出中龄组儿童初步具有根据影响话语意义的要素适时调整会话发起方式的能力。此外，儿童在会话发起时偶尔会凸显出其命题态度，这也进一步暗示了中龄组儿童已经初步掌握通过语句传递所承载命题的态度的方式。在会话维持阶段，儿童除了会调用上述语言编码要素，偶尔还会调用认知环境要素以便使话语得以维持（目的），并与受话人就该话题进行延伸讨论（超级目的）。这表明中龄组儿童的认知能力有所发展，他们初步具有了根据受话人的词语信息、逻辑信息及常识信息等认知环境要素推导出受话人话语所隐含语用信息的能力。在会话修补阶段，儿童会根据已有图式要素来判断是否需要发起修补请求（目的），以便持续话语或与之相关的活动（超级目的）。在会话修补回应阶段，儿童则会根据受话人的交际需求或认知环境要素回应修补请求（目的），从而使会话或与之相关的活动得以持续（超级目的）。可见，中龄组儿童的理解力和认知水平有所提高，这体现在其不仅是为了持续交际调用已有图式发起会话修补请求，还体现在他们会考虑受话人的交际需求调用认知环境要素，全面解码受话人话语意图，以便回应会话修补请求。

受话人可根据话语形式在显性取效过程中的可预料效果调取语言编码来源要素形成认知假设（原型行为假设、无标记假设、语境共享假设），旨在推导儿童调用语言所传递的交际目的和超级目的。

表4-68　　　　　中龄组儿童会话阶段调用语言语用指标对应表

会话阶段	调用语言语用指标							共计
	交际需求	心智状态	社会互动环境	交际背景	命题态度	认知环境	已有图式	
会话发起	63	11	57	13	57	11	59	271
会话维持	42	11	44	14	43	43	41	238
会话修补	20	0	0	0	0	0	1787	1807
会话修补回应	464	0	0	0	0	643	0	1107
共计	589	22	101	27	100	697	1887	3423

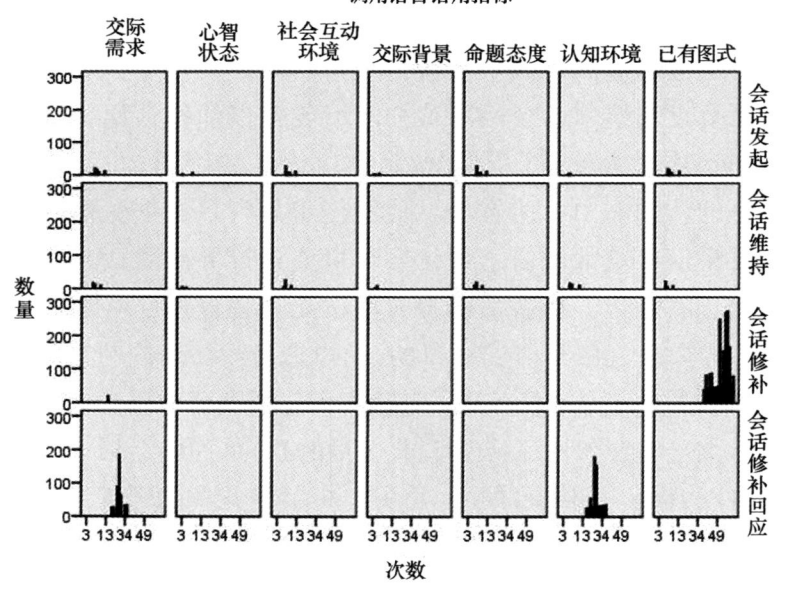

图4-54　中龄组儿童会话阶段调用语言语用指标条形图

2. 语篇能力

中龄组儿童在进行语篇叙述时也会通过调用语言完成叙述任务，尤其是在涉及引述或模仿、结束语、回答主试问题、叙述观点及叙述顺序层面体现得尤为明显（见表4-69、图4-55）。此外，皮尔逊卡方值是8496.331，$p=0.000$，表示语篇叙述维度对中龄组儿童调用语言的数量存在显著制约关系。

在涉及叙述事件和人物时地背景时，儿童偶尔会考虑到所叙述故事/事件的交际背景或已有图式，以此向受话人传递基本事件或背景信息（目的），旨在使受话人获知故事/事件的大致主题（超级目的）。但中龄组儿童所涉及的事件或背景信息还较为零散且思路不够清晰。

对于引述或模仿及叙述观点层面，儿童主要会调用命题态度以便将他人话语予以再现或表达出自我或他人的看法（目的），并帮助受话人更好地解读其对该人物的态度以及试图为受话人刻画该人物的形象及特点（超级目的）。这也提示中龄组儿童在引述或模仿以及叙述观点时会通过命题将其对该人物的态度跃然纸上。该年龄段儿童已经显露出判断是非的能力以及对世界的初步看法。

在结束语方面，儿童会调用认知环境要素，通过词语信息、逻辑信息等告知受话人叙述内容的结束（目的），并等待受话人的进一步指示（超级目的）。中龄组儿童会在故事/事件背景框架下调取认知环境要素，以期选择相关结束语。但是与低龄组儿童不同的是，在叙述结束之后中龄组儿童期待受话人对其所述内容予以评价或给予反馈。这表明中龄组儿童已经在意他人对自我的看法，即将要过渡到"他律"阶段。

针对回答主试问题层面，大多数儿童会借助认知环境要素回复受话人的提问（目的），以便使受话人根据其回复全面理解所叙述的内容（超级目的）。可以看出，中龄组儿童在回复受话人的提问时会调用词语信息、逻辑信息及常识信息全面思量受话人的问题，这一变化提示中龄组儿童的逻辑思维水平稍有提升。

就叙述顺序而言，儿童会根据认知环境要素中的逻辑信息选择叙述词汇传递故事/事件的时间或因果关系（目的），以便使受话人可以把握故事/事件的发展脉络（超级目的）。但研究结果表明，虽然中龄组儿童可以调用逻辑信息传递故事/事件的时间或因果关系，但他们的逻辑思维联系不够紧密，只停留在说明现象及个别事物之间的联系层面，还难以说明一个事件或一个过程与相关事件或过程之间

表4-69　　　　　中龄组儿童语篇叙述中调用语言语用指标对应表

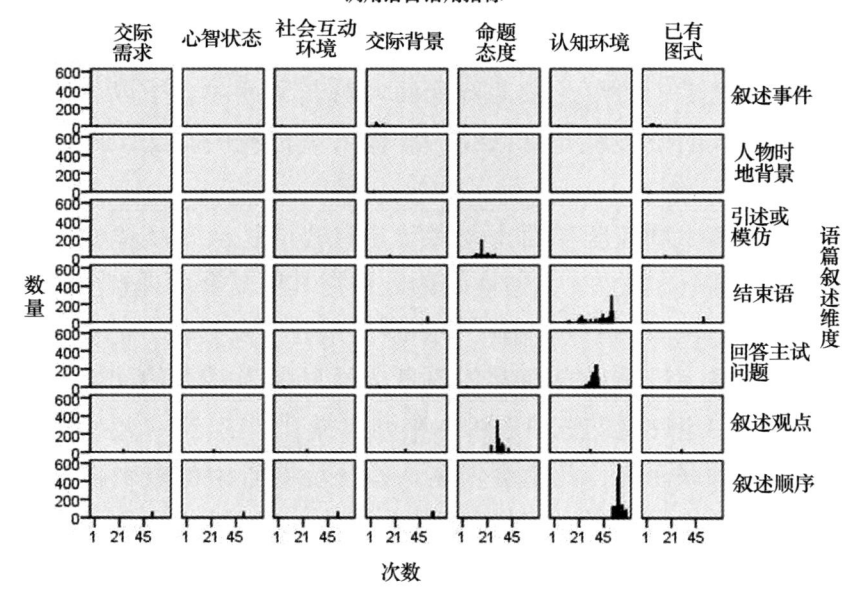

调用语言 语用指标	语篇叙述维度							共计
	叙述 事件	人物时 地背景	引述或 模仿	结束语	回答主 试问题	叙述 观点	叙述 顺序	
交际需求	4	0	0	0	0	24	60	88
心智状态	1	0	0	0	0	23	59	83
社会互动环境	3	0	0	0	5	24	61	93
交际背景	89	8	16	59	8	29	127	336
命题态度	3	0	546	0	4	902	0	1455
认知环境	4	0	0	1320	1086	30	2031	4471
已有图式	87	8	16	59	0	29	0	199
共计	191	16	578	1438	1103	1061	2338	6725

图4-55　中龄组儿童语篇叙述中调用语言语用指标条形图

的联系（沈德立、白学军，2004：396）。

受话人针对儿童借助语言所传递的叙述目的和超级目的，可根据话语形式在显性取效过程中所传递的可预料效果并借助语言编码来源要素对儿童的叙述语言进行认知假设（原型行为假设、无标记假设、语境共享假设），以便解码儿童借助语言所表达的叙述目的和超级目的。

（四）中龄组儿童的行为语用指标分析

1. 会话能力

研究发现，中龄组儿童偶尔会借助行为完成会话任务，但数量有下滑趋势。皮尔逊卡方值为555.771，$p=0.000$，表示会话阶段对中龄组儿童调用行为的数量具有显著影响。

具体情况是，在会话发起阶段儿童主动发起会话相对较为羞涩，因此偶尔会通过借助面部表情或位置移动（走近受话人）的方式，以便友好地发起会话邀请（目的），这样受话人可以与儿童展开交流（超级目的）。可见，中龄组儿童对社会关系已具有认知，可初步掌握某些交往技能。在会话维持和会话修补阶段，儿童较少借助行为，只是偶尔借助点头摇头或模仿或给予受话人某物或手势指示或向受话人展示某物的方式维持会话（目的），借助面部表情或摇头的方式请求受话人对会话进行修补（目的），以便使交际顺畅进行或可以继续游戏（超级目的）。因为随着中龄组儿童认识能力的提高其语言加工能力也有所突破，他们可以借助语言、知识向受话人传递概念（目的），并与受话人针对某一话题展开持续交流或请求受话人调整话语，以便儿童可以接受并理解（超级目的）。在会话修补回应阶段，儿童偶尔通过模仿或点头赞同或摇头拒绝的方式进行回应（目的），这主要针对难以回答的会话修补请求，中龄组儿童可以借助模仿行为直观传递给受话人，以便其对此正确解码（超级目的）。对于受话人已经解读出话语意图的修补请求，儿童只需点头或摇头来判断受话人是否解读准确即可（超级目的）（见表4-70、图4-56）。

表4-70　　　中龄组儿童会话阶段调用行为语用指标对应表

调用行为 语用指标	会话阶段				共计
	会话发起	会话维持	会话修补	会话修补回应	
向受话人展示物品	16	36	2	3	57
给予受话人某物	11	36	1	2	50
位置移动	96	3	2	2	103
手势指示	8	33	5	2	48
点头赞同	8	30	4	26	68
摇头拒绝	8	37	60	26	131
身体触碰	9	7	3	1	20
模仿	8	35	4	25	72
面部表情	108	6	62	2	178
共计	272	223	143	89	727

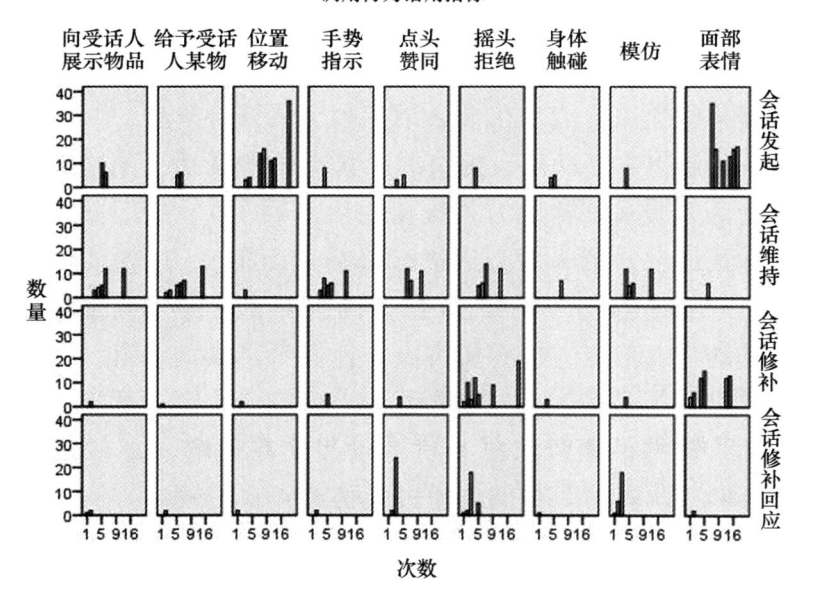

图4-56　　中龄组儿童会话阶段调用行为语用指标条形图

受话人需定位儿童动作技能发展阶段,并调用认知策略(精细化策略、组织策略、理解—控制策略、情感策略)及头脑中相关行为图式,在现实语境帮助下进行认知假设(语境共享假设、无标记假设),以便正确解码儿童通过行为所传递的目的和超级目的。

2. 语篇能力

中龄组儿童在回答主试问题时偶尔会通过调用行为传递叙述目的和超级目的,而在其他六种语篇叙述维度中并未发现中龄组儿童调用行为表达叙述目的和超级目的的情况。分析原因认为,这主要与儿童的感知、记忆、思维、想象等能力的提高有关。随着中龄组儿童认知结构的发展,其概念也有所发展,因此可以借助知识+语言或知识+语言+行为或语言等手段交代事件、背景信息、人物话语、结束语、自我或人物的观点看法、时间或逻辑顺序,旨在使受话人全方位解读故事/事件的内涵。但由于中龄组儿童整体语篇能力发展水平较低,其语篇叙述的整体性以及紧凑性相对较差(沈德立、白学军,2004:395),在回答主试问题阶段,如果受话人的提问超出儿童的认知能力范围,儿童就需要调用行为辅助语言进行表达,如模仿或点头或摇头或手势指示等(目的),旨在使受话人正确识解出儿童的回复(超级目的)。

受话人针对儿童所调用的行为可借助认知策略(精细化策略、组织策略、理解—控制策略、情感策略)和相关行为图式在现实语境的框架下形成认知假设(语境共享假设),以便识解出儿童所传递的叙述目的和超级目的。

(五)中龄组儿童的知识+语言语用指标分析

1. 会话能力

中龄组儿童在会话阶段也会调用知识+语言传递会话目的和超级目的(见表4-71、图4-57)。尤其是在会话发起和会话维持阶段表现得极为明显。皮尔逊卡方值为5973.261,p=0.000,即会话阶段对中龄组儿童调用知识+语言的数量具有显著影响。

在会话发起阶段,儿童会基于社会互动环境调用社会规约性知识或想象性知识发起会话（目的），以便使受话人对该儿童进行关注（超级目的）。在会话维持阶段，儿童会鉴于受话人的交际需要通过调用陈述性知识或想象性知识维持会话（目的），以便与受话人进行充分交流（超级目的）。在此需要说明的是，中龄组儿童会根据话题的内容或难度选择相应的陈述性知识或想象性知识。可见，与低龄组儿童相比，中龄组儿童的心理表征能力有所发展，可以在考虑受话人交际需求的基础上调用想象性知识或陈述性知识维持与受话人的会话。研究还发现，中龄组儿童在会话发起阶段可以在社会互动环境要素的基础上调用社会规约性知识。这也进一步说明，中龄组儿童社会认知发展水平有所增强，他们正趋于经历"去自我中心"阶段，能逐渐考虑到与之交往的受话人（方富熹、方格、林佩芬，2003：245）。在会话修补阶段，儿童在接受受话人话语之后，偶尔会在考虑自我交际需求的基础上调用相关陈述性知识，若发现其已调用的陈述性知识与受话人所传递的话语不相匹配时，则会请求受话人修复话语（目的），以便其可以理解（超级目的），这也预示着中龄组儿童认知推理能力有所提高。在会话修补回应阶段，少数情况下儿童会鉴于认知环境或已有图式要素，通过调用陈述性知识或想象性知识回应修补请求（目的），旨在使受话人更好地理解其会话意图（超级目的）。这说明少数中龄组儿童基本具有调用头脑中已有相关图式，并考虑认知环境要素，感知及推导受话人的所有相关事实（斯珀波、威尔逊，2008：41）以及通过陈述性知识或想象性知识进行回复的潜质。

受话人需要基于儿童话语形式在显性取效过程中的可预料效果调取语言编码来源要素定位儿童所调用的知识类型，通过隐性取效过程形成认知假设（原型行为假设、无标记假设、语境共享假设），以便找到知识的解码方式，从而解读儿童调用知识＋语言的目的和超级目的。

表4-71　中龄组儿童会话阶段调用知识+语言语用指标对应表

调用知识+语言 语用指标	会话发起	会话维持	会话修补	会话修补回应	共计
想象性知识+交际需求	0	751	0	0	751
陈述性知识+交际需求	0	745	129	0	874
程序性知识+交际需求	0	0	16	0	16
社会规约性知识+社会互动环境	485	0	0	0	485
想象性知识+社会互动环境	538	0	0	0	538
想象性知识+认知环境	0	0	0	21	21
陈述性知识+认知环境	0	0	0	26	26
想象性知识+已有图式	0	0	0	23	23
陈述性知识+已有图式	0	0	0	21	21
共计	1023	1496	145	91	2755

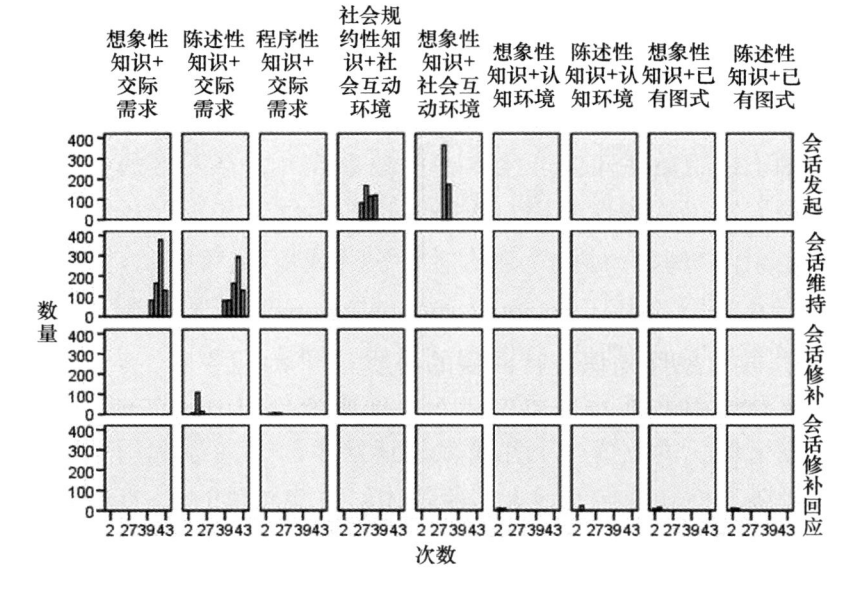

图4-57　中龄组儿童会话阶段调用知识+语言语用指标条形图

2. 语篇能力

中龄组儿童在进行语篇叙述时往往也会调用知识＋语言表达叙述目的和超级目的（见表 4－72、图 4－58）。皮尔逊卡方值为 8182.363，p＝0.000，说明语篇叙述维度对中龄组儿童调用知识＋语言的数量存在显著制约关系。

研究发现，中龄组儿童在涉及叙述事件和人物时地背景时调用知识＋语言的数量最多，主要基于头脑中相关已有图式通过调用想象性知识（直接为受话人讲述想象的故事/事件）描述事件或背景知识（目的），为受话人提供故事/事件的主旋律，以便其对故事/事件更好把握（超级目的）。

在引述或模仿层面，少数情况下儿童会考虑故事/事件的交际背景或头脑中已有图式或认知环境要素，并通过调用陈述性知识或想象性知识向受话人传递人物的话语信息（目的），以便为受话人传递该人物的具体形象并使故事/事件叙述更加生动（超级目的）。与低龄组儿童不同的是，少数中龄组儿童在引述或模仿时不仅局限于交际背景，还会调取头脑中相关的已有图式以及认知环境要素（通过词语信息、逻辑信息激活受话人头脑中与此相关的常识信息）并借助陈述性知识或想象性知识（绘本中的故事或儿童亲身经历过的事件会促使他们调用陈述性知识；曾经听过的话语或相关经历会激活儿童调用想象性知识）对他人话语进行引述或模仿。可见，少数中龄组儿童的元语用意识（metapragmatic awareness）开始出现，他们不仅可以注意到如何传递语篇信息（贝克，2004：540），还可通过多元手段支持语篇论点。

关于结束语，少数情况下儿童在讲述绘本时会通过调用认知环境要素以及陈述性知识向受话人传递叙述的终结（目的），期待受话人的评价或指示（超级目的）。鉴于此，随着儿童语言能力的提高，中龄组儿童初步具有通过词语信息、逻辑信息的暗示向受话人表达叙述结束这一事实的能力。

当回答主试针对叙述内容的问题时，少数情况下儿童会考虑到

表4-72　中龄组儿童语篇叙述中调用知识+语言语用指标对应表

调用知识+语言语用指标	语篇叙述维度							共计
	叙述事件	人物时地背景	引述或模仿	结束语	回答主试问题	叙述观点	叙述顺序	
想象性知识+交际需求	0	0	0	0	11	0	0	11
陈述性知识+交际需求	0	0	0	0	11	0	0	11
想象性知识+交际背景	25	34	6	0	7	0	0	72
陈述性知识+交际背景	22	33	5	0	8	0	0	68
程序性知识+交际背景	0	0	0	0	0	0	48	48
想象性知识+命题态度	0	0	0	0	0	20	0	20
陈述性知识+命题态度	0	0	0	0	0	26	0	26
想象性知识+认知环境	0	0	6	0	8	0	0	14
陈述性知识+认知环境	0	0	7	69	9	0	0	85
程序性知识+认知环境	0	0	0	0	0	0	46	46
想象性知识+已有图式	774	1144	5	0	9	0	0	1932
陈述性知识+已有图式	0	0	6	0	8	0	0	14
程序性知识+已有图式	0	0	0	7	0	0	0	7
共计	821	1211	35	76	71	46	94	2354

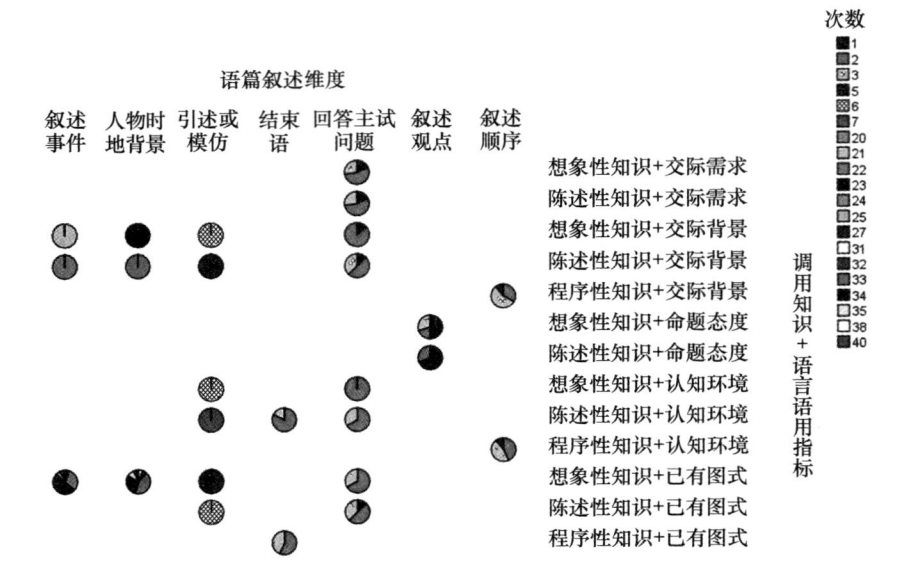

图 4-58 中龄组儿童语篇叙述中调用知识+语言语用指标饼状图

交际需求或交际背景或认知环境或已有图式要素，通过陈述性知识或想象性知识回复受话人（目的），旨在使受话人准确理解其叙述内容（超级目的）。针对受话人的提问，少数中龄组儿童会考虑到受话人的交际需求，还会调用多种语言编码来源要素并选择陈述性知识或想象性知识进行回复。对于较难回复的问题或想象性问题，儿童借助想象性知识实现以虚代实；针对受话人的事实性提问，儿童会调用陈述性知识予以回复。

就叙述观点而言，少数情况下儿童会借助陈述性知识或想象性知识传递命题态度。中龄组儿童在表述故事/事件中人物或自我观点或看法时一般会激活头脑中储存的命题网络、表象系统或图式以及记忆中的假设或假设图式，以便通过事实性知识或想象性知识传递观点或看法（目的），同时也折射出儿童的价值观（超级目的）。这也说明，少数中龄组儿童在表达某些观点时更趋于客观化或可以通过记忆中的假设或假设图式传递叙述评价。

针对叙述顺序，少数情况下儿童会通过调用认知环境或交际背景要素并借助程序性知识传递故事/事件的前因后果或先后顺序（目的）。可见，少数中龄组儿童会基于所叙述故事/事件的交际背景或借助词语信息及逻辑信息等认知环境要素，在程序性知识的帮助下传递叙述顺序。这也表明，中龄组儿童的语篇叙述更倾向于有序化的模式（超级目的），但仍然以平行发展为主（沈德立、白学军，2004：394）。

受话人对于儿童调用知识+语言表达叙述目的和超级目的的情况，可从话语形式在显性取效过程中所传递的可预料效果入手，并通过调用语言编码来源要素及隐性取效过程确定儿童所调用的知识类型与解码方式从而作出认知假设（原型行为假设、无标记假设、语境共享假设），以便识解知识的不可预料效果，解读儿童的叙述目的和超级目的。

（六）中龄组儿童的知识+行为语用指标分析

1. 会话能力

在会话阶段，中龄组儿童也会调用知识+行为完成会话任务，特别是在会话发起及会话维持阶段使用数量较多（见表4－73、图4－59）。此外，皮尔逊卡方值为5545.071，p＝0.000，说明会话阶段对中龄组儿童调用知识+行为的数量存在显著制约关系。

在会话发起阶段，儿童主要通过调用想象性知识并辅以向受话人展示物品的行为方式发起会话（目的）。在会话维持阶段，儿童通过调用想象性知识并伴随模仿的行为方式维持会话（目的），旨在使受话人加入会话并针对某一话题展开讨论（超级目的）。在会话发起和会话维持阶段，中龄组儿童通过调用想象性知识与受话人进行游戏，并通过展示物品或模仿等行为使受话人在游戏中了解儿童的会话意图。在会话修补阶段，儿童偶尔借助陈述性知识以及面部表情发起修补请求（目的），以便可以与受话人进行无障碍交流（超级目的）。可以说，如果中龄组儿童未能理解受话人的话语，则该话语尚未与儿童所掌握的客观性知识（陈述性知识）相吻合，这样少数中龄组儿童会重复受话人的话语并辅以面部表情以示与受话人的友好，旨在发起修补请求。在会话修补回应阶段，少数情况下儿童借助陈述性知识或想象性知识或程序性知识并通过面部表情回复受话人的修补请求（目的），以使受话人充分理解其会话意图（超级目的）。这表示中龄组儿童的认知和语言能力的提高有助于其调用诸多知识回应受话人不同类型的提问。这里，中龄组儿童所借助的面部表情指其面带微笑以示与受话人的友好关系。

受话人可在儿童所调用知识的隐性取效过程中定位知识类型并找出相应的解码方式，以便识别其不可预料效果，进而结合其探试行为通过认知策略（精细化策略、组织策略、理解—控制策略、情感策略）的指导在受动取效过程中调取相关行为图式并进行认知假设（无标记假设、语境共享假设），从而正确解读其会话目的和超级目的。

表4-73　中龄组儿童会话阶段调用知识+行为语用指标对应表

调用知识+行为语用指标	会话阶段				共计
	会话发起	会话维持	会话修补	会话修补回应	
想象性知识+向受话人展示物品	947	0	0	0	947
想象性知识+模仿	0	1402	0	0	1402
社会规约性知识+面部表情	22	0	0	0	22
想象性知识+面部表情	25	31	0	31	87
陈述性知识+面部表情	0	23	143	30	196
程序性知识+面部表情	0	22	0	32	54
共计	994	1478	143	93	2708

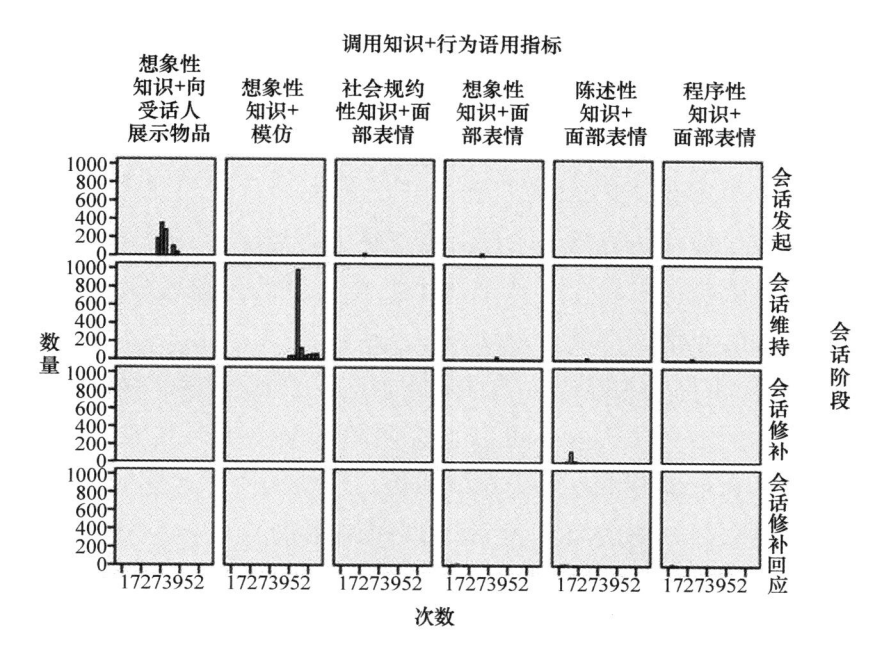

图 4-59　中龄组儿童会话阶段调用知识＋行为语用指标条形图

2. 语篇能力

研究发现，部分中龄组儿童可以在自然状态下叙述语篇，部分则需要借助绘本进行语篇叙述。总体而言，中龄组儿童在进行语篇叙述时有时会调用知识＋行为传递叙述目的和超级目的。

在涉及叙述事件时，儿童偶尔仅借助陈述性知识叙述故事/事件使受话人了解故事/事件的主题。这可能是因为中龄组儿童需要从长时记忆中提取某些发生过的故事/事件（调用陈述性知识），所以并不需要辅以行为动作，直接表达即可传递。当儿童借助想象性知识传递叙述故事/事件时，则会偶尔通过模仿的行为方式直观地向受话人传递其想象之故事/事件（目的），以便受话人可以尽快解读出该故事/事件（超级目的）。

在涉及人物时地背景时，少数情况下儿童会调用陈述性知识或想象性知识并辅以面部表情或手势指示等行为方式交代事件的背景资料（目的），以渲染故事/事件情节（超级目的）。据分析，中龄组儿童在想象某些较难传递的人物时地背景信息时需要靠手势指示或面部表情的帮助以便受话人可以清晰解读。这也说明，少数中龄组儿童可以想象他人的想法和感受并已初步具备换位思考的能力，因此会通过手势指示或面部表情帮助受话人理解。

在引述或模仿阶段，少数情况下儿童会借助想象性知识或陈述性知识或面部表情或相关行为动作引述或模仿他人话语（目的），以便支持故事/事件的主题（超级目的）。这也意味着少数中龄组儿童的语言表达能力有所提升，可以直接调用想象性知识或陈述性知识并借助面部表情惟妙惟肖地引述或模仿，以便使受话人感同身受。

对于结束语，中龄组儿童可以直接调用语言表示叙述的结束，向受话人提示叙述的终结。

当回答主试问题时，少数情况下儿童会调用想象性知识或程序性知识并辅以手势指示或模仿等行为方式回复受话人针对所叙述内容的提问（目的），以便使受话人全面了解其所叙述的内容及回复的话语意图（超级目的）。可见，随着儿童认知能力的提高少数中龄组儿童在回复他人话语时更显沉稳，可以借助想象性知识或程序性知识并伴随手势指示或模仿等行为方式帮助自己和受话人厘清知识脉络，以便实现相互理解之目的。

针对叙述观点、叙述顺序，中龄组儿童可直接调用语言进行观点或看法的表达或传递故事/事件的顺序等信息。这表明部分中龄组儿童的认知水平足以达到仅在语言的帮助下传递抽象概念的程度。

受话人针对儿童调用知识＋行为传递叙述目的和超级目的的情况，可以在隐性取效过程中识解知识的不可预料效果，即定位儿童所调用的知识类型并找出相应的解码方式，同时观察与之相伴的探试行为并结合叙述语境在受动取效过程中使用认知策略（精细化策略、组织策略、理解—控制策略、情感策略），提取头脑中已有的行为图式形成认知假设（语境共享假设），以便解读叙述目的和超级目的。

(七) 中龄组儿童的语言+行为语用指标分析

1. 会话能力

中龄组儿童偶尔也会调用语言+行为进行会话活动。具体为，在会话发起阶段，少数情况下儿童会考虑到交际需求（自我或受话人）或命题态度或社会互动环境或已有图式等要素发起会话而并无相关行为动作的辅助。但如果儿童想在游戏中发起会话时，则会在考虑上述四种要素之一的基础上通过手势指示的方式使受话人注意其手势所指的地方。在会话维持阶段，儿童除了会考虑以上四种要素，还会调用认知环境要素维持与受话人的会话交际以便可以针对该话题进行持续交流，在此过程中也并无相关行为动作的帮助。当儿童在游戏中需要澄清难以阐释的概念时，则会使用手势指示的方式帮助受话人理解其话语。可见，在自然环境下少数中龄组儿童可以完全依靠语言要素阐明话语意义，同时，他们还会基于语境、受话人的字面意义等一系列认知环境要素推导出相关的会话含义（何兆熊，2000：128）。处于游戏情境中的中龄组儿童往往会较好地依赖手势指示等行为方式以及语言要素向受话人提供推理信息，使其能够合情合理地推导出其话语意义。总之，少数中龄组儿童的语用能力已有所发展，他们开始逐渐重视话语内容和语言使用（Owens，1996：349）。在会话修补及会话修补回应阶段，少数情况下儿童一般会基于自我（受话人）的交际需求或社会互动环境或已有图式或认知环境要素并通过位置移动等方式向受话人发起修补请求和回应修补请求（目的），以友好的方式与受话人持续进行相关话题（超级目的）。可见，少数中龄组儿童可以充分调用相关要素理解受话人的话语意图或清楚回应受话人的修补请求，当其发现受话人的话语意图难以理解时便通过位置移动的方式向受话人的话源方向靠近，以便拉近与受话人的物理距离体现亲近之感，使受话人可以调整话语形式便于儿童理解。

受话人可首先根据儿童的话语形式在显性取效过程中的可预料效果调取语言编码来源要素，并在受动取效过程中观察儿童的探试行为，以便借助认知策略（精细化策略、组织策略、理解—控制策略、情感策略）、现实语境及头脑中相关的行为图式作出认知假设（无标记假设、语境共享假设），推导出儿童的会话目的和超级目的。

2. 语篇能力

针对中龄组儿童在语篇叙述中调用语言＋行为情况进行调查。结果发现，儿童只有在回答主试问题时才会调用语言＋行为，如考虑到受话人的交际需求或社会互动环境或认知环境或已有图式要素并借助面部表情回复受话人的提问（目的）。可见，少数中龄组儿童会根据受话人提出的具体问题调用相应的语言编码来源要素并辅以面部表情（微笑），以针对难以回答或回答不好的问题，受话人可自行推断而不会有所失望（超级目的）。

在叙述事件、人物时地背景时，中龄组儿童可以借助知识＋语言或知识＋语言＋行为向受话人叙述故事/事件及背景资料，以便可以调用知识等语用指标为受话人生动地提供关于故事/事件的显映信息。这反映出中龄组儿童的心理表征能力有所发展，他们可以操控故事/事件内容、情节等要素。而对于引述或模仿、结束语、叙述观点或叙述顺序而言，儿童可以仅调用语言予以传递。可见，中龄组儿童已经可以通过话语表达思想或逻辑顺序，并基于此传递言语行为（何兆熊，2000：184）。

受话人可以通过显性取效过程识别体现语言编码来源要素的话语形式的可预料效果，并根据所观察到的儿童的探试行为在受动取效过程中调用认知策略（精细化策略、组织策略、理解—控制策略、情感策略）、现实语境以及相关行为图式形成认知假设（无标记假设、语境共享假设），解读儿童的叙述目的和超级目的。

（八）中龄组儿童的知识＋语言＋行为语用指标分析

1. 会话能力

调查结果显示，中龄组儿童在会话阶段还会通过调用知识＋语言＋行为的方式完成会话任务。具体为，在会话发起阶段，儿童偶尔基于当前社会互动环境或考虑到自我的命题态度通过调取社会规约性知识并借助面部表情或向受话人展示某物的方式发起会话（目的），征求受话人的同意并与其进行会话或游戏（超级目的）。可以看出，少数中龄组儿童已经逐渐凸显社会认知能力，通过社会互动环境或命题态度将礼貌与言外功能紧紧相连并借助面部表情（注视某玩具或正在把玩的物品）或向受话人展示某物的行为方式使受话人关注其注视的物品并给予肯定的回应。在会话维持及会话修补回应阶段，儿童偶尔会鉴于社会互动环境或认知环境或已有图式或命题态度要素，通过调用想象性知识或陈述性知识或程序性知识并伴随面部表情或不调用任何行为方式维持与受话人的话题或回应受话人的修补请求（目的），旨在与受话人就该话题展开进一步交流（超级目的）。鉴于此，少数中龄组儿童可根据受话人的话语内容和形式调取相关语言编码来源要素、适切知识以及适宜行为，以便与不同年龄、性别、社会状态的受话人维持会话（方富熹、方格、林佩芬，2003：233）。对于会话修补，儿童偶尔会考虑社会互动环境或已有图式或认知环境要素并通过调用陈述性知识以及移动位置的方式请求受话人修补话语（目的），使其正确理解受话人的话语（超级目的）。少数中龄组儿童可以对信息进行加工处理以便基于社会互动环境或已有图式或认知环境要素解释获得的信息是否与陈述性知识相吻合，当发现难以解释该信息的意义时，通过靠近受话人（位置移动）的方式吸引受话人的注意以便请求受话人进行话语修补（车琳，2016：86）。

受话人需要从话语形式在显性取效过程中所产生的可预料效果入手，并考虑现实语境以及语言编码来源要素，以便在受动取效过程中观察儿童的探试行为，进而调用认知策略（精细化策略、组织策略、理解—控制策略、情感策略）以及与之相关的行为图式形成认知假设（无标记假设、语境共享假设），在此基础上通过隐性取效过程理解知识的不可预料效果并定位知识类型及搜寻相应的解码方式，旨在全面解读儿童通过调用知识＋语言＋行为所传递的会话目的和超级目的。

2. 语篇能力

研究表明，中龄组儿童在进行语篇叙述时会借助知识＋语言＋

行为传递叙述目的和超级目的，这主要在叙述事件或人物时地背景层面体现得较为显著。

具体为，对于叙述事件、人物时地背景，儿童会调用已有图式要素并借助陈述性知识及辅以手势指示绘本的方式叙述故事/事件和人物时地背景知识（目的），以使受话人通过所叙述的故事/事件和背景知识勾勒出整个故事/事件的轮廓（超级目的）。与低龄组儿童相比，中龄组儿童会充分调用已有图式要素并调用事实性知识传递故事/事件，而对于受话人理解起来有一定难度的故事/事件或背景知识，儿童则会通过手势指示的行为动作予以展示。可见，中龄组儿童可以逐渐驾驭语言并可在现实与虚幻之间驰骋，关注叙述话语传递的质量。

在少数情况下，当儿童回答主试问题时则会考虑到受话人的交际需求或已有图式或认知环境或命题态度要素并借助陈述性知识或想象性知识及辅以手势指示的行为方式回答受话人的提问（目的），希望受话人可以全面理解其回复的话语（超级目的）。可见，少数中龄组儿童在回答受话人的提问时会考虑到受话人显映某些假设的意图，从而调用相关语言编码来源要素并寻找话语与语境之间的潜在关联，以便通过陈述性知识或想象性知识并借助手势指示的行为方式为受话人提供明示信息。

受话人需要从话语形式在显性取效过程中的可预料效果出发，通过调用语言编码来源要素以及在受动取效过程中观察行为的探试效果，借助认知策略（精细化策略、组织策略、理解—控制策略、情感策略）与叙述语境提取头脑中已有行为图式，以便定位知识类型并形成认知假设（无标记假设、语境共享假设），通过搜寻知识的解码方式为全面解读儿童的叙述目的和超级目的做好准备。

三　高龄组儿童语用指标分析

同样从 7 个层面对高龄组儿童的会话能力和语篇能力进行考察与分析。

(一) 高龄组儿童语用指标整体分析

1. 会话能力

量化分析高龄组儿童在会话阶段调用知识、语言、行为及其交互关系情况，得到 4×7 的交叉表以及行列维度最小值减 1 的维度，见表 4-74。第一维度 Dim 1 解释了列联表的 79.9%，第二维度 Dim 2 解释了 12.1%，即两个维度可以解释数据的 92.0%。

表 4-74　　高龄组儿童会话阶段调用语用指标摘要表

Summary

Dimension	Singular Value	Inertia	Chi Square	Sig.	Proportion of Inertia		Confidence Singular Value	
					Accounted for	Cumulative	Standard Deviation	Correlation 2
1	.114	.013			.799	.799	.005	.118
2	.045	.002			.121	.920	.011	
3	.036	.001			.079	1.000		
共计		.016	185.375	.000[a]	1.000	1.000		

a. 18 degrees of freedom.

表 4-75 显示皮尔逊卡方值是 185.375，p = 0.000，表示会话阶段对高龄组儿童调用各个语用指标存在显著制约关系。

表 4-75　　高龄组儿童会话阶段调用语用指标卡方测试表

Chi-Square Tests

	Value	df	Asymp. Sig. (2-sided)
Pearson Chi-Square	185.375[a]	18	.000
Likelihood Ratio	249.431	18	.000
Linear-by-Linear Association	.581	1	.446
N of Valid Cases	11306		

a. 0 cells (0.0%) have expected count less than 5. The minimum expected count is 19.55.

具体为，高龄组儿童会调用知识+语言发起会话（2853次）、维持会话（4094次）、发出修补请求（1228次）并进行会话修补回应（1051次）（目的），以便与受话人针对某一话题进行深入交流，并希望受话人可以使用儿童理解的话语或儿童的修补回应可以被受话人所理解（超级目的）（见表4-76、图4-60）。

可见，高龄组儿童的语言和认知能力有了质的飞跃，他们可以通过调用知识+语言完成会话任务并且理解能力也逐渐增强，从而逐渐摆脱借助行为才能完成交际的束缚，成为较好的会话操控者。针对儿童调用知识+语言传递会话的目的和超级目的，受话人可根据话语形式在显性取效过程中所传递的可预料效果以及语言编码来源要素，在隐性取效过程中探索儿童调用知识的类型并搜寻相应的解码方式，在此基础上将不可预料效果转变成可预料效果以便形成相关认知假设（原型行为假设、无标记假设、语境共享假设），从而正确识别儿童的交际目的和超级目的。

表4-76　　　　高龄组儿童会话阶段调用语用指标对应表

会话阶段	调用语用指标							共计
	知识	语言	行为	知识+语言	知识+行为	语言+行为	知识+语言+行为	
会话发起	196	98	0	2853	98	98	99	3442
会话维持	280	141	139	4094	142	140	141	5077
会话修补	84	83	0	1228	43	43	43	1524
会话修补回应	35	35	36	1051	35	36	35	1263
共计	595	357	175	9226	318	317	318	11306

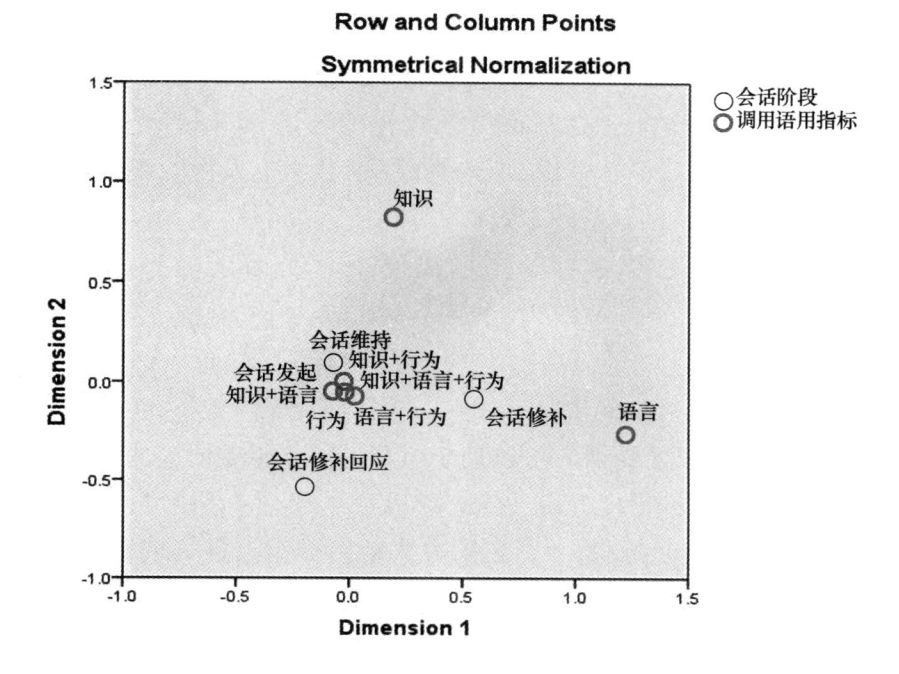

第四章　学龄前儿童语用发展取效行为研究的设计与分析　325

图 4-60　高龄组儿童会话阶段调用语用指标对应的正规化图

2. 语篇能力

高龄组儿童在整个语篇叙述时主要通过调用知识+语言的方式传递叙述目的和超级目的。皮尔逊卡方值为 4940.806，p=0.000，表示语篇叙述维度对高龄组儿童调用语用指标的数量存在显著制约关系（见表 4-77）。

表 4-77　　高龄组儿童语篇叙述中调用语用指标卡方测试表

Chi-Square Tests

	Value	df	Asymp. Sig. (2-sided)
Pearson Chi-Square	4940.806[a]	36	.000
Likelihood Ratio	3851.652	36	.000
Linear-by-Linear Association	544.671	1	.000
N of Valid Cases	16181		

a. 1 cells (2.0%) have expected count less than 5. The minimum expected count is 2.45.

由此推知，高龄组儿童已经可以在没有行为的帮助下进行叙述，如叙述事件（2574 次）、人物时地背景信息（1527 次）、引述或模仿（688 次）、告知所叙述语篇的终结（2079 次）、回答受话人针对所叙述语篇的提问（1398 次）、阐释故事/事件中人物的观点或自我观点（1507 次）、凸显故事/事件的时间或因果顺序（2691 次）（目的），旨在突出故事/事件的主题以便引起受话人的兴趣（超级目的）。

对于人物时地背景，高龄组儿童除了会调用知识＋语言，还会调用知识＋语言＋行为（1486 次），旨在向受话人传递语篇的背景信息（目的），以便受话人可以基于该背景信息感受语篇的主题基调（超级目的）。可见，高龄组儿童在涉及某些受话人并不熟知的概念时会选择借助知识＋语言＋行为的方式帮助受话人进行理解。因此，高龄组儿童已经可以站在他人视角感受问题，具有观点采择能力（见表 4-78、图 4-61）。

就儿童调用知识＋语言的情况，受话人需要根据话语形式在显性取效过程中的可预料效果以及语言编码来源要素通过隐性取效过程形成认知假设（原型行为假设、无标记假设、语境共享假设），解读知识的不可预料效果，即定位儿童所调用的知识类型以便识解儿童调用知识＋语言的目的和超级目的。针对儿童调用知识＋语言＋行为的情况，受话人仍然需要从话语形式在显性取效过程中所传递的可预料效果入手，并通过观察儿童的行为在受动取效过程中所传递的探试效果，借助认知策略（精细化策略、组织策略、理解—控制策略、情感策略）、已有相关行为图式以及语言编码来源要素在叙述语境的帮助下形成认知假设（无标记假设、语境共享假设），以便可以在隐性取效过程中识别知识的不可预料效果，解读儿童调用知识＋语言＋行为所传递的叙述目的和超级目的。

表 4-78　　　　高龄组儿童语篇叙述中调用语用指标对应表

语篇叙述维度	调用语用指标							共计
	知识	语言	行为	知识+语言	知识+行为	语言+行为	知识+语言+行为	
叙述事件	85	80	0	2574	81	83	82	2985
人物时地背景	92	90	0	1527	92	94	1486	3381
引述或模仿	28	21	0	688	25	24	22	808
结束语	67	68	0	2079	65	63	69	2411
回答主试问题	47	46	49	1398	50	44	48	1682
叙述观点	53	50	0	1507	52	49	51	1762
叙述顺序	90	91	0	2691	95	92	93	3152
共计	462	446	49	12464	460	449	1851	16181

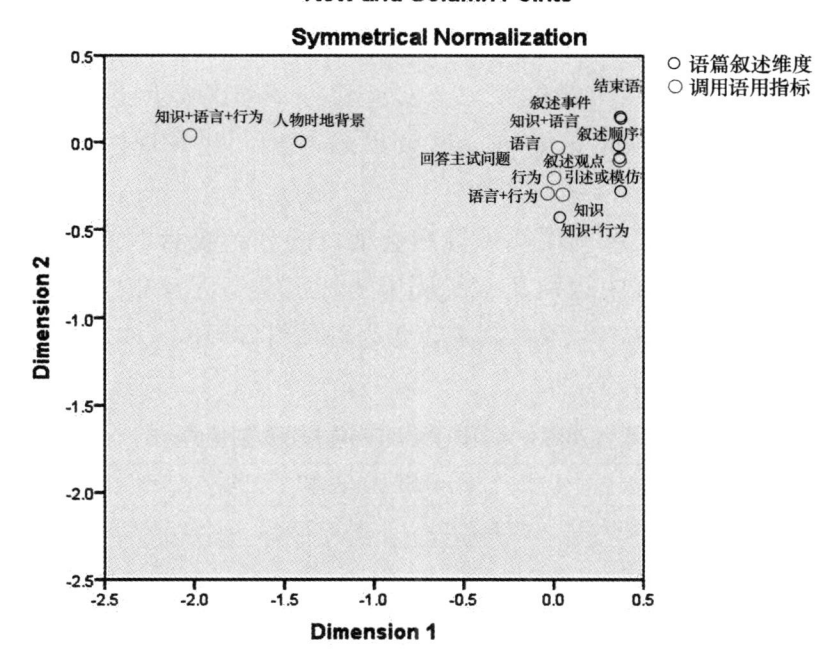

图 4-61　高龄组儿童语篇叙述中调用语用指标对应的正规化图

(二) 高龄组儿童的知识语用指标分析

1. 会话能力

高龄组儿童在会话阶段也会通过调用相关知识完成会话任务。皮尔逊卡方值为 14.945，$p = 0.092 > 0.05$，表示会话阶段对高龄组儿童调用知识的数量不具有显著差异。

在会话发起、会话维持以及会话修补回应阶段，儿童偶尔会调用社会规约性知识或陈述性知识或想象性知识或程序性知识（目的）。由此可知，高龄组儿童的社会交往能力和语言运用能力有所提升，他们逐渐具有全面调用相关知识旨在与受话人针对某一话题进行深入交流的能力（超级目的）。在会话修补阶段，儿童偶尔会通过使用社会规约性知识或陈述性知识或程序性知识发起修补请求（目的），这也进一步说明高龄组儿童可逐渐运用多种手段理解他人话语，从而实现交际目的（超级目的）。此外，高龄组儿童较少利用想象性知识发起修补请求的原因也说明他们在遇到难以把握的话语时可以区分出虚与实，并在现实语境下发起修补请求（见表4-79、图4-62）。

受话人针对儿童调用知识传递会话目的和超级目的的情况，可以在隐性取效过程中识别儿童所调用的知识类型以及相应的解码方式，以便将知识的不可预料效果转变为可预料效果。

表4-79　　**高龄组儿童会话阶段调用知识语用指标对应表**

会话阶段	社会规约性知识	想象性知识	陈述性知识	程序性知识	共计
会话发起	49	48	49	50	196
会话维持	69	66	70	75	280
会话修补	27	5	27	25	84
会话修补回应	7	9	10	9	35
共计	152	128	156	159	595

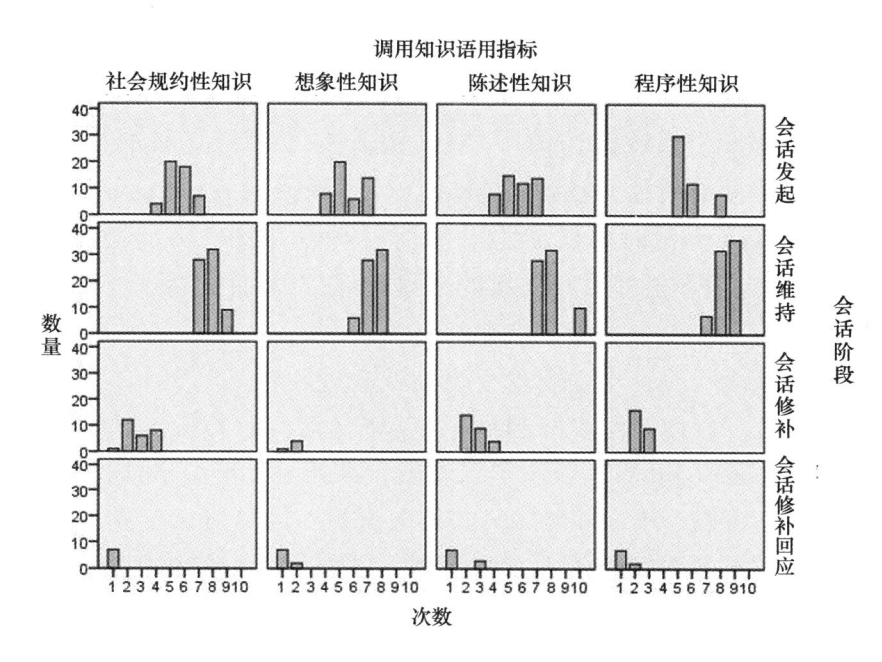

图 4-62　高龄组儿童会话阶段调用知识语用指标条形图

2. 语篇能力

高龄组儿童在进行语篇叙述时偶尔会通过使用相关知识传递叙述目的和超级目的。皮尔逊卡方值为 293.943，p = 0.000，表示语篇叙述维度对高龄组儿童调用知识的数量存在显著差异。

在叙述事件时，儿童偶尔会调用四种知识语用指标中的一种传递主要故事/事件（目的），以便帮助受话人理解故事/事件的中心思想（超级目的）。可见，随着语言运用以及认知能力的发展，少数高龄组儿童可以通过调用相关知识将所发生或想象的事件表达清楚。

对于人物时地背景，儿童偶尔会调用想象性知识或陈述性知识告知受话人故事/事件的背景信息（目的），旨在渲染整个故事/事件的气氛，烘托人物的心境或增加故事/事件的真实性成分（超级目的）。这说明，少数高龄组儿童可以为受话人创设语境要素并提供共知信息，也意味着高龄组儿童语境要素语言化能力正在不断发展

(李宇明，2004：265）。

在引述或模仿方面，少数情况下儿童会调用四种知识语用指标中的一种以便引述或模仿故事/事件中人物的话语（目的），塑造人物的性格并支持所叙述语篇的论点（超级目的）。据此，少数高龄组儿童可以将延时模仿能力升华为一种创造力，并将之前的语句模仿和结构模仿并存为全新的表征手段，以便支持所述语篇的论点。

在结束语层面，儿童偶尔会借助社会规约性知识或程序性知识向受话人表示叙述的结束（目的），希望受话人对其所讲述的故事/事件有所喜爱（超级目的）。可以看出，高龄组儿童初步具有社会化言语倾向，可以渐渐以礼貌的方式结束语篇，以免过于突兀。此外，他们的认知能力和逻辑能力有所发展，基本可以较好地把握语篇的进程。

当回答主试问题时，儿童偶尔会选择社会规约性知识或陈述性知识或程序性知识进行回复（目的），借此与受话人保持良好的交往关系并帮助受话人理解其所疑惑的问题（超级目的）。这样看来，高龄组儿童在回答受话人针对语篇所提出的问题时更显理性（因此较少涉及想象性知识），可以逐步变为礼貌从容地运用陈述性知识回复事实性问题或使用程序性知识回复步骤或操作方面的知识。

对于叙述观点，儿童偶尔选择社会规约性知识或陈述性知识表达故事/事件中人物或自我的感受或看法（目的），并通过此观点传递儿童所具有的世界观或价值观（超级目的）。这提示高龄组儿童初步具有社会化能力，自我或他人的行为表现与社会规范化相趋同。

针对叙述顺序，儿童偶尔使用程序性知识传递故事/事件的顺序（目的），突出故事/事件的逻辑关系或发展进程（超级目的）。这说明高龄组儿童的逻辑性逐渐显著，符合儿童语言发展的连续性与顺序性的特点（李宇明，2004：324、329）（见表4-80、图4-63）。

对于高龄组儿童调用相关知识传递叙述目的和超级目的的情况，

受话人可在隐性取效过程中定位儿童所使用的知识类型并找出相应的解码方法，以使知识的不可预料效果变为可预料效果。

表4-80 高龄组儿童语篇叙述中调用知识语用指标对应表

语篇叙述维度	调用知识语用指标				共计
	社会规约性知识	想象性知识	陈述性知识	程序性知识	
叙述事件	17	21	22	25	85
人物时地背景	3	44	43	2	92
引述或模仿	6	9	7	6	28
结束语	31	3	4	29	67
回答主试问题	14	4	15	14	47
叙述观点	24	3	22	4	53
叙述顺序	3	4	5	78	90
共计	98	88	118	158	462

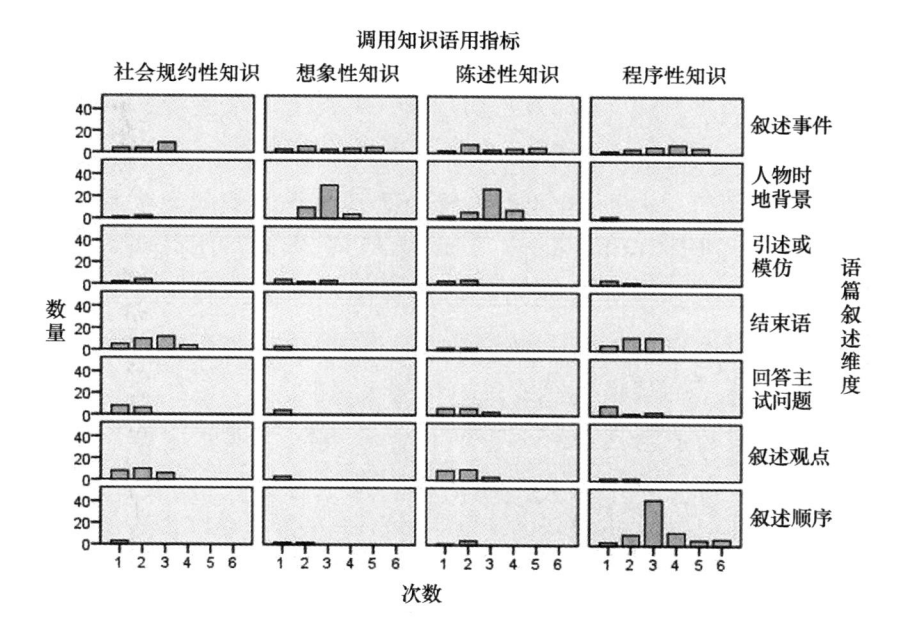

图4-63 高龄组儿童语篇叙述中调用知识语用指标条形图

(三) 高龄组儿童的语言语用指标分析

1. 会话能力

高龄组儿童在整个会话阶段偶尔会调用语言完成会话任务。皮尔逊卡方值为 23.022，$p=0.190>0.05$，表示会话阶段对高龄组儿童调用语言的数量不具有显著差异。

在会话发起及会话修补阶段，儿童偶尔会考虑自我（受话人）的交际需求、社会互动环境、交际背景、命题态度、已有图式、认知环境要素从而发起会话或发出修补请求（目的），以便使受话人加入会话，共建话语意义或希望受话人予以阐释、详述或确认（超级目的）。因此，高龄组儿童的会话技能已初步形成，他们的交际已逐渐转变为以社会为背景的交际（尚晓明、张春隆，2002：38）。而会话修补阶段说明高龄组儿童在出现交际中断时可以考虑到自我的交际需求或利用社会互动环境或交际背景或使头脑中已有图式或词语信息、逻辑信息和常识信息与接收到的符号信息相匹配，当他们发现仍然未能解读出他人话语目的时就会发起修补请求或通过句子的基层显义（字面意义）以命题态度的形式表达出希望受话人进行修补的愿望。这也体现出高龄组儿童的语用推理能力有所提高，趋向于掌握非论证性（non-demonstrative）推理模式，如演绎推理、合成推理以及会话推理（Cummings，2007：75），即高龄组儿童可以借助某些隐性推理机制推导出他人的会话意图。然而，高龄组儿童的抽象能力及逻辑推理能力处于萌芽阶段，因此还需要在他人会话修补的帮助下才能了解某些会话的目的和超级目的。

在会话维持、会话修补回应阶段，儿童除了偶尔会调用上述六种语言编码来源要素，还会考虑调用心智状态，旨在维持与受话人的话题或回应受话人的修补请求（目的），以便与受话人深入交流相关话题或达成交际共识（超级目的）。可见，少数高龄组儿童在维持会话或回应会话修补请求时对受话人心智状态的敏感性逐渐增强，已由以自我为中心逐渐转向以社会为中心（尚晓明、张春隆，2002：38）。此外，其心智能力已经形成，具有逐渐感受他人心理状态的能力并可预期他人的行为（Premack & Woodruff，1978：515 – 526）（见表4 – 81、图4 – 64）。

受话人需要基于儿童的话语形式、语言编码来源要素在显性取效过程中所体现的可预料效果形成认知假设（无标记假设、语境共享假设），进而解读儿童借助语言所传递的目的和超级目的。

表4 – 81　　　　高龄组儿童会话阶段调用语言语用指标对应表

会话阶段	调用语言语用指标							共计
	交际需求	心智状态	社会互动环境	交际背景	命题态度	认知环境	已有图式	
会话发起	17	3	16	19	15	14	14	98
会话维持	20	23	21	21	19	19	18	141
会话修补	14	1	13	13	15	13	14	83
会话修补回应	5	6	5	5	5	4	5	35
共计	56	33	55	58	54	50	51	357

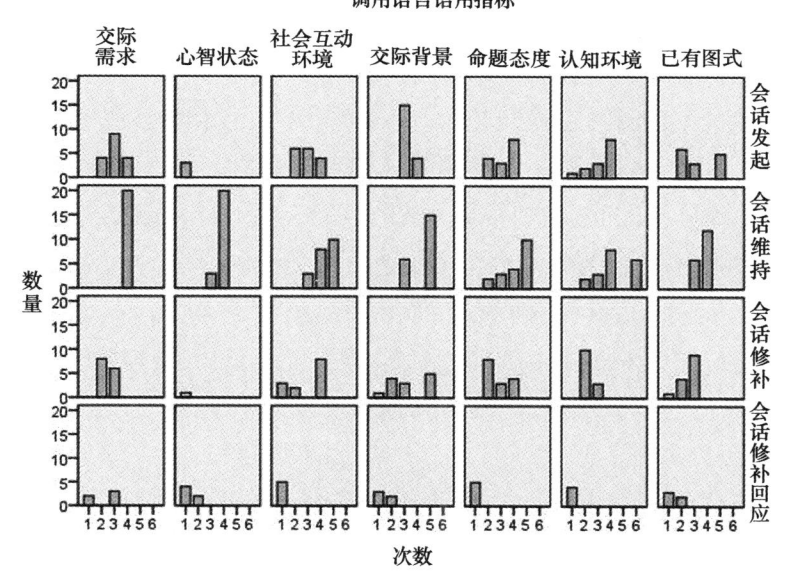

图4 – 64　高龄组儿童会话阶段调用语言语用指标条形图

2. 语篇能力

在进行语篇叙述时，高龄组儿童偶尔会通过调用语言传递叙述目的和超级目的。此外，皮尔逊卡方值为 30.985，$p = 0.706 > 0.05$，表示语篇叙述维度对高龄组儿童调用语言的数量不存在显著制约关系。

在叙述事件、人物时地背景、引述或模仿、结束语、叙述顺序时，少数情况下儿童会考虑受话人的交际需求或心智状态或社会互动环境或交际背景或认知环境或已有图式要素，以便传递事件、背景信息、故事/事件中他人话语、结束语信息以及故事/事件的进程（目的），从而吸引受话人对所叙述内容的关注（超级目的）。这表明，高龄组儿童的大脑已逐渐发育成熟，他们的语篇叙述能力也有所发展，可以在逐步考虑到他人的倾听需求、心智状态（倾听所叙述的故事/事件的兴趣）、当前社交环境、主题故事/事件的交际背景、认知环境（通过词语信息、逻辑信息或常识信息向受话人提示相关叙事信息）或已有图式要素（调用头脑中相关图式以使所调用的图式知识吸引受话人的关注）基础上，不断把握语篇的整体性与连贯性，使得语篇内容有始有终，有相对明确的主题以及支撑主题的相关内容，且事件和过程之间具有联系。

在叙述观点、回答主试问题时，少数情况下儿童除了会考虑到上述 6 种语言编码来源要素，还会调用命题态度要素，传递故事/事件中人物的态度或自我的态度并回答主试的问题（目的），凸显儿童的基本社会认知能力以及希望就该主题与受话人交流的愿望（超级目的）。可见，少数高龄组儿童可以从容自如地表达出命题态度，这也是其具有社会信息的观点采择能力的体现，即高龄组儿童可以逐渐意识到每个个体都具有不同的观点、态度，并需要在适切时将其予以表达（俞国良、辛自强，2004：173）（见表 4-82、图 4-65）。

针对高龄组儿童借助语言所传递的叙述目的和超级目的，受话人需要在显性取效过程中识别其话语形式所呈现的可预料效果，并基于语言编码来源要素形成认知假设（无标记假设、语境共享假设），从而识别儿童借助语言所传递的叙述目的和超级目的。

表 4-82　　高龄组儿童语篇叙述中调用语言语用指标对应表

语篇叙述维度	交际需求	心智状态	社会互动环境	交际背景	命题态度	认知环境	已有图式	共计
叙述事件	12	13	16	13	4	11	11	80
人物时地背景	17	16	15	13	2	15	12	90
引述或模仿	4	5	3	3	0	4	2	21
结束语	12	11	13	13	1	7	11	68
回答主试问题	5	6	7	8	6	7	7	46
叙述观点	6	8	7	8	7	6	8	50
叙述顺序	17	16	12	15	1	16	14	91
共计	73	75	73	73	21	66	65	446

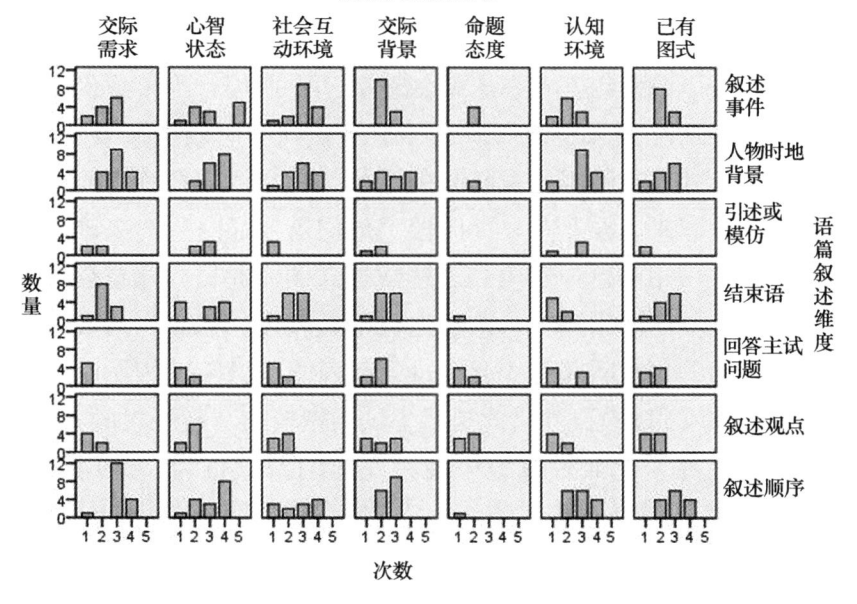

图 4-65　高龄组儿童语篇叙述中调用语言语用指标条形图

(四) 高龄组儿童的行为语用指标分析

1. 会话能力

高龄组儿童通过行为完成会话的情况较少，儿童在会话发起与会话修补过程中并无行为动作。这表明，随着高龄组儿童认知和语言能力的提高，他们无须借助行为，仅通过调用知识＋语言的方式就可以传递话语意图。而在会话维持、会话修补回应阶段，在涉及某些道德行为问题时他们还会借助面部表情表达其对道德规范的认同（超级目的），以便维持某一话题并回复受话人的修补请求（目的）。

受话人可在受动取效过程中依据行为的探试效果调用认知策略（情感策略），并结合现实语境、行为图式形成相关认知假设（无标记假设、语境共享假设），从而解码儿童借助行为所传递的目的和超级目的。

2. 语篇能力

研究发现，高龄组儿童在语篇叙述活动中调用行为传递叙述目的和超级目的的情况并未出现（除在回答主试问题时较少涉及）。这也进一步说明，随着高龄组儿童年龄的增长，其言语和行为之间的关系已经逐步建立起来。在儿童早期阶段，他们需要通过行为来辅助言语表达并熟练应用相关行为理解和表达叙述意图。此后，儿童逐渐摆脱行为的束缚，可以调用知识＋语言进行语篇叙述。只有当高龄组儿童遇到主试提出的较难问题时才会通过面部表情（微笑）表示与主试的良好人际关系（目的），并借此提示主试问题较难（超级目的）。

受话人需在受动取效过程中观察儿童的探试行为，调用认知策略（情感策略）并结合现实语境、已有行为图式形成认知假设（语境共享假设），从而解读其借助行为所传递的叙述目的和超级目的。

(五) 高龄组儿童的知识＋语言语用指标分析

1. 会话能力

高龄组儿童常常调用知识＋语言完成会话任务。皮尔逊卡方值为 27434.319，$p = 0.000$，表明会话阶段对高龄组儿童调用知识＋语言的数量具有显著影响。

在会话发起阶段，儿童会考虑到受话人的心智状态并调用社会规约性知识发起会话（目的），旨在就受话人的心智状态间接交流（超级目的）。在会话维持阶段，儿童会考虑到受话人的交际需求，通过调用程序性知识维持某一话题（目的），旨在就某一话题与受话人进行深入交流（超级目的）。在会话修补阶段，儿童还会调用想象性知识传递命题态度以便发起修补请求（目的），旨在充分发挥想象性知识的猜测作用，并与受话人就模糊概念予以探讨（超级目的）。在会话修补回应阶段，儿童会在考虑认知环境要素基础上调用陈述性知识（目的），旨在传递其已对受话人的会话修补有所理解的意图（超级目的）（见表4-83、图4-66）。可见，高龄组儿童的会话能力有了突飞猛进的进步，他们可以在知识和语言这两种抽象的思维工具帮助下熟练表达自我的交往意图。此外，高龄组儿童可以考虑诸多语言编码来源要素，如自我或他人的交际需求、心智状态、命题态度、认知环境等并结合相应的知识传递话语意图，这也说明高龄组儿童的语言敏感性逐渐增强并且语言运用能力及信息加工处理能力逐渐娴熟。同时，他们的心理理论知识已经形成，对他人的心理工作机制也有所认知。

受话人针对儿童调用知识+语言传递会话目的和超级目的的情况需要在显性取效过程中感知并解码话语形式，结合语言编码来源要素的可预料效果在隐性取效过程中结合知识的不可预料效果定位具体知识类型，找出识解的相应方式（针对程序性知识调用组织策略等认知策略）进而形成认知假设（原型行为假设、无标记假设、语境共享假设），从而解读儿童借助知识+语言所传递的会话目的和超级目的。

表4-83　高龄组儿童会话阶段调用知识+语言语用指标对应表

调用知识+语言 语用指标	会话发起	会话维持	会话修补	会话修补回应	共计
社会规约性知识+交际需求	8	0	0	0	8
想象性知识+交际需求	0	12	4	0	16
陈述性知识+交际需求	7	20	5	3	35
程序性知识+交际需求	12	4062	0	5	4079
社会规约性知识+心智状态	2826	0	0	0	2826
想象性知识+命题态度	0	0	1219	0	1219
陈述性知识+认知环境	0	0	0	1043	1043
共计	2853	4094	1228	1051	9226

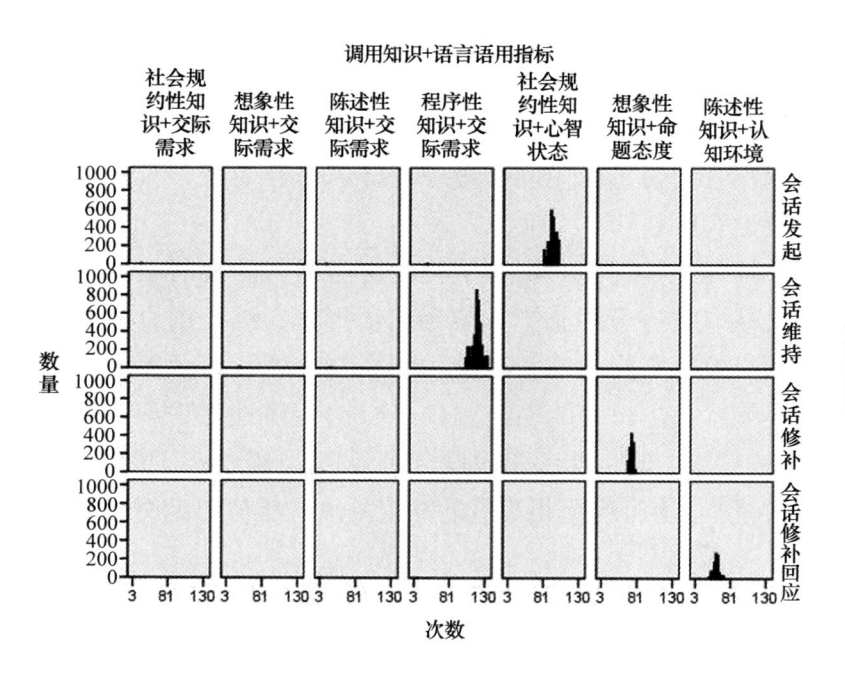

图4-66　高龄组儿童会话阶段调用知识+语言语用指标条形图

2. 语篇能力

结果显示，高龄组儿童调用知识＋语言传递叙述目的和超级目的的情况较多。皮尔逊卡方值是 49951.739，p＝0.000，表示语篇叙述维度对高龄组儿童调用知识＋语言的数量存在显著制约关系。

在涉及叙述事件时，儿童主要基于已有图式要素调用想象性知识或程序性知识，还会在调用认知环境要素的同时借助想象性知识讲述故事/事件（目的），以便使所叙述的故事/事件符合逻辑（超级目的）。可见，高龄组儿童可以灵活调用已有图式要素并合理利用认知环境要素，通过对想象性知识或程序性知识的运用使所叙述的语篇更具有故事性。

对于人物时地背景，儿童主要基于已有图式要素并调用想象性知识传递背景信息（目的），旨在发挥想象性知识的合理作用以便设计背景信息，为语篇主题的阐释奠定基础（超级目的）。

在引述或模仿阶段，儿童往往调用想象性知识以及命题态度要素引述或模仿（目的），旨在支持所叙述的主题事件（超级目的）。这说明高龄组儿童心理状态的元认知能力有所提高，他们可以借助他人话语传递命题态度（贝克，2004：644）。

在结束语阶段，儿童会借助认知环境要素并通过对社会规约性知识的调用传递结束信息（目的），以便使受话人喜爱所讲述的内容并期待受话人的评价（超级目的）。

在回答主试问题时，儿童一般会考虑受话人的交际需求或心智状态并调用社会规约性知识进行回复（目的）。此外，儿童还会基于认知环境要素以受话人提出的问题的词语信息、逻辑信息或常识信息为落脚点，调用程序性知识准确回应受话人的提问（目的），旨在使受话人准确理解所叙述的内容或所回复的话语，并与受话人保持融洽的社会关系（超级目的）。

对于叙述观点，儿童常常基于认知环境要素并借助想象性知识或程序性知识或已有图式要素表达故事/事件中人物或自我的观点（目的），进而传递已经发展成熟的世界观（超级目的）。

这进一步说明，首先，高龄组儿童的社会化能力已经趋于成熟，他们更多表现出亲社会行为（俞国良、辛自强，2004：351）并关注人际关系（贝克，2004：648），以相当礼貌的方式结束叙述任务以及回应受话人的诸多问题。其次，高龄组儿童对某些事件或行为的"好与坏"具有一定的辨别力，可通过对想象性知识或更深层次程序性知识的调用表达其对该事件或行为的观点或态度。

对于叙述顺序，儿童往往基于认知环境要素并借助程序性知识传递事件的时间或因果关系（目的），旨在使所叙述的语篇层次清晰（超级目的）。可见，高龄组儿童的认知能力和语言表达能力都有显著提升，他们可以通过对认知环境要素以及程序性知识的运用向受话人传递语篇的逻辑信息，初显其遣词造句的能力（见表4-84、图4-67）。

受话人可在显性取效过程中以感知并解码儿童话语形式为出发点调取语言编码来源要素，而且这一过程是可预料的。此外，在隐性取效过程中根据儿童所调用知识的不可预料效果确定知识类别并找出相应的解码方式（针对程序性知识通过调用精细化策略、组织策略、理解—控制策略等认知策略进行解码），进而形成认知假设（原型行为假设、无标记假设、语境共享假设），解读儿童借助知识+语言所传递的叙述目的和超级目的。

表4-84　高龄组儿童语篇叙述中调用知识+语言语用指标对应表

调用知识+语言语用指标	叙述事件	人物时地背景	引述或模仿	结束语	回答主试问题	叙述观点	叙述顺序	共计
社会规约性知识+交际需求	0	0	0	0	468	0	0	468
社会规约性知识+心智状态	0	0	0	0	469	0	0	469
想象性知识+心智状态	0	3	0	0	0	0	0	3
陈述性知识+心智状态	0	6	0	0	0	0	0	6
想象性知识+社会互动环境	10	0	0	0	0	0	0	10

续表

调用知识+语言语用指标	语篇叙述维度							共计
	叙述事件	人物时地背景	引述或模仿	结束语	回答主试问题	叙述观点	叙述顺序	
陈述性知识+社会互动环境	10	0	0	0	0	0	0	10
想象性知识+命题态度	0	0	675	0	0	51	0	726
社会规约性知识+认知环境	0	0	0	2055	0	0	16	2071
想象性知识+认知环境	880	0	0	0	0	760	0	1640
程序性知识+认知环境	0	0	0	24	461	0	2675	3160
想象性知识+已有图式	873	1492	13	0	0	0	0	2378
陈述性知识+已有图式	0	10	0	0	0	0	0	10
程序性知识+已有图式	801	16	0	0	0	696	0	1513
共计	2574	1527	688	2079	1398	1507	2691	12464

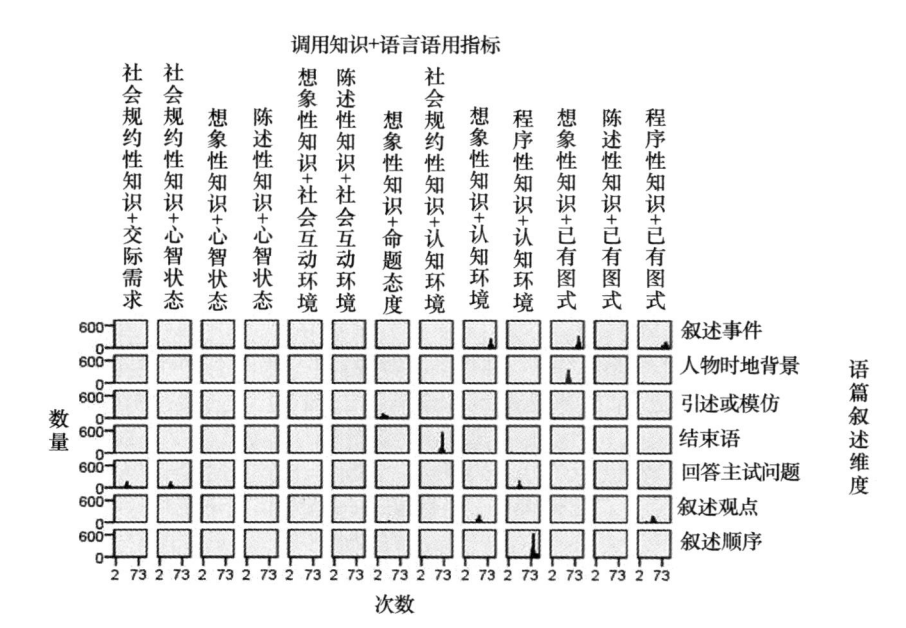

图 4-67 高龄组儿童语篇叙述中调用知识+语言语用指标条形图

(六) 高龄组儿童的知识+行为语用指标分析

1. 会话能力

在会话阶段,高龄组儿童偶尔会调用知识+行为传递会话目的和超级目的。皮尔逊卡方值为 4.928, p = 1.000 > 0.05,说明会话阶段对高龄组儿童调用知识+行为的数量不具有显著影响。

儿童偶尔会调用四种知识语用指标中的一种并借助位置移动或身体触碰或面部表情进行会话的发起、维持、修补以及修补回应(目的),旨在吸引受话人对某一话题进行关注,使彼此感兴趣的话题得以延伸并针对模糊概念向受话人予以澄清,使交际顺畅进行(超级目的)。可以看出,少数高龄组儿童在调用知识+行为传递会话意图时会全面调用知识类型并通过位置移动或身体触碰或面部表情来彰显与受话人的人际关系,尤其是在与"喜欢的受话人"进行交流时他们彼此之间更是行为相悦。在高龄组儿童眼里,一声"你好"彼此就能成为玩伴(贝克,2004:648),以礼貌的方式进行交流就会有很多朋友。因此,儿童会调用社会规约性知识并通过位置移动或身体触碰或面部表情与受话人维持良好的人际关系。此外,高龄组儿童社交问题的解决策略和社会能力行为质量显著提高(贝克,2004:658),他们的交流技巧也略显成熟,可以根据受话对象、话题内容和话题类型使用想象性知识或陈述性知识或程序性知识并辅以位置移动或身体触碰或面部表情来发起、维持、修补会话并进行修补回应(见表4-85、图4-68)。

受话人要在隐性取效过程中解读知识的不可预料效果,即识别具体的知识类型并找到识解的相应方式,并在受动取效过程中通过观察儿童的具体行为方式以及调用认知策略(精细化策略、组织策略、理解—控制策略、情感策略),搜寻头脑中相关的行为图式,在现实语境的帮助下形成认知假设(无标记假设、语境共享假设),从而解读儿童调用行为所产生的探试效果以及调用知识+行为所传递的会话目的和超级目的。

表4-85　高龄组儿童会话阶段调用知识+行为语用指标对应表

调用知识+行为语用指标	会话阶段				共计
	会话发起	会话维持	会话修补	会话修补回应	
社会规约性知识+位置移动	8	12	4	3	27
想象性知识+位置移动	7	11	4	3	25
陈述性知识+位置移动	8	13	3	4	28
程序性知识+位置移动	6	13	4	4	27
社会规约性知识+身体触碰	9	12	3	3	27
想象性知识+身体触碰	8	12	4	3	27
陈述性知识+身体触碰	10	11	3	3	27
程序性知识+身体触碰	8	10	4	4	26
社会规约性知识+面部表情	8	12	3	2	25
想象性知识+面部表情	9	11	3	2	25
陈述性知识+面部表情	9	13	4	2	28
程序性知识+面部表情	8	12	4	2	26
共计	98	142	43	35	318

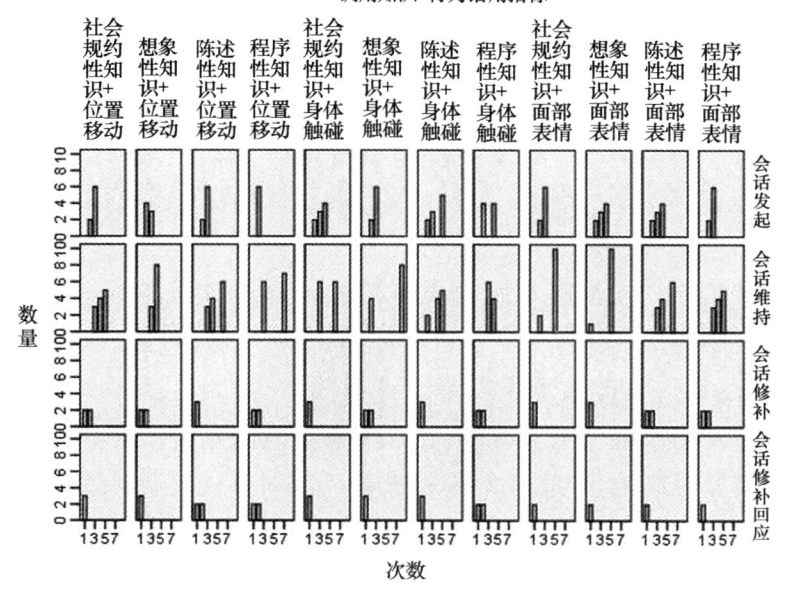

图4-68　高龄组儿童会话阶段调用知识+行为语用指标条形图

2. 语篇能力

高龄组儿童在语篇叙述时调用知识＋行为传递叙述目的和超级目的的情况较少（见表 4-86、图 4-69）。皮尔逊卡方值为 1060.424，$p = 0.000$，说明语篇叙述维度对高龄组儿童调用知识＋行为的数量存在显著制约关系。

对于叙述事件，儿童偶尔通过调用想象性知识或陈述性知识或程序性知识并辅以模仿或面部表情来阐释故事/事件（目的），使故事/事件生动有趣以引起受话人广泛关注（超级目的）。这说明少数高龄组儿童在进行故事/事件叙述时可以充分发挥想象力或详细陈述某一故事/事件或使该故事/事件符合逻辑发展的脉络，这也恰好证明高龄组儿童的想象力、陈述能力以及逻辑能力基本获得了空前的发展，他们可以延伸某一事件且面带表情或予以模仿，可见高龄组儿童可以借助面部表情或模仿行为感染受话人。

对于人物时地背景、引述或模仿层面，少数情况下儿童会调用想象性知识或陈述性知识并借助面部表情或模仿行为传递背景信息或他人话语（目的），旨在使受话人了解故事/事件发生的基本环境或他人的话语，更好地理解情节内容（超级目的）。高龄组儿童在涉及某些他们认为受话人理解会有困难的背景信息或引述内容（主要针对想象的背景信息或引述内容）时，偶尔会通过模仿或面部表情来帮助受话人进行理解。

针对结束语，儿童偶尔调用程序性知识并通过模仿他人，如模仿主持人在叙述结束时的行为方式传递语篇的终结这一事实（目的），期待受话人对此给予积极评价（超级目的）。这表示少数高龄组儿童的逻辑思维能力获得了一定的发展，他们基本上可以利用程序性知识较好控制故事/事件的发展进程，同时模仿主持人在叙述结束时的行为方式（鞠躬行礼），使叙述内容有始有终且线索明确。

在回答主试问题时，少数情况下儿童会根据问题的类型调用社会规约性知识（针对受话人关于社会规约性方面的问题）或想象性知识（对于受话人所提出的想象性问题）或陈述性知识（关于受人所提出的陈述性问题）或程序性知识（鉴于受话人所提出的程序性问题）并通过面部表情（面带微笑）予以回应（目的），旨在可以与受话人产生共鸣，使受话人充分理解所叙述的语篇内容（超级目的）。可以看出，少数高龄组儿童的问题解决能力有所提高，不需要受话人的启发，即可以调用相应知识准确回应受话人的提问并与受话人和谐共处。

对于叙述观点，在少数情况下儿童会使用社会规约性知识或想象性知识或陈述性知识并借助面部表情传递故事/事件中人物或自我的感受（目的），旨在根据所叙述内容调用相关知识并通过面部表情使观点传递得生动形象以及深化所叙述的故事/事件主题，凸显儿童的基本世界观（超级目的）。这也说明，高龄组儿童趋于调用诸多知识类型彰显其社会认知能力的提高。

针对叙述顺序，儿童偶尔会调用程序性知识并辅以手势指示的行为方式表示故事/事件的时间或逻辑顺序（目的），以便使受话人厘清所叙述内容的发展脉络，把握好语篇的主题思想（超级目的）。这意味着少数高龄组儿童的生理和认知能力有所发展，基本可以掌握语篇衔接的手段。他们还可以通过手势的指示提示受话人故事/事件的进展，以便使受话人清晰掌握故事/事件的时间顺序或前因后果。

受话人对于儿童使用知识＋行为所传递的叙述目的和超级目的，可先在隐性取效过程中通过定位知识类型以及解码方式识别知识的不可预料效果。此外，在受动取效过程中结合行为的探试效果调取认知策略（精细化策略、组织策略、理解—控制策略、情感策略）以及已有行为图式，并在叙述语境的帮助下形成认知假设（无标记假设、语境共享假设），以便解码儿童借助知识＋行为所传递的叙述目的和超级目的。

表4-86 高龄组儿童语篇叙述中调用知识+行为语用指标对应表

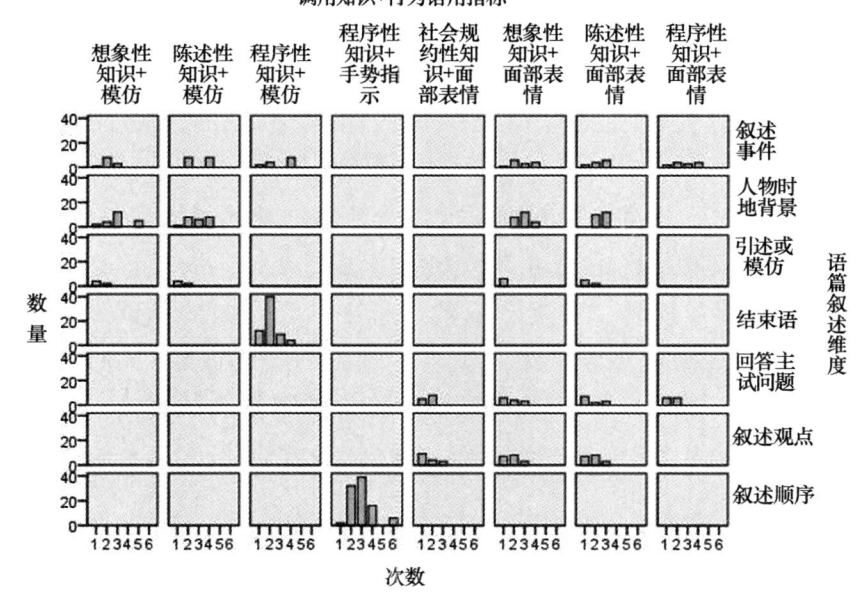

调用知识+行为语用指标	语篇叙述维度							共计
	叙述事件	人物时地背景	引述或模仿	结束语	回答主试问题	叙述观点	叙述顺序	
想象性知识+模仿	12	23	6	0	0	0	0	41
陈述性知识+模仿	16	23	6	0	0	0	0	45
程序性知识+模仿	14	0	0	65	0	0	0	79
程序性知识+手势指示	0	0	0	0	0	0	95	95
社会规约性知识+面部表情	0	0	0	0	13	16	0	29
想象性知识+面部表情	14	24	6	0	13	18	0	75
陈述性知识+面部表情	12	22	7	0	12	18	0	71
程序性知识+面部表情	13	0	0	0	12	0	0	25
共计	81	92	25	65	50	52	95	460

图4-69 高龄组儿童语篇叙述中调用知识+行为语用指标条形图

(七) 高龄组儿童的语言+行为语用指标分析

1. 会话能力

研究发现，高龄组儿童借助语言+行为完成会话任务的情况也并不常见（见表4-87、图4-70）。此外，皮尔逊卡方值为6.724，$p=1.000$，说明会话阶段对高龄组儿童调用语言+行为的数量不存在显著制约关系。

在会话发起、会话维持、会话修补及会话修补回应阶段，儿童均会基于7种语言编码来源要素中的一种通过位置移动或面部表情进行回应（目的），旨在使自我处于会话互动活动之中，并扮演相应角色，为会话活动的顺利实施贡献力量（超级目的）。由此可以看出，少数高龄组儿童的会话能力不断提高，表现为可以充分考虑语言编码来源要素实现交际目的和超级目的。在会话过程中，高龄组儿童倾向于通过位置移动的方式接近受话人，利用交际空间关系创设交际环境，使自己与受话人变为交际本身的符号信息（Hall，1974：1）。此外，他们还会借助面部表情传递会话的主旨思想。事实上，5岁的儿童就可以像成人一样通过面部表情精确传递情感或情绪（车琳，2016：113）。

针对儿童调用语言+行为传递会话目的和超级目的的现象，受话人可在显性取效过程中识别儿童话语形式的可预料效果，并结合语言编码来源要素在受动取效过程中识别儿童具体行为的探试效果：调用认知策略（组织策略、理解—控制策略、情感策略）以及相关行为图式，通过现实语境形成认知假设（无标记假设、语境共享假设），进而识解儿童通过语言+行为所传递的会话目的和超级目的。

表4-87　高龄组儿童会话阶段调用语言+行为语用指标对应表

调用语言+行为语用指标	会话阶段				共计
	会话发起	会话维持	会话修补	会话修补回应	
交际需求+位置移动	6	9	2	3	20

续表

调用语言＋行为语用指标	会话阶段				共计
	会话发起	会话维持	会话修补	会话修补回应	
心智状态＋位置移动	9	11	3	3	26
社会互动环境＋位置移动	6	9	3	2	20
交际背景＋位置移动	7	12	3	3	25
命题态度＋位置移动	7	9	4	2	22
认知环境＋位置移动	5	10	4	3	22
已有图式＋位置移动	8	9	3	2	22
交际需求＋面部表情	7	9	3	2	21
心智状态＋面部表情	7	12	3	3	25
社会互动环境＋面部表情	7	10	2	3	22
交际背景＋面部表情	6	9	3	2	20
命题态度＋面部表情	9	11	2	3	25
认知环境＋面部表情	6	9	2	3	20
已有图式＋面部表情	8	11	6	2	27
共计	98	140	43	36	317

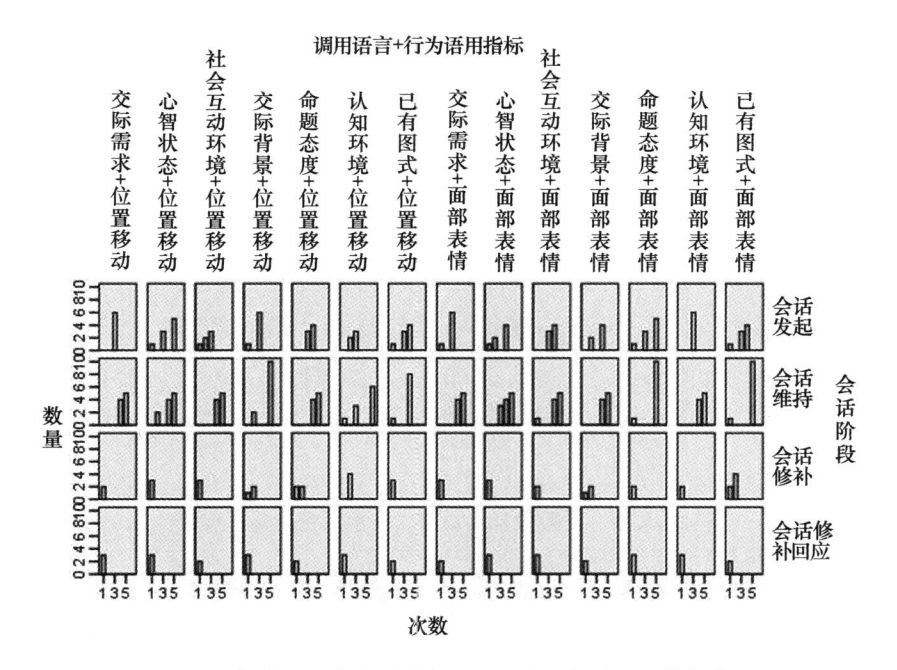

图 4-70　高龄组儿童会话阶段调用语言＋行为语用指标条形图

2. 语篇能力

研究发现，高龄组儿童进行语篇叙述时调用语言＋行为的现象亦很少见（见表4-88、图4-71）。皮尔逊卡方值为671.235，$p=0.000$，表示语篇叙述维度对高龄组儿童调用语言＋行为的数量具有显著差异。

在叙述事件、人物时地背景、引述或模仿、传递结束语、叙述顺序时，少数情况下儿童会基于受话人的心智状态、社会互动环境、交际背景、认知环境、已有图式、命题态度（只是在传递结束语时会调用命题态度），结合面部表情或模仿或手势指示（只是在涉及叙述顺序时会使用手势指示）等行为方式传递故事/事件、背景信息、他人话语、叙述结束以及叙述顺序等信息（目的），以便通过故事/事件、背景信息、他人话语、语篇衔接词等信息帮助受话人了解故事/事件的主旨思想以及发展轨迹，使叙述内容自然结尾并期待受话人的喜爱（超级目的）。可以说，少数高龄组儿童可以利用适切的语言编码来源要素传递有效的语篇信息，同时面部表情起到感染受话人的作用，通过某些面部表情，受话人可以直接掌握语篇的整体进程。此外，对于某些需要强调或儿童认为受话人接受起来较为困难的叙述内容，他们偶尔会通过模仿这一行之有效的行为方式帮助受话人进行理解或通过手势指示帮助受话人厘清故事/事件的时间或逻辑顺序。这也体现出少数高龄组儿童具有换位思考的能力，他们的观点采择能力趋于成熟。

在回答主试问题阶段，少数情况下儿童会调用7种语言编码来源要素中的一种并通过面部表情进行回复（目的），旨在与受话人保持良好的人际关系，帮助受话人理解所叙述的内容（超级目的）。这也表示，少数高龄组儿童的心理理论能力不断成熟，他们会从受话人角度出发对其提出的问题进行有效回复，即全面调用语言编码来源要素并结合礼貌微笑这一面部表情试图与受话人在和谐的氛围下达成共识，表明自己的态度。

对于叙述观点，少数情况下儿童会考虑命题态度、心智状态、社会互动环境、交际背景、认知环境、已有图式并结合面部表情传递故事/事件中人物或自我的基本观点（目的），进而突出他们对某一故事/事件的主要见解（超级目的）。因此认为，少数高龄组儿童的价值观已显露端倪，这也是他们适应社会、融入社会的基础。

受话人对于儿童借助语言＋行为传递叙述目的和超级目的的情况，可以在显性取效过程中依据话语形式的可预料效果和语言编码来源要素，在受动取效过程中利用认知策略（精细化策略、组织策略、理解—控制策略、情感策略）、头脑中相关行为图式在叙述语境的帮助下形成认知假设（语境共享假设），从而解读儿童借助语言＋行为所传递的叙述目的和超级目的。

表 4–88 高龄组儿童语篇叙述中调用语言＋行为语用指标对应表

调用语言＋行为语用指标	叙述事件	人物时地背景	引述或模仿	结束语	回答主试问题	叙述观点	叙述顺序	共计
心智状态＋模仿	11	11	2	0	0	0	0	24
社会互动环境＋模仿	8	9	2	0	0	0	0	19
交际背景＋模仿	10	8	2	0	0	0	0	20
认知环境＋模仿	9	11	2	0	0	0	0	22
已有图式＋模仿	7	10	2	0	0	0	0	19
心智状态＋手势指示	0	0	0	0	0	0	16	16
社会互动环境＋手势指示	0	0	0	0	0	0	17	17
交际背景＋手势指示	0	0	0	0	0	0	22	22
认知环境＋手势指示	0	0	0	0	0	0	19	19
已有图式＋手势指示	0	0	0	0	0	0	18	18
交际需求＋面部表情	0	0	0	0	6	0	0	6

第四章　学龄前儿童语用发展取效行为研究的设计与分析　　351

续表

调用语言+行为语用指标	语篇叙述维度							共计
	叙述事件	人物时地背景	引述或模仿	结束语	回答主试问题	叙述观点	叙述顺序	
心智状态+面部表情	9	9	2	11	6	6	0	43
社会互动环境+面部表情	8	11	3	11	6	8	0	47
交际背景+面部表情	7	8	3	12	7	10	0	47
命题态度+面部表情	0	0	0	10	5	8	0	23
认知环境+面部表情	8	7	3	10	8	9	0	45
已有图式+面部表情	6	10	3	9	6	8	0	42
共计	83	94	24	63	44	49	92	449

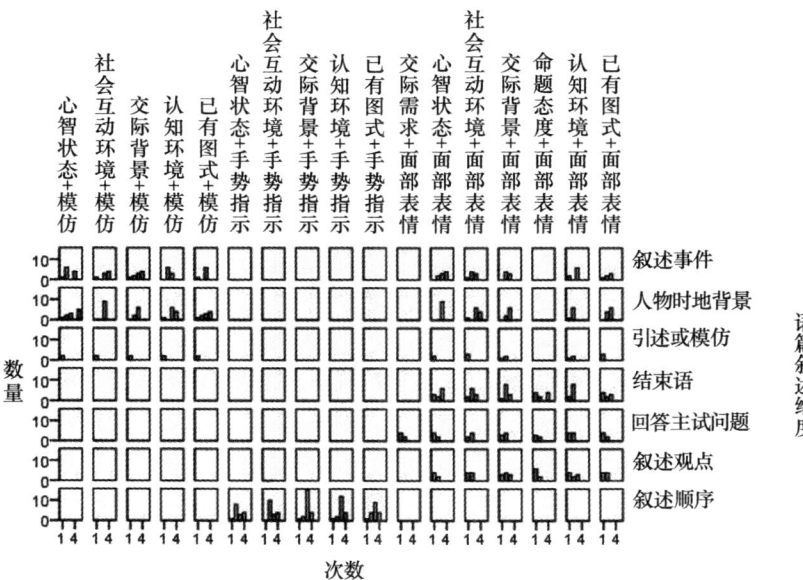

图4-71　高龄组儿童语篇叙述中调用语言+行为语用指标条形图

（八）高龄组儿童的知识+语言+行为语用指标分析

1. 会话能力

高龄组儿童在会话阶段调用知识+语言+行为的情况较少（表4-89、图4-72），这可能是由于随着高龄组儿童的语言和认知能力的提高，他们可以大体上摆脱行为的桎梏，调用知识+语言完成会话任务。此外，皮尔逊卡方值为 21.420，p=1.000，说明会话阶段对高龄组儿童调用知识+语言+行为的数量不存在显著制约关系。

在少数情况下，儿童会分别调用7种语言编码来源要素以及4种知识语用指标中的一种并辅以面部表情发起、维持、修补会话并对会话进行修补回应（目的），旨在与受话人持续交流并就模糊概念进行商议，以便可以共建话语意义（超级目的）。可见，少数高龄组儿童发起会话的主动性不断增强，更善于维持会话的顺利进行，当出现会话中断时则会采用相应手段进行会话修补并通过修补回应的方式帮助受话人理解他们的交际目的和超级目的。这也说明高龄组儿童正不断灵活运用语言编码来源要素和知识类型并通过面部表情与受话人在会话过程中保持良好的人际关系。

受话人可以在显性取效过程中寻找话语形式所呈现的可预料效果，并调用语言编码来源要素在隐性取效过程中定位所调用的知识类型与相应的解码方式，以便识别知识的不可预料效果。此外，在受动取效过程中观察行为的探试效果，并借助认知策略（组织策略、情感策略）、已有的相关行为图式、现实语境形成认知假设（语境共享假设），旨在识解儿童调用知识+语言+行为所传递的交际目的和超级目的。

表4-89　高龄组儿童会话阶段调用知识+语言+行为语用指标对应表

调用知识+语言+行为语用指标	会话发起	会话维持	会话修补	会话修补回应	共计
社会+需求+表情	4	5	2	1	12
社会+心智+表情	3	4	1	2	10
社会+互动+表情	5	5	2	2	14
社会+背景+表情	2	5	1	1	9
社会+命题+表情	2	6	1	1	10
社会+认知+表情	5	6	2	1	14
社会+图式+表情	3	5	3	1	12
想象+需求+表情	2	4	2	2	10
想象+心智+表情	3	4	2	2	11
想象+互动+表情	6	6	2	2	16
想象+背景+表情	0	0	0	0	0
想象+命题+表情	4	5	1	1	11
想象+认知+表情	5	7	1	1	14
想象+图式+表情	5	5	1	1	12
陈述+需求+表情	2	5	1	1	9
陈述+心智+表情	4	4	1	1	10
陈述+互动+表情	3	6	2	1	12
陈述+背景+表情	2	4	1	1	8
陈述+命题+表情	4	4	1	1	10
陈述+认知+表情	4	6	2	1	13
陈述+图式+表情	5	5	3	1	14
程序+需求+表情	2	7	1	3	13
程序+心智+表情	6	5	1	1	13
程序+互动+表情	3	5	2	1	11
程序+背景+表情	2	4	1	1	8
程序+命题+表情	5	4	2	1	12
程序+认知+表情	4	5	2	1	12
程序+图式+表情	1	6	1	1	9
共计	99	141	43	35	318

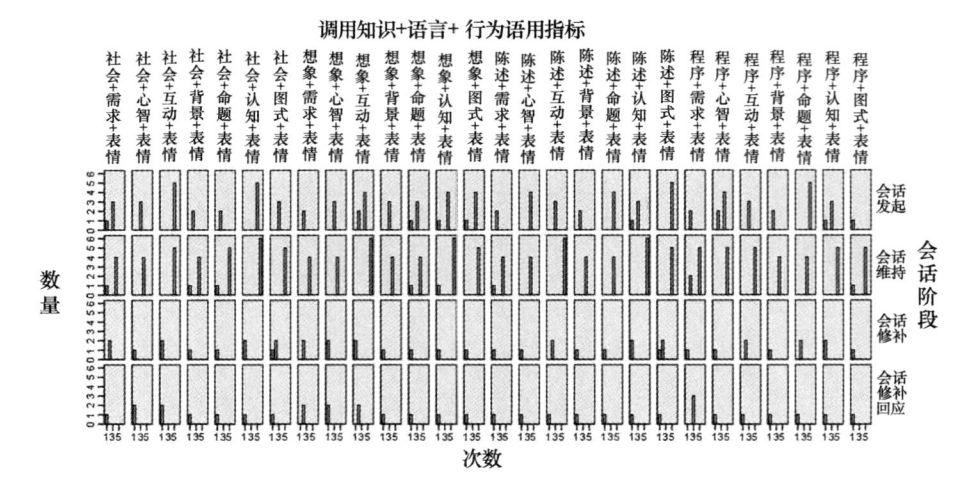

图 4 - 72　高龄组儿童会话阶段调用知识 + 语言 + 行为语用指标条形图

2. 语篇能力

研究发现，高龄组儿童在涉及人物时地背景时调用知识 + 语言 + 行为的数量较多，其他 6 个维度涉及较少（见表 4 - 90、图 4 - 73）。此外，皮尔逊卡方值为 2490.281，p = 0.000，表示语篇叙述维度对高龄组儿童调用知识 + 语言 + 行为的数量具有显著影响。

在叙述事件、引述或模仿、传递结束语以及叙述顺序时，少数情况下儿童会考虑到受话人的交际需求、心智状态、社会互动环境、交际背景、认知环境、已有图式要素，调用相关想象性知识、陈述性知识或程序性知识并辅以面部表情（通过眼神传递语篇信息并面带微笑）来传递事件、他人话语、结束语、叙述顺序（目的），旨在向受话人传递其喜爱的故事/事件，并使受话人掌握故事/事件的主题思想（超级目的）。此外还发现，少数高龄组儿童所叙述的语篇内容更为连贯，可以清楚阐释事件或过程之间的内在关系。

对于人物时地背景，儿童主要通过调用已有图式要素，借助想象性知识并辅以模仿的方式传递背景信息（目的），以便使受话人准确把握所传递的背景信息，正确理解所叙述语篇的核心思想

（超级目的）。高龄组儿童在涉及人物时地背景信息时调用知识＋语言＋行为的数量较多，这可能是由于高龄组儿童理解受话人的心理状态能力有所增强，他们可以借助受话人的面部表情作为反馈信息来判断受话人是否对故事/事件中的背景信息进行正确解读。当高龄组儿童发现受话人主要对某些人物、地点等背景信息深感困惑时，则会借助模仿的行为方式帮助受话人进行解读。同时，结果也说明高龄组儿童可以在已有图式框架下合理调用想象性知识，并借助模仿行为帮助受话人清晰、准确地理解语篇中的背景信息。

在回答主试问题或进行观点叙述时，少数情况下儿童会分别调用语言编码来源要素以及4种知识语用指标的一种并辅以面部表情进行回应或呈现故事/事件中人物、自我的感受（目的），以便与受话人维持良好的人际关系并凸显其对世界的基本认识（超级目的）。这提示，随着儿童语用能力和认知能力的发展，少数高龄组儿童在回答受话人提问时不断沉着，可逐渐调用适切语言编码来源要素并选择适当的知识类型，通过面部表情（微笑）准确回复受话人的提问。此外，少数高龄组儿童的社会认知能力也日渐走向成熟，可以依据社会规范准确评价某一言语或行为，通过其对命题态度的调用体现出他们基本的社会态度。

受话人可通过显性取效过程识别话语形式的可预料效果并结合语言编码来源要素在隐性取效过程中定位知识类型与相应的解码方式，解读知识的不可预料效果。同时，在受动取效过程的帮助下，观察儿童行为的探试效果并借助认知策略（精细化策略、组织策略、理解—控制策略、情感策略）、头脑中已有的行为图式、叙述语境形成认知假设（语境共享假设），旨在解码儿童调用知识＋语言＋行为所传递的目的和超级目的。

表4-90 高龄组儿童语篇叙述中调用知识+语言+行为语用指标对应表

调用知识+语言+行为语用指标	叙述事件	人物时地背景	引述或模仿	结束语	回答主试问题	叙述观点	叙述顺序	共计
社会+需求+表情	0	0	0	0	1	2	0	3
社会+心智+表情	0	0	0	0	2	3	0	5
社会+互动+表情	0	0	0	0	1	2	0	3
社会+背景+表情	0	0	0	0	2	2	0	4
社会+命题+表情	0	0	0	0	2	2	0	4
社会+认知+表情	0	0	0	0	2	3	0	5
社会+图式+表情	0	0	0	0	2	1	0	3
想象+需求+表情	3	0	1	4	2	2	5	17
想象+心智+表情	3	0	1	4	3	2	6	19
想象+互动+表情	4	0	1	5	3	1	6	20
想象+背景+表情	4	0	1	4	1	1	4	15
想象+命题+表情	0	0	0	0	1	1	0	2
想象+认知+表情	5	0	1	3	2	2	4	17
想象+图式+模仿	0	1446	0	0	0	0	0	1446
想象+图式+表情	4	0	1	2	2	1	5	15
陈述+需求+表情	5	0	1	4	3	4	6	23
陈述+心智+表情	5	0	2	4	2	2	5	20
陈述+互动+表情	4	0	2	5	2	1	4	18
陈述+背景+表情	4	0	1	4	1	2	6	18
陈述+命题+表情	0	0	0	0	3	2	0	5
陈述+认知+表情	3	0	1	5	2	1	5	17
陈述+图式+表情	4	0	1	2	2	2	5	16
程序+需求+表情	5	0	1	3	1	1	5	16
程序+心智+表情	6	0	1	3	1	3	6	20
程序+互动+表情	6	0	2	5	1	1	4	19

续表

调用知识+语言+行为语用指标	语篇叙述维度							共计
	叙述事件	人物时地背景	引述或模仿	结束语	回答主试问题	叙述观点	叙述顺序	
程序+背景+表情	5	0	1	3	1	1	5	16
程序+命题+表情	0	0	0	0	1	3	0	4
程序+认知+表情	6	0	2	7	1	1	6	23
程序+图式+表情	6	40	1	2	1	2	6	58
共计	82	1486	22	69	48	51	93	1851

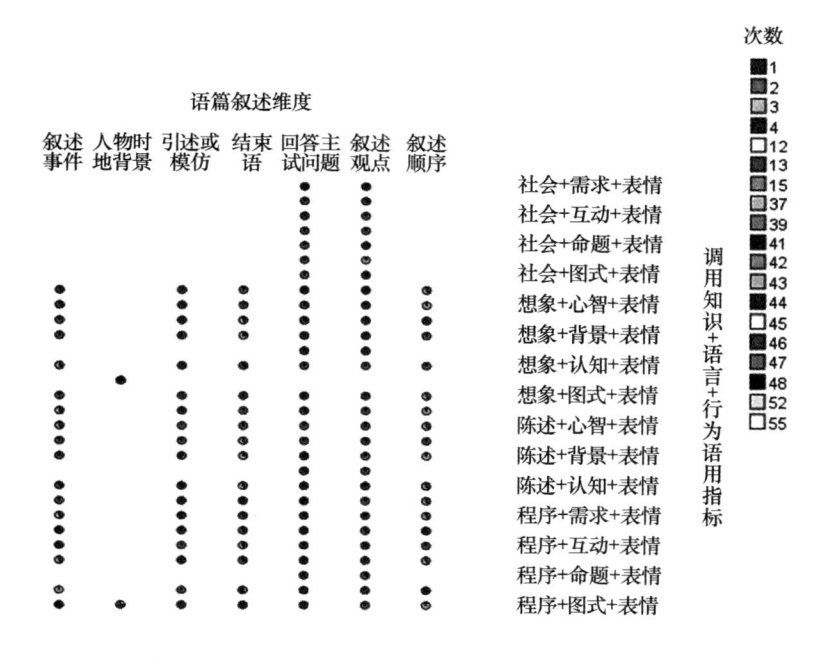

图 4-73　高龄组儿童语篇叙述中调用知识+语言+行为语用指标饼状图

本章小结

本章主要调查不同情境下及不同年龄段儿童调用知识、语言、行为及其交互关系的使用情况。

针对不同情境下儿童与不同角色进行互动的研究结果显示，总体而言，儿童的语用发展能力在不同情境下的交际效果不尽相同，即在幼儿园与家庭中的表现存在差异。在有计划的、有目的的师生、同伴互动情境下的交际效果最好，而在生疏的、未设定的陌生互动情境下或任意发挥的、轻松自由的家庭互动情境下效果较差。

1. 师生、同伴互动情境：主动交流、意愿强烈的交流者

与其他情境相比，师生、同伴互动情境下的交际效果最好，这主要体现在语用指标调用的数量以及交流的质量上。在师生、同伴互动情境下，儿童是意愿强烈的主动交流者，所体现出的语用发展能力也更显娴熟。

第一，总体而言，师生、同伴互动情境下儿童在会话阶段及语篇阶段所调用的语用指标最多（见图4-74、图4-75）。

第二，师生、同伴互动情境下儿童往往在游戏中通过调用知识+语言+行为、语言+行为或语言的方式进行会话活动，语用指标调用得更显灵活（见表4-91、图4-76）。同时，儿童在师生、同伴互动情境下会熟练调用语言语用指标，如社会互动环境、交际需求、已有图式、心智状态等语言编码来源要素；知识语用指标，如社会规约性知识、想象性知识、陈述性知识；行为语用指标，如位置移动（走近受话人）、手势指示、向受话人展示物品、模仿或面部表情等。结果也显示，在师生、同伴互动情境下儿童可以主动适应受话人的语言或行为调节，并基于此逐步形成语言自我调节能力，使自我的知识、语言和行为等与社会规范化相接近。

第三，师生、同伴互动情境下儿童在语篇叙述时，往往借助知识+语言或语言等语用指标完成叙述任务（见表4-92、图4-77）。师生、同伴互动情境更有益于儿童的发挥，他们可以摆脱经历本身的制约，通过生动的事件吸引受话人的关注。在轻松、熟悉环境下的儿童可以根据语篇叙述维度的不同合理调用知识+语

第四章　学龄前儿童语用发展取效行为研究的设计与分析　　359

言等语用指标。由此，他们会在所叙述的故事/事件中加入更多的叙事成分，使内容更为丰满。如在进行故事/事件或观点叙述（目的）时，儿童会调用想象性知识＋已有图式或陈述性知识＋认知环境。这表明，儿童可以从知识的存储库中调取相关想象性知识并结合已有图式使所叙述的故事/事件生动形象，并可在想象性知识及已有图式的帮助下凸显自我的价值观。此外，儿童还可基于所叙述故事/事件的事实以及当时的真实感受调用陈述性知识，并在认知环境要素的指导下使所叙述的故事/事件及观点真实可信、符合逻辑（超级目的）。在涉及人物时地背景时，儿童会调用想象性知识＋已有图式来阐释背景信息（目的）。可见，该情境下的儿童可从已有图式中析取象征符号并与想象性知识整合，通过大胆想象创编符合逻辑的背景信息（超级目的）。在引述或模仿（目的）时，儿童会调用想象性知识＋认知环境或陈述性知识＋认知环境。由此可知，此情境下的儿童可以借助想象性知识或陈述性知识为受话人提供词语信息、逻辑信息及常识信息，承接上文，逻辑清晰，通过引述或模仿的方式揭示人物性格（超级目的）。在回答主试问题或表达叙述顺序（目的）时，儿童会调用程序性知识＋认知环境。这说明，轻松的氛围有益于儿童借助认知环境要素并辅以程序性知识认真思考主试问题，思路清晰地传递出语篇的时间或因果关系，帮助受话人厘清语篇的内在结构（超级目的）。对于结束语，儿童仅调用语用指标中的命题态度或认知环境要素传递叙述的终结（目的），使所叙述的语篇自然结尾，并以传递命题态度的方式希望得到受话人的喜爱（超级目的）。因此，师生、同伴互动情境下儿童在进行语篇叙述时会根据受话人的实际需求选择适切的语用指标，使所叙述的内容更具有趣味性，更能体现出儿童真实的叙述水平。

表 4-91　不同情境下儿童会话阶段调用语用指标及所占比例

会话阶段	家庭互动	师生、同伴互动	陌生互动
会话发起	语言+行为 （交际需求+位置移动/手势指示/面部表情） 73.78%	知识+语言+行为 （社会规约性知识/陈述性知识+社会互动环境+位置移动） 55.25%	语言+行为 （社会互动环境+面部表情） 75.05%
会话维持	语言+行为 （社会互动环境+展示物品/手势指示） （已有图式+模仿） （命题态度+点头赞同/摇头拒绝） 61.92%	知识+语言+行为 （想象性知识+交际需求+展示物品） （想象性知识+社会互动环境+面部表情） （想象性知识+已有图式+手势指示） 84.99%	语言+行为 （社会互动环境+点头赞同/摇头拒绝） 80.68%
会话修补	语言 （交际需求/社会互动环境/命题态度/已有图式） 83.16%	语言 （交际需求/已有图式） 66.79%	行为 （摇头拒绝/面部表情） 53.04%
会话修补回应	语言 （交际需求/心智状态/社会互动环境/命题态度/已有图式） 79.62%	语言+行为 （心智状态+模仿） （交际需求+面部表情） 65.30%	语言+行为 （已有图式+点头赞同） 75.50%

表 4-92　不同情境下儿童语篇叙述中调用语用指标及所占比例

语篇叙述维度	家庭互动	师生、同伴互动	陌生互动
叙述事件	语言 （已有图式） 40.77% 知识+语言 （陈述性知识+已有图式） 20.70% 语言+行为 （已有图式/认知环境+模仿） 31.90%	知识+语言 （想象性知识+已有图式） （陈述性知识+认知环境） 96.65%	知识+语言+行为 （想象性知识+已有图式+模仿） 70.63%

续表

语篇叙述维度	家庭互动	师生、同伴互动	陌生互动
人物时地背景	语言 （交际背景/认知环境） 38.30% 知识+语言 （陈述性知识/想象性知识+认知环境/交际背景） 58.17%	知识+语言 （想象性知识+已有图式） 47.07% 知识+语言+行为 （陈述性知识+已有图式+模仿） 50.28%	知识+语言 （想象性知识+已有图式） 73.88%
引述或模仿	语言 （已有图式） 66.97% 知识+语言 （陈述性知识/想象性知识+认知环境） 32.59%	知识+语言 （想象性知识/陈述性知识+认知环境） 96.03%	语言+行为 （认知环境+模仿） 76.21%
结束语	语言 （认知环境） 95.69%	语言 （命题态度/认知环境） 98.71%	行为 （面部表情） 48.12%
回答主试问题	语言 （交际需求） 46.56% 知识+语言 （社会规约性知识/想象性知识/陈述性知识/程序性知识+交际需求） 32.77%	知识+语言 （程序性知识+认知环境） 91.00%	语言+行为 （已有图式+模仿） 61.53%
叙述观点	语言 （已有图式/认知环境） 53.25% 语言+行为 （已有图式/认知环境+手势指示/面部表情） 37.67%	知识+语言 （想象性知识+已有图式） （陈述性知识+认知环境） 95.73%	语言 （认知环境） 68.38%
叙述顺序	语言 （交际背景/认知环境） 87.27%	知识+语言 （程序性知识+认知环境） 97.70%	知识+语言 （程序性知识+认知环境） 87.06%

2. 家庭互动情境：任性而为的交流者

与师生、同伴互动相比较，家庭互动情境下儿童表现出的是一种任性而为的交流态度，因此所呈现出的交际效果并没有师生、同伴互动情境下的好，且所表现出的语用发展能力也并非完美。

第一，整体而言，处于家庭互动情境下的儿童在会话阶段及语篇阶段所使用的语用指标的数量介于师生、同伴互动情境及陌生互动情境之间。

第二，在会话阶段，处于家庭互动情境下的儿童调用语用指标发起会话的数量是最多的，而会话维持的数量却少于师生、同伴互动情境。这反映出家庭互动情境下的儿童较为任性，经常随意发起会话。在宽松、熟悉的家庭环境下，儿童有时并不会配合受话人维持会话。此外，与师生、同伴互动情境相比，家庭互动情境下儿童在会话修补以及会话修补回应阶段调用语用指标的数量较少。这说明，家庭互动情境下儿童与受话人更加熟悉，具有的共享知识更多，因此无须过多地进行会话修补以及会话修补回应。同时还发现，在会话修补回应阶段，家庭互动情境下的儿童与受话人共享较多的信息，因此可以直接通过调用语言语用指标完成会话修补回应任务，而在师生、同伴互动情境下以及陌生互动情境下，儿童不仅要借助语言语用指标还要求助于行为语用指标进行语言的表达。再者，家庭互动情境下儿童在会话发起和会话维持时调用较多的语用指标是语言+行为（会话发起：交际需求+位置移动/手势指示/面部表情；会话维持：社会互动环境+展示物品/手势指示；已有图式+模仿；命题态度+点头赞同/摇头拒绝），且多于陌生互动情境。分析原因认为，在家庭互动情境下，家庭成员较少陪伴儿童而难以使儿童表达出其想法或感受。儿童往往沉浸于玩玩具，因此他们只能就眼前的事物（玩具）与受话人进行交流，并通过行为语用指标（位置移动、手势指示、展示物品、面部表情、模仿、点头赞同或摇头拒绝）等明确展现其交际需求和动机。由此可知，家庭互动情境往往并不利于儿童语用能力的发展。

第三，在语篇叙述阶段，家庭互动情境下儿童在涉及语篇叙述维度时均会调用语言语用指标进行阐述，但同时调用知识+语言语用指标进行叙述的情况较师生、同伴互动情境下少。结果表明，师生、同伴互动情境更有利于儿童发展其认知能力，深化其认知结构，灵活运用知识和语言语用指标，发展语篇叙事能力。

3. 陌生互动情境：拘束紧张、放任自如的交流者

与师生、同伴以及家庭互动情境下的儿童相比，处于陌生互动情境下的儿童既不愿意主动与受话人进行交流，具有强烈的交往意愿，也表现不出在家庭互动情境下的任性而为。这种陌生情境下的互动是一种拘束紧张、放任自如的交往方式，其通过语用发展能力来体现。

第一，从语用指标的使用数量上看，在陌生互动情境下，儿童在会话阶段所调用的数量最少，这主要反映在会话发起和会话维持的数量上。但是，会话修补和会话修补回应的数量较多。这说明，在与陌生人进行会话时儿童较为被动，彼此之间的共享知识、信念以及预设等要素较少，需要进行会话修补的次数自然会增多。

第二，具体而言，陌生互动情境下儿童往往通过语言+行为（会话发起：社会互动环境+面部表情；会话维持：社会互动环境+点头赞同/摇头拒绝；会话修补回应：已有图式+点头赞同）或行为（会话修补：摇头拒绝/面部表情）的方式传递会话目的和超级目的，以便完成会话任务。这也从侧面反映出儿童与研究者之间的确存在陌生感，儿童需要基于社会互动环境或调用行为语用指标帮助受话人理解其话语的目的和超级目的。儿童对行为语用指标的调用主要是从记忆存储系统中提取已有的行为图式信息，如面部表情、点头赞同或摇头拒绝，以适应自身所面对的特定情境，旨在弥补语言或知识语用指标运用的不足以及儿童对受话人话语理解力的缺失。

第三，整体来看，在陌生互动情境下，儿童在语篇叙述时所调用的语用指标数量最少。这说明，在此情境下的儿童并不愿意向陌生人讲述故事/事件。但是，儿童在引述或模仿时所使用的语用指标

数量接近于在家庭互动情境下所调用的数量。对视频语料的观察发现，在陌生互动情境下儿童通过引述或模仿可以降低紧张感，处于一种回忆或想象的状态，以此逃避现实。

第四，具体分析在陌生互动情境下儿童在语篇叙述时调用的语用指标发现，其在涉及影响语篇主旨思想传递的叙述事件、引述或模仿、结束语以及回答主试问题等语篇叙述维度时还离不开行为（模仿或面部表情）的辅助。

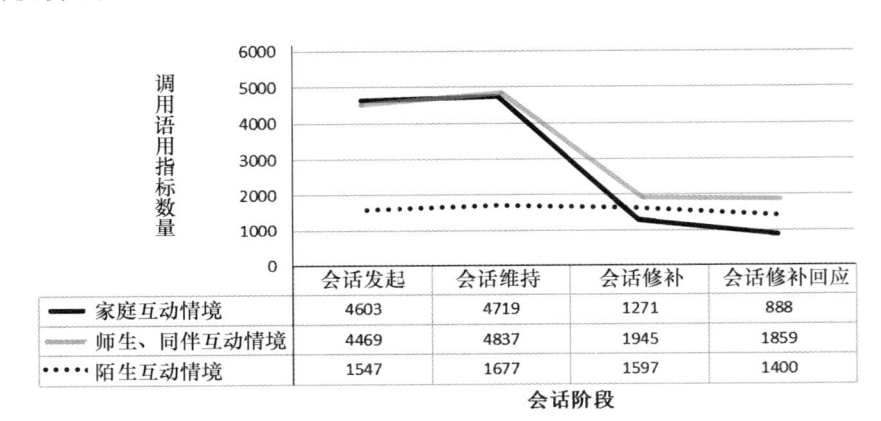

	会话发起	会话维持	会话修补	会话修补回应
家庭互动情境	4603	4719	1271	888
师生、同伴互动情境	4469	4837	1945	1859
陌生互动情境	1547	1677	1597	1400

图4-74　不同情境下儿童会话阶段调用语用指标总体数量

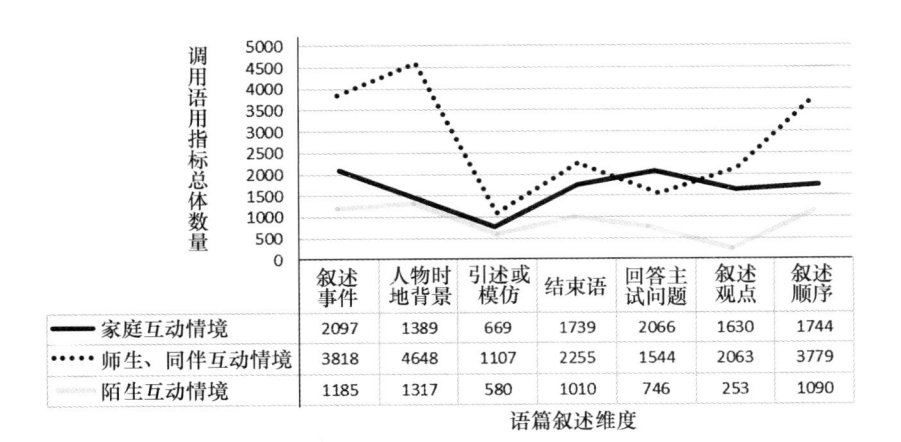

	叙述事件	人物时地背景	引述或模仿	结束语	回答主试问题	叙述观点	叙述顺序
家庭互动情境	2097	1389	669	1739	2066	1630	1744
师生、同伴互动情境	3818	4648	1107	2255	1544	2063	3779
陌生互动情境	1185	1317	580	1010	746	253	1090

图4-75　不同情境下儿童语篇叙述中调用语用指标总体数量

图 4-76 不同情境下儿童会话阶段调用不同语用指标

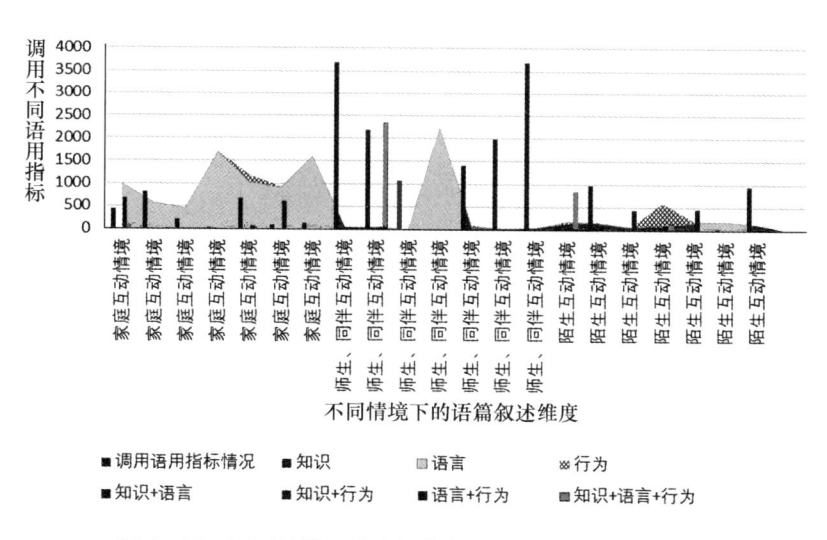

图 4-77 不同情境下儿童语篇叙述中调用不同语用指标

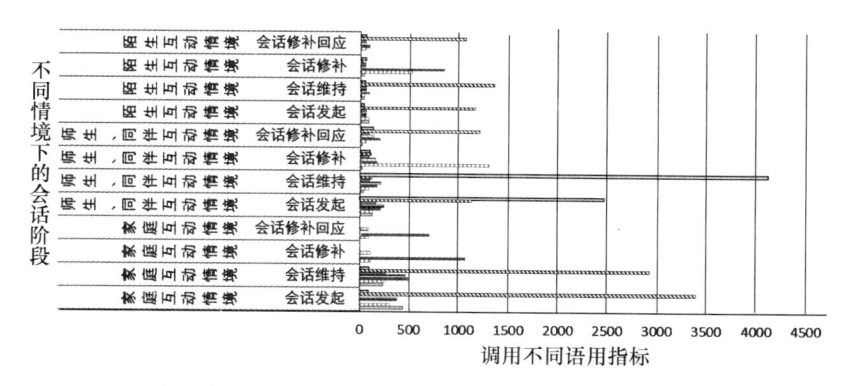

此外，本章还比较了不同年龄段儿童的语用发展特点及差异。研究发现，随着儿童年龄的增长，他们在会话能力和语篇能力方面均有所发展，这主要体现为所调用语言指标数量的增长以及质量的提高。

1. 使用数量的增长

第一，整体而言，随着年龄的增长儿童借助语用指标进行会话活动的数量呈递增态势。这说明，儿童的语言运用能力有所提升，更愿意借助语用指标进行会话活动。具体为，在会话发起阶段，低龄组儿童所调用的语用指标数量最多，高龄组儿童居中，中龄组儿童最少。那么，为什么会话发起的数量并不是与儿童的年龄呈正比关系？通过对语料的观察最终发现，低龄组儿童调用语用指标的数量多与他们难以就某一话题与受话人进行持续讨论密不可分，因此会不断地进行会话发起。在会话维持阶段，随着年龄的增长儿童维持会话所调用的语用指标数量有所增多，已经超过发起会话的数量（除低龄组儿童之外）。在会话修补和会话修补回应阶段，由于低龄组儿童调用语用指标进行会话活动的数量整体较少，其会话修补数量也较少。同时，低龄组儿童需要受话人尤其是成年受话人帮助他们进行会话修补。但是，随着儿童的生长发育，高龄组儿童使用语用指标进行会话修补以及进行修补回应的数量都有所递减。结果说明，随着年龄的增长，儿童的语言表达和理解能力都有所飞跃（见图4-78）。

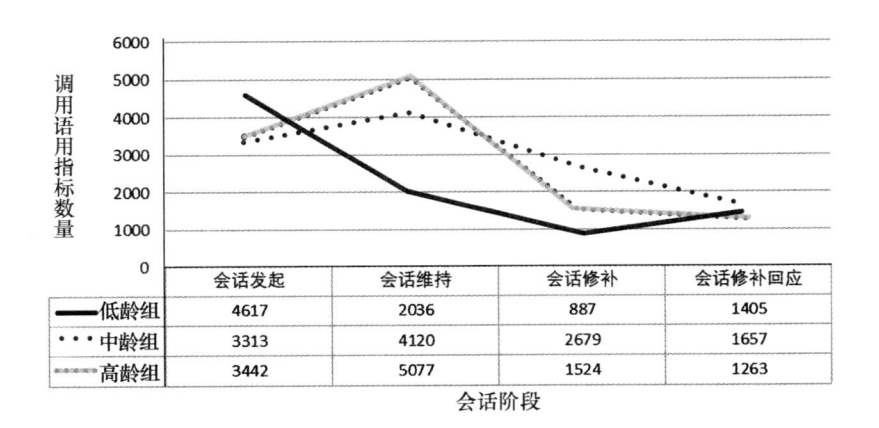

会话阶段	会话发起	会话维持	会话修补	会话修补回应
低龄组	4617	2036	887	1405
中龄组	3313	4120	2679	1657
高龄组	3442	5077	1524	1263

图4-78　不同年龄段儿童会话阶段调用语用指标总体数量

第二，整体而言，随着年龄的增长儿童使用语用指标完成语篇任务的数量显著增长，他们更愿意进行语篇讲述。比较各个语篇叙述维度发现，随着儿童年龄的增长其在各个维度上调用的语用指标呈增长的态势。结果也说明，伴随儿童语篇能力的提升，其所叙述的篇幅有所增长（见图4-79）。

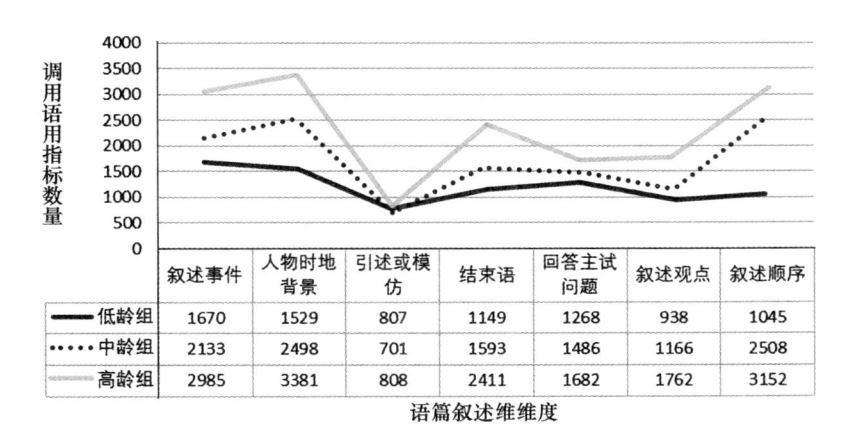

语篇叙述维度	叙述事件	人物时地背景	引述或模仿	结束语	回答主试问题	叙述观点	叙述顺序
低龄组	1670	1529	807	1149	1268	938	1045
中龄组	2133	2498	701	1593	1486	1166	2508
高龄组	2985	3381	808	2411	1682	1762	3152

图4-79　不同年龄段儿童语篇叙述中调用语用指标总体数量

2. 使用质量的提高

第一，随着儿童年龄的增长，其逐渐摆脱主要通过行为或行为辅助语言进行会话的束缚。此外，随着儿童的生长发育，其在会话过程中调用知识、语言和行为的不同语用指标类型更显灵活（见图4-80、表4-93）。

低龄组儿童在会话发起阶段往往需要借助语言+行为（这体现为低龄组儿童在具有交际需求时会通过手势指示）的方式进行表达（目的），使受话人理解其话语意图（超级目的）。在会话维持阶段，由于语言表达和认知能力有限，低龄组儿童对于受话人的简单是非疑问句会借助行为（模仿/给予受话人某物/点头赞同/摇头拒绝）予以回应（目的），以便维持会话（超级目的）。而对于受话人较为复杂的话语，儿童则需要借助语言（考虑到受话人的交际需求或基于受话人的话语调用有限的已有图式）对此进行回应（目的），维持与受话人的友好关系（超级目的）。在会话修补阶段，当低龄组儿童并未完全理解他人的话语时,往往会借助行为(面部表情)希望他人有所意识并予以修补(目的),以此满足自我交际需求(超级目的)。因为面部表情这种蕴含情感的行为方式也可帮助低龄组儿童传递出会话意图。在会话修补回应阶段,低龄组儿童作具体阐释时会借助语言+行为(在受话人话语的提示下调用有限的已有图式并借助模仿行为)进行回应(目的),以便发挥行为辅助语言表达的作用(超级目的)。反之,如果是在受话人的启发下进行的会话修补回应,儿童则选择仅调用行为(点头赞同)的方式进行回应(目的),保持与他人的交际关系(超级目的)。

对于中龄组儿童,在会话发起以及会话维持阶段,他们可以通过调用知识+语言发起并维持会话(目的),以便可以就某一话题与受话人展开沟通(超级目的)(会话发起:基于社会互动环境调用社会规约性知识或想象性知识;会话维持:考虑到受话人的交际需求调用陈述性知识或想象性知识)。可见,中龄组儿童的心理表征能力获得发展、社会认知发展水平有所增强。他们可以考虑到受话人的交际需求并鉴于社会互动环境调用相应知识进行交际。而在游戏之中,中龄组儿童则会选择借助知识+行为的方式发起并维持会话(目的),以便使受话人了解其会话目的,深入游戏(超级目的)(会话发起:想象性知识+展示物品;会话维持:想象性知识+模仿)。这说明,中龄组儿童可以借助想象性知识与受话人进行游戏,并通过展示物品或模仿的行为使受话人了解其会话意图。在会话修补及会话修补回应阶段,中龄组儿童均会通过语言直接发起修补请求或回应修补请求(目的),希望与受话人维持交际状态与良好的人际关系(超级目的)。据此,随着中龄组儿童的理解力及认知水平的提升,他们可以为了交际的持续调用已有图式发起会话修补请求,并考虑受话人的交际需要或调用认知环境要素,全面解析受话人的话语意图。

针对高龄组儿童,在会话发起(社会规约性知识+心智状态)、会话维持(程序性知识+交际需求)、会话修补(想象性知识+命题态度）及会话修补回应（陈述性知识+认知环境）阶段均会通过知识+语言的方式发起并维持会话、发出修补请求或回应修补请求（目的），以便与受话人针对某一话题进行深入交流并希望受话人可以使用他们可以理解的话语进行会话或自我会话可以被受话人所理解，实现成功交际（超级目的）。因此，可以说，高龄组儿童的会话能力有所飞跃，他们可以在知识和语言这两种抽象的思维工具的辅助下娴熟传递出自我的交际目的和超级目的。同时，高龄组儿童可以调用较难掌握的语言语用指标，如交际需求、心智状态、命题态度、认知环境等。这也进一步说明，随着儿童年龄的增长，其对受话人的交际需求及心智状态的敏感性逐渐增强，已走向"去自我中心"。同时，高龄组儿童可以以命题态度的形式表达出基本的交际态度，他们的逻辑思维能力也获得了空前的发展，可以利用词语信息、逻辑信息及常识信息作为提示信息来进行交际，使语言和思维紧密关联。这也反映出儿童的认知能力在不断发展，并证明了李宇明教授关于皮亚杰认知说研究的总结：认知能力的发展决定了儿童语言能力的发展（李宇明，2004：49）。

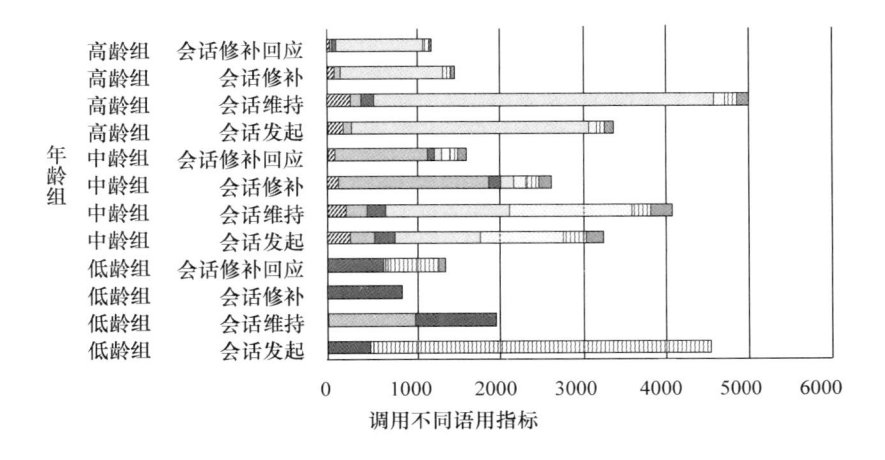

图4-80 不同年龄段儿童会话阶段调用不同语用指标

表4-93　　不同年龄段儿童会话阶段调用语用指标及所占比例

会话阶段	低龄组	中龄组	高龄组
会话发起	语言+行为 (交际需求+手势指示) 87.56%	知识+语言 (社会规约性知识/想象性知识+社会互动环境) 30.88% 知识+行为 (想象性知识+展示物品) 30.00%	知识+语言 (社会规约性知识+心智状态) 82.89%
会话维持	语言 (交际需求/已有图式) 49.75% 行为 (模仿/给予某物/点头赞同/摇头拒绝) 46.37%	知识+语言 (想象性知识/陈述性知识+交际需求) 36.31% 知识+行为 (想象性知识+模仿) 35.87%	知识+语言 (程序性知识+交际需求) 80.64%
会话修补	行为 (面部表情) 93.91%	语言 (已有图式) 67.45%	知识+语言 (想象性知识+命题态度) 80.58%
会话修补回应	行为 (点头赞同) 46.48% 语言+行为 (已有图式+模仿) 44.34%	语言 (交际需求/认知环境) 66.81%	知识+语言 (陈述性知识+认知环境) 83.21%

第二，随着儿童认知结构的丰富，其语篇能力有了进一步的发展（见图4-81、表4-94）。

低龄组儿童缺少连贯性以及对故事/事件主题思想的整体把握；他们也缺少通过知识或语言等方式向受话人传递语篇提示信息的能力；此外，低龄组儿童的语言发展还尚未完善，难以表达如观点等抽象概念且逻辑性较差。然而，随着儿童认知结构的不断丰富，其语篇能力有所提升。中龄组和高龄组儿童可以较少使用行为，仅借助语言或知识+语言等手段传递叙述目的和超级目的。此外，高龄组儿童已经具备观点采择能力，可以站在他人的视角进行语篇叙述,如他们认为受话人对其所叙述的内容充满疑惑时则会调用知识+语言+行为帮助受话人进行理解。而且,高龄组儿童的语篇能力整体要好于中龄组儿童,语篇线索更显明确,叙述的故事/事件有始有终,并可借助某些语句支持语篇的主题思想。另外,中龄组儿童的语篇以平行发展为主;而高龄组儿童的语篇则多为延伸性结构,并可以阐释故事/事件之间的关联性。

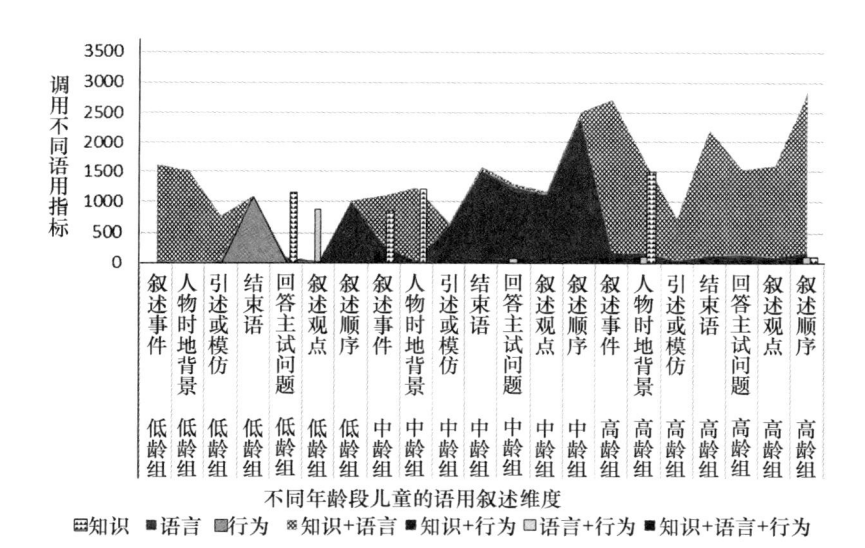

图 4-81 不同年龄段儿童语篇叙述中调用不同语用指标

具体而言,针对叙述事件及人物时地背景维度,低龄组儿童需要依靠绘本所提示的交际背景并应用陈述性知识,中龄组儿童可以借助头脑中相关已有图式通过充分发挥想象性知识(在无绘本讲述的情况下)传递叙述目的和超级目的。如果中龄组儿童借助绘本进行语篇叙述,他们会调用已有图式要素,借助陈述性知识并辅以手势指示绘本的方式传递叙述目的(清楚叙述故事/事件及背景信息)和超级目的(使受话人把握故事/事件的主旋律)。而对于高龄组儿童,他们在叙述故事/事件时可以基于已有图式并调用想象性知识或程序性知识,还可以考虑认知环境要素并调用想象性知识进行故事/

事件叙述（目的），旨在使故事/事件符合逻辑（超级目的）。对于人物时地背景，高龄组儿童主要基于已有图式要素并调用想象性知识传递背景信息（目的），以便发挥想象性知识用来设计背景信息的作用，为语篇的主题服务（超级目的）。当高龄组儿童认为受话人对于某些人物、地点等背景信息深感困惑时，在调用已有图式要素及想象性知识的同时还会借助模仿的行为方式帮助受话人进行解读，以便传递背景信息（目的），使受话人准确把握所传递的内容，正确解读语篇的主旨思想（超级目的）。可见，随着儿童年龄的增长，其认知能力、语言表达能力均有所发展。因此，儿童可以充分发挥想象性知识的作用，合理调用认知环境或已有图式要素，使所叙述的故事/事件或人物时地背景信息更符合逻辑，令受话人信服，也说明儿童的思维结构和心理结构不断变化与发展，达到高一级水平的图式（李宇明，2004：48）。同时，儿童还会从受话人角度出发，在合理调用知识和语言语用指标的同时借助模仿行为帮助受话人理解其认为难以解读的故事/事件和人物时地背景信息内容，逐渐具有观点采择能力。

针对引述或模仿维度，低龄组儿童会基于绘本所呈现的交际背景调用想象性知识，中龄组儿童借助命题态度要素，高龄组儿童在调用想象性知识的基础上会借助命题态度引述或模仿（目的）。可见，儿童的想象性知识较早出现，但是在引述或模仿过程中所传递的命题态度需要一个循序渐进的过程，随着高龄组儿童心理状态的元认知能力有所提升，他们可以较好运用命题态度要素并同时调用想象性知识，旨在支持所叙述语篇的主题思想（超级目的）。

对于结束语维度，低龄组儿童仅调用行为语用指标中的位置移动（转身离开），中龄组儿童可以调用语言语用指标中的认知环境要素，高龄组儿童同时调用知识语用指标中的社会规约性知识及语言语用指标中的认知环境要素传递叙述的终结（目的）。随着儿童的生长发育不断成熟，他们可以使语篇叙述得有始有终并注重受话人对其所叙述语篇的评价（超级目的）。

针对回答主试问题维度，低龄组儿童需要借助绘本并调用陈述性知识及认知环境要素以及手势指示，中龄组儿童仅借助认知环境要素，高龄组儿童可以在考虑受话人交际需求或心智状态的基础上借助社会规约性知识或基于认知环境要素调用程序性知识回答提问（目的）。可见，儿童逐渐具有分析问题、准确回应受话人的提问并运用知识和语言建立和处理人际关系的能力（超级目的）。

对于叙述观点维度，低龄组儿童与中龄组儿童不同，他们还不能仅借助命题态度传递出对某事/人的看法，他们需要面部表情的辅助供受话人进行解读。而高龄组儿童的社会化能力已趋于成熟，具有亲社会行为趋势，对某些事件或行为具有一定的辨别力。儿童调用想象性知识并结合认知环境要素使所传递的观点或看法更符合逻辑，而基于已有图式并调用程序性知识使所传递的观点或看法层次分明，凸显出儿童的世界观（超级目的）。

关于叙述顺序维度，低龄组儿童仅依靠绘本中的交际背景要素，中龄组儿童可以调用认知环境要素，高龄组儿童可同时借助认知环境要素和程序性知识传递语篇的时间或因果关系（目的）。可知，随着儿童的认知和逻辑能力发展成熟，他们的心理发展水平逐渐提高，其可借助认知环境要素中的词语信息、逻辑信息、常识信息以及程序性知识，在理解事件先后关系的基础上抽象概述事件发生的先后顺序及前因后果，这说明高龄组儿童对时间、因果概念的掌握呈现客观化趋势，旨在使所叙述的语篇层次清晰（超级目的）。

表4-94　不同年龄段儿童语篇叙述中调用语用指标及所占比例

语篇叙述维度	低龄组	中龄组	高龄组
叙述事件	知识+语言 （陈述性知识+交际背景） 94.97%	知识+语言 （无绘本讲述） （想象性知识+已有图式） 38.49% 知识+语言+行为 （有绘本讲述） （陈述性知识+已有图式+手势指示） 38.96%	知识+语言 （想象性知识+认知环境/已有图式） （程序性知识+已有图式） 86.23%
人物时地背景	知识+语言 （陈述性知识+交际背景） 98.23%	知识+语言 （无绘本讲述） （想象性知识+已有图式） 48.48% 知识+语言+行为 （有绘本讲述） （陈述性知识+已有图式+手势指示） 48.04%	知识+语言 （想象性知识+已有图式） 45.16% 知识+语言+行为 （想象性知识+已有图式+模仿） 43.95%
引述或模仿	知识+语言 （想象性知识+交际背景） 91.82%	语言 （命题态度） 82.45%	知识+语言 （想象性知识+命题态度） 85.15%
结束语	行为 （位置移动） 94.08%	语言 （认知环境） 90.27%	知识+语言 （社会规约性知识+认知环境） 86.23%
回答主试问题	知识+语言+行为 （陈述性知识+认知环境+手势指示） 89.43%	语言 （认知环境） 74.23%	知识+语言 （社会规约性知识+交际需求/心智状态） （程序性知识+认知环境） 83.12%
叙述观点	语言+行为 （命题态度+面部表情） 94.03%	语言 （命题态度） 90.99%	知识+语言 （想象性知识+认知环境） （程序性知识+已有图式） 85.53%
叙述顺序	语言 （交际背景） 95.79%	语言 （认知环境） 93.22%	知识+语言 （程序性知识+认知环境） 85.37%

第五章

学龄前儿童语用发展取效行为理论框架的验证

从取效行为角度阐释学龄前儿童语用发展特点,通过上述收集到的不同情境下、不同年龄段儿童语用发展的具体语料,验证学龄前儿童语用发展取效行为理论框架(囿于篇幅所限,本章只验证儿童在会话和语篇阶段中所调用的主要语用指标),并证明儿童所调用的知识在隐性取效过程中的目的和不可预料效果之间的关系;语言在显性取效过程中的目的和可预料效果之间的关系;行为在受动取效过程中的目的和探试效果之间的关系。

第一节　不同情境下学龄前儿童语用发展的取效行为验证

本节对不同情境下学龄前儿童在会话阶段、语篇阶段的语用发展具体语料进行验证。

一　家庭互动情境下儿童语用发展中目的和效果的关系
(一)会话能力
事实上,在会话发起和会话维持阶段,儿童通过调用语言+行为的方式向亲近的家庭成员发起并维持会话（目的），旨在使受话人迅速识别儿童的交际意图（超级目的）。在会话修补及会话修补回应阶段，儿童则借助语言发起修补请求并回应修补请求（目的），旨在使话语得以进行下去（超级目的）。

例（1）[1][2]
*XTY：妈妈．
%act：（走到妈妈面前）
*XTY：快看．
%act：（手指着拼图）
*XTY：我要拼了．
%act：（面带微笑）
*MOT：你想拼个什么啊儿子？
*XYT：我想拼个小花．
%act：（拿起身边一个带有小花的画册向妈妈进行展示）
*XYT：看两个小花．
%act：（模仿两朵小花盛开的样子）
*MOT：它是什么花啊？
*XTY：玫瑰花．
%act：（XTY手指着画册）
*MOT：玫瑰花啊？
*MOT：那你是不是喜欢玫瑰花啊？
%act：（XTY点点头）
*MOT：还有一个是什么花呀？
%act：（XTY手指着画册）
*XTY：这个是蒲公英．

---

[1] 本章所有语料例子均选自自建的学龄前儿童语用发展语料库shang1，下同。

[2] 由于篇幅所限，本章所有语料均去掉了编码层，下同。

第五章　学龄前儿童语用发展取效行为理论框架的验证　　377

*MOT：好呀．
*MOT：那你拼蒲公英吧．
*XTY：蒲公英我不想拼蒲公英．
*MOT：你不是喜欢蒲公英吗？
%act：（XTY摇摇头）

图 5-1　家庭互动情境下儿童会话阶段语料视频截图 1①

如例（1），XTY 小朋友想通过发起会话的方式引起妈妈的关注，表明其具有交际需求。因此，他走到妈妈面前，用手指着拼图且面带微笑，告知妈妈他希望得到妈妈对其拼图活动的关注（目的），并期待妈妈一起参与拼图游戏（超级目的）。可见，儿童在自我交际需求的基础上，通过一系列的行为动作，如走到妈妈面前（位置移动）、用手指着拼图（手势指示）、面带微笑（面部表情）传递会话目的和超级目的。这样，妈妈作为受话人需要解码儿童借助语言进行的编码。儿童通过叫妈妈、让妈妈快看（拼图）并告知妈妈将要开始拼图这一明示话语形式传递出其具有交际需求是可以预料的，具有可预料效果，属于显性取效过程。因此，受话人需结合该儿童的交际需求、现实语境以及儿童所伴随的探试行为，在受动取效过程中借助认知策略（组织策略：概括儿童通过一系列行为

---

① 本视频截图来源于语料库 shang1，下同。

方式所要传递的交际意图；情感策略：儿童通过面带微笑意图传递的目的）调取头脑中相关的行为图式，形成认知假设（原型行为假设：该儿童叫妈妈属于自然意义，以便引起妈妈对其予以关注；语境共享假设：儿童在玩拼图，因此受话人可结合相关语境判断出该儿童调用语言＋行为的超级目的是希望对其进行的拼图游戏予以关注，并也加入该游戏活动），即儿童在元认知指导下进行行为规划、实施和调控，包括位置移动、手势指示。此外，儿童还借助面部表情希望与受话人维持良好的交际关系，并渴望获得受话人的肯定回复。因此，儿童与受话人处于高度合作、知识共享的状态中。

此外，在会话维持阶段，儿童基于当前的社会互动环境（与妈妈谈论拼图这一事件），一边告诉妈妈想拼个小花，一边顺势拿起带有小花图片的画册向受话人（妈妈）进行展示，以便维持与妈妈的话题（目的），同时儿童调用已有图式（有关花儿盛开的知识）通过模仿（模仿小花盛开的样子），希望与妈妈将话题延伸开来（超级目的）。此外，当妈妈问到它（模仿盛开的花儿）是什么花时，儿童基于当前的社交语境（画册正好在儿童和受话人的面前）通过手势指示（手指着画册中的玫瑰花）告知妈妈那是玫瑰花。再者，当妈妈问儿童是不是喜欢玫瑰花时，儿童通过点头赞同的方式传递出其喜欢玫瑰花的命题态度（超级目的）并维持会话的进行（目的）。而当妈妈提出让该儿童拼蒲公英并问他是否喜欢蒲公英时，儿童通过摇头拒绝的方式传递出其不喜欢蒲公英的命题态度（超级目的），同样也维持了会话（目的）。鉴于此，受话人在解读儿童通过社会互动环境、向受话人展示物品或以手势指示的方式传递会话目的和超级目的时，要考虑当前的社会互动环境并结合儿童的明示话语形式（"我想拼个小花""玫瑰花"）、已有图式要素感知其话语的目的和超级目的。而语言是可以被感知的，具有可预料效果，对于受话人而言是显性取效过程。受话人需要在受动取效过程中结合儿童的行为动作（向受话人展示画册、手指画册），利用认知策略

第五章　学龄前儿童语用发展取效行为理论框架的验证　　379

（组织策略：基于儿童展示画册、手指画册的行为意图概括其交际意图）、现实语境（谈论拼图问题）形成认知假设（语境共享假设：儿童希望将会话维持下去并和受话人一起商议到底要拼什么花）。此外，对于儿童调取已有图式（有关花儿盛开的知识）通过直观模仿花儿盛开的样子所传递的会话目的和超级目的，受话人首先需要在显性取效过程中根据已有图式所提供的可预料效果，观察儿童模仿花儿盛开的行为动作并在受动取效过程中运用认知策略（精细化策略：将观察到儿童模仿花儿盛开的行为动作与以往见过的花儿盛开的过程相吻合），提取头脑中关于花儿盛开基本动态的行为图式，利用现实语境（在谈论拼成什么样子的花）建构认知假设（语境共享假设：儿童希望拼成两朵玫瑰花）。再者，儿童在受话人的启发下利用命题态度以及点头赞同或摇头拒绝的方式传递的会话目的和超级目的，需要受话人在受动取效过程中根据观察儿童在感知—动作协调的支配下进行点头赞同、摇头拒绝的行为图式，进而利用认知策略（情感策略：点头赞同表示喜欢、摇头拒绝表示不喜欢）、现实语境（受话人在询问儿童是否喜欢玫瑰花以及蒲公英），在显性取效过程中理解其所传递的暗示过程，即命题态度，并作出认知假设（原型行为假设：直接表达喜爱玫瑰花、不喜欢蒲公英的命题态度）。

例（2）
*MOT：衣服 上 有 饭粒 儿子．
%act：（MT 吃掉衣服上的饭粒）
*MOT：粒 粒．
*MT：粒粒 是 什么？
*MOT：皆．
*MT：哦．
*MT：皆 辛 苦？
*MOT：嗯．
*MT：+"谁 知 盘 中 餐 粒 粒 皆 辛 苦．

*MOT: 我做的新疆大盘鸡好吃吗?
*MT: 新疆大盘鸡?
*MOT: 就是你现在吃的鸡肉啊.
*MT: 好吃啊.
*MT: 妈妈我快吃光了都.
*MT: 哦妈妈你是想让我说你做的菜好吃吗?
*MOT: 是啊潼潼真是太聪明可爱了啊.
*MT: 妈妈开心就好.

图 5-2 家庭互动情境下儿童会话阶段语料视频截图 2

例（2）说明，妈妈提醒 MT 小朋友衣服上有饭粒，MT 见状连忙将衣服上的饭粒吃掉。妈妈便通过引用唐代诗人李绅的五言绝句《悯农》来表扬 MT 爱惜粮食的行为，也希望 MT 可以进一步将该诗句补充完整。因此，妈妈只说了"粒粒"两个字，该儿童便基于自我交际需求，希望妈妈予以进一步提示并发起会话修补请求（目的）（粒粒是什么?），希望和妈妈可以延续该话题（超级目的）。妈妈便继续提示一个词"皆"，儿童便考虑到当前的社会互动环境（吃饭时将饭粒掉在了衣服上，儿童又捡起来吃掉了，那么妈妈应该说了有关爱惜粮食的诗句），领会到其中的含义，便继续回复道"哦"，旨在考虑到受话人交际需求的基础上对会话修补进行回应，表示已经理解妈妈的话语（目的），便接着妈妈的诗句做补充的准备（超级目的)。同时,儿童结合社会互动环境调取记忆中与"粒粒"相关的诗句,通过询问"皆辛苦"是否为妈妈想表达的诗句来请妈妈进行修补。最后,妈妈肯定了该儿童的理解方式。儿童在考虑到当前社会交际环境基础上对妈妈的会话修补做出进一步的回应,旨在完整补充妈妈尚未完成的诗句(目的),理解妈妈所传递的关于爱惜粮食的寓意(超级目的)。而当妈妈问 MT 是否喜欢吃新疆大盘鸡时,由于 MT 在调取相关已有图式时发现自己并不知道什么是新疆大盘鸡,便通过询问的方式请妈妈进行修补(目的),以便可以正确解读出新疆大盘鸡的内涵(超级目的)。妈妈便解释道"新疆大盘鸡"就是该儿童现在吃的鸡肉。该儿童便将鸡肉的图式与"新疆大盘鸡"的内涵相关联,在理解之后便进行会话修补回应(好吃啊),旨在回答未曾理解的问题(目的),以便可以与受话人深入交流(超级目的)。同时,在又一次的会话修补回应阶段,该儿童对妈妈的会话修补进行了回复(妈妈我快吃光了都),并表明其喜欢吃妈妈做的"新疆大盘鸡"的命题态度(超级目的)。

此外,该儿童通过询问妈妈是否想获得对其厨艺的赞扬并请妈妈对其刚才的问话进行修补(目的),以表达其疑问的命题态度(超级目的)。妈妈肯定了该儿童所传递的命题态度,进而夸赞该儿童聪明可爱。在此之后,该儿童在妈妈的提示下并基于对受话人心智状态的把握,表示妈妈听到赞扬的话高兴就好,旨在对妈妈的称赞予以回应(目的),并告知妈妈已经了解其内心深处的所思所想(超级目的)。

由此,作为受话人的妈妈对于儿童基于社会互动环境或交际需求或已有图式或命题态度发起的修补请求,以及儿童在考虑受话人交际需求或心智状态或社会互动环境或命题态度或已有图式基础上进行的修补回应,需要在显性取效过程中考虑儿童明示的话语形式("粒粒是什么""哦""皆辛苦""新疆大盘鸡""哦,妈妈,你是想让我说你做的菜好吃吗""好吃啊""妈妈我快吃光了都""妈妈开心就好")以及语言的可预料效果形成原型行为假设("粒粒是什么"：直接表达出其请求进行会话修补的目的；"哦"：明示出其已经理解妈妈提到"粒粒"的目的；"哦妈妈你是想让我说你做的菜好吃吗"：直接表达出其也理解妈妈的所思所想，并询问妈妈自己的判断是否正确；"好吃啊"：直接表达出妈妈做的鸡肉好吃）、语境共享假设（"粒粒皆辛苦"：受话人需结合语境识别出儿童是在询问妈妈是否想让自己补充"粒粒皆辛苦"的诗句；"新疆大盘鸡？"：需结合语境解读出儿童想表达的意思是"什么是新疆大盘鸡"）以及无标记假设（"妈妈，我快吃光了都"：间接表达出该儿童喜欢吃妈妈做的新疆大盘鸡，以便取悦妈妈；"妈妈开心就好"：间接表达出该儿童已经了解到妈妈的想法，表达出希望妈妈开心的愿望），解读出儿童希望妈妈对其会话内容进行修补，并希望可以和妈妈延续该话题、帮助该儿童判断自己理解的准确度、希望妈妈对其难以理解的概念进行阐释以及通过疑问的形式表达其命题态度（超级目的），同时识解出儿童对会话修补进行回应的目的以及传递出接着妈妈的诗句进行补充的准备、告知妈妈已经了解其内心深处的所思所想、理解妈妈所传递的关于爱惜粮食的寓意、表明其喜欢吃妈妈做的"新疆大盘鸡"的命题态度，以便可以与受话人深入交流的超级目的。

（二）语篇能力

家庭互动情境下儿童在语篇叙述的整个阶段均会调用语言完成叙述任务。但是，在涉及叙述事件时，儿童不但会调用语言，还会调用知识+语言或语言+行为。这说明，儿童根据故事/事件的主题来选择事件的陈述方式，如果儿童认为与家庭成员共享较多信息时，则会直接借助语言传递事件；如果叙述的故事/事件想象性情节较多，儿童则会在运用语言的同时调用知识来陈述事件；如果对于某事件来讲，儿童猜想家庭成员不一定了解该事件，则会在运用语言的同时调用行为辅助事件的表述，以便向家庭成员讲述事件之间的关系（目的），为主题思想的积淀服务（超级目的）。此外，在交代人物时地背景时，儿童还会借助知识+语言予以介绍。在涉及某些背景信息时，儿童需要调用头脑中关于该事件主题的知识，因此不仅需要借助语言，还需要调用知识传递背景信息（目的），以便使家庭成员对该故事/事件发生的缘由有所把握（超级目的）。此外，在引述或模仿时，还会调用知识+语言（目的），旨在更加生动地支持所述论点（超级目的）。在回答主试问题阶段，儿童在涉及某些知识性问题时还会使用知识+语言的方式完成回复任务（目的），这样儿童和受话人之间可以相互理解并成功完成叙述任务（超级目的）。对于叙述观点这一维度，儿童还会调用语言+行为进行传递，因为某些感受或观点对于儿童而言属于内心感受，有时需要儿童在调用语言的同时辅以行为对此内心感受进行直观阐释，使受话人明确把握儿童的感受或看法（目的），与儿童产生共鸣（超级目的）。

例（3）
 *CHI：有一天有一只小兔子[^c].
 *CHI：它每天起床时候都在操场玩[^c].
 *CHI：第二天它起床在操场玩的时候[^c]突然发现它旁边有个小乌龟[^c].
 *CHI：小兔子说+"咱俩来个龟兔赛跑吧[^c].
 *CHI：我妈妈说+"赛跑会让我们更有活力[^c].
 *CHI：结果小乌龟<先>[/]#先[^c].
 *CHI：小兔子说完就立刻跑了[^c].
 *CHI：小乌龟在后边慢慢追着[^c].
 *CHI：最后小兔子看太阳快下山的时候[^c]它困了它在大树边上睡了一觉[^c].
 *CHI：然后小乌龟慢慢爬着一下就到终点了[^c].
 *CHI：<小乌龟>[/]#小乌龟已经到终点了[^c].
 *CHI：它搁小乌龟后边追着[^c].
 *CHI：它第二名[^c]小兔子就不高兴了[^c].
 *CHI：讲完了[^c].

*MOT：啊？
*MOT：讲完了啊？
*CHI：讲完了啊.
*MOT：好那妈妈问你.
*CHI：嗯.
*MOT：最后比赛谁赢了？
*CHI：当然是乌龟了.

图 5-3　家庭互动情境下儿童语篇叙述语料视频截图 1

例（3）表明儿童在叙述故事时主要通过调用语言传递叙述目的和超级目的，该儿童在叙述小兔子每天起床之后的事件时会调用相关已有图式事件，即玩。因为玩耍是儿童的天性，儿童在叙述小兔子每天起床之后的活动内容时自然会与玩有关。该儿童通过"玩"这一动词传递小兔子的活动（目的），旨在为接下来的比赛事件做铺垫（超级目的）。受话人需要基于儿童借助动词"玩"这一明示话语，在显性取效过程中调取与"玩"相关的已有图式，解码出儿童想表达小兔子喜欢玩的话语目的，这一过程是可以预料的，受话人需要在解码儿童的话语目的之后形成认知假设（语境共享假设），即识解出儿童意图，为接下来叙述小兔子和小乌龟的比赛做准备。而在传递故事的人物时地背景信息时，该儿童便借助交际背景，将故事的主人公直接引入（目的），如"有一天""小兔子"等，以便在该交际背景下进行故事的叙述（超级目的）。此外，该儿童通过认知环境要素再一次向受话人传递了背景信息（目的），如"第二天""操场""小乌龟"，这说明儿童通过逻辑信息以及词语信息向受话人交代了第二天在同样的操场出现了另一个主人公——小乌龟，使小兔子原本单调的生活被打破，推动了故事的进展。因此按照思维逻辑，第二天小乌龟的出现使故事的进展顺理成章，也再一次使故事出现了跌宕起伏的情节（超级目的）。受话人可根据儿童的话语形式解码儿童借助交际背景所传递的可预料效果，即引入该故事的主人公和故事所发生的时间、地点，这也是显性取效过程。此外，受话人需在此基础上作出认知假设（原型行为假设），即儿童通过直接叙述背景信息的方式推进了故事的情节（超级目的）。在引述或模仿时，儿童则会提取头脑中与当前所叙述的赛跑这一事件相关的已有图式，旨在支持所叙述的内容（目的），使后来关于比赛的故事自然过渡（超级目的）。在此过程中，该儿童想起妈妈曾经说过赛跑会让我们更有活力，便将此话语变成小兔子妈妈的话语，这样儿童将妈妈的形象赋予给了小兔子妈妈。受话人可根据该儿童的话语形式在显性取效过程中识解儿童调用已有图式引述妈妈话语的目的是支持其所叙述的内容，这是可以预料的。此外，受话人需要在此基础上作出认知假设（无标记假设），即解码儿童赋予小兔子妈妈以社会角色并引述其话语的超级目的是为接下来比赛的进行埋下伏笔。讲完之后，儿童利用认知环境要素中的词语信息及逻辑信息，意识到所叙述的内容已经接近尾声，并告知受话人叙述的终结（目的），等待受话人的进一步指示（超级目的）。受话人可根据儿童的话语形式的可预料效果在显性取效过程中识解出儿童的目的是告知叙述的终结，并基于词语信息和逻辑信息等认知环境要素形成认知假设（无标记假设），即儿童利用与社会属性相适宜的礼貌方式告知受话人叙述终结的超级目的是期待受话人的下一步提示。在回答主试问题阶段，当该儿童回答妈妈提问时考虑到了妈妈的交际需求，当妈妈说道"好那妈妈问你"时，该儿童便用一句"嗯"表示期待妈妈的提问（目的），旨在满足妈妈的交际需求（超级目的）。受话人可基于该儿童可预料的话语形式通过显性取效过程解码儿童的目的是表示自己可以回答妈妈的提问。在此基础上，结合双方的交际需求构成认知假设（语境共享假设），即结合语境来推导该儿童回答的"嗯"，实则是在试图满足妈妈的交际需求。对于叙述观点，该儿童通过调用已有相关图式，即"小兔子性格急，跑得快；小乌龟性格慢，跑得慢"，因此在向受话人传递自己分别对小兔子、小乌龟的感受（目的）时，会选择"立刻"这一词语形容小兔子的性情以及"慢慢"形容小乌龟的性格（超级目的）。受话人可根据儿童可以预料的话语形式在显性取效过程中解读该儿童的目的是传递对小兔子、小乌龟的感受，并基于此借助已有图式（小兔子的性格急、小乌龟的性格慢）作出认知假设（无标记假设），即该儿童选择"立刻""慢慢"这两个对比色彩极其浓烈的副词的超级目的是形容小兔子和小乌龟的特点，赋予故事中人物以应有的社会属性。同时，儿童在进行叙述观点时还会借助认知环境要素，如儿童用"快"来修饰太阳（词语信息、常识信息）下山这一过程，说明儿童会利用认知环境要素中词语信息、逻辑信息及常识信息表达自己的感受，即小兔子和小乌龟已经比赛很长时间了（逻辑信息），但小兔子却没有坚持到最后（目的），并使受话人与其产生情感上的共鸣（超级目的）。同理，受话人可根据儿童可以预料的话语形式在显性取效过程中解读该儿童的目的是叙述比赛已经持续很久，但小兔子没能坚持到比赛结束这一事实，并基于此借助认知环境要素（太阳快下山）形成认知假设（原型行为假设），即解码出该儿童通过使用"快"这一副词的自然信息，可揭示出该儿童超级目的的情感意义是使受话人也在情感上赞同小兔子没能坚持到最后的遗憾。当涉及叙述顺序时，儿童会借助认知环境要素呈现故事的时间或逻辑关系（目的）。在本例中，儿童叙述"最后小兔子……""小乌龟已经……"等。这表示，儿童想向受话人传递出小兔子没有坚持到最后，而小乌龟经过不懈努力最终获得了成功（超级目的）。同时，儿童还会调用交际背景传递时间顺序（目的），如儿童说道："它（小兔子）每天起床时候（应该为"之后"）都在操场玩。"儿童通过交代小兔子每天的生活规律这一背景信息为整个故事的主题基调奠定了交际背景（超级目的）。由此，儿童在叙述顺序时所调用的认知环境、交际背景要素对于受话人而言是可以预料的，是显性取效过程，受话人需结合儿童所传递的话语形式如"最后""已经""每天"，解读出儿童的目的是交代故事的逻辑以及时间顺序，并调用认知环境（词语信息与逻辑信息：儿童借助"最后""已经"等词语试图传递出对小乌龟持之以恒精神的赞扬，以及对小兔子半途而废的遗憾）以及交际背景（儿童借助"每天"一词传递出小兔子每天循规蹈矩的生活以及故事的背景信息）要素构成认知假设（原型行为假设：从"最后""已经""每天"等词语中剥离出儿童所传递的情感意义）来理解儿童叙述的超级目的。

此外，儿童在进行叙述时还会同时调用知识＋语言或语言＋行为。

例（4）

＊CHI：＜我 和＞［／］我 和 马 一 贺 然 后 我 们 在 一 起 玩 儿［^c］我 们 找 不 着 爸 爸 妈 妈 了［^c］我 们 在 幼 儿 园 走 丢 了［^c］．

＊CHI：我 想 我 们 是 不 是 走 到 了 迷 宫 里 出 不 来 了［^c］．

＊CHI：这 个 迷 宫 也 太 大 了［^c］．

％act：（一边说一边手指着旁边放着的迷宫模型）

＊CHI：马 一 贺 说 ＋"迷 宫 一 般 都 不 好 出 来［^c］．

％act：（做出可怜的表情）

＊CHI：我 当 时 就 想 妈 妈 要 是 在 一 定 会 说 ＋？伟 大

的 蜘蛛侠 会 救 我们 的 [^c].
%act：（做出兴奋的表情）
*CHI：然后 我们 走 啊 走 不 知道 到 了 哪里 [^c].
*CHI：我 就 看到 了 我们 常 去 的 活动室 [^c].
*CHI：我 就 知道 我们 会 出去 的 [^c].
*CHI：后来 我 就 看到 老师 向 我们 走 来 了 [^c].
*CHI：就 这些 了 [^c].
*MOT：那 妈妈 问 你 一 些 问题 吧.
*CHI：好 啊 妈妈 请问 吧.
*MOT：你 在 跟 马一贺 走 丢 的 时候 害怕 了 吗？
*CHI：当时 真的 害怕 了.
%act：（耸起肩膀并模仿害怕时哆嗦的样子）
*MOT：那 你 觉得 你 会 和 马一贺 找到 回去 的 路 吗？
*CHI：会 啊 因为 我们 有 蜘蛛侠 保护 我们 呢.
%act：（一边说一边模仿蜘蛛侠做出飞行状）
*MOT：哎哟 蜘蛛侠 保护 我们 宝宝.
*MOT：那 你 为什么 说 你 看到 了 活动室 就 知道 你们 会 找到 回去 的 路 呢？
*CHI：因为 我们 每次 路过 活动室 再 往前 走 走 就 到 我们 温暖 的 大二班 了.
%act：（一边说一边手指着墙上挂着的大二班小朋友们的合影）
*CHI：我 就 在 想 活动室 都 出现 了 那 我们 不 就 能 回去 了 吗？
*MOT：哦.
*MOT：下次 和 马一贺 别 再 乱 跑 了.

第五章　学龄前儿童语用发展取效行为理论框架的验证　389

图 5-4　家庭互动情境下儿童语篇叙述语料视频截图 2

如例（4）所示，该儿童正在回忆他和马一贺小朋友在幼儿园走丢一事。在对事件进行叙述时，儿童主要通过调用知识＋语言或语言＋行为来阐释事件。如，儿童同时调用已有图式＋陈述性知识叙述道："我们……我们在幼儿园走丢了。"可见，此时该儿童调取了头脑中对该事件记忆的已有图式，清晰陈述出该事件发生的事实（目的），以便围绕该走丢事件展开叙述（超级目的）。此时，受话人需要根据该儿童的话语形式"走丢"一词，在显性取效过程识别出可预料的叙述目的，即交代"走丢"这一事件。同时，受话人还要根据该儿童陈述"走丢"一事，调用命题网络关系、表象系统及相关图式，而这一过程是隐性取效过程，具有不可预料的效果，需要受话人调用记忆深处有关"走丢"的事件形成认知假设（语境共享假设），即结合儿童所叙述的背景语境解码出其即将就"走丢"事件展开叙述的超级目的。此外，该儿童还会同时借助已有图式＋模仿行为对事件进行叙述。如，儿童一边说"有蜘蛛侠保护我们呢"，一边模仿蜘蛛侠做出飞行状。在该儿童的已有图式中蜘蛛侠是英雄的化身，蜘蛛侠会保护遇到困难的每一个人。这样，该儿童便通过模仿蜘蛛侠飞行的方式来体现其保护小朋友的英雄壮举（目的），旨在帮助受话人准确理解其当时的内心感受，即希望在他人的帮助下找到回去的路（超级目的）。再者，该儿童还调用认知环境＋模仿行为进行事件叙述，如当妈妈问该儿童在和马一贺走丢的时候是否害怕了，儿童便调用认知环境要素，即"害怕"一词作为词语信息提示该儿童要回答出当时的感受。因此，该儿童便耸起肩膀并模仿害怕时哆嗦的样子向受话人准确传递出当时的感受（目的），以便使受话人对所叙述的事件身临其境（超级目的）。由此，受话人需要根据该儿童的话语形式（蜘蛛侠"保护"我们，"害怕"）在显性取效过程中识别儿童的可预料目的，即向受话人阐释蜘蛛侠可以保护他人的事件以及当时与小朋友走丢时倍感害怕的事件。此外，受话人还需观察儿童的探试模仿行为（模仿蜘蛛侠飞行的样子以及模仿害怕时的样子）并在受动取效过程中调用相关行为图式以及认知策略（精细化策略：找出儿童此时模仿的行为动作与记忆的关系；情感策略：调取"害怕"时的内心感受），在结合叙述语境的基础上考虑到已有图式（该儿童提及蜘蛛侠，对于受话人来讲蜘蛛侠是英雄的象征）和认知环境要素（妈妈的问题是关于走丢时是否害怕，"害怕"一词作为词语信息激活了该儿童的大脑区域，因此该儿童是围绕当时害怕的感受展开叙述的，所叙述的内容又作为词语信息和逻辑信息帮助妈妈进行理解），作出认知假设（语境共享假设），结合儿童所叙述的故事背景推导出其叙述的超级目的是在走丢时希望有蜘蛛侠一样的人物可以提供帮助。

对于人物时地背景，在例（4）中，该儿童通过调用知识+语言对背景信息进行阐述。如儿童会调用陈述性知识+交际背景。该儿童在陈述他和马一贺在一起玩然后走丢这一事件时，就借助陈述性知识并为该事件设定了交际背景，以便为接下来对走丢事件的叙述埋下伏笔（目的），旨在吸引受话人对此事件的极大兴趣（超级目的）。因此，受话人需要根据儿童话语形式的可预料效果（儿童和马一贺，在幼儿园等）在显性取效过程中识别出儿童的目的是叙述走丢这件事。此外受话人还需根据该儿童话语的命题网络关系、表象系统及图式在隐性取效过程中识别儿童所传递陈述性知识的不可预料效果，即受话人事先并未意识到儿童会陈述在幼儿园走丢事件，因此需要调用交际背景（在幼儿园玩时发生的事件），做出认知假设（语境共享假设），即结合儿童所创设的叙述背景解读出其试图吸引受话人对其在幼儿园所发生的事件的关注这一超级目的。同时，儿童还借助陈述性知识＋认知环境传递背景信息。如该儿童首先提到他和小朋友找不到爸爸妈妈，将爸爸妈妈的人物形象借用过来进行陈述（目的），为接下来走丢这一事件提供了常识性信息（超级目的），即找不到爸爸妈妈就意味着走丢了。受话人可根据儿童话语形式的可预料效果在显性取效过程中识别出儿童的目的是告知受话人当时在幼儿园找不到爸爸妈妈了，进而在隐性取效过程中借助命题网络关系、表象系统及图式并调用认知环境要素形成认知假设（语境共享假设：找不到爸爸妈妈的话语情境），识解出儿童借助陈述性知识所传递的不可预料效果，即将爸爸妈妈人物形象引入的超级目的是为走丢这一事件提供常识性信息。再者，儿童还会调用想象性知识＋交际背景为受话人提供背景信息。如该儿童利用想象性知识将走丢比作走进了迷宫，为受话人营造了当时处于进退两难这一境遇的交际背景（目的），使受话人可以切身感受当时该儿童的困难（超级目的）。另外，儿童还会借助想象性知识＋认知环境叙述背景信息。如该儿童叙述道："这个迷宫也太大了。"可见，该儿童将幼儿园内的通道想象成迷宫，并因为"迷宫"一词激活了该儿童的常识性信息，即迷宫太大，所以会走丢。这也向受话人传递了幼儿园很大这一信息（目的），以及他们走丢的原因（超级目的）。因此，受话人需要依据儿童话语形式的可预料效果在显性取效过程中识解儿童的目的（交际背景："迷宫"一词营造出进退两难之境遇；认知环境：通过"太大"一词所呈现的词语信息、逻辑信息及常识性信息形容幼儿园很大）。此外，根据儿童所叙述的情境在记忆中搜索与迷宫相关的假设和假设图式，解读儿童在隐性取效过程中调用想象性知识的不可预料效果，形成认知假设（语境共享假设），从而确定儿童在叙述时所要传递的超级目的（使受话人仿佛身临其境感受到儿童当时的困境以及走丢的原因）。

儿童在引述或模仿时，还会调用知识＋语言。如例（4）中，该儿童在引述马一贺小朋友的话语时利用了陈述性知识＋认知环境，该儿童首先陈述的是马一贺将幼儿园比作迷宫这一事实，便借助认知环境要素中的常识性信息意识到迷宫一般都不好走出来。引述马一贺小朋友的话语意在支持该儿童上述叙述内容（目的），向受话人叙述当时的困难险阻（超级目的）。因此，受话人需根据儿童的话语形式在显性取效过程中识解出儿童的目的是陈述幼儿园好比迷宫一般，并在此基础上依据儿童话语命题的网络关系、表象系统及图式在隐性取效过程中推导出儿童调用陈述性知识的不可预料效果，形成认知假设（原型行为假设：幼儿园的确犹如迷宫一般，这是事实。受话人需从儿童所引述的话语中剥离出其意图传递的情感意义：使受话人切身感受到儿童当时的困境），解读超级目的。同时，儿童还会借助想象性知识＋认知环境模仿他人话语，如当时该儿童处于困境之中，这就为该儿童提供了认知环境信息（逻辑信息），即处于困境时需要他人的帮助。该儿童便利用想象性知识联系到妈妈平时常给他讲的蜘蛛侠救人的故事来模仿妈妈的话语，向受话人传递当时他的内心体验（目的）以及能够走回班级的信心（超级目的）。由此，受话人可以根据儿童在隐性取效过程中所调用的想象性知识借助记忆中的假设与假设图式（想象在困境之下妈妈一定会借助蜘蛛侠的精神鼓励该儿童走出困境）解读出儿童不可预料的叙述目的（此时的内心感受：希望有英雄出现并帮助其走出困境），并在显性取效过程中借助儿童的话语形式和认知环境要素形成认知假设（原型行为假设），即该儿童叙述当时所处的困境，作为逻辑信息帮助受话人从儿童的话语形式中分离出自然信息，以便揭示儿童具有走出困境的决心（超级目的）。

在回答主试问题时，儿童会调用知识＋语言进行回复。首先，儿童会调用社会规约性知识＋交际需求进行回复。该例中，当儿童讲述完走丢的事件之后妈妈想对其进行提问，该儿童便回复道"好啊妈妈请问吧"。可见，该儿童调用了社会规约性知识回复妈妈的提问（目的），旨在满足妈妈的交际需求（超级目的）。借此，受话人可根据儿童所调用的社会规约性知识以及交际情境在隐性取效过程中识别儿童话语目的的不可预料效果（儿童借助社会规约性知识旨在配合妈妈以便回复提问。这对于受话人妈妈而言是不可预料的），此外，受话人还需在显性取效过程中基于儿童的话语形式以及考虑到自我的交际需求，形成认知假设（无标记假设：儿童采取符合社会规范的交际方式回应受话人），识解出该儿童意在满足受话人的交际需求这一超级目的。其次，儿童还会调用陈述性知识+交际需求对提问予以回应。如，对妈妈问其当时走丢是否害怕这一问题，该儿童陈述了当时的真实感受即的确害怕了（目的），以便满足妈妈的交际需求（超级目的）。由此，受话人需要在隐性取效过程中借助命题网络关系（我害怕）、表象系统（儿童将妈妈提出是否害怕的问题与走丢时害怕的感受相关联）及图式（关于害怕的感受）并在显性取效过程中调用交际需求，解读儿童调用陈述性知识的不可预料效果（陈述当时害怕这一事实，表达当时的内心感受，传递交际目的），作出认知假设（无标记假设），即儿童通过事实性知识回复受话人的提问，旨在满足受话人的交际需求这一超级目的。再次，儿童还会借助想象性知识+交际需求进行回应。如该儿童在回复关于他们是否会找到回去的路时调用了想象性知识，即蜘蛛侠会来保护他们，旨在回应妈妈的问题（目的），同时传递出该儿童当时对一定可以找到回去的路的信念（超级目的）。由此，受话人需要在显性取效过程中结合儿童话语形式的可预料效果并调用交际需求要素解码儿童的交际目的是回应受话人的提问（目的），此外，还需在隐性取效过程中调用记忆中的假设和假设图式，形成认知假设（原型行为假设：剥离属于非自然意义的主观情感因素），识别儿童所传递的不可预料效果，即儿童想象蜘蛛侠会来保护他们的超级目的是想向受话人传递可以找到回去的路的决心（超级目的）。最后，儿童还会借助程序性知识+交际需求予以回复。如当妈妈问该儿童为什么看到了活动室就知道一定会找到回去的路时，该儿童便调用程序性知识来满足妈妈的交际需求（目的），即每次走过活动室就是班级，那么既然看到了活动室，班级就会不远了。而妈妈也会顺着该儿童的思路找到答案（超级目的）。因此，受话人要在显性取效过程中识解出儿童的目的是通过回复来满足受话人的交际需求，这是可以预料的。此外，受话人还要在隐性取效过程中解读儿童调用程序性知识的不可预料效果，形成认知假设（语境共享假设），即受话人需要解读出儿童是在基于妈妈所提出的问题这一交际情境并借助产生式知识（如果看到了活动室，那么不久之后就会找到回班级的路了）和认知策略（组织策略：受话人概括儿童的话语意图），以便帮助受话人妈妈找到问题的答案，实现超级目的。

在叙述观点时，儿童需要调用语言+行为来表达自己或故事中人物的感受。首先，儿童可以借助已有图式+手势指示来表达自我感受。如例（4），该儿童叙述道："这个迷宫也太大了"，并一边说一边手指着旁边放着的迷宫模型。这说明，该儿童通过直观的模型来形容迷宫之大（目的），旨在表达幼儿园场所的空间之大（超级目的）。基于此，受话人可根据儿童调用的已有图式（迷宫的特点）在显性取效过程中识别儿童想传递迷宫之大的目的，此外，受话人还需要在受动取效过程中观察儿童探试的行为动作，并基于叙述语境、相关行为图式（当希望受话人关注或注视某一物体或事物时一般会借助手势指示），调用认知策略（情感策略：希望受话人可以给予关注），以便形成认知假设（语境共享假设：使受话人在结合儿童所传递的话语意义的同时通过观察其在元认知指导下的行为动作——手势指示解读出儿童意图表达幼儿园空间之大的超级目的）。其次，儿童还会借助认知环境+面部表情来表达感受。如该儿童在叙述马一贺小朋友当时走丢的感受时就用了"不好出来"这一字眼同时做出可怜的表情，表示当时他们的无奈（目的），使受话人感同身受（超级目的）。因此，受话人可在显性取效过程中调用认知环境要素解读儿童所传递的可预料效果，即迷宫之大这是众所周知的，而"迷宫"一词又正好向受话人提供了认知环境要素中的常识信息，即因为大所以不好出来。此外，受话人还需要在受动取效过程中通过观察儿童借助面部表情（做出可怜状的面部表情）的探试行为，调用相关已有行为图式（可怜状的面部表情表示无可奈何）以及认知策略（情感策略：无奈心情的凸显），做出认知假设（原型行为假设），识别出儿童希望受话人感受到当时他无奈的心情这一超级目的。再次，儿童还会借助已有图式＋面部表情的方式表达其观点。如该儿童在模仿妈妈平时的话语时便提到了"伟大的蜘蛛侠会救我们的"，同时做出了兴奋的表情。因为在儿童的已有图式之中蜘蛛侠是伟大的，儿童将这种伟大的感受与即将走出困境的兴奋心情融为一体。表面上看，该儿童是在叙述蜘蛛侠的伟大（目的），实际上是该儿童想向受话人传递出他们一定会走出困境的决心（超级目的）。基于此，受话人可根据儿童的话语形式调用已有图式（伟大的蜘蛛侠可以救人）在显性取效过程中识别儿童可预料的叙述目的（叙述蜘蛛侠是伟大的英雄），此外，还需要根据儿童的面部表情调用叙述语境和认知策略（情感策略：理解儿童兴奋的面部表情），作出认知假设（原型行为假设），分析出儿童所传递的情感意义这一超级目的，即如果儿童在精神上有蜘蛛侠的支持就会深信可以走出困境。最后，儿童还会借助认知环境＋手势指示表达内心感受。如该儿童在叙述他们一定会走回所在的大二班时用了"温暖"一词，该词语信息为受话人提供了认知环境，受话人便顺势看到了儿童手指的班级合影，这就为受话人传递出其所在的班集体很温暖这一信息（目的），以及其热爱班集体的态度（超级目的）。由此，受话人可在显性取效过程中结合认知环境要素，即"温暖的"这一形容词提供了词语信息以及逻辑信息，识解出可预料的叙述目的，即班级是一个温暖的集体。此外，受话人还需在受动取效过程中通过观察儿童在元认知指导下所实施的手势指示这一探试行为，调用认知策略（情感策略）和已有相关行为图式，作出认知假设（语境共享假设），即根据儿童的手势指示以及话语信息解码出儿童所传递的超级目的（对班集体的热爱）。

二 师生、同伴互动情境下儿童语用发展中目的和效果的关系

(一) 会话能力

此情境下的儿童在会话发起和会话维持阶段往往通过调用知识+语言+行为的方式与受话人紧密配合（目的），完成游戏任务（超级目的）。在会话修补阶段，由于游戏本身为儿童和受话人创设了使用情境以及儿童有限的认知能力和推理能力，所以儿童仅会借助语言直接发起修补请求（目的），维持会话以便使游戏活动顺利进行（超级目的）。但在会话修补回应阶段，儿童倾向于使用语言+行为的方式。由于儿童所回应的会话修补往往与游戏活动相关，所以需要通过行为辅助语言的方式完成回复（目的），使游戏活动继续进展（超级目的）。

例（5）
*TEA：我 们 一 起 玩 建 构 区 好 不 好？
*TEA：今 天 咱 们 搭 什 么？
*CHI 4：搭 城 堡．
%act：（CHI 4 展示手里的城堡画册）
*TEA：搭 城 堡．
*TEA：好 啊．
*CHI 1：老 师 我 来 帮 忙 吧．
%act：（CHI 1 边说边走向了老师）
*CHI 2：老 师 我 也 可 以．
*CHI 1：搭 个 城 堡．
*CHI 4：老 师 先 铺 地 吧？
%act：（CHI 4 边说边走向了搭建区）
*TEA：铺 什 么 颜 色 的 地 面 呢？
*CHI 2：铺 红 色 的 地 吧．
*TEA：嗯．

＊CHI 2：红色 的 好 漂亮．
％act：（CHI 2 面带微笑）
＊TEA：好 红色 的 像 红 地毯．
＊TEA：铺 地 铺 得 结实 点 啊．
＊TEA：这 里 似乎 还 缺点 什么．
＊CHI 4：没 有 烟囱 吗？
＊CHI 3：应该 先 铺 条 小路．
＊CHI 3：小路 应该 是 长方形 的．
＊CHI 4：小路 上 能 跑 车．
％act：（CHI 4 边说边指着墙上的汽车）
＊TEA：是 啊 小路 上 可以 跑 小 汽车．
＊TEA：那 咱们 得 有 地基 啊．
＊TEA：没 有 地基 咱们 怎么 铺 小路 啊？
＊TEA：对 不 对？
＊CHI 1：老师 我 没有 听清 你 说 先 铺 什么？
＊TEA：地基 啊．
＊CHI 3：什么 是 地基 啊？
＊TEA：就是 支撑 我们 盖 的 城堡 底下 的 土体 啊．
＊TEA：明 白 了 吗？
＊CHI 3：嗯．
％act：（CHI 3 微笑着回应道）
＊TEA：素数 真 棒．
＊TEA：咱们 盖 的 城堡 里 可 住 着 白雪 公主 哦．
＊CHI 2：白雪 公主 在 里面？
＊TEA：刚才 老师 不 是 讲 了 白雪 公主 在 城堡 的 故事 吗？
＊TEA：忘记 了？
＊CHI 2：没．
＊CHI 2：老师 讲 的 故事 都 记 在 心里 了．

%act：（CHI 2 边说边用手模仿牢记在心的动作）
*TEA：大月月 真 乖．

图 5-5　师生、同伴互动情境下儿童会话阶段语料视频截图

在会话发起阶段，儿童会基于社会互动环境调用社会规约性知识或陈述性知识并通过位置移动的方式发起会话。如例（5）所示，CHI 1 在识别出教师将带领大家搭城堡这一社会互动环境之后，通过调用社会规约性知识并走近教师希望能搭把手（目的），以便可以与大家完成游戏任务（超级目的）。这里，CHI 2 在 CHI 1 的会话发起之后，在显性取效过程中基于可以预料的交际情境迅速意识到这是教师的请求，便在隐性取效过程中调取头脑中已有的社会规约性知识，虽然社会规约性知识不可预料，但是位置移动这一探试性行为可以帮助 CHI 2 在受动取效过程中借助认知策略中的情感策略以及头脑中与该行为相关的行为图式，形成语境共享假设，即"我"也可以提供帮助。）CHI 4 基于大家一起要搭建城堡这一社会互动环境，调用记忆中如果要搭城堡得先铺路这一事实并走向搭建区，从而发起会话并为大家提供建议（目的），以便可以顺利完成搭建游戏（超级目的）。教师作为受话人在听到 CHI 4 发起的会话之后，在隐性取效过程中解读陈述性知识的不可预料效果，即激活与铺地相关的陈述性命题知识并求助于表象系统，进而在显性取效过程中考虑社会互动环境的可预料效果，并通过观察 CHI 4 探试性的位置移动行为，在受动取效过程中求助于认知策略中的情感策略，以及与此行为相关的行为图式，从而作出语境共享假设，即提出让小朋友们

思考需要铺成什么颜色的地面。

在会话维持阶段，儿童会基于受话人的交际需求调用想象性知识并辅以展示物品的方式来维持会话。此外，儿童会考虑社会互动环境调用想象性知识并辅以面部表情的方式维持会话。再者，儿童还会调用已有图式以及想象性知识并伴有手势指示的行为方式使会话得以持续，以便为游戏的深入开展做好准备。此例中，教师在询问儿童今天搭建的主题时，CHI 4 意识到教师是在提出问题并且需要答案，便知道这是教师的交际需求，因此她调用了想象性知识并通过展示手里的城堡画册来维持会话（目的），旨在为游戏主题提议（超级目的）。由此，教师在显性取效过程中基于此时的交际情境预料到 CHI 4 是在满足自己的交际需求，并在看到其展示的城堡画册之后在受动取效过程中借助认知策略中的组织策略以及相关的行为图式，了解到儿童是在元认知指导下发起的探试行为，该行为是希望为受话人直观展示其所要搭建的事物。受话人在看到该城堡图片之后便在隐性取效过程中激活记忆中关于城堡的假设和假设图式，使头脑中不可预料的城堡形象变成直观的可预料的城堡形象，并继续作出回应，即接受了 CHI 4 的建议。CHI 2 基于当时的社会互动环境，即讨论铺什么颜色的地面时调用了想象性知识，认为红色的地面漂亮，边回复边面带微笑，希望大家采纳铺红色地面这一建议（目的），并通过微笑与大家维持良好的人际关系（超级目的）。而教师作为受话人在显性取效过程中考虑到社会互动环境的可预料效果，在隐性取效过程中调用记忆中的假设和假设图式，明白儿童希望铺成像红地毯一样的地面，将不可预料效果转变成可预料效果，并在受动取效过程中借助认知策略中的情感策略以及相关行为图式识别出儿童的探试性微笑是希望大家采纳她的建议，并维持与大家良好的人际关系，最终作出认知假设（原型行为假设：分析出该儿童希望其意见被别人接受的情感意义），即采纳了 CHI 2 的建议。在教师提出似乎还缺点什么之后，小朋友们畅所欲言，其中 CHI3 认为应该先铺条小路，CHI 4 在其启发下调用想象性知识以及与小路相关的已有图式，即小路上可以跑汽车，并通过手势指示墙上的汽车的方式使大家一目了然，旨在就教师的话题进行维持（目的），并希望为游戏献计献策（超级目的）。作为受话人的教师领悟到 CHI 4 的会话目的和超级目的之后，基于现实语境顺着 CHI 4 指示的方向看去，在受动取效过程中明白 CHI 4 利用元认知指导手势指示这一探试行为是希望受话人可以直观了解其所认为在路上可以跑的车的类型，通过在隐性取效过程中调用记忆中的假设和假设图式这一不可预料效果以及在显性取效过程中借助已有图式这一可预料效果识别出路上的确可以跑车，在认知策略（组织策略：概括 CHI4 手势指示的用意）和行为图式的指导下形成语境共享假设，最终认为 CHI 4 说得不无道理。

在会话修补阶段，儿童会在调用交际需求或已有图式要素基础上发起修补请求。如例（5），教师提到先铺地基再铺小路，CHI 1 本来想回应教师的提问，但是周围的噪声使 CHI 1 没有听清楚，会通过询问教师先铺什么来满足自己的交际需求（目的），从而继续回复教师的提问（超级目的）。这样，受话人教师在显性取效过程中基于可预料的儿童的交际需求，形成语境共享假设，即重新说出先铺地基这一事实。在教师再一次提及"地基"这一词语时，CHI 3 在调用已有图式之后还是没能理解"地基"的概念，因此继续询问地基的定义，请求教师进行会话修补（目的），旨在可以继续铺地任务（超级目的）。教师作为受话人需要调用头脑中已有图式，这一过程属于显性取效，具有可预料效果，可以形成原型行为假设，即解读出儿童急需受话人教师解释"地基"这一概念。

在会话修补回应阶段，儿童往往会考虑到受话人的交际需求并通过面部表情，或考虑到受话人的心智状态并辅以模仿的行为方式予以修补回应。如例（5），教师在为 CHI 3 解释"地基"的概念之后便问其是否听懂，CHI 3 意识到教师的意图后，满足了教师的交际需求并通过微笑的面部表情表示已经听懂（目的），并希望与教师保持良好的人际关系（超级目的）。作为受话人的教师在显性取效过程中明白了 CHI 3 所说的"嗯"的意思，因此说语言是可以预料的，CHI 3 是为了满足自己的交际需求，才回复"嗯"。此外，观察 CHI 3 微笑的探试表情，在受动取效过程中调用认知策略中的情感策略以及与面部表情相关的行为图式形成原型行为假设，即分析出该儿童的主观情感成分：希望与教师维持良好的人际关系，因此也对 CHI 3 做出了表扬的回应。教师在提到城堡里有白雪公主之后，CHI 2 半信半疑，当教师继续提示刚才讲的故事涉及白雪公主住在城堡里之后，CHI 2 明白了教师的心智状态，便一边回复一边模仿牢记在心的动作，以便告知教师已经理解其话语意图（目的），并展现了对教师所讲述的故事会铭记不忘的决心（超级目的）。儿童识解出教师心智状态的话语对于作为受话人的教师是可以预料的，是显性取效过程。此外，儿童模仿牢记在心的动作具有探试效果，需要受话人在受动取效过程中借助认知策略中的组织策略、精细化策略，调取并概括与该模仿行为相关的已有行为图式并在现实语境的帮助下形成认知假设（原型行为假设），即分离出该儿童会牢记教师所讲述的每一个故事这一情感意义。因此，教师对其进行了赞扬。

（二）语篇能力

师生、同伴互动情境下儿童一般通过调用知识＋语言或语言或知识＋语言＋行为的方式实现叙述目的和超级目的。在涉及叙述事件、人物时地背景、引述或模仿、回答主试问题、叙述观点、叙述顺序时，此情境下的儿童往往会通过调用知识＋语言的方式叙述语篇的主要事件（目的），奠定语篇的主要感情基调（超级目的）；交代所叙述语篇的主要背景信息（目的），并通过此背景信息建构文本世界（超级目的）；通过引述或模仿支撑叙述观点，使受话人信服所叙述的内容，内隐地表达出儿童的主观倾向性（超级目的）；利用知识概念的图式化以及语言的可预料性回复受话人的提问（目的），使所回复的内容更具理性（超级目的）；利用知识组织形式以及语言的外显性特征使所叙述的人物形象更加丰满（目的），旨在丰富叙述内容并将自身的价值观赋予受话人（超级目的）；借助知识+语言向受话人提示事件发生的前因后果（目的），使所叙述的语篇逻辑清晰（超级目的）。此外，在涉及人物时地背景时，儿童不仅会调用知识+语言进行阐释，还会调用知识+语言+行为进行叙述。因为有些背景信息需要儿童同时借助行为帮助受话人理解所叙述的背景信息（目的），以便为整个语篇的把握奠定基础（超级目的）。再者，儿童在涉及结束语时往往只借助语言传递叙述的终结（目的），以便使语篇连贯完整（超级目的）。

例（6）
*YZJ：小孩 帮 妈妈 摘 西瓜 [^c].
*YZJ：西瓜 掉 了 给 小孩 的 头 砸 了 [^c].
*YZJ：小孩 哇哇地 哭 [^c].
*YZJ：小孩 的 家长 来 了 [^c].
*YZJ：揉 一 揉 他 说 + "没事 的 得 小心 点 啊 [^c].
*YZJ：小孩 又 回去 [^c] 接着 摘 果子 [^c].
*YZJ：最后 小孩 收获 了 一 篮子 果子 [^c] 然后 回家 了 [^c].
*YZJ：你们 喜欢 吗 [^c].
*TEA：讲完 啦？
*TEA：你 刚才 讲 的 那个 故事 主要 讲 的 是 什么 啊？
*YZJ：讲 的 是 一个 小孩 的 故事 帮助 妈妈 把 自己 伤 到 了.
*YZJ：我 平时 也 总 帮 妈妈 干活.
*YZJ：但是 小孩 因为 爱 妈妈 所以 继续 摘 果子 最后 摘 完 回家 了.

第五章 学龄前儿童语用发展取效行为理论框架的验证 403

图 5-6 师生、同伴互动情境下儿童语篇叙述语料视频截图 1

例（7）

＊CXR：今天 我 给 大家 带来 的 故事 是 能 挪动 的 凉亭 [^c] 雨伞 的 由来 [^c].

＊％act：（边讲边模仿凉亭的外观）

＊CXR：女儿 就 说 一 句 话 ＋"看 天色 不 是 又 要 下雨 了 吧 [^c].

＊CXR：咱们 先 上 凉亭 避 一 避 吧 [^c].

＊CXR：然后 他们 就 上 凉亭 里 避雨 去 了 [^c].

＊CXR：然后 有 个 青蛙 掉 荷叶 里 去 了 [^c].

＊CXR：上 荷叶 里 避雨 去 了 [^c] 还有 一个 青蛙 跳 水 里 去 了 [^c].

＊CXR：然后 女儿 就 说 ＋"我 知道 该 怎么 顶着 凉亭 走 了 [^c].

＊CXR：然后 呢 ＜普通 的 木头＞ [／] 普通 的 木头 防 雨 还 有点 差 还 容易 腐烂 [^c].

＊CXR：因为 用 竹子 更好 [^c] 现在 就 去 竹林 砍 点 竹子 [^c].

＊CXR：＜然后 鲁班＞ [／／] 然后 那个 老爷爷 就 上 ＜这个 林子＞ [／／] 这个 竹林 里 去 砍 这个 竹子 了 [^c].

＊CXR：然后 呢 这个 女儿 就 开始 制作 了 [^c].

＊CXR：然后 呢 这个 雨伞 就 做 成 了 [^c].

*CXR：这样 我 的 故事 就 讲 完 了［^c］.
*TEA：噢 你 讲 的 这个 故事 好 深奥 啊 小宝.
*TEA：小宝 那 老师 问 你 那个 女孩 是 怎么 想到 做 雨伞 的 呢？
*CXR：因为 她 看到 青蛙 在 荷叶 中 避雨 就 想到 同样 的 方法.
*CXR：但是 木头 不行 容易 腐烂 然后 老爷爷 就 去 弄 了 点 竹子.
*CXR：然后 女儿 就 制作 成了 伞.
*TEA：哦 原来 是 这样 的.

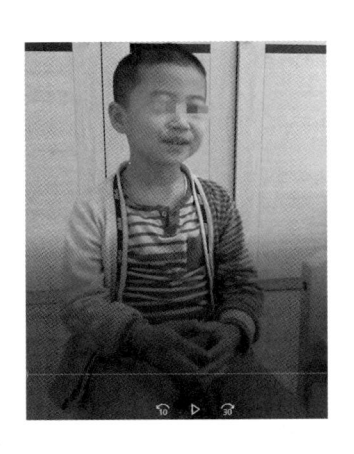

图 5-7 师生、同伴互动情境下儿童语篇叙述语料视频截图 2

对于叙述事件，儿童通过调用已有图式并借助想象性知识进行描述。如例（6），YZJ 借助想象性知识以及"摘果子"的已有图式，通过"帮""摘""掉""砸""哭""来""揉一揉""摘""收获""回家"等一系列动词形象地刻画了小孩帮妈妈摘果子而被西瓜砸伤，之后妈妈过来安慰，小孩又继续摘果子，最后收获果子回家的事件（目的），旨在传递出孩子和妈妈之间的爱（超级目的）。作为受话人的师生需要在显性取效过程中识别出该儿童是在调用关于摘果子的已有图式，这是可以预料的，具有可预料效果。此外，还需要基于当前的叙述语境在隐性取效过程中调用记忆中的假设和假设图式形成认知假设（原型行为假设），即该儿童调用想象性知识意图告诉受话人故事中所传递的情感意义：虽然小孩在摘果子过程中遇到些小插曲，但是出于其对妈妈的爱依然继续摘果子，最终收获果实。在叙述某些事实时，儿童会借助认知环境要素并通过陈述性知识予以传递。如例（7），CXR 通过"要下雨"做出铺垫为受话人提供逻辑信息，因此在接下来的叙述中就顺理成章地调用陈述性知识引出"上"（凉亭）"避雨"这一事件（目的），以便为该故事的主题"雨伞的由来"做铺垫（超级目的）。由此，受话人需要在显性取效过程中根据"要下雨"这一可预料的认知环境要素在隐性取效过程中借助命题网络关系、表象系统以及图式解码儿童所调用陈述性知识的不可预料效果，形成认知假设（语境共享假设），即下雨需要找避雨的地方，而避雨的过程应该与伞的由来相关。

对于人物时地背景信息，儿童会借助已有图式并调用想象性知识叙述背景信息。如例（6），YZJ 平时总帮妈妈干活，干活这一事件成为其已有图式，当 YZJ 进行创造性故事讲述时，就想象了一个"小孩"与"妈妈"的人物形象（目的），旨在为故事的发展埋下伏笔（超级目的）。因此，受话人需要在显性取效过程中根据该儿童所调用的已有图式，即小孩帮妈妈干活这一可预料效果，在隐性取效过程中利用叙述语境、记忆中的假设和假设图式识解想象性知识的不可预料效果，最终作出认知假设（原型行为假设），即 YZJ 将自己帮助妈妈干活这一经历赋予故事中的小孩和妈妈，以便为故事的升华做准备。此外，儿童在叙述事实时，还会调用陈述性知识＋已有图式＋模仿行为来交代人物时地背景。如例（7），CXR 在提及凉亭这一地点时，其调用的是头脑中关于凉亭的已有图式，而凉亭这一概念作为事实性知识储存在儿童的头脑中成为陈述性知识。同时，由于"凉亭"这一概念与"雨伞"不具有直接相关性，CXR 便借助模仿凉亭的外观这一行为帮助受话人进行理解（目的），旨在为接下来发生的事件建构文本世界（超级目的）。据此，受话人需要在显性取效过程中理解该儿童所调用的已有图式，而这一已有图式具有可预料效果，可帮助受话人在隐性取效过程中解读"凉亭"与"雨伞"概念的关联性这一不可预料的陈述性知识，并在受动取效过程中借助叙述语境、命题网络关系、表象系统、图式表征方式以及相关行为图式作出认知假设（语境共享假设），即儿童引出"凉亭"这一地点概念，意欲与"雨伞"的缘起相关联，为下面所叙述的语篇做铺垫。

在引述或模仿时，儿童会在认知环境要素的帮助下调用想象性知识。如例（6），YZJ叙述故事中的小孩在摘西瓜时被西瓜砸了头。因此YZJ利用想象性知识引出了妈妈的话语："没事的得小心点啊。"这就为受话人创造了认知环境（目的），为接下来小孩又回去接着摘果子提供了逻辑信息（超级目的）。据此，受话人需要在显性取效过程中识解出儿童利用认知环境要素这一可预料效果，在隐性取效过程中借助叙述语境、记忆中的假设和假设图式解码儿童利用想象性知识模仿妈妈话语的不可预料效果，形成认知假设（无标记假设），即YZJ借助妈妈的口吻想为接下来故事中小孩继续摘果子提供逻辑支持。此外，儿童还会调用认知环境要素并借助陈述性知识引述或模仿。如例（7），CXR借助头脑中关于"雨伞的由来"故事中女儿的话语这一陈述性知识，并通过对女儿"即将下雨"的引述（目的）创造了认知环境，即为之后一系列与"雨"相关的事件提供逻辑信息前提（超级目的）。因此，受话人需要在显性取效过程中识别出认知环境要素所提供的逻辑信息的可预料效果，即与"雨"相关的种种事件，并在隐性取效过程中解码儿童调用陈述性知识的不可预料效果，借助命题网络、表象系统、图式表征方式形成认知假设（无标记假设），即儿童通过对女儿话语的引用为之后发生的事件奠定基础。

在结束语阶段，儿童一般会通过命题态度传递该叙述内容已经结束的事实。如例（6），儿童通过调用命题态度，即询问受话人是否喜欢其讲述的故事来表示叙述已经结束（目的），并希望所讲述的故事得到受话人的喜爱（超级目的）。因此，受话人可在显性取效过程中识别出儿童的间接话语形式：利用命题表达询问的态度这一可预料效果，进而形成认知假设（无标记假设），即希望受话人喜爱该儿童所讲述的故事。此外，儿童还会通过调用认知环境要素传递所叙述的故事已接近尾声这一事实（目的），使所叙述的故事圆满并有始有终（超级目的）。受话人可在显性取效过程中识别出儿童通过调用认知环境所传递的可预料效果，作出认知假设（无标记假设），即利用词语信息"这样……就……"，表示所叙述故事的终结。

在回答主试问题时，儿童一般会借助认知环境要素并通过程序性知识回复。如例（6）中 YZJ 在回复教师关于故事内容的提问以及例（7）中 CXR 在回复关于女孩如何想到做雨伞的过程的提问时，借助认知环境要素为受话人提供逻辑信息，并通过调用程序性知识有条不紊地回复主试的问题（目的），旨在使回复可以帮助受话人对该故事进行正确解读（超级目的）。据此，受话人需要在显性取效过程中借助认知环境的逻辑信息的可预料效果，在隐性取效过程中结合叙述语境、产生式知识（帮妈妈伤到自己→爱妈妈→继续摘果子→回家；青蛙避雨的过程→木头易腐烂→用竹子→爷爷找竹子→女儿制作成伞）以及认知策略（组织策略：概括儿童所回复的内容）作出认知假设（语境共享假设），即儿童通过环环相扣的回复方式使受话人清晰概括出所叙述的故事。

在进行观点叙述时，儿童一般会调用已有图式并借助想象性知识传递故事中人物的感受。如例（6），YZX 在叙述小孩在摘果子时被西瓜砸到头，因此通过"哇哇地"哭来形容小孩的伤心情绪（目的），以便为接下来小孩妈妈的出现埋下伏笔（超级目的）。据此，受话人需要在显性取效过程中调用可预料的已有图式，即小孩被砸到头之后一般的反应就是哭，并在隐性取效过程中通过想象性知识以及相关副词"哇哇地"来描述小孩哭的伤心程度。而这一过程是不可预料的，需要受话人基于叙述语境并借助记忆中的假设和假设图式对此进行解读，形成认知假设（语境共享假设），即儿童通过

"哇哇地"这一伤心程度极高的副词为之后妈妈过来进行安慰做好铺垫。儿童还会利用认知环境要素并借助陈述性知识表达自我观点。如例（7），CXR 阐释用竹子做雨伞更好，因为竹子比木头更防雨（目的），这是事实性知识，属于陈述性知识，也表达出 CXR 为接下来叙述老爷爷去竹林里砍竹子提供了认知环境中的逻辑信息（超级目的）。基于此，受话人可在显性取效过程中利用认知语境要素的可预料效果，即竹子、竹林等认知环境要素，在隐性取效过程中借助图式表征系统（因为竹子做雨伞更好所以需要竹子，而需要竹子就得去竹林里砍），识解儿童所调用的陈述性知识的不可预料效果（受话人并不会预料到儿童会提及竹子比木头而不是其他材质的材料更防雨），形成认知假设（语境共享假设），即由于竹子做雨伞是最好的材料，所以老爷爷需要去竹林里砍竹子。

对于叙述顺序，儿童往往通过调用认知环境要素并借助程序性知识传递故事的逻辑顺序。如例（6），YZJ 叙述小孩摘果子被西瓜砸头，在妈妈的安慰下又去摘果子，最后满载而归的故事时就是通过调用认知环境要素中的逻辑信息以及程序性知识，为受话人提供小孩摘果子的逻辑顺序（目的），旨在通过叙述小孩摘果子的过程体现出母子之间的爱（超级目的）。同时，在例（7）中，CXR 通过"然后"一词为受话人创造了认知环境中的逻辑信息并激活其程序性知识，使故事情节扣人心弦（目的），揭示了雨伞的制作过程（超级目的）。对于受话人而言，需要在显性取效过程中利用认知环境要素的可预料效果把握事件发生的前因后果，并在隐性取效过程中解码儿童借助程序性知识所传递的不可预料效果，受话人需要基于故事情节以及产生式知识（西瓜砸小孩的头→妈妈过来安慰→小孩继续摘果子→满载而归；凉亭避雨→青蛙在荷叶里避雨→联想用竹子做伞→去竹林里砍竹子→做成雨伞）和认知策略（组织策略）形成认知假设（语境共享假设），即概括该儿童所叙述的系列过程，解读其意欲使情节符合逻辑且扣人心弦的意图。

三 陌生互动情境下儿童语用发展中目的和效果的关系

（一）会话能力

在陌生互动情境下，儿童往往通过调用语言+行为的方式发起、维持并修补回应会话（目的），旨在与受话人维持交际关系（超级目的）。在会话修补阶段，儿童一般通过行为发起修补请求（目的），在理解受话人话语的基础上对此修补请求进行回应（超级目的）。

例（8）
*RES：我很快摆好了一会儿一起玩吧．
%act：（ZYX望着研究者）
*RES：好吧宇轩你先来．

图 5-8 陌生互动情境下儿童会话阶段语料视频截图 1

在会话发起阶段，在陌生互动情境下儿童往往在考虑社会互动环境要素基础上通过面部表情的方式发起会话。如例（8），ZYX 看到研究者在摆生日蛋糕便想加入该游戏，但碍于与研究者之间的陌生关系，因此只是通过看着研究者摆蛋糕的过程意欲发起会话（目的），旨在希望研究者邀请该儿童加入游戏（超级目的）。作为受话人的研究者需要在显性取效过程中调用社会互动环境这一可预料要素，并在受动取效过程中调用认知策略（情感策略）以及相关行为图式，而这具有探试效果，需要受话人形成认知假设（语境共享假设），即该儿童在情感上想加入游戏但囿于与研究者之间的生疏关系而羞于开口，因此研究者主动邀请该儿童加入游戏。

例（9）

*RES：这个 小 兔子 玩具 是 你 带到 幼儿园 的 吗？
%act：（研究者一边举着小兔子玩具一边问道）
%act：（SX 点点头）
*RES：那 你 喜欢 小 兔子 吗？
%act：（研究者举着小兔子玩具问道）
%act：（SX 摇摇头）

图 5-9　陌生互动情境下儿童会话阶段语料视频截图 2

第五章　学龄前儿童语用发展取效行为理论框架的验证　411

　　在会话维持阶段，儿童往往基于社会互动环境通过点头赞同或摇头拒绝的方式维持会话。如例（9），SX 在看到小兔子玩具时将此视为社会互动环境，而又由于该儿童与研究者之间并不熟悉，只是通过点头的方式回应研究者（目的），以便表示该小兔子玩具的确是其带到幼儿园这一事实（超级目的）。同时，当研究者问该儿童是否喜欢小兔子时，该儿童仍然将所看到的小兔子玩具视为社会互动环境要素，并通过摇头的方式回应研究者（目的），旨在传递该儿童并不喜欢小兔子这一事实（超级目的）。作为受话人的研究者需要在显性取效过程中将"小兔子玩具"作为社会互动环境，而儿童就该玩具所阐释的态度是可以预料的，具有可预料效果。受话人还需在受动取效过程中借助认知策略（情感策略）以及头脑中相关的行为图式解码儿童在感知—动作协调下的点头或摇头行为，该行为具有探试效果，需要受话人形成认知假设（语境共享假设），即由于儿童与受话人之间的生疏关系，他选择点头或摇头的方式对简单的是非问句予以回应。

　　　　例（10）
　　　　＊RES：宝宝 你 给 我 讲讲 翼龙 的 特点 吧？
　　　％act：（MRD 摇摇头）
　　　％act：（MRD 传递充满疑惑的眼神）
　　　　＊RES：刚才 咱们 不是 讲 了 这个 翼龙 吗？
　　　　＊RES：想 起 来 了 吗？
　　　　＊MRD：它 可以 飞行．
　　　％act：（MRD 一边说一边点头）
　　　　＊RES：嗯．

图 5-10　陌生互动情境下儿童会话阶段语料视频截图 3

在会话修补阶段，儿童一般会通过摇头拒绝或借助面部表情的方式发起修补请求。如例（10），研究者希望 MRD 就翼龙的特点进行阐述。然而，该儿童通过摇头拒绝以及面部表情的方式希望受话人进行会话修补（目的），以便可以理解该话语内容（超级目的）。作为受话人的研究者结合现实语境，在受动取效过程中通过认知策略（情感策略）和头脑中相关行为图式解码出儿童在感知—动作协调作用下的摇头行为以及充满疑惑的面部表情，该行为具有探试效果，需要受话人形成认知假设（语境共享假设），即由于与受话人之间的陌生感，该儿童羞于直接发起会话修补请求，所以通过摇头及面部表情的行为表示并未理解受话人的问题，需要受话人进一步阐释。

在会话修补回应阶段，儿童会在调用已有图式的基础上借助点头赞同的方式进行修补回应。如例（10），在研究者会话修补的提示下，该儿童回忆起翼龙的特点，因此通过调用记忆之中对翼龙特点的已有图式，一边阐释翼龙的特点是可以飞行，一边点头表示已经知道了答案（超级目的），这样就回复了研究者的会话修补请求

（目的）。作为受话人的研究者需要在显性取效过程中通过儿童对翼龙可以飞行特点的阐释，识别出儿童调用了已有图式，这是可以预料的，具有可预料效果。此外，儿童还需要结合现实语境并在受动取效过程中借助认知策略（情感策略）以及头脑中已有的相关行为图式识解出儿童在感知—动作协调下的点头行为，这就是探试效果，需要受话人作出认知假设（无标记假设），即儿童在受话人会话修补的帮助下已经找到了问题的答案，所回答的话语符合社会规范以及交际情境，因此受话人给予了肯定。

（二）语篇能力

在陌生互动情境下，儿童在进行语篇叙述时主要通过调用语言+行为、行为、知识+语言、知识+语言+行为或语言的方式传递叙述目的和超级目的。可见，儿童在陌生互动情境下进行语篇叙述仍然离不开行为的辅助表达作用。具言之，儿童主要通过知识+语言+行为的方式向受话人传递所发生的故事/事件（目的），为接下来的叙述做进一步铺垫（超级目的）。针对人物时地背景，儿童主要借助知识+语言的方式表达背景信息（目的），为接下来阐释性叙述奠定基础（超级目的）。在引述和模仿层面，儿童主要借助语言+行为的方式进行，以便引述并模仿故事/事件中的人物言语和非言语行为（目的），使该人物角色活灵活现，帮助受话人对该人物角色进行正确把握（超级目的）。就结束语这一层面，儿童主要借助行为的方式传递叙述的终止（目的），间接地使叙述语篇完整（超级目的）。在回答主试（研究者）问题时，儿童主要借助语言+行为的方式对该问题予以回复，以便配合研究者并进行适宜回复（目的），使回复更直观化，便于受话人理解（超级目的）。就叙述观点而言，儿童主要通过语言传递自我的情感、意图等（目的），并通过所叙述人物的所思所想，突出该人物的情感或品质、故事/事件的中心以及儿童的个人价值取向（超级目的）。关于叙述顺序，儿童则调用知识+语言表达所叙述故事/事件的时间或逻辑顺序（目的），凸显语篇的一脉相承（超级目的）。

例（11）

*JYX：从前 有 两只 小 蝴蝶 [^c].
*JYX：它们 飞 啊 飞 [^c].
%act：（模仿蝴蝶飞舞的样子）
*JYX：飞 到 了 茂盛 的 花丛 中 [^c].
*JYX：它们 想要 花丛 那 里面 很多 很多 的 玫瑰花 [^c].
*JYX：然后 它们 找 了 好 几个 花丛 [^c].
*JYX：里边 都 没有 盛开的 玫瑰花 [^c].
*JYX：其中 一只 蝴蝶 对 另一只 蝴蝶 说 + "我们 去 那边 大 的 花丛 看看 吧 [^c].
*JYX：然后 它们 找 到 了 一个 大 花丛 [^c].
*JYX：但是 里面 有 一 朵 盛开的 玫瑰花 [^c].
*JYX：但是 它们 想要 三 朵 盛开的 玫瑰花 [^c].
*JYX：它们 再飞 再飞 终于 飞 到 了 三 朵 盛开的 玫瑰花 [^c].
%act：（JYX 看着研究者）
*RES：你 的 故事 就 讲 完 了?
*JYX：嗯.
*RES：那 老师 问 你 玫瑰花 长得 什么 样子 呢?
*JYX：长得 圆圆 的.
*JYX：里边 有 好多 好多 花籽.
*JYX：然后 花瓣 开 了.
*JYX：然后 花瓣 像 小 月亮 的 模型 一样.
%act：（JYX 一边说一边模仿着玫瑰花的大体外形）

图 5-11　陌生互动情境下儿童语篇叙述语料视频截图

对于叙述事件，儿童主要通过调用已有图式并借助想象性知识并辅以模仿的方式进行描述。例（11），JYX 通过调用头脑中关于蝴蝶的已有图式，利用想象性知识并辅以模仿的方式讲述两只小蝴蝶"飞"到花丛中"找"到三朵盛开的玫瑰花的事件（目的），旨在使自己沉浸在故事的讲述中，减少在陌生情境下的紧张感（超级目的）。据此，受话人可在显性取效过程中调用已有图式要素，而对于蝴蝶喜欢花蜜并且喜欢飞到花丛之中的相关图式是可以预料的。受话人还需在隐性取效和受动取效过程中结合故事情节，通过记忆中的假设和假设图式、认知策略（组织策略：概括儿童所要传递的主要事件）和相关行为图式解码儿童调用想象性知识的不可预料效果以及模仿行为所传递的探试效果，形成认知假设（原型行为假设：析取出儿童紧张的情感），即儿童通过沉浸在讲述想象性故事并模仿故事的主要事件之际，消除紧张的感觉。

就人物时地背景信息而言，儿童往往会通过调用已有图式并借助想象性知识传递故事的背景信息。如例（11），JYX 调用关于蝴蝶采蜜的已有图式并发挥想象，提到了故事中的"人物"（"蝴蝶"）、时间（"从前"）、地点（"花丛"）（目的），旨在为故事中蝴蝶要飞到茂盛的玫瑰花丛提供依据（超级目的）。由此，受话人需要在显性取效过程中识别已有图式，即故事中提到的人物、时间以及地点，而这些叙述都是为蝴蝶飞到茂盛的玫瑰花丛中服务的，这是可预料的，具有可预料效果。此外，受话人还需在隐性取效过程中基于叙述语境调用记忆中的假设和假设图式识别儿童调用想象性知识的不可预料效果，形成认知假设（语境共享假设），即该儿童在故事中想象有两只小蝴蝶是为下文要找到茂盛的花丛所服务的。

在引述或模仿层面，儿童会在调用认知环境要素的同时还会借助模仿。例（11）中，JYX 调用认知环境中的逻辑信息通过另一只蝴蝶之口阐释了它们又飞到一个大花丛的原因（目的），为接下来故事情节的推动奠定了基础（超级目的）。同时，JYX 通过模仿蝴蝶说话的样子将蝴蝶拟人化，也为接下来蝴蝶为了实现目标而不断飞行的精神埋下了伏笔。因此，受话人可在显性取效过程中依据该儿童所描述的其中一只蝴蝶提议飞到大的花丛中的可预料效果，在受动取效的作用下借助叙述语境、认知策略（组织策略：概括儿童引述蝴蝶话语的原因）以及相关模仿行为图式，形成认知假设（原型行为假设），即该儿童通过模仿将蝴蝶拟人化，以便为接下来蝴蝶继续飞行提供依据，同时也传递出蝴蝶持之以恒的精神。

针对结束语，儿童往往借助面部表情表示叙述的终结。例（11），JYX 与受话人为陌生关系，JYX 并不知道自己所讲述的内容是否满足了受话人的倾听要求，所以在叙述结束时通过凝视受话人表示叙述的终结（目的），并期待留给受话人良好的印象（超级目的）。鉴于此，作为受话人的研究者需要在受动取效过程中调用认知策略（情感策略）以及与面部表情相关的行为图式，在叙述语境下形成认知假设（原型行为假设），即分离出该儿童此时的情感状态：鉴于与受话人的陌生关系，其并不清楚叙述到此结束是否满足了受话人的倾听要求，并期待受话人的肯定反馈。

在回答主试问题时，儿童常常会调用已有图式并通过模仿的方式进行回复。如例（11）所示，JYX 在回答主试关于玫瑰花的样子时，调用了记忆中对玫瑰花所掌握的已有图式，又由于儿童与研究者之间的共享知识较少，所以会辅以模仿的行为方式直接向受话人展示记忆中玫瑰花的外形（目的），以便帮助受话人准确理解所回复的话语（超级目的）。据此，受话人需要在显性取效过程中调用关于玫瑰花外观的已有图式，这对于受话人而言具有可预料效果。此外，受话人还需要在受动取效过程中基于叙述语境调用认知策略（组织策略）以及相关行为图式，形成认知假设（语境共享假设），即概括儿童的模仿行为并识别出其模仿玫瑰花的大体外形是在辅助语言的表述。

针对叙述观点，儿童通过调用认知环境要素表达自我或故事中人物的感受或看法。如例（11），JYX在讲述两只小蝴蝶所飞到的花丛时是用"茂盛的"来形容，此外，JYX在叙述玫瑰花时是用"很多很多的"来形容，意在强调。事实上，"茂盛的""很多很多的"均为认知环境要素中的逻辑信息，为之后两只蝴蝶不停地飞，最终飞到三个盛开的玫瑰花丛中提供了依据（目的），也为两只蝴蝶不辞辛苦寻找茂盛的花丛的精神渲染了气氛（超级目的）。基于此，受话人可在显性取效过程中解码儿童调用认知环境要素所传递的逻辑信息，即"茂盛的""很多很多的"是蝴蝶所追求的，这对于受话人而言具有可预料效果。受话人需根据儿童的直接话语形式形成认知假设（原型行为假设），即"茂盛的""很多很多的"解释了话语所传递的情感意义：蝴蝶所追求的目标也是蝴蝶的精神所在。

关于叙述顺序，儿童会在考虑认知环境要素基础上调用程序性知识传递所叙述故事/事件的时间或逻辑顺序。如例（11），JYX在叙述两只蝴蝶想要飞到茂盛的花丛时，借助"然后""终于"等程序性知识表示蝴蝶找了好几个花丛的原因以及找花丛的前因后果（目的），这也为蝴蝶最终找到心仪的花丛的欣喜提供了逻辑信息（超级目的）。可见，受话人可在显性取效过程中根据该儿童通过逻辑信息所传递的认知环境要素解读蝴蝶找花丛的全过程，该逻辑信息通过词语得以传递，因此是可以预料的，具有可预料效果。同时，受话人还需在隐性取效过程中基于叙述语境、产生式知识（如果两只蝴蝶找到大的花丛，那么它们就会停下来）以及认知策略（理解—控制策略：理解儿童所叙述的蝴蝶一直在飞是为了找到大的花丛)、解码程序性知识的不可预料效果,即作出认知假设(语境共享假设),解读出该儿童描述蝴蝶孜孜不倦地飞行的目的是找到心仪的花丛,这就与蝴蝶最终找到大的玫瑰花丛相得益彰。

第二节　不同年龄段学龄前儿童语用发展的取效行为验证

本节将对不同年龄段学龄前儿童在会话阶段、语篇阶段的语用发展具体语料进行验证。

一　低龄组儿童语用发展中目的和效果的关系

(一)会话能力

由于此年龄段儿童的语言表达和理解能力欠佳,在会话发起时主要通过调用语言+行为的方式,以便使行为辅助语言进行表达(目的),使受话人理解其话语意图(超级目的)。在会话维持阶段,他们主要借助语言或行为维持会话,但是会话维持的次数较少。低龄组儿童对于受话人的简单是非疑问句会以行为的方式进行回应(目的),以便维持会话(超级目的)。而对于复杂的话语,则需要使用语言进行回应(目的),以维持与受话人之间的关系(超级目的)。在会话修补阶段,限于认知能力和语言表达能力,低龄组儿童往往借助行为的方式提醒他人进行修补(目的),以此满足自我交际需求(超级目的)。在会话修补回应阶段,他们主要借助语言+行为或行为的方式进行回应(目的)。具体为,低龄组儿童作具体阐释时则会借助语言进行回应(超级目的),如果是在受话人的启发下进行的会话修补回应,儿童仅会调用行为予以回应,旨在保持与他人的交际关系(超级目的)。

例（12）

%act：（儿童向爸爸展示着金箍棒）
*FAT：斌斌 你 想 跟 我 玩儿 啊？
%act：（儿童点点头）
*FAT：好 的 斌 宝．
*CHI：这 幅 图 画 演 唐僧 救 悟空 你 躺 下．
%act：（儿童一边手指着绘本图片一边说着）
*FAT：现在 谁 当 孙悟空 啊？
*CHI：我．
*FAT：我 当 孙悟空 啊？
%act：（儿童摇摇头）
*FAT：斌斌 爸爸 当 吧．
*CHI：你 当 孙悟空．
*FAT：嗯 我 躺 下．
*FAT：金箍棒 给 我．
%act：（儿童将金箍棒递给爸爸）
*FAT：好．
*FAT：孙悟空 是 不 是 得 被 <压 在> [／] 压 在 什么 山 下？
%act：（儿童将枕头放在爸爸身上模仿被压的情节）
*FAT：很 棒．
*FAT：但 那 是 被 压 在 什么 山 下？
*CHI：五指山 下．
*FAT：嗯 五指山 下．
*FAT：然后 谁 来 了？
*CHI：那个 谁 过 去 了．
*CHI：唐僧 来 了．
%act：（儿童将枕头从爸爸身上拿开）
*FAT：那个 流沙河．

%act：（儿童紧锁眉头表示不解）
＊FAT：那 唐僧 怎么 收 的 第 二 个 徒弟 啊？
＊CHI：在 流沙河．
＊FAT：对 啊 所以 我们 假装 在 流沙河．
%act：（儿童点头表示理解）
＊FAT：那 咱们 继续 吧．
＊CHI：我 是 <沙> [／] 沙和尚 躺 在 流沙河．
%act：（儿童躺在床上模仿沙和尚躺在河里的样子）
＊FAT：沙和尚 这么 自在 啊．

图 5-12　低龄组儿童会话阶段语料视频截图

在会话发起阶段，低龄组儿童往往会考虑到自身的交际需求并通过手势指示发起会话。此例中，儿童想与受话人爸爸一起演唐僧救悟空这一情节，因此说道："这幅图画演唐僧救悟空你躺下"，并通过手指绘本图片的方式使爸爸直接理解其交际需求（目的），以便与爸爸一起游戏（超级目的）。作为受话人的爸爸需要在显性取效过程中根据儿童可预料的交际需求，顺着儿童指示的方向观察其所指示的内容，在受动取效的作用下借助认知策略（组织策略）、相关行为图式和现实语境，概括儿童在元认知的帮助下所实施指示行为的意图，形成认知假设（语境共享假设），即希望受话人直观了解游戏内容（目的），使受话人参与游戏活动（超级目的）。

在会话维持阶段，低龄组儿童对于受话人简单的问题则采用点

第五章　学龄前儿童语用发展取效行为理论框架的验证　421

头赞同或摇头拒绝的方式维持会话。此例中，当爸爸问该儿童是否想与其游戏时，儿童通过点头赞同维持了会话（目的），并希望爸爸与其进行游戏（超级目的）。此外，当爸爸提出要扮演孙悟空时，该儿童通过摇头回复了爸爸的提议（目的），表达了自己的看法（超级目的）。这样，受话人爸爸通过观察儿童的探试行为（点头或摇头）在受动取效的作用下调用认知策略（情感策略）和头脑中已有的行为图式，并参考现实语境识别出儿童的意愿，作出认知假设（原型行为假设），即儿童点头所传递的情感意图是想与爸爸进行此游戏，因此爸爸接受了该儿童的提议；摇头的目的是不赞同爸爸扮演孙悟空的提议，因此爸爸再一次发起想扮演孙悟空的意愿。此外，低龄组儿童还会在考虑受话人交际需求的基础上维持会话。如例（12），该儿童在听到爸爸提出的关于谁扮演孙悟空的问题时，考虑到爸爸的交际需求，想维持该话题（目的），并表达出其想扮演孙悟空的意愿（超级目的）。作为受话人的爸爸在显性取效过程中根据该儿童话语的可预料效果识别出其是在满足受话人的交际需求，并作出认知假设（无标记假设），即儿童通过符合社会规范的话语方式表达出其具有想扮演孙悟空这一角色的愿望。再者，低龄组儿童还会通过给予受话人某物的方式维持会话。在该例中，扮演孙悟空的爸爸请求该儿童将金箍棒递给他，该儿童将金箍棒递给了受话人（目的），以便继续游戏（超级目的）。受话人爸爸需要根据儿童的探试行为和现实语境在受动取效过程中调用认知策略（组织策略）和头脑中相关行为图式，以便识别儿童在元认知指导下所呈现的传递行为的意图，进而形成认知假设（语境共享假设），即结合语境概括出儿童希望继续游戏，因此受话人回复"好"。同时，儿童还会通过模仿行为维持会话。此例中，当爸爸提示该儿童扮演孙悟空需要被压在山下，儿童便将枕头压在爸爸身上模仿被压的情节，以示配合爸爸进行游戏（目的），使游戏顺利进行（超级目的）。受话人爸爸根据现实语境在受动取效的作用下通过观察儿童的探试性模仿行为，并调用认知策略（精细化策略）以及已有的相关行为图式，将儿童把枕头压在爸爸身上的行为与记忆中孙悟空被压在山下的行为相关联并作出认知假设（语境共享假设），即儿童是在配合受话人进行游戏任务，因此对该儿童的模仿行为进行了表扬。另外，儿童还会通过调用已有图式的方式维持会话。如例（12）中，爸爸问孙悟空被压在什么山下时，儿童通过调用头脑中的已有图式，回复为五指山（目的），以便可以与受话人就该游戏进行下去（超级目的）。作为受话人的爸爸需要从儿童明示话语的可预料效果出发，在显性取效过程中判断其调用已有图式的正确性并作出认知假设（无标记假设），即判断出该儿童在调用已有图式之后所回复的内容完全正确，并识别出其希望继续游戏的意图，因此对其回复给予了肯定。

在会话修补阶段，低龄组儿童往往借助面部表情发起修补请求。如例（12），儿童在听到爸爸提到流沙河时百思不得其解，因此通过紧锁眉头的方式希望爸爸进行修补（目的），以便可以继续游戏（超级目的）。作为受话人的爸爸需要在受动取效过程中解读出儿童行为所传递的探试效果，调用认知策略（情感策略）及头脑中关于对紧锁眉头这一行为图式的记忆，并在现实语境的帮助下形成认知假设（语境共享假设），即解读出儿童需要对"流沙河"进行修补。

在会话修补回应阶段，低龄组儿童一般会通过点头赞同的方式进行修补回应。此例中，当该儿童并未理解爸爸所提及的"流沙河"时，爸爸通过提示（唐僧在流沙河收了沙和尚为徒）对儿童尚未理解的话语进行修补，儿童在理解之后通过点头赞同的方式对爸爸的会话修补进行回应（目的），旨在表示已经理解其话语意图（超级目的）。由此，作为受话人的爸爸在受动取效过程中解读出儿童在感知—动作协调下的点头行为所带来的探试效果，需要调用认知策略（情感策略）以及相关的行为图式，并通过现实语境对该儿童所调用的行为进行认知假设（语境共享假设），即解读出该儿童已经理解了受话人的话语，因此受话人指示该儿童继续游戏。此外，儿童还会借助已有图式+模仿的方式进行修补回应。如例（12），儿童已经理解爸爸所提及的"流沙河"，便调用头脑中关于"流沙河"的已有图式，想到沙和尚是在流沙河被唐僧收为徒弟的。但由于低龄组儿童的表达能力有限，所以需要通过模仿的方式表达出沙和尚在流沙河的悠然自得（目的），并希望与爸爸继续角色游戏（超级目的）。由此，作为受话人的爸爸需要根据已有图式（沙和尚在流沙河的情景）在显性取效过程中所传递的可预料效果，并结合现实语境在受动取效过程中观察其模仿行为并分析该行为所产生的探试效果，即调用认知策略（精细化策略）和相关行为图式对该儿童的意图作出认知假设（语境共享假设）：将该儿童的模仿行为与头脑中悠然自得的行为方式相关联，解读出儿童意图传递沙和尚悠然自得的状态并期待与爸爸继续游戏，因此爸爸帮助该儿童表达出了沙和尚目前自在的状态，并与儿童继续游戏。

（二）语篇能力

由于低龄组儿童的认知能力以及语言表达能力有限，所以需要通过看绘本的方式进行语篇叙述。低龄儿童在叙述事件、人物时地背景、引述或模仿时主要通过调用知识＋语言的方式传递叙述目的（叙述事件：主要将图片中人物的动作充当事件；人物时地背景：将图片中人物、地点、时间等作为背景信息；引述或模仿：基于图片中人物形象模仿人物的话语）和超级目的（告知受话人图片的主要信息，使所叙述的故事/事件更显生动）。就结束语而言，低龄组儿童并不会通过语言等方式告知受话人讲述的结束，他们只是通过对行为动作的调用使受话人判断出其叙述的终结（目的），以便可以从事其他活动（超级目的）。在回答主试问题时，低龄组儿童会借助知识＋语言＋行为的方式回答受话人针对叙述内容的提问（目的）。可见，低龄组儿童需要调用多种辅助方式弥补语言表达抽象概念的不足（超级目的）。对于叙述观点来讲，儿童往往通过调用语言＋行为的方式表达其对故事/事件中人物或自我的看法（目的），反映其内心活动及对世界的看法（超级目的）。针对叙述顺序，儿童仅通过语言表达事件的时间或逻辑顺序（目的），以便承接下一事件（超级目的）。

例（13）

＊LYMJ：喵呜［^c］.
＊LYMJ：狐狸 走道 自己 走走＋…［^c］.
＊LYMJ：走 在 路上 屁股 摇［^c］.
＊LYMJ：它 想当 森林 中 的 霸王［^c］.
＊％act：（微笑地说着）
＊LYMJ：＜它 看见 一个 小羊＞［／］#它 看见 一个 小羊 在 吃草 呢［^c］.
＊LYMJ：它 大声 喊＋"老虎 来 啦［^c］.
＊LYMJ：它 跑 了［^c］.
＊MOT：谁 跑 了？
＊LYMJ：小羊 跑 了.
＊％act：（指着绘本中的小羊说道）
＊LYMJ：然后 小鸭 在 游泳 呢［^c］.
％act：（LYMJ 转身离开）
＊MOT：你 讲 完 了？
＊LYMJ：是 的.

图 5-13 低龄组儿童语篇叙述语料视频截图

对于叙述事件，儿童会基于交际背景并调用陈述性知识进行描述。如例（13），LYMJ通过绘本中的图画告知受话人，狐狸在森林里走路时看见小羊（目的），以便使受话人基本了解绘本的大体内容（超级目的）。由此，受话人需要在显性取效过程中基于可预料的交际背景（绘本所提供的交际背景），在隐性取效过程中调用命题关系（基于儿童所描述的"走道"对比绘本中实际描述的狐狸在森林里走路）识别儿童利用陈述性知识所传递的不可预料效果，即LYMJ所陈述的走道就是指狐狸走在森林的路上。而陈述看见小羊这样的事实是为之后狐狸欺骗小羊"老虎来啦"而服务的。在此基础上形成认知假设（语境共享假设），以此传递绘本的主题思想。

关于人物时地背景，儿童会基于交际背景并借助陈述性知识传递背景信息。如例（13），儿童向受话人传递绘本中的人物是狐狸、小羊以及小鸭子，地点是小路（目的），旨在为故事的情节进展做铺垫（超级目的）。基于此，受话人需要在显性取效过程中基于绘本所提供的可预料的交际背景在隐性取效过程中利用表象系统和图式解码儿童利用陈述性知识所传递的不可预料效果以及形成认知假设（语境共享假设），即LYMJ所陈述的小路实际上应该是森林，因为儿童仅关注图画中人物的动作，往往忽视具体的地点细节。再者，狐狸、小羊以及小鸭子的引出都是为故事的高潮服务的。

对于引述或模仿，儿童会鉴于交际背景调用想象性知识。如例（13），LYMJ在引述狐狸的话时就是基于图片中狐狸张着嘴巴这一交际背景激活其想象性知识，以便引述狐狸的话语（目的），这就为接下来小羊的逃跑埋下了伏笔（超级目的）。由此，受话人可在显性取效过程中基于可预料的交际背景（图片中狐狸长着嘴巴），通过隐性取效过程借助叙述语境以及记忆中的假设和假设图式形成认知假设（语境共享假设），即在儿童的想象世界里老虎是最可怕的动物，该儿童借狐狸之口传递老虎来了的信息是为接下来小羊的逃跑做准备，因此就可以识别儿童调用想象性知识的不可预料效果。

关于结束语，儿童一般通过位置移动的行为方式表示叙述的终结。如例（13），LYMJ 通过转身离开的方式告知故事已经讲完（目的），希望进行接下来的活动（超级目的）。由此，受话人需要基于叙述语境在受动取效过程中调用认知策略（理解—控制策略）以及相关行为图式，充分理解儿童利用元认知指导行为的规划、实施和调控过程，进而形成认知假设（原型行为假设），即理解儿童的转身所传递的情感意义是告知受话人故事讲述的完成，以及期待进行接下来的活动。

  在回答主试问题时，儿童会借助认知环境要素以及陈述性知识并通过手势指示的方式回复。如例（13），当妈妈问 LYMJ "它"指的是谁时，LYMJ 将妈妈的问题视为认知环境要素中的词语信息提示，便根据图片中所描述的事实推断出小羊跑掉了，因此借助陈述性知识以及手指绘本中小羊的方式回复妈妈的提问（目的），使妈妈对其回复的话语深入理解（超级目的）。由此，受话人可在显性取效过程中识别儿童调用认知环境要素的可预料效果，即受话人的提问会给该儿童提供认知环境要素。此外，受话人还需要在隐性取效过程中利用命题网络关系、表象系统以及图式解码儿童调用陈述性知识的不可预料效果（图片是小羊在行走），即儿童想传递的事实性信息是因为狐狸喊"老虎来啦"将小羊吓跑了。同时，受话人还要在受动取效过程中借助认知策略（理解—控制策略）理解该儿童借助手势指示所传递的探试效果，进而作出认知假设（语境共享假设），即"它"指的是小羊，因为狐狸的喊叫吓怕了小羊。

  对于叙述观点，儿童会借助命题态度要素以及面部表情传递故事中人物的想法。如例（13），LYMJ 在叙述狐狸的心理活动时通过命题态度词语"想当"（森林中的霸王）传递出此时狐狸的愿望。此外，LYMJ 借助面部表情（微笑）凸显当时狐狸想到自己会成为森林中的霸王时的喜悦心情（目的），并借此勾勒出狐狸的野心，突出狐狸的性格特点（超级目的）。基于此，受话人可在显性取效过程中通过"想当"这一心理词语所传递的可预料的命题态度在受动取效过程中借助叙述语境、认知策略（情感策略）以及相关行为图式构成认知假设（无标记假设），即儿童根据狐狸的口吻描述其心理活动，深刻刻画出狐狸的狡猾性格。

对于叙述顺序，儿童往往借助交际背景传递语篇的时间或逻辑顺序。如例（13），LYMJ用了"然后"这一承接连词，表示事件的进展（目的），以便将小鸭子这一人物形象呈现出来（超级目的）。由此，受话人需要在显性取效过程中基于可预料的交际背景（小鸭子出现的图片）以及儿童明示话语的过程形成认知假设（语境共享假设），即下一人物即将出场。

二 中龄组儿童语用发展中目的和效果的关系

（一）会话能力

中龄组儿童在会话发起和会话维持阶段主要借助知识＋语言或知识＋行为的方式发起并维持会话（目的），旨在可以针对某一话题与受话人展开沟通（超级目的）。当儿童与受话人进行游戏时，则会选择借助知识＋行为的方式发起并维持会话（目的），以便使受话人了解其话语目的，保证游戏的顺利实施（超级目的）。

例（14）
*％act：（儿童目不转睛地看着老师手里的黑熊玩偶）
*CHI：老师 我 今天 表现 是 不 是 很 好 啊？
*TEA：＜你 拿 出 来 看 看 呗＞ ［ ＞ ］．
*CHI：＜好＞ ［＜］．
*CHI：它 是 不 是 想 妈妈 了 怎么 低头 呢？
*TEA：哦 那 你 想 妈妈 吗？
*CHI：想 但是 有 老师 和 小 朋友 陪 着 我 就 不 想 了．
*TEA：它 是 什么 动物 啊？
*CHI：是 黑熊 宝宝．
*TEA：黑熊 宝宝 是 什么 啊？

＊CHI：就是 保护 妈妈 的 黑猫 警长．
＊TEA：那 这 个 黑熊 宝宝 好 厉害 啊．

图 5-14　中龄组儿童会话阶段语料视频截图 1

例（15）
＊TEA：老师 要求 小 朋友 现在 拼搭 一 个 火车 道．
＊CHI 4：这 个 可以 搭建 火车 吧？
％act：（手里拿着木质玩具向老师展示）
＊TEA：哎．
＊TEA：我 们 先 拼搭 一 个 我们 现在 <新 建 的> [／] 新 建 的 佳木斯 火车 站 然后 再 搭建 火车．
＊CHI 4：火车 站．
＊TEA：对．
＊CHI 4：要 是 搭 一 个 大 的 火车 站 我 去 我 姥姥 家．
％act：（边说边用手模仿大的火车站的样子）
＊CHI 4：我 坐 过 火车．
＊TEA：嗯 太 棒 了．
＊TEA：小 朋友 拼搭 一 个 新 的 火车 站 和 火车 道．
＊TEA：一 会儿 就 会 有 高铁 开 过 来 了．
＊CHI 4：<高铁> [／]高铁 是 什么 呀？

%act：（拿玩具）
*TEA：高 铁 就 是 高速 的 铁路．
*TEA：非 常 快．
*TEA：知道 了 吗？
*CHI 4：嗯．
*CHI 4：跑 得 非常 快．
*TEA：咱们 继续 搭 吧．

图 5-15　中龄组儿童会话阶段语料视频截图 2

在会话发起阶段，在自然对话语境下，儿童往往基于社会互动环境并借助社会规约性知识发起会话。如例（14），儿童看到教师手里拿着黑熊玩偶便想借过来，因此通过借助社会规约性知识，即通过暗示过程间接地向教师请示是否可以借过来（目的），以便可以拿到该黑熊玩偶（超级目的）。作为受话人的教师需要基于当前的社会互动环境，预料到儿童是在关注该玩具。此外，儿童通过询问教师是不是遵守了幼儿园规则这一方式，从而调用社会规约性知识，在隐性取效过程中传递出表现良好可以得到黑熊玩具的意图。教师需要结合现实语境并提取头脑中社会规约性知识形成认知假设（无标记假设），即儿童借助询问式话语想得到该玩具，因此教师表扬该儿童并允许其将玩偶拿走。此外，在自然交际状态下的儿童还会基于社会互动环境调用想象性知识发起会话。如例（14），当该儿童拿过黑熊玩偶时，看到玩偶低头的样子便调用想象性知识认为黑熊想妈妈了所以表现出垂头丧气的样子，以便引起受话人对其进行关注（目的），并就此话题继续讨论（超级目的）。因此，作为受话人的教师可以在显性取效过程中识别可预料的社会互动环境（看到黑熊玩偶低头的样子），并在隐性取效过程中解码儿童调用想象性知识的不可预料效果，借助记忆中的假设和假设图式想到儿童会认为低头即为不开心，而不开心的事就是想妈妈，进而形成认知假设（原型行为假设），即关注该儿童的情感状况并询问其是否也对妈妈无比想念。游戏状态下的儿童往往通过调用想象性知识并辅以向受话人展示物品的方式发起会话。如例（15），儿童在教师要拼搭火车道的启发下调用想象性知识并拿着木质积木发起会话，意在表示想搭建火车（目的），并征求教师的意见（超级目的）。由此，作为受话人的教师需要在隐性取效过程中识别儿童调用想象性知识的不可预料效果，即基于交际情境调取记忆中的假设和假设图式想到儿童原来是因为受火车道的启发而想到搭建火车。此外，教师还要在受动取效过程中识别儿童展示木质积木所带来的探试效果，即调用认知策略（组织策略）以及相关已有的行为图式概括出儿童意图用木质积木搭建火车，进而形成认知假设（语境共享假设），即儿童想征求教师是否可以搭建火车的建议，因此教师给予了肯定回复，但表示先搭好火车道之后再搭建火车。

在会话维持阶段，在自然会话下，儿童一般会考虑到受话人的交际需求并通过调用陈述性知识维持会话。如例（14），当教师问儿童该玩偶是什么时，儿童知道教师在等待答案，是一种交际需求（超级目的），因此通过所掌握的事实性知识回复是黑熊宝宝（目的）。作为受话人的教师需要在显性取效过程中把握儿童回复的可预料性，其实是在满足教师的交际需求。此外，还需在隐性取效过程中通过命题关系解读出儿童调用陈述性知识的不可预料效果，形成认知假设（语境共享假设），即受话人需结合当前社会互动环境理解儿童口中的黑熊宝宝。事实上，儿童将该玩偶也归为同龄人（自己的玩伴），这是不可预料的，因此教师继续追问该

第五章　学龄前儿童语用发展取效行为理论框架的验证　431

儿童黑熊宝宝的确切含义。此外，儿童还会在考虑到受话人交际需求的基础上调用想象性知识来维持会话。如例（14），当教师问该儿童黑熊宝宝的确切含义时，该儿童意识到这需要回复以便满足教师的交际需求（超级目的），因此通过调用想象性知识回复黑熊宝宝就是保护妈妈的黑猫警长（目的）。受话人教师要在显性取效过程中识别出儿童的回复是在满足自己的交际需求，具有可预料效果，进而在隐性取效过程中解读儿童调用想象性知识的不可预料效果，即在交际情境帮助下调用记忆中的假设和假设图式形成认知假设（原型行为假设），解读出儿童通过话语所传递的情感意义：实际上儿童是将其喜爱的黑猫警长这一形象赋予了该玩偶，并认为作为警长宝宝的职责是要保护妈妈，因此受话人回复儿童：黑熊宝宝好棒。在游戏情境下，儿童一般会通过调用想象性知识并辅以行为模仿的方式维持会话。在例（15）中，该儿童由教师要搭建火车站，联想到要搭建一个大的火车站才可以去姥姥家并模仿大的火车站的样子，以便表示赞同教师要搭建火车站的提议（目的），并希望与同伴可以继续实施搭建火车站的游戏（超级目的）。因此，作为受话人的教师在隐性取效过程中通过调用记忆中的假设和假设图式解码儿童调用想象性知识的不可预料效果，即火车站的作用是输送旅客去目的地。由此推知，儿童搭建火车站是为了去姥姥家。此外，教师还需要在受动取效过程中调用认知策略（精细化策略）以及头脑中相关的行为图式解读出儿童模仿行为的意图并形成认知假设（语境共享假设），即希望将火车站搭建成大型的火车站并继续实施搭建游戏。

　　在会话修补阶段，儿童往往基于头脑中已有图式发起修补请求。如例（15），当教师提及"高铁"概念时，CHI 4 迅速在头脑中搜索关于"高铁"的概念图式，当其确定这一概念并未掌握时则会发起修补请求（目的），这一过程对于受话人而言具有可预料效果。CHI 4的会话修补请求使作为受话人的教师需要为其提供可以理解的阐释，以便不影响到会话交际的正常进行（超级目的）。由此，受话人接收到儿童发起的会话修补请求后需要在显性取效过程中通过儿童的直接话语形式形成认知假设（无标记假设），即通过儿童与社会属性相适宜的提问所提供的明示过程解读出其请求受话人进行解释的意愿，进而继续对"高铁"进行详细阐释。

在会话修补回应阶段，儿童会基于受话人的交际需求或认知环境要素进行修补回应。如例（15），当教师为儿童解释"高铁"即为高速铁路之后，便问 CHI 4 是否理解，CHI 4 考虑到教师的交际需求，便回复道："嗯"（目的），表示已经理解教师的阐释（超级目的）。此外，教师担心 CHI 4 对"高速"的概念把握不好，又补充道："高速"就是"非常快"的意思。这样，CHI 4 基于认知环境要素中的词语信息、逻辑信息与常识信息，最终理解了"高铁"的意义为"跑得非常快"，旨在回应教师（目的），并表示其的确理解了"高铁"的内涵（超级目的）。鉴于此，作为受话人的教师需要在显性取效过程中感知儿童借助直接话语形式标识（嗯）以及间接话语形式标识（"跑得非常快"→已经理解）所传递的可预料效果，形成认知假设（无标记假设），即通过儿童与社会属性相适宜的回复解读出该儿童已经完全理解"高铁"的内涵，可以继续游戏。

（二）语篇能力

在涉及叙述事件、人物时地背景时，中龄组儿童会调用知识＋语言＋行为或知识＋语言向受话人阐释故事/事件或背景信息（目的）。儿童在向受话人讲述绘本时，会选择调用知识＋语言＋行为的方式进行阐释，以便调动受话人倾听的积极性（超级目的）。如果儿童仅是面对受话人讲述故事，则会选择调用知识＋语言的方式将故事/事件和背景信息讲述清楚，以便受话人可以把握故事/事件的主题（超级目的）。在引述或模仿、结束语、回答主试问题、叙述观点以及叙述顺序层面，儿童只需借助语言进行引述或模仿、告知受话人叙述内容的结束、回复受话人的提问、阐述人物或自我的观点或看法以及呈现故事/事件的先后顺序、前因后果（目的），旨在支持前述话语并希望获得受话人的评价,以期可以继续讲述故事/事件并凸显人物的特点以及自我的价值观和为受话人厘清故事的逻辑关系(超级目的)。

例(16)
*LJH：地震 发生 了 [ˆc].
%act：(手指着绘本)
*LJH：宝宝 和 妈妈 在 家里 呢 [ˆc].
%act：(手指着绘本)
*LJH：不 安全 [ˆc].
(略)

图 5-16 中龄组儿童语篇叙述语料视频截图 1

中龄组儿童借助绘本讲述故事时,往往通过调用知识+语言+行为的方式传递故事/事件和背景信息。如例(16),LJH 通过绘本图片的辅助调用已有图式要素(关于地震)以及陈述性知识(这是地震)并通过手势的指示告知受话人地震发生了(目的),旨在奠定该故事/事件的主题基调并引起受话人对该故事/事件的关注(超级目的)。此外,LJH 利用绘本图片的辅助调用已有图式(孩子、妈妈、家)以及陈述性知识(妈妈和孩子在家里),并借助手势指示的方式传递地震发生时都有哪些人物及他们所处的地点(目的),以便为接下来所发生的故事/事件做铺垫（超级目的）。鉴于此，受话人需在显性取效过程中识解儿童所调用的与地震、地震发生时的人物及其处境相关的已有图式，这是可以预料的，因为通过图片可以激活头脑中相关图式。此外，受话人还需在隐性取效过程中利用命题网络关系、表象系统以及图式解码儿童所调用陈述性知识的不可预料效果，即儿童通过陈述性知识告知受话人地震了以及妈妈和孩子在家里是为情况紧急提供了语用预设。再者，受话人在受动取效过程中根据叙述语境及儿童在元认知指导下的手势指示，并借助认知策略（理解—控制策略）以及相关行为图式进行认知假设（语境共享假设），即该儿童是想通过手势指示将受话人的目光吸引到故事/事件之中，并顺着儿童的手势理解其所传递的故事内容。

例（17）
*ZSY：一个 萝卜 在 地里 长 大 了 [^c].
*ZSY：老爷爷 拔 呀 没 拔 下 [^c].
*ZSY：接着 老奶奶 一起 拔 呀 [^c].
*ZSY：还是 没 拔 下 来 [^c].
*ZSY：然后 找了 弟弟 妹妹 一起 [^c].
*ZSY：嘿呦 嘿呦 拔 呀 [^c].
*ZSY：还是 没 拔 下 来 [^c].
*ZSY：这时 老奶奶 说 + "要不 找 小猫 小狗 一起 拔 吧 [^c].
*ZSY：又 叫 来 了 小猫 小狗 [^c].
*ZSY：一起 拔 呀 [^c].
*ZSY：萝卜 拔 出来 了 [^c].
*ZSY：他们 乐 开 了 花 [^c]！
*ZSY：好 了 [^c].
*RES：哦 这个 故事 好棒．
*RES：阿姨 问 你 他们 乐 开 了 花 他们 是 谁 啊？
*ZSY：是 老爷爷 老奶奶 弟弟 妹妹 还有 小猫 小狗．

图 5 – 17 中龄组儿童语篇叙述语料视频截图 2

对于叙述事件和人物时地背景，儿童在面对受话人讲述故事时往往会调用想象性知识＋已有图式传递主要事件以及背景信息。如例（17），ZSY 调用已有图式（叙述事件：平时与爷爷奶奶拔萝卜的图式；人物时地背景：萝卜生长在地里的图式）并借助想象性知识传递故事/事件和背景信息：想象地里有一根萝卜，但是爷爷奶奶没有拔动，因此找到弟弟妹妹、小猫小狗才将萝卜拔了下来（目的），旨在帮助受话人把握故事/事件的主题（超级目的）。由此，受话人需要根据拔萝卜的图式在显性取效过程中的可预料效果，利用记忆中的假设和假设图式在隐性取效过程中识解儿童借助想象性知识所传递的不可预料效果，形成认知假设（原型行为假设），即 ZSY 将小猫小狗拟人化来传递情感意义：拔萝卜需要大家齐心协力才可以成功。

在引述或模仿时，儿童会通过命题态度要素传递他人的话语意图。如例（17），老奶奶和老爷爷在拔不动萝卜的情况下，ZSY 引出老奶奶的话："要不找小猫小狗一起拔吧"，表达出老奶奶请求的命题态度（目的），为之后小猫和小狗顺理成章出现起到了铺垫的作用（超级目的）。因此，受话人可在显性取效过程中通过老奶奶暗示的话语形式形成认知假设（无标记假设），解码出儿童赋予老奶奶的社会性话语所传递的请求的可预料效果。

对于结束语，儿童会基于认知环境要素表达叙述内容的终结。如例（17），ZSY 讲述萝卜被拔出来之后大家都欣喜若狂，故事也由此进入了尾声并自然收场（目的），因此 ZSY 利用认知环境要素中的词语信息"好了"表示所讲述的故事已经结束，并期待受话人的积极反馈（超级目的）。鉴于此，受话人需要在显性取效过程中，基于认知环境要素中的词语信息和逻辑信息这一可预料效果，形成认知假设（原型行为假设），即通过隐性的话语形式剥离出儿童关注他人对其讲述故事的看法的意义。

在回答主试问题时，儿童主要通过调用认知环境要素回复受话人。如例（17），受话人询问 ZSY "他们乐开了花"中人称代词"他们"指的是谁时，ZSY 便调用了认知环境要素中的词语信息（"他们"是人称代词，需要定位所指的人称）以及逻辑信息（"他们"的状态是乐开了花，由此需要寻找乐开了花的人物），因此，ZSY 在结合上文所提及的故事基础上，回答了"他们"指的是老爷爷、老奶奶、弟弟、妹妹以及小猫、小狗（目的），旨在可以与受话人保持良好的交际关系（超级目的）。由此，受话人需依据认知环境要素所提供的可预料效果在显性取效过程中形成认知假设（无标记假设），即该儿童通过与社会属性相适宜的常规方式回答提问，以便与受话人维持良好的交际关系。

针对叙述观点，儿童会调用命题态度阐释故事/事件中人物的观点。如例（17），大家齐心协力最终拔出萝卜了，ZSY 描述故事中人物的心理活动是"乐开了花"（目的），也借此表达了在做事时应合力而为的观点（超级目的）。由此，受话人可在显性取效过程中依据儿童感叹语调的可预料效果，进行认知假设（语境共享假设），即因为大家的功劳才会将萝卜拔出来，所以心里才会乐开了花。

对于叙述顺序，儿童会借助认知环境要素传递故事/事件的因果关系。如例（17），由于老爷爷并未拔下来萝卜，ZSY 用"接着""然后"等序列词将老奶奶以及弟弟妹妹等人物形象引述出来（目的），凸显故事流畅的逻辑关系（超级目的）。由此，受话人需要在显性取效过程中根据儿童所调用认知语境要素中逻辑信息的可预料效果形成认知假设（语境共享假设），即该儿童根据叙述语境欲使人物的出场自然合理。

三 高龄组儿童语用发展中目的和效果的关系

(一) 会话能力

高龄组儿童在会话发起、会话维持、会话修补及会话修补回应阶段均会调用知识+语言,以便与受话人就某一话题展开深入交流(目的),并希望受话人使用儿童可以理解的话语进行回应,以便被受话人所理解并实现成功交际(超级目的)。

例(18)
*HZX:妈妈 你 看 我 今天 在 幼儿园 表现 好.
*HZX:老师 奖励 我 了.
*HZX:妈妈 笑 一 下?
*MOT:好啦 好啦 妈妈 很 开心 梓轩 长 大 了.

图 5-18 高龄组儿童会话阶段语料视频截图 1

在会话发起阶段,儿童主要会考虑到受话人的心智状态并调用社会规约性知识发起会话。如例(18),HZX 看到妈妈不开心的状态之后发起会话,告知妈妈今天由于在幼儿园表现良好(符合社会规范）受到老师的奖励（目的），希望妈妈为此能开心（超级目的）。作为受话人的妈妈在显性取效过程中识别出该儿童的间接话语形式是在哄自己开心，这是可以预料的，具有可预料效果。此外，受话人还需要在隐性取效过程中考虑到交际情境并调用社会规约性知识，即遵守幼儿园规章制度才会获得老师的奖励，而儿童提到这一奖励事件是在告诉受话人他今天遵守了社会规约，而HZX在受话人不开心的时候调用社会规约性知识提到他遵守规则而被表扬一事是不可预料的，具有不可预料效果，需要受话人作出认知假设（无标记假设），即该儿童借助具有社会属性的话语意图安慰受话人：告诉受话人其受到老师的表扬是想让受话人开心，因此受话人告诉该儿童自己很开心，并且表扬该儿童已经长大。

例（19）
*RES：小舞台 是 怎么 个 游戏 啊？
*JYX：就 那个 穿上 那个 小舞台 的 服装 然后 在 台 上面 展示 服装．
*JYX：之后 还 跳舞 呢 看看 谁 表演 得 好．
*RES：这么 说 你 非常 喜欢 这个 游戏 啊．

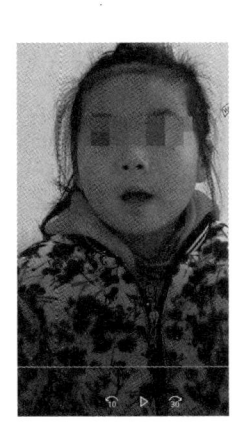

图 5-19 高龄组儿童会话阶段语料视频截图 2

在会话维持阶段，儿童一般会考虑到受话人的交际需求并调用程序性知识维持会话。如例（19），当研究者问 JYX 小舞台游戏的规则时，该儿童便考虑到研究者具有交际需求并且需要其进行回答，因此调用程序性知识告诉研究者小舞台游戏的步骤，即首先需要穿上舞台服装然后进行服装展示，之后还需要跳舞并评比出表现最佳的小朋友。因此，该儿童回复了研究者的提问（目的），并传递出其喜爱该游戏的态度（超级目的）。作为受话人的研究者需要在显性取效过程中识别出儿童的回复其实是在满足受话人的交际需求，这是可以预料的。再者，受话人还需要在隐性取效过程中识别出儿童阐释小舞台的游戏规则是在调用程序性知识，以相当详细的步骤进行叙述，这对于受话人而言具有不可预料效果，受话人需要结合交际情境以及认知策略（组织策略）形成认知假设（原型行为假设）：概括并剥离出儿童的情感意义（以如此详细的步骤阐释该游戏规则，可见其对该游戏的喜爱程度），因此受话人在回复中强调该儿童喜欢此游戏。

例（20）

＊MOT：我们 搭 一个 非常 非常 小 的 小 房子 吧．
＊MOT：空间 不 太 够 用 呢．
＊MOT：就像 蜗居 一样．
＊CHI：蜗居 是 什么？
＊CHI：难道 只是 小 蚂蚁 住 不 成？
＊MOT：蜗 是 蜗牛 的 蜗．
＊CHI：哦 那 就 是 蜗牛 住 的 房子 喽．
＊MOT：对 的．

图 5-20　高龄组儿童会话阶段语料视频截图 3

在会话修补阶段，儿童往往会通过调用想象性知识并借助命题态度要素发出修补请求。如例（20），因为空间不够妈妈表示要与儿童建个蜗居。该儿童对"蜗居"一词不解便调用想象性知识猜测蜗居就是蚂蚁住的地方，并用"难道……不成"句式传递其反问的命题态度以便使受话人妈妈进行修补（目的），为接下来的游戏做准备（超级目的）。作为受话人的妈妈需要在显性取效过程中识别儿童的命题态度，而该命题态度是反问的句式，这对于受话人而言具有可预料效果。同时，受话人需要在隐性取效过程中解码儿童调用想象性知识的不可预料效果，即在交际情境帮助下借助记忆中的假设和假设图式识别出儿童对"蜗居"一词的猜测使其联想到小蚂蚁住的房子。这样，受话人需要对此作出认知假设（无标记假设），即该儿童借助与社会属性相适宜的反问句请求受话人确认"蜗居"的内涵是不是小房子。

在会话修补回应阶段，儿童一般会在调用认知环境要素基础上借助陈述性知识予以修补回应。如例（20），该儿童通过妈妈对蜗居的解释"蜗是蜗牛的蜗"，便调用认知环境要素中的词语信息，认为既然蜗是蜗牛的蜗，那么蜗居就是蜗牛住的房子，以便回应妈妈的修补话语（目的），借此表示已经对"蜗居"的概念有所理解（超级目的)。作为受话人的妈妈需要在显性取效过程中识解出儿童实则调用认知环境要素中的词语信息通过"蜗牛"一词对该概念有所把握,这一过程对于受话人而言具有可预料效果。此外,受话人还需要在隐性取效过程中解读该儿童调用头脑中对蜗牛概念的掌握以及对"居"一词的理解,这对于受话人而言具有不可预料效果,受话人并不知道该儿童如何将"蜗牛"与"居"进行组合。受话人需要结合儿童所传递的话语形式对此进行认知假设(语境共享假设),即受话人需要基于话语语境推导出"蜗牛"一词与"居"组合应该是蜗牛住的房子,那么该儿童理解正确,借此传递出该儿童已经对"蜗居"有所掌握,因此受话人对此给予了肯定。

(二) 语篇能力

高龄组儿童在进行语篇叙述时已经摆脱了对行为辅助表达的依赖,在整个叙述阶段均通过调用知识+语言的方式叙述故事/事件、背景信息、引述或模仿、告知所叙述语篇的终结、回答受话人针对所叙述语篇的提问、阐释故事/事件中人物的观点或自我观点、凸显故事/事件的时间或因果顺序(目的),旨在突出故事/事件的主题以便吸引受话人的兴趣(超级目的)。而针对人物时地背景,高龄组儿童除了会调用上述语用指标,还会调用知识+语言+行为,旨在向受话人清楚传递语篇的背景信息(目的),以便受话人可以基于该背景信息感受语篇的主题基调(超级目的)。

例(21)

*ZZM:一天 猫咪 爸爸 和 猫咪 姐姐 在 床上 睡觉 [^c].

*ZZM:猫咪 姐姐 爬 起来 说+"爸爸 怎么 还在 睡觉 啊 马上 就要 上学 去 了 [^c].

*ZZM:姐姐 和 妹妹 说+"妹妹 我们 要 去 上 幼儿园 了 [^c].

*ZZM:她们 上 幼儿园 的 时间 到 了 [^c].

*ZZM:但是 她们 看见 天上 下 起 雨 来 [^c].

*ZZM:她们 还 看见 那个 树上 还 有 棉花糖 [^c].

%act：（ZZM 一边叙述一边模仿大树的轮廓）

*ZZM：她们 觉得 好好 吃 啊 [^c].

*ZZM：她们 齐心 协力 把 它 摘 下来 [^c] 送 给 了 妈妈 [^c].

*ZZM：妈妈 妈妈 你 看 我们 摘 了 什么 [^c].

*ZZM：高兴 地 说 +"哎 这 不是 棉花 吗 [^c].

*ZZM：这个 是 做 飞 起来 的 面包 的 材料 [^c].

*ZZM：这是 牛奶 [^c] 盐 [^c].

*ZZM：这是 糖 [^c].

*ZZM：然后 搅拌 捏成 这样 的 椭圆形 [^c].

*ZZM：放进 烤箱 里面 烤 就 行 了 [^c].

*ZZM：爸爸 起来 说 +"完 了 我 要 迟到 了 [^c].

*ZZM：赶紧 拿着 雨伞 和 包包 冲 出 了 门 [^c].

*ZZM：妈妈 觉得 爸爸 好 奇怪 啊 [^c] 没 迟到 啊 [^c].

*ZZM：然后 妹妹 和 姐姐 回来 了 发现 烤 了 很 多 面包 [^c] 感觉 好 好吃 的 样子 [^c].

*ZZM：她们 一 沾到 面包 [^c] 面包 就 从 她们 手上 飞 起来 了 [^c].

*ZZM：连 她们 的 妈妈 姐姐 和 宝宝 都 飞 起来 了 [^c].

*ZZM：爸爸 打开 雨伞 [^c] 拼命 地 跑 呀 跑 [^c].

*ZZM：然后 雨伞 就 飞 起来 了 带着 爸爸 一起 飞 [^c].

*ZZM：妹妹 就 看 到 了 对着 姐姐 说 +"姐姐 姐姐 爸爸 怎么 飞 起来 了 呀 [^c].

*ZZM：好像 是 风 把 爸爸 飞 起来 了 吧 [^c].

*ZZM：然后 她们 能 给 爸爸 带点 早餐 去 [^c].

*ZZM：姐姐 和 妹妹 快快 乐乐 地 [^c] 穿着 雨衣 也 被 飘 起来 了 [^c].

*ZZM：然后 她们 看见 爸爸 的 公交车 [^c] 赶紧 对 爸爸 说 +"爸爸 爸爸 我们 带 了 早餐 给 你 [^c].

*ZZM：然后 姐姐 抓住 妹妹 的 手 [^c] 姐姐 把 妹妹 拽

过来[ˆc].
　　*ZZM：接下来 就 把 点心 送给 了 爸爸[ˆc].
　　*ZZM：最后 爸爸 看到 了 她们[ˆc].
　　*ZZM：兔子 小姐 递给 了 小猫咪 的 爸爸[ˆc].
　　*ZZM：兔子 小姐 就是 那个 售票员[ˆc].
　　*ZZM：然后 爸爸 就 爬出来 说+"那 我 就 回家 不在 公交车上 上班 了 吧[ˆc].
　　*ZZM：他 就 回到 了 他 自己 的 家[ˆc]打开 窗门[ˆc].
　　*ZZM：他 觉得 很 累[ˆc].
　　*ZZM：这样 他们 就 过 了 一 个 愉快 的 早晨[ˆc].
　　*ZZM：我的 故事 讲完 了.
　　*MOT：那 妈妈 问 你 一些 问题 吧.
　　*ZZM：好 妈妈 请问 吧.
　　*ZZM：妈妈 是 不 是 有 哪些 地方 没有 听懂 啊?
　　*MOT：嗯 妈妈 问 你 爸爸 在 看到 姐妹俩 给 他 送 早餐 之后 为什么 从 车上 爬 了 出来?
　　*ZZM：因为 爸爸 很 感动 啊 就 不 上班 回家 陪 姐妹俩.
　　*MOT：哦.

图 5-21　高龄组儿童语篇叙述语料视频截图

　　对于叙述事件，儿童主要借助想象性知识+已有图式或想象性知识+认知环境或程序性知识+已有图式传递故事/事件（目的），旨在使受话人喜爱所叙述的故事/事件（超级目的）。如例（21），第一，儿童借助想象性知识＋已有图式叙述故事/事件。ZZM 讲述了一家人早起上班、上学以及用棉花做了会飞的面包的事件。该儿童通过"睡觉""爬起来""上学""上幼儿园"等动词调用想象性知识以及与起床上学相关的已有图式掀起了故事的开端（目的），旨在奠定故事的走向（超级目的）。因此，受话人需要在显性取效过程中识别儿童借助与"起床上学"有关的已有图式所传递的可预料效果，在隐性取效过程中利用记忆中的假设和假设图式形成认知假设（语境共享假设），解码儿童借助想象性知识所传递的不可预料效果，即儿童借助"起床上学"等想象性知识为后续在上学路上摘到棉花又制作成面包等事件的发生做铺垫。第二，儿童调用想象性知识＋认知环境叙述故事/事件。ZZM 通过调用想象性知识讲述故事中人物所经历的事件（目的）：看见天上要下雨→看见树上有棉花糖→摘棉花→送给妈妈→做面包→姐妹回来→发现面包→沾到面包→飞起来；爸爸打开伞→跑→雨伞飞→爸爸飞→给爸爸带早餐→姐妹穿雨衣→飘起来→看见爸爸→对爸爸说→姐姐抓住妹妹的手→拽妹妹→点心送给爸爸→爸爸看到她们→兔子小姐将早餐递给爸爸→爸爸爬出来→爸爸回家→打开窗户→过了愉快的早晨。可见，ZZM 在调用想象性知识的同时借助认知环境要素中的词语信息以及逻辑信息为事件的层层深入提供了依据（超级目的）。基于此，受话人可在显性取效过程中从儿童调用认知环境要素提供词语信息以及逻辑信息的可预料效果出发，在隐性取效过程中借助记忆中的假设和假设图式作出认知假设（语境共享假设），以便解码儿童利用想象性知识传递的不可预料效果，即儿童调用想象性知识是为故事/事件的跌宕起伏做准备。第三，儿童借助程序性知识＋已有图式描述故事/事件。ZZM 在讲述飞起来的面包的做法时就调用了头脑中做面包的已有图式并利用程序性知识讲述做面包的具体步骤，放牛奶、盐、糖→搅拌→捏成椭圆形→放进烤箱烤（目的），旨在使所叙述的故事/事件更生动形象（超级目的）。由此，受话人可在显性取效过程中结合可预料的关于做面包的已有图式，在隐性取效过程中基于叙述语境并利用认知策略（组织策略）形成认知假设（语境共享假设），旨在概括并解码儿童借助程序性知识所传递的不可预料效果，即儿童利用程序性知识再现做面包的过程，表达出虽然该面包与普通面包的做法一致，但最终吃了会飞起来的惊人之处。

对于人物时地背景，儿童借助想象性知识＋已有图式或想象性知识＋已有图式＋模仿的方式交代故事的背景信息。如例（21），ZZM基于有关家庭成员以及与家庭成员相关的活动的已有图式通过调用想象性知识引出故事中的人物"爸爸""妈妈""姐姐""妹妹"以及相关地点"幼儿园""公交车""家"等，以便交代故事的背景信息（目的），为故事主题的凸显做准备（超级目的）。由此，受话人通过显性取效过程识别儿童调用可预料的已有图式，并基于隐性取效过程在记忆中的假设和假设图式的帮助下进行认知假设（原型行为假设），以便解码儿童调用想象性知识的不可预料效果，即借助话语形式识别该儿童的主观情感：凸显出该儿童对幸福家庭生活的期待。ZZM在提及棉花糖生长的地点"大树"时，除了调用已有图式以及想象性知识，还借助行为模仿大树的轮廓以便交代棉花糖的采摘地点（目的），帮助受话人理解这一违背规律的生长地点（超级目的）。受话人可在显性取效过程中借助可预料的已有图式，并在隐性取效过程中借助记忆中的假设和假设图式识解儿童调用想象性知识的不可预料效果，并在受动取效过程中观察儿童借助探试的模仿行为，在此基础上借助认知策略（理解—控制策略）进行认知假设（语境共享假设），即理解儿童讲述棉花长在树上的目的是为之后大家吃了棉花做的面包飞了起来做铺垫。

儿童往往调用想象性知识并借助命题态度引述或模仿。如例（21），ZZM首先引述姐姐的话："爸爸怎么还在睡觉啊？马上就要上学去了。"借助想象性知识表达了疑问的命题态度（目的）。再者，ZZM又引述妈妈的话："哎，这不是棉花吗？"也是借助想象性知识表达了疑问的态度（目的）。最后，其又引述了爸爸的话："完了，我要迟到了。"再一次借助想象性知识表达了担心的命题态度

(目的)。由此，受话人可在显性取效过程中根据命题态度这一可预料的语言编码来源要素在隐性取效过程中借助记忆中的假设和假设图式形成认知假设（无标记假设），解码儿童借助想象性知识引述他人话语的不可预料效果，即 ZZM 赋予人物以相应的社会属性，引用姐姐、妈妈以及爸爸的话语的超级目的是使人物形象活灵活现，以此丰富故事的内容。

在结束语阶段，儿童会调用社会规约性知识＋认知环境要素传递故事的终结。如例（21），ZZM 调用社会规约性知识以礼貌的方式表示叙述的终结（目的），借助认知环境要素中的词语信息提示受话人叙述的终结，并期待受话人喜爱该故事（超级目的）。基于此，受话人可在显性取效过程中借助认知环境要素中词语信息所传递的可预料效果，通过隐性取效过程借助交际情境以及社会规约性知识做出认知假设（无标记假设），以便解码儿童借助社会规约性知识所传递的不可预料效果，即该儿童借助符合社会属性的话语传递希望受话人喜爱所讲述的故事的超级目的。

在回答受话人问题时，儿童往往会调用社会规约性知识＋交际需求或社会规约性知识＋心智状态或程序性知识＋认知环境进行回复。如例（21），当妈妈表示要问 ZZM 问题时，该儿童考虑到妈妈的交际需求（希望得到 ZZM 的回复）并调用社会规约性知识以礼貌的方式表示请妈妈提问（目的），满足了妈妈的交际需求（超级目的）。由此，受话人可在显性取效过程中考虑到该儿童是在满足自己的交际需求这一可预料效果，并在隐性取效过程中基于交际情境以及社会规约性知识形成认知假设（无标记假设），以便识解儿童调用社会规约性知识的不可预料效果，即通过与社会属性相适宜的方式与受话人维持良好的人际关系。ZZM 意识到妈妈向她提问题一定是妈妈对所讲述的故事有难以理解的地方，这样便考虑到了受话人的心智状态，此外，该儿童还调用社会规约性知识以礼貌的方式询问妈妈是否有难以理解的内容（目的），关注了受话人的心智状态（超级目的）。鉴于此，受话人首先要在显性取效过程中识别出儿童实际上已经解码出受话人的心智状态，这是可以预料的。其次，受话人需要在隐性取效过程中及交际情境帮助下识解儿童调用社会规约性知识所传递的不可预料效果，形成认知假设（无标记假设），即儿童对社会规约性知识的调用是借助与社会属性相适宜的话语意图维持与受话人的社会关系。妈妈询问爸爸在看到姐妹俩送早餐之后为什么从车上下来，该儿童便视妈妈的提问为词语信息和逻辑信息（认知环境），调用程序性知识中的产生式知识（如果爸爸被姐妹俩送餐的事件所感动，那么就会回家陪她们）回答受话人的提问（目的），以便帮助受话人深入理解所讲述的故事（超级目的）。由此，受话人可在显性取效过程中识解儿童调用认知环境中词语信息及逻辑信息这一可预料效果，并通过隐性取效过程，基于交际情境、产生式知识以及理解—控制等认知策略形成认知假设（语境共享假设），通过儿童所叙述故事的上下文理解儿童调用程序性知识所传递的不可预料效果，即儿童希望受话人准确理解所困惑的问题。

就叙述观点而言，儿童会借助想象性知识＋认知环境或程序性知识＋已有图式表达故事/事件中人物的感受或想法。如例（21），ZZM讲述姐妹俩看到树上有棉花糖的时候她们觉得（棉花糖）好好吃啊。此外，当姐妹俩发现烤了很多面包的时候，她们也觉得面包好好吃。因此，ZZM借助想象性知识描写姐妹俩看到棉花糖以及用棉花做的面包感觉美味的内心感受，实则是在调用认知环境要素中的逻辑信息，为之后姐妹俩摘棉花糖以及吃棉花面包等事件奠定了基础。由此，受话人需要在显性取效过程中借助认知环境要素中的逻辑信息这一可预料效果，并通过隐性取效过程，在故事情节以及记忆中的假设和假设图式的帮助下进行认知假设（语境共享假设），解码儿童调用想象性知识的不可预料效果，即该儿童借助想象性知识描述棉花糖和面包好吃是为后续的情节埋下伏笔。在描述爸爸起床之后面临迟到的状态下所做的事情时，ZZM使用了副词"赶紧"，调用了人在迟到状态下的表现这一已有图式以及程序性知识，即先拿伞和包然后才能冲出家门，凸显出爸爸着急的样子（目的），以及为之后爸爸没有吃早点，姐妹俩为爸爸送面包做了铺垫（超级目的）。由此，受话人需要在显性取效过程中识解迟到状态的已有图式，并在隐性取效过程中借助叙述语境、产生式知识（如果不迟到就需要立刻收拾好东西尽快出门，这样还可以赶得上）以及精细化策略等认知策略（结合儿童所述爸爸出门时的一系列动作，关联头脑中关于迟到的已有图式）形成认知假设（语境共享假设），以便解读儿童调用程序性知识的不可预料效果，即儿童调用程序性知识描述爸爸在匆忙赶时间时的一系列步骤揭示出爸爸当时的着急状态，以及为之后姐妹俩给爸爸送早餐提供了线索。

对于叙述顺序，儿童一般会借助程序性知识＋认知环境表达所叙述故事/事件的因果关系等。如例（21），在叙述做面包的步骤、姐妹俩看到烤好的面包时的内心活动以及爸爸看到姐妹俩给他送早餐时的内心感受，ZZM 均用"然后""接下来""最后"这些序列词凸显了对程序性知识以及认知环境要素中逻辑信息的调用，传递了做面包的步骤、姐妹俩看到做好的面包的欣喜以及爸爸对于姐妹俩送早餐的感动（目的），使故事自然过渡（超级目的）。鉴于此，受话人可先在显性取效过程中基于认知环境要素中的逻辑信息这一可预料效果厘清逻辑关系，并在隐性取效过程中借助故事情节以及认知策略（组织策略）形成认知假设（语境共享假设），解码儿童调用程序性知识所传递的不可预料效果，即利用儿童所述故事的语境以及组织策略概括出做面包的步骤、姐妹俩看到烤好的面包时的内心感受以及爸爸在看到姐妹俩送来早餐时从公交车下来是为故事自然过渡以及深化主题做准备。

本章小结

本章通过具体语料验证了所设想的学龄前儿童语用发展取效行为理论框架。首先，对不同情境下学龄前儿童语用发展取效行为进行验证，涵盖家庭互动情境，师生、同伴互动情境以及陌生互动情境下儿童语用发展中目的和效果的关系。其次，对不同年龄段学龄前儿童语用发展的取效行为进行验证，包括低龄组、中龄组以及高龄组儿童语用发展中目的和效果之间的关系。最后，通过对不同情境以及不同年龄段儿童语用发展语料的验证，挖掘出在实际语言运用中儿童会话和语篇意义的建构离不开儿童与受话人同构话语和语篇意义，以及儿童借助知识、语言、行为及其交互关系传递会话和语篇的目的和超级目的。因此，受话人需要在显性取效过程中根据儿童的话语形式感知并识别儿童借助语言编码来源要素所传递的可预料效果，形成认知假设（原型行为假设、无标记假设、语境共享假设）。根据儿童所调用的知识类型（如儿童借助的是社会规约性知识，受话人可根据交际情境调用相关社会规约性知识；如借助的是想象性知识，受话人可根据交际情境以及记忆中的假设和假设图式；如借助的是陈述性知识，受话人可依据命题网络关系、表象系统或图式等表征方式；如借助的是程序性知识，受话人可根据交际情境，调用产生式知识以及认知策略）在隐性取效过程中解读儿童所传递的不可预料效果。在受动取效过程中根据儿童行为动作技能的发展阶段和现实语境或叙述语境，通过调用认知策略（精细化策略、组织策略、理解—控制策略、情感策略）以及行为图式形成认知假设（原型行为假设、无标记假设、语境共享假设），解码儿童所传递的探试效果。

结　　语

本书对我国汉语学龄前儿童语用发展规律进行探索，并提出学龄前儿童语用发展取效行为理论框架的设想。首先，梳理取效行为内涵；其次，解读取效行为中目的和效果之间的相关性，并在此基础上阐释儿童语用发展理论框架，通过具体语料对该框架加以验证。本书是在丰富并延伸取效行为的基础上开展我国儿童语用发展的本土化研究。

一　研究结论

第一，赋予儿童语用发展能力以新的内涵。儿童语用发展能力是儿童在与他人交往过程中发展起来的语用能力，这主要体现为儿童使用恰当的言语和非言语方式表达自我交往意图，运用恰当的交往策略与他人展开交流，并根据具体的语言使用情境选择恰当的言语和非言语方式表达自我观点（Ninio & Snow, 1996：11）。确切来说，儿童语用发展能力包括会话能力（语用交流行为）和语篇能力。

针对语用交流行为的考察主要从言语倾向类型及言语行动类型两个方面来进行。就言语倾向而言，主要指儿童借助讨论、引导、商议、关注、自言自语、背诵、伴随活动发声、标号等方式，即调用语言和知识表达他们的交际意向。就言语行为而言，主要指儿童借助指令、宣告、标记、陈述、诱导、承诺、提问、执行、评价、澄清、修正等言语和非言语行为，即调用语言和行为来表达交际意向。

对于会话能力的考察主要从儿童与受话人之间的沟通能力来进行，体现在会话发起、会话维持、会话修补以及会话修补回应方面。就会话发起而言，儿童在早期阶段就可以通过目光接触、模仿受话人等行为方式发起会话。随着年龄的增长儿童可以借助语言与看护人进行交流，或借助知识在游戏中向同伴发起会话。对于会话维持情况来讲，儿童在没有成人的帮助下较难维持某一话题。儿童一般会使用动作、表情或某些语言策略及社会文化知识来维持某一话题。在会话修补以及修补回应阶段，年龄较小的儿童会借助行为请求受话人进行会话修补与修补回应；稍微大些的儿童可以运用语言或知识等形式请求受话人进行澄清并对会话修补请求予以回应。

语篇能力主要考察儿童借助文化结构知识进行续编故事以及借助连贯、省略、衔接等语言手段或借助面部表情、模仿、手势指示或位置移动等行为方式进行故事/事件叙述的情况。

综上，儿童语用发展能力指的是随着儿童的生长发育，其调用知识、语言和行为及其交互关系传递交际目的和超级目的的能力。

第二，梳理取效行为的概念。实际上，取效行为是指说话人（儿童）为实现某种目的（如宣布、说服等）调用知识、借助语言和行为对受话人的心智状态和行为方式产生影响的行为。而对于受话人而言，其在"此时此景"状态下能否正确解读出儿童的言语和非言语意图是取效行为产生的关键，两者缺一不可。由此可推知，取效行为代表行为的普遍特征并展现言语和非言语行为的目的和交际效果之间的关系。然而，取效行为并不等于取效效果，应该在话语意义框架之内阐释取效行为，即重视说话人（儿童）以及受话人（儿童看护人、同伴或研究者）的角色作用，重点关注儿童的交际目的和超级目的以及儿童实现其交际效果的方式。

第三，提出学龄前儿童语用发展取效行为理论框架的设想。取效行为展现的是儿童言语和非言语的目的和交际效果之间的关系。这里的知识和行为是非言语的组成部分，进一步讲，儿童在知识、语言和行为层面分别对受话人产生不可预料效果、可预料效果和探试效果。这是汉语语料蕴含的语用共性法则。

儿童调用知识的言语和非言语目的的不可预料效果在隐性取效过程中得以呈现。根据 INCA-A 编码系统、非言语行为自定义编码、皮亚杰的认知发展理论、韩礼德的宏观功能以及维果茨基的社会文化理论，可将知识归为社会规约性知识、想象性知识、陈述性知识以及程序性知识。儿童利用上述四种知识语用指标所产生的不可预料效果需要受话人结合具体要素对其进行解读。如儿童的社会规约性知识需要受话人结合具体语境以及共享的社会规范知识对此进行解读；对于儿童的想象性知识需要受话人依靠记忆中的假设和假设图式结合交际情境对该类言语和非言语行为加以阐释；针对儿童的陈述性知识，受话人可在结合交际情境的基础上充分利用命题网络之间的关系、表象系统以及图式对该类知识予以分析；而关于儿童的程序性知识需要调用受话人的认知策略、产生式知识以及结合当时的交际情境对此进行解析。

儿童利用语言对受话人所产生的可预料效果在显性取效过程中得以实现。基于 INCA-A 编码系统、维特根斯坦的"语言游戏说"、韩礼德的微观功能以及关联理论，将语言交际过程分为编码、感知与解码两个阶段。儿童在对语言进行编码过程中往往将交际需求（自身、受话人）、受话人的心智状态、社会互动环境、交际背景、所持有的命题态度、认知环境以及头脑中的已有图式要素作为话语编码的来源。当受话人感知到儿童所传递的话语形式时需要对其进行解码，解码的过程也是儿童和受话人话语互明的过程，这离不开受话人对儿童话语形式的认知假设，即充分调用上述 7 种要素对儿童的话语形式进行感知和解码。

儿童行为动作所产生的探试效果在受动取效过程中得以凸显。依照非言语行为自定义编码、哈贝马斯的交往行为理论以及符号互动理论，将儿童行为动作技能的发展划分为感知—动作协调阶段、行为动作模仿记忆阶段以及利用元认知指导自我行为动作的计划、实施和调控阶段。由此，受话人可对儿童通过行为动作的探试所传递的目的和超级目的利用认知策略（人类的演绎机制）进行推理。这里的认知策略包括受话人调用头脑中已有的行为图式，在高度合作以及高度知识共享的前提下充分利用认知假设并结合现实/叙述语境对儿童通过行为所传递的交际目的和超级目的进行解读。

第四，在不同情境下，儿童通过调用语用指标所体现出的交际效果各有差异。在计划的、有目的的师生、同伴互动情境下的交际效果最好，而在生疏的、未设定的陌生互动情境下或任意发挥的、轻松自由的家庭互动情境下效果较差。因此，整体来讲，师生、同伴互动情境下儿童在会话阶段以及语篇阶段所调用的语用指标最多，质量最好。这是汉语语料蕴含的个性法则之一。

师生、同伴互动情境下儿童往往在游戏中进行会话任务，通过调用知识＋语言＋行为、语言＋行为或语言的方式进行会话活动，语用指标调用得更加灵活。在此情境下儿童可以主动适应受话人的语言或行为调节，并基于此逐步形成语言自我调节能力，使自我的知识、语言和行为与社会规范相接近。

在语篇叙述时，在师生、同伴互动情境下儿童往往借助知识＋语言或语言等语用指标完成叙述任务。师生、同伴互动情境更有益于儿童的发挥，他们可以摆脱经历本身的制约，通过生动的事件吸引受话人的关注。在轻松、熟悉环境下儿童可以根据语篇叙述维度的不同合理调用知识＋语言等语用指标。

鉴于此，家长及教育工作者需要为儿童提供良好的语用情境。如在家庭互动情境下，家长应为儿童提供与家庭成员沟通的机会，而不是放任儿童于玩具之中，应与儿童就某一话题展开交流与讨论，拓宽儿童的交际视野，进行有质量的语言互动，以便培养他们合理调用知识、语言、行为及其交互关系等语用指标的能力。同时，针对儿童在家庭互动情境下难以维持某一话题的现象，家长应选择儿童感兴趣的话题帮助其学会倾听受话人的心声、抓住受话人传递的主要信息、掌握适切的交际规则、鼓励儿童大胆表达内心感受，并提供宽松、自由的家庭交流情境。再者，家长还需要通过为儿童读绘本、在温馨的情境下与儿童一起欣赏经典名著或儿童百科知识系列动画视频的方式使儿童参与亲子共读，以便帮助儿童积累知识并可充分调用语言和知识进行语篇叙述，使所叙述的语篇更显生动、形象。此外，家长和教育工作者还应多为儿童创设与陌生同伴等受话人交流的环境，锻炼他们的沟通技能和语篇表达能力，有利于儿童不断适应、从容面对诸多交际情境，提高其表达和理解能力，从而逐渐避免通过行为动作的辅助来传递交际目的和超级目的的弊端。

第五，随着年龄的增长，儿童借助语用指标进行会话活动和语篇叙述的数量呈递增态势，所调用的语用指标更显灵活。这是汉语语料蕴含的个性法则之二。这说明，儿童的语言运用能力有所提升，更愿意借助语用指标进行会话活动。此外，儿童使用语用指标完成语篇任务的数量显著增长，他们更愿意进行语篇讲述。通过比较各个语篇叙述维度发现，随着儿童年龄的增长其在各个维度上调用的语用指标数量也呈增长态势。结果也说明，随着儿童语篇能力的提升其所叙述的篇幅有所增长。

由此认为，家长和教育工作者应帮助低龄组儿童培养有效交际能力，如帮助低龄组儿童逐渐摆脱"自我中心"，站在受话人的立场发起会话。如果儿童与受话人的交际都属于自言自语式的交流，那么将很难达到有效的交际目的（Schober-Peterson & Johnson，1991：153 – 170）。因此，可以通过讨论、商榷、提议等方式培养低龄组儿童与受话人的双方互动，以便有效发起会话。此外，学龄前阶段的儿童进行会话修补时往往需要他人进行修补，并非主动实施自我修补活动，因此，家长和教育工作者还需要帮助低龄组儿童提高会话修补以及会话修补回应的主动性，为低龄组儿童创设更多的会话修补机会。当出现会话中断时，家长和教育者应帮助低龄组儿童实施自我修补，并借助诸多修补请求使低龄组儿童在会话修补回应中提升能力。同时，还可通过有目的、有计划地实施会话中断行为为低龄组儿童提供利用知识、语言、行为及其交互关系进行自我会话修补的机会。

　　针对在会话以及语篇阶段低龄组儿童调用知识语用指标传递目的和超级目的的数量较少、中龄组儿童次之这一现象，家长和教育工作者可以帮助低龄组及中龄组儿童不断积累知识。儿童已有的知识对于其后续获取新知识具有十分重要的作用。事实上，儿童天生就具有探求知识的欲望，这也是儿童认知发展的特点之一，而这些知识包括社会规约性知识、想象性知识、陈述性知识以及程序性知识。对于社会规约性知识的掌握，可帮助低龄组儿童在社会与文化环境中通过向他人学习、模仿获得关于社会规范、技能和准则等方面知识并培养他们不断适应社会的能力。因此，随着社会交往经验的丰富，低龄组儿童开始理解他人言语和非言语行为的目的，并在内心深处形成社团生活所具有的一致的价值观和信念，进而会通过调用社会规约性知识传递交际目的和超级目的。对于想象性知识的掌握，可帮助低龄组儿童对头脑中的现有形象进行加工并重新组合成新形象。此外，还需帮助低龄组儿童借助体现文化结构和概念结构认知操作，在幻想世界和神话世界中实现以虚代实。因此，可以通过做游戏、听音乐、讲故事、读绘本、搭积木等活动不断培养低龄组儿童的想象性知识，帮助他们借助想象性知识传递目的和超级目的。对于陈述性知识的掌握，可使低龄组儿童在外在环境中掌握有关客观事实及其背景或相互关系等方面知识，并通过观察、学习和理解等手段获得陈述性知识。因此，需要帮助低龄组儿童在行动中理解并把握陈述性知识，如通过牙齿模型了解关于蛀牙的知识、通过地球仪掌握地理知识等。这样，低龄组儿童才会调用陈述性知识传递交际目的和超级目的。对于程序性知识的掌握，可帮助低龄组儿童和中龄组儿童掌握完成某项行为或任务的程序、步骤、操作等方面知识，包括运动技能知识、心智知识和认知策略。针对运动技能知识，可通过体育运动项目培养低龄组和中龄组儿童的程序性知识；针对心智知识，可通过拼图以及搭建游戏或数字运算游戏使低龄组和中龄组儿童掌握程序性知识；针对认知策略，可通过骑车或玩脚踏板等游戏监控交通路况，增强低龄组和中龄组儿童的程序性知识。由此，低龄组和中龄组儿童可以调用程序性知识传递交际目的和超级目的。

针对低龄组儿童忽视受话人的交际需求这一情况，家长和教育工作者可以帮助低龄组儿童把握受话人的交际需求，如妈妈说"好渴啊"并告知低龄组儿童其实是想请该儿童将水递给妈妈，以此满足妈妈的交际需求。对于交际背景的掌握，家长和教育工作者可在平时通过讲故事、读绘本或观看益智类视频等方式帮助儿童积累交际背景知识。如使儿童正确理解"我是奥特曼，我来救你了"的目的和超级目的。就命题态度的把握，可帮助低龄组和中龄组儿童通过多种命题态度表达同一命题内容。如儿童想表达出去玩的需求时可以通过"爸爸，我们今晚会出去玩吗（表疑问）"或通过"爸爸，我想出去玩（表愿望）"的方式。对于认知环境要素的关注，可通过讲述儿童喜爱聆听的故事并设计相关认知推理问题，旨在培养低龄组儿童的认知推理能力，即抓住词语信息、逻辑信息以及常识信息的能力。而关于心智状态的培养，可借助富有面部表情的图片帮助低龄组和中龄组儿童准确把握他人的内心感受。

对于低龄组儿童往往借助行为表达交际目的和超级目的的现象，家长和教育工作者可以为低龄组儿童创造丰富的交流情境，当低龄组儿童借助行为传递简单的交际目的和超级目的时可鼓励他们借助知识、语言或知识+语言等方式进行表达或帮助他们进行表达，并使低龄组儿童进行模仿或重复。如当低龄组儿童用手指着玩具卡车意欲得到时，家长和教育工作者可以在一旁询问儿童："你想要什么呀？"留给儿童回复的时间。若儿童表达能力有限，可以帮助儿童进行回答，并使儿童模仿或重复，以此提高他们的言语表达能力。然而，随着儿童年龄的增长、思维的发展，他们借助行为表达交际目的和超级目的的现象有所减少，这与杨晓岚（2009）的研究结论相吻合，而与 McTear（1985）的不同。McTear（1985）认为随着交际情境以及交际目的的变化，儿童的交际目的和超级目的的表达方式尚未有一致的规律可寻。

针对低龄组、中龄组儿童表达观点等抽象概念较为困难这一情况，家长和教育工作者可以在为低龄组儿童讲述故事/事件之后，为他们提供有质量的语言支架，如提供引导性的语言，提示相关细节并鼓励其表达对该故事/事件的看法。此外，对于中龄组儿童，家庭和教育工作者可多为他们创造复述故事/事件以及表演故事情节的机会，并通过符合儿童认知发展规律的开放性问题及递推性问题帮助他们传递语篇线索，把握人物角色的情感心理，使所叙述的语篇有始有终。

二 创新之处

本书的创新之处分别体现在学术思想、学术观点以及研究方法层面。

（一）学术思想创新

本书基于儿童语用发展阶段即取效行为阶段这一观点而展开。此外，学龄前儿童语言发展的主流研究仍以英文语料为准，由此得出的一些规律必须在其他语种中得以验证（刘森林，2007：10）。因此，本书借助汉语学龄前儿童语用发展的具体语料对此观点进行验证，在此基础上丰富并延伸言语行为理论中的取效行为研究。

（二）学术观点创新

本书重新审视取效行为的概念。在明晰取效行为不等于取效效果的基础上，提出应在儿童话语意义的框架之内诠释取效行为，重视说话人（儿童）与受话人之间的角色作用。同时，从取效行为视角重新阐释儿童语用发展能力内涵，即儿童调用知识、语言、行为及其交互关系的能力。

（三）研究方法创新

借助儿童语料库研究方法可为本书提供真实、客观语料。收集并建设的学龄前儿童语用发展语料数据可帮助更多研究者找寻儿童语言的规律所在，并上升为对语用学理论乃至语言学理论的理性认识。此外，采用定性和定量相结合的方法对学龄前儿童的言语和非言语行为特征进行发展性评估，从而为语用发展研究提供新思路。

三 研究局限与不足

出于人员精力、研究时间及对象范围等原因，本书还存在一些局限与不足。

第一，由于研究人员精力有限，本书仅对比了不同情境及不同年龄段儿童的语用发展特点的差异性，并未对比不同性别儿童语用发展特点的差异性，这就需要研究者进行后续对比，旨在探索不同年龄段、不同性别儿童在不同情境下的语言使用差异及其发展特点。

第二，限于研究时间，本书仅统计儿童主要调用的一种语言编码来源要素。而语言是极其复杂的范畴，在语言系统中各种元素之间的关联结构成分相互重叠并相互作用，在今后的研究中可以探索儿童所调用的多种语言编码来源要素的情况并进行量化分析。此外，本书属于横断研究，可在此研究基础上进行追踪数据分析，并比较不同情境下不同年龄段儿童的语用发展差异，也可将性别因素考虑进去并从多维视角展开全面调查与分析。

第三，鉴于研究对象及范围较为有限，本书仅选取南北方区域具有代表性的多所城镇幼儿园，但并未覆盖全国所有幼儿园样本尤其是农村幼儿园。此外，尚未考察不同家庭经济条件的儿童。因此，还需不断拓宽研究对象的选择范围，增添数据回访，并对回访数据进行有效分析，以期全面评价汉语学龄前儿童的语用发展水平。

四 展望

（一）理论发展展望

本书所设想的学龄前儿童语用发展取效行为理论框架是在丰富并延伸国外语言学理论基础上进行的本土化研究。其他国外语言学理论是否可以应用并解决我国儿童语言问题也是今后需要继续探索的目标。

（二）理论应用展望

本书成果可为《中国儿童发展纲要（2011—2020）》《幼儿园教育指导纲要》等国家政策文件中关于学龄前儿童语言运用能力的评价和培养提供理论指导，为全面揭示学龄前儿童语用发展规律找到归路。

此外，本书为制定语用障碍儿童的评估标准、语用障碍儿童的诊断分型以及具有针对性干预策略的提出提供了理论依据和实践基础。儿童语用障碍问题研究还涉及信息处理的过程即神经网络，这就为借助人工智能技术揭示患儿大脑的信息处理方式以及信息处理单元之间的运作方式开辟了新途径。机器可以模仿人脑的信息处理过程，即依据取效行为中知识与不可预料效果、语言与可预料效果、行为与探试效果之间的关系，在此过程中激活患儿的相应脑区，因此为机器根据患儿的具体语用障碍类型帮助其进行矫正与康复提供了可能。[①] 同时也可为我国语用障碍儿童的康复研究提供参考和借鉴，使语用障碍研究进入全新的发展时代，具有积极而重要的应用研究价值和现实意义。

[①] 尚晓明、程璐璐：《取效行为：解决儿童语用障碍问题的语言学视角》，《中国社会科学报》2018年9月4日第3版。

参考文献

（一）论文和报纸类

蔡曙山：《20世纪语言哲学和心智哲学的发展走向——以塞尔为例》，《河北学刊》2008年第1期。

陈冠杏、杨希洁：《自闭症儿童会话能力探究》，《中国特殊教育》2014年第11期。

陈海庆：《会话语篇的互动机制及其取效行为》，《大连理工大学学报（社会科学版）》2008年第4期。

陈海庆：《文学语篇的语用学阐释：互动性及其取效行为》，《外语教学》2009年第1期。

陈倩：《〈交叉文化语用学〉评介》，《现代外语》2014年第10期。

陈新仁：《国外儿童语用发展研究述评》，《外语与外语教学》2000年第12期。

陈新仁：《试论语用解释的全释条件》，《现代外语》2001年第4期。

陈巍：《关于儿童模仿能力的理论解释模型及其研究展望》，《学前教育研究》2010年第12期。

陈文荣：《生物语言学视角下的语言官能——乔姆斯基语言习得假设之一的论证》，《福建师范大学学报（哲学社会科学版）》2015年第1期。

程璐璐、尚晓明：《学前儿童语用交流行为的发展特点与取效行为理论》，《学前教育研究》2017年第3期。

程璐璐、尚晓明：《儿童语用发展取效行为的语力探讨——以认知语言学为视角》,《学术交流》2017年第5期。

丁建新:《发展语用学关于儿童话语能力的研究》,《集美航海学院学报》1998年第2期。

方富熹、齐茨:《中澳两国儿童社会观点采择能力的跨文化对比研究》,《心理学报》1990年第4期。

盖笑松、张丽锦、方富熹:《儿童语用技能发展研究的进展》,《心理科学》2003年第2期。

顾曰国:《奥斯汀的言语行为理论:诠释与批判》,《外语教学与研究》1989年第1期。

韩林合:《维特根斯坦论"语言游戏"和"生活形式"》,《北京大学学报(哲学社会科学版)》1996年第1期。

韩晓方:《溯因法与语言认知:以语言理论的建构为例》,《外语学刊》2009年第2期。

贺利中、易立新:《汉语重度听障儿童与其健听母亲语用交流行为之比较研究》,《教育理论与实践》2012年第33期。

贺荟中、贺利中:《4—6岁听障与健听儿童语用交流行为之比较》,《华东师范大学学报(教育科学版)》2009年第1期。

侯春在:《儿童社会化发展中的隐性模仿》,《教育科学》2002年第5期。

胡金生、杨丽珠:《儿童移情指向性的发展及不同语言提示的作用》,《心理发展与教育》2005年第3期。

李洪儒:《国际化、本土化与语言类学术期刊建设》,《外语学刊》2013年第1期。

李甦、李文馥、杨玉芳:《3—6岁儿童图画讲述能力的发展特点》,《心理科学》2006年第1期。

连毅卿:《语用学视角下的取效行为》,《山西师范大学学报(社会科学版)》2011年第(s1)期。

刘风光、张绍杰:《取效行为与诗歌语篇》,《外语与外语教学》2007年第10期。

刘森林：《学龄前儿童语用发展状况实证研究——聚焦言语行为》，《外语研究》2007 年第 5 期。

冉永平：《〈临床语用学：揭示交际失误的复杂性〉评介》，《外国语（上海外国语大学学报）》2000 年第 1 期。

冉永平、刘平：《人际语用学视角下的关系研究》，《外语教学》2015 年第 4 期。

尚晓明：《再论取效行为——"语用学回眸"系列研究之三》，《外语学刊》2008 年第 6 期。

尚晓明：《言语行为理论与实践——以中英学龄前儿童语用发展语料为例》，《外语学刊》2013 年第 2 期。

尚晓明：《儿童语用发展知识图式探究》，《外语电化教学》2016 年第 4 期。

尚晓明、程璐璐：《取效行为：解决儿童语用障碍问题的语言学视角》，《中国社会科学报》2018 年 9 月 4 日第 3 版。

尚云鹤：《视觉诗歌的取效行为解读》，《黑龙江高教研究》2015 年第 3 期。

史慧中等：《关于 3—7 岁幼儿观察后讲述能力的调查报告》，《心理发展与教育》1986 年第 4 期。

孙淑芳：《取效行为的内涵阐释与取效行为动词》，《解放军外国语学院学报》2009 年第 6 期。

孙淑芳：《取效行为的界定、分类及表达手段》，《外国问题研究》2010 年第 1 期。

孙洋洋、陈心怡、陈巍、高奇扬：《表演游戏对 5—6 岁儿童社会性叙事能力的影响》，《中国特殊教育》2018 年第 11 期。

王桂琴、方格、毕鸿雁、杨小冬：《儿童心理理论的研究进展》，《心理学动态》2001 年第 2 期。

王立非、刘斌：《国际儿童口语语料库录写系统的赋码原则初探》，《解放军外国语学院学报》2003 年第 1 期。

王婷、吴燕、吴念阳：《3—6 岁儿童在不同叙事活动中的叙事能力》,《学前教育研究》2014年第8期。

王正元:《间接言语行为取效》,《外语与外语教学》1996年第3期。

武进之、应厚昌、朱曼殊:《幼儿看图说话的特点》,《心理科学通讯》1984年第5期。

徐盛桓:《认知语用学研究论纲》,《外语教学》2007年第3期。

杨金焕、郑荔、盛欐:《成人与同伴在4—5岁儿童会话能力发展中的作用比较》,《学前教育研究》2018年第1期。

杨元刚:《试析语音的语用功能》,《湖北大学学报(哲学社会科学版)》2001年第5期。

曾维秀、李甦:《儿童叙事能力发展的促进与干预研究(综述)》,《中国心理卫生杂志》2006年第9期。

张克定:《语用句法学论纲》,《外语与外语教学》2000年第10期。

赵宁宁、马昕、任洪婉:《学龄前儿童在不同提问方式下的会话能力差异与特点》,《学前教育研究》2016年第9期。

赵彦宏、赵清阳:《"取效行为"理论视域下跨文化交际中的第三文化构建》,《黑龙江高教研究》2014年第12期。

钟茜韵、陈新仁:《历史语用学研究方法:问题与出路》,《外语教学理论与实践》2014年第2期。

周凤娟、章依文:《学龄前儿童中文看图叙事能力的研究》,《比较教育研究》2012年第10期。

周兢:《重视儿童语言运用能力的发展——汉语儿童语用发展研究给早期语言教育带来的信息》,《学前教育研究》2002年第3期。

周兢:《从前语言到语言转换阶段的语言运用能力发展——3岁前汉语儿童语用交流行为习得的研究》,《心理科学》2006年第6期。

周兢、李晓燕:《不同教育背景母亲语用交流行为特征比较研究》,《心理科学》2010年第2期。

Abbot-Smith, K., Lieven, E., M. Tomasello, "Graded representations in the acquisition of English and German transitive constructions", *Cognitive Development*, Vol. 23, No. 1, 2008.

Anselmi, D., Tomasello, M., M. Acunzo, "Young children's responses to neutral and specific contingent queries", *Journal of Child Language*, Vol. 13, No. 1, 1986.

Attardo, S., "Locutionary and perlocutionary cooperation: The perlocutionary cooperative principle", *Journal of Pragmatics*, Vol. 27, No. 6, 1997.

Aviezer, O., "Bedtime talk of three-year-olds: collaborative repair of miscommunication", *First Language*, Vol. 23, No. 1, 2003.

Bassano, D., "Early development of nouns and verbs in French: exploring the interface between lexicon and grammar", *Journal of Child Language*, Vol. 27, No. 3, 2000.

Bates, E., Camaioni, L., V. Volterra, "The acquisition of performatives prior to speech", *Merrill-Palmer Quarterly of Behavior and Development*, Vol. 21, No. 3, 1975.

Bates, E., "Language and context: The acquisition of pragmatics", *Academic Press*, Vol. 69, No. 2, 1974.

Benoit, P. J., "Formal coherence production in children's discourse", *First language*, Vol. 9, No. 3, 1982.

Berger, P. L., T. Luckmann, "The social construction of reality: A treatise in the sociology of knowledge", *Sociological Analysis*, Vol. 32, No. 1, 1966.

Blank, M., M. Franklin, "Dialogue with preschoolers: A cognitively-based system of assessment", *Applied Psycholinguistics*, Vol. 1, No. 2, 1980.

Bloom, L., Rocissano, L., L. Hood, "Adult-child discourse: development interaction between information processing and linguistic knowledge", *Cognitive Psychology*, Vol. 8, No. 4, 1976.

Blum-Kulka, S., C. E. Snow, "Developing autonomy for tellers, tales, and telling in family narrative event", *Journal of Narrative and Life*

History, Vol. 2, No. 3, 1992.

Bosco, F. M., Gabbatore, I., Angeleri, R., Zettin, M., A. Parola, "Do executive function and theory of mind predict pragmatic abilities following traumatic brain injury? An analysis of sincere, deceitful and ironic communicative acts", *Journal of Communication Disorders*, Vol. 75, No. 2, 2018.

Braddock, B. A., Bodor, A., Mueller, K., S. M. Bashinski, "Parent perceptions of the potential communicative acts of young children with autism spectrum disorder", *Journal of Intellectual & Developmental Disability*, Vol. 42, No. 3, 2016.

Cain, W. J., "Telling stories: Examining the effects of elaborative style, reporting condition, and social class in preschoolers' narratives", *Merrill-Palmer Quarterly*, Vol. 50, No. 2, 2004.

Camaioni, L., C. Laicardi, "Early social games and the acquisition of language", *British Journal of Developmental Psychology*, Vol. 3, No. 1, 1985.

Campbell, P. N., "A rhetorical view of locutionary, illocutionary, and perlocutionary acts", *Quarterly Journal of Speech*, Vol. 59, No. 3, 1973.

Carpenter, R. L., Mastergeorge, A. M., T. E. Coggins, "The acquisition of communicative intentions in infants eight to fifteen months of age", *Language and Speech*, Vol. 26, No. 2, 1983.

Chang, C., "The development of autonomy in preschool mandarin Chinese-speaking children's play narratives", *Narrative Inquiry*, Vol. 8, No. 1, 1998.

Clarke-Stewart, K. A., R. J. Beck, "Maternal scaffolding and children's narrative retelling of a movie story", *Early Childhood Research Quarterly*, Vol. 14, No. 3, 1999.

Cohen, T., "Illocutions and perlocutions", *Foundations of language*,

Vol. 9, No. 4, 1973.

Choi, J., YoonKyoung, Lee, "Contingency and informativeness of topic maintenance in children with high-functioning autism spectrum disorders", *Communication Sciences & Disorders*, Vol. 20, No. 3, 2015.

Dale, P. S., "Is early pragmatic development measurable?", *Journal of Child Language*, Vol. 7, No. 1, 1980.

Davidson, R. G., C. E. Snow, "The linguistic environment of early readers", *Journal of Research in Childhood Education*, Vol. 10, No. 1, 1995.

De Temple, J. M., D. E. Beals, "Family talk: Sources of support for the development of decontextualized language skill", *Journal of Research in Childhood Education*, Vol. 6, No. 1, 1991.

De Villiers, J. G., H. B. Tager-Flusberg, "Some facts one simply cannot deny", *Journal of Child Language*, Vol. 2, No. 2, 1975.

Donahue, M., Pearl, R., T. Bryan, "Learning disabled children's conversational competence: responses to inadequate messages", *Applied Psycholinguistics*, Vol. 5, No. 1, 1980.

Dorval, B., Eckerman, C. O., S. Ervin-Tripp, "Developmental trends in the quality of conversation achieved by small groups of acquainted peers", *Monographs of the Society for Research in Child Development*, Vol. 49, No. 2, 1984.

Dore, J., "Holophrases, speech acts and language universals", *Journal of Child Language*, Vol. 2, No. 1, 1975.

Eckerman, C., Whatley, J., L. McGehee, "Approaching and contacting the object another manipulates: A social skill of the one-year-old", *Developmental Psychology*, Vol. 15, No. 6, 1979.

Ehrlich, S. Z., S. Blum-Kulka, "Peer talk as a 'double opportunity space': The case of argumentative discourse", *Discourse in Society*, No. 21, 2010.

Ehrlich, S. Z., "Acts of distancing in conversational arguments in children's peer talk", *Learning, Culture and Social Interaction*, Vol. 14, No. 12, 2017.

Ervin-Tripp, S., Guo, J., J. Lampert, "Politeness and persuasion in children's control acts", *Journal of Pragmatics*, Vol. 14, No. 2, 1990.

Gaines, R. N., "Doing by saying: Toward a theory of perlocution", *Quarterly Journal of Speech*, Vol. 65, No. 2, 1979.

Garvey, C., "Requests and responses in children's speech", *Journal of Child Language*, Vol. 2, No. 1, 1975.

Goldfield, B., "The contributions of child and caregiver to referential and expressive language", *Applied Psycholinguistics*, Vol. 8, No. 3, 1987.

Goldfield, B., "Pointing, naming, and talk about objects: Referential behavior in children and mothers", *First Language*, Vol. 10, No. 30, 1990.

Grice, H. P., "Meaning", *Philosophical Review*, Vol. 66, No. 3, 1957.

Gu, Y., "The impasse of perlocution", *Journal of Pragmatics*, Vol. 20, No. 5, 1993.

Guttierrez-Clellan, V. F., L. Heinrichs-Ramos, "Referential cohesion in the narratives of Spanish-speaking children: a developmental study", *Journal of Speech & Hearing Research*, Vol. 36, No. 3, 1993.

Hicks, D., "Narrative skills and genre knowledge: Ways of telling in the primary school grades", *Applied Psycholinguistics*, Vol. 11, No. 1, 1990.

Jaffe, J., Stem, D., C. Perry, " 'Conversational' coupling of gaze behavior in prelinguistic human development", *Journal of Psycholinguistic Research*, Vol. 2, No. 4, 1973.

Jhang, Y., D. K. Oller, "Emergence of Functional Flexibility in Infant Vocalizations of the First 3 Months", *Frontiers In Psychology*, No. 8, 2017.

Jimerson, T. L., L. A. Bond, "Mothers' epistemologies, turn-taking, and contingent interaction with preschoolers", *Journal of Applied Developmental Psychology*, Vol. 22, No. 4, 2001.

Kamps, D., Thiemann-Bourque, K., L. Heitzman-Powell, eds., "A comprehensive peer network intervention to improve social communication of children with autism spectrum disorders: A randomized trial in kindergarten and first Grade", *Journal of Autism and Developmental Disorders*, No. 45, 2015.

Kang, Q., "On Perlocutionary Act", *Studies in Literature & Language*, Vol. 6, No. 1, 2013.

Kaye, K., R. Charney, "Conversational asymmetry between mothers and children", *Journal of Child Language*, Vol. 8, No. 1, 1981.

Keenan, E. O., E. Klein, "Conversation competence in children", *Journal of Child Language*, No. 2, 1974.

Kellemann, K., Broetzmann, S., Lim, T-S., K. Kitao, "The conversation MOP: scenes in the stream of discourse", *Discourse Processes*, Vol. 12, No. 1, 1989.

Kelly, R. K., "Mother-Child conversations and child memory narratives: The roles of child gender and attachment", *Psychology of Language and Communication*, No. 20, 2016.

Kissine, M., "Locutionary, illocutionary, perlocutionary", *Language and Linguistics Compass*, Vol. 4, No. 9, 2010.

Konefal, J. A., J. Fokes, "Linguistic analysis of children's conversational repairs", *Journal of Psycholinguistic Research*, Vol. 13, No. 1, 1984.

Kurzon, D., "The speech act status of incitement: Perlocutionary acts revisited", *Journal of Pragmatics*, Vol. 29, 1998.

Kyratzis, A., J. Guo, "Pre-school girls' and boys' verbal conflict strategies in the United States and China", *Research on Language and Social Interaction*, Vol. 34, No. 1, 2001.

Lappin, S. , S. M. Shieber, "Machine learning theory and practice as a source of insight into universal grammar", *Journal of Linguistics*, Vol. 43, No. 2, 2007.

Lloyd, P. , "Strategies used to communicate route directions by telephone: A comparison of the performance of 7-year-olds, 10-year-olds, and adults", *Journal of Child Language*, Vol. 18, No. 1, 1991.

Lindgren, J. , J. Vogels, "Referential cohesion in Swedish preschool children's narratives", *Journal of Pragmatics*, Vol. 113, No. 45, 2018.

Maratsos, M, "Decrease in the understanding of the word 'big' in preschool children", *Child Development*, No. 44, 1973.

Maroni, B. , Gnisci, A. , C. Pontecorvo, "Turn-taking in classroom interactions: Overlapping, interruptions and pauses in primary school", *European Journal of Psychology of Education*, No. 23, 2008.

Marcu, D. , "Perlocutions: The achilles' heel of speech act theory", *Journal of Pragmatics*, No. 32, 2000.

Meltzoff, A. N. , M. K. Moore, "Imitation of facial and manual gestures by human neonates", *Science*, No. 198, 1977.

Meltzoff, A. N. , M. K. Moore, "Imitation, memory, and the representation of persons", *Infant Behavior & Development*, Vol. 17, No. 83, 1994.

Meltzoff, A. N. , "Understanding the intentions of others: re-enactment of intended acts by 18-month-children", *Developmental Psychology*, Vol. 31, No. 5, 1995.

Mendelson, M. J. , M. M. Haith, "The relation between audition and vision in the human newborn", *Monographs of the Society for Research in Child Development*, Vol. 41, No. 4, 1976.

Mirza-Aghabeigi, S. , Movallali, G. , Taheri, M. , S. Jafari, "The effect of cued speech on language skills (Topic maintenance, basic information and sequence events of the story) in late implanted pre-lingual hearing impaired students: The benefits of persian cued speech", *Rehabilitation*, Vol. 18, No. 12, 2015.

Moore, R., Mueller, B., J. Kaminski, "Two-year-old children but not domestic dogs understand communicative intentions without language, gestures, or gaze", *Developmental Science*, Vol. 18, No. 2, 2015.

Morgenstern, A., Leroy-Collombel, M. L., S. Caët, "Self-and other-repairs in child-adult interaction at the intersection of pragmatic abilities and language acquisition", *Journal of Pragmatics*, Vol. 56, No. 151, 2013.

Ninio, A., "The relation of children's single word utterances to single word utterances in the input", *Journal of Child Language*, Vol. 19, No. 1, 1992.

Ogura, T., "How the use of 'Non-adult words' varies as a function of context and children's linguistic development", *Studies in Language Sciences*, No. 5, 2006.

Pan, B. A., Imbens-Bailey, A., Winner, K., C. E. Snow, "Communicative intents expressed by parents in interaction with young children", *Merrill-Palmer Quarterly*, Vol. 42, No. 2, 1996.

Premack, D., G. Woodruff, "Does the chimpanzee have a theory of mind?", *The Behavioral and Brain Sciences*, Vol. 1, No. 4, 1978.

Peterson, C., C. Roberts, "Like mother, like daughter: Similarities in narrative style", *Developmental Psychology*, Vol. 39, No. 3, 2003.

Rutter, D. R., K. Durkin, "Turn-taking in mother-infant interaction: An examination of vocalizations and gaze", *Developmental Psychology*, Vol. 23, No. 1, 1987.

Sacks, H., Schegloff, E., G. Jefferson, "A simplest systematics for the organizations of turn-taking for conversation", *Language*, No. 50, 1974.

Schatz, S., M., González-Rivera, "Pragmatic function impairment and

Alzheimer's dementia", *Pragmatics & Cognition*, Vol. 23, No. 2, 2016.

Sehley, S., C. Snow, "The conversational skills of school-aged children", *Social Development*, Vol. 1, No. 1, 1992.

Schober-Peterson, D., C. J. Johnson, "Nondialogue speech during preschool interactions", *Journal of Child Language*, Vol. 18, No. 1, 1991.

Schulze, C., M. Tomasello, "18-month-olds comprehend indirect communicative acts", *Cognition*, Vol. 136, No. 91, 2015.

Scott, C., "Adverbial connectivity in conversations of children 6 to 12", *Journal of Child language*, Vol. 11, No. 2, 1984.

Shumway, S., A. M. Wetherby, "Communicative acts of children with autism spectrum disorders in the second year of life", *Journal of Speech, Language, and Hearing Research*, Vol. 52, No. 5, 2009.

Sigafoos, J., Woodyatt, G., eds., "Identifying potential communicative acts in children with developmental and physical disabilities", *Communication Disorders Quarterly*, Vol. 21, No. 2, 2000.

Snow, C. E., "The development of conversation between mothers and babies", *Journal of Child Language*, Vol. 4, No. 1, 1977.

Snow, C. E., "Literacy and language: Relationships during the preschool years", *Harvard Educational Review*, Vol. 53, No. 2, 1983.

Snow, C. E., "The theoretical basis for relationships between language and literacy development", *Journal of Research in Childhood Education*, Vol. 6, No. 1, 1991.

Snow, C. E., Pan, B. A., A. Imbens-Bailey, "Learning how to say what one means: a longitudinal study of children's speech act use", *Social Development*, Vol. 5, No. 1, 1996.

Sourn-Bissaoui, L. S., Caillies, S., Bernard, S., Deleau, M., L. Brulé, "Children's understanding of ambiguous idioms and conversational perspective-taking", *Journal of Experimental Child Psychology*, Vol. 112, No. 4, 2012.

Stockman, I. J., Karasinski, L., B. Guillory, "The use of conversational repairs by African American preschoolers", *Language, Speech, and Hearing Services in Schools*, Vol. 39, No. 4, 2008.

Turner, K.、陈雪芬:《新格赖斯理论与社会语用学》,《当代语言学》2004年第3期。

Tomasello, M., Conti-Ramsden, G., B. Ewert, "Young children's conversations with their mothers and fathers: differences in breakdown and repair", *Journal of Child Language*, Vol. 17, No. 1, 1990.

Velasco, P., C. E. Snow, "First and second language oral skills related to reading in bilingual children", *Journal of the Scientific Study of Reading*, No. 5, 1995.

Vitevitch, M. S., P. A. Luce, "A web-based interface to calculate phonotactic probability for words and nonwords in English", *Behavior Research Methods, Instruments, and Computers*, Vol. 36, No. 3, 2004.

Watson, R., "Literate discourse and cognitive organization: Some relations between parents' talk and 3-year-olds' thought", *Applied Psycholinguistics*, Vol. 10, No. 2, 1989.

Wiley, A. R., Rose, A. J., Burger, L. K., P. J. Miller, "Constructing autonomous selves through narrative practices: A comparative study of working-class and middle-class families", *Child Development*, Vol. 69, No. 3, 1998.

Wong, M. K., W. C. So, "Absence of delay in spontaneous use of gestures in spoken narratives among children with Autism Spectrum Disorders", *Research in Developmental Disabilities*, Vol. 72, 2018.

Zamuner, T. S., Gerken, L. A., M. Hammond, "The acquisition of phonology based on input: a closer look at the relation of cross-linguistic and child language data", *Lingua*, Vol. 115, No. 10, 2005.

(二) 著作类

[英] 奥斯汀:《如何以言行事》,张洪芹译,知识产权出版社 2012 年版。

[英] 奥斯汀:《如何以言行事》,杨玉成、赵京超译,商务印书馆 2016 年版。

[意] 巴拉·B. G. :《认知语用学:交际的心智过程》,范振强、邱辉译,浙江大学出版社 2013 年版。

车琳:《非言语交际成分多维度研究》,黑龙江大学出版社 2016 年版。

[法] 丹·斯珀波、[英] 迪埃珏·威尔逊:《关联:交际与认知》,蒋严译,中国社会科学出版社 2008 年版。

董奇、陶沙:《动作与心理发展》,北京师范大学出版社 2004 年版。

范秀英:《语言游戏的语用维度》,中国社会科学出版社 2014 年版。

方富熹、方格、林佩芬:《幼儿认知发展与教育》,北京师范大学出版社 2003 年版。

[瑞士] 费尔迪南·德·索绪尔:《普通语言学教程》,高名凯译,商务印书馆 2008 年版。

[德] 哈贝马斯:《交往与社会进化》,张博树译,重庆出版社 1989 年版。

[德] 哈贝马斯:《作为"意识形态"的技术与科学》,李黎、郭官义译,学林出版社 1999 年版。

[德] 哈贝马斯:《交往行为理论——第一卷行为合理性与社会合理化》,曹卫东译,上海人民出版社 2004 年版。

[英] 韩礼德:《婴幼儿的语言》,高彦梅等译,北京大学出版社 2015 年版。

何兆熊:《新编语用学概要》,上海外语教育出版社 2000 年版。

何自然:《语用学概论》,湖南教育出版社 2002 年版。

何自然、冉永平:《新编语用学概论》,北京大学出版社 2009 年版。

［英］贾艾斯·B.：《发展心理学》，宋梅、丁建略译，黑龙江科学技术出版社2008年版。

江怡：《西方哲学史》第8卷（下），江苏人民出版社2005年版。

［美］D. W. 卡罗尔：《语言心理学（第四版）》，缪小春等译，华东师范大学出版社2007年版。

［美］劳拉·E. 贝克：《儿童发展》，吴颖等译，江苏教育出版社2004年版。

李欢：《智力落后儿童语用干预研究》，科学出版社2014年版。

李捷、何自然、霍永寿：《语用学十二讲》，华东师范大学出版社2011年版。

李宇明：《儿童语言的发展》，华中师范大学出版社2004年版。

冉永平：《语用学：现象与分析》，北京大学出版社2006年版。

尚晓明、张春隆：《语用·文体·文化》，黑龙江人民出版社2002年版。

沈德立、白学军：《实验儿童心理学》，安徽教育出版社2004年版。

沈家煊：*Grammaticalization*，外语教学与研究出版社2001年版。

沈梅英等：《维特根斯坦哲学观视角下的语言研究》，浙江大学出版社2012年版。

涂纪亮：《英美语言哲学概论》，武汉大学出版社2007年版。

［奥］维特根斯坦：《哲学研究》，陈嘉映译，上海人民出版社2005年版。

［奥］维特根斯坦：《哲学研究》，李步楼译，商务印书馆2000年版。

衣俊卿：《西方马克思主义概论》，北京大学出版社2008年版。

俞国良、辛自强：《社会性发展心理学》，安徽教育出版社2004年版。

朱永生、严世清：《系统功能语言学多维思考》，上海外语教育出版社2001年版。

周兢：《汉语儿童语言发展研究——国际儿童语料库研究方法的应用

与发展》，教育科学出版社 2009 年版。

Andersen, E., *Speaking with Style*: *The Sociolinguistic Skills of Children*, London: Routledge, 1990.

Austin, J. L., *How to Do Things with Words (second edition)*, Oxford: Oxford University Press, 1975.

Austin, J. L., *Philosophical Papers (third edition)*, Oxford: Oxford University Press, 1979.

Austin, J. L., *How to Do Things with Words*, Beijing: Foreign Language Teaching and Research Press, 2002.

Bach, K., R. M. Harnish, *Linguistic Communication and Speech Acts*, Cambridge, MA: MIT Press, 1979.

Bates, E., *Language and Context*: *Studies in the Acquisition of Pragmatics*, New York: Academic Press, 1976.

Berman, R. A., D. I. Slobin, *Relating Events in Narrative*: *A Cross-linguistic Developmental Study*, Hillsdale, NJ: Erlbaum, 1994.

Bower, T. G. R., *The Visual World of Infants*, San Francisco: W. H. Freeman, 1966.

Bruner, J. S., *Child's Talk*: *Learning to Use Language*, New York: Norton, 1983.

Chisholm, R. M., *Theory of Knowledge*, Englewood Cliffs, N. J.: Prentice-Hall International Editions, 1966.

Crystal, D., *Child Language*, *Learning and Linguistics*: *An Overview for the Teaching and Therapeutic Professions*, London: Edward Arnold, 1976.

Cummings, L., *Pragmatics*: *A Multidisciplinary Perspective*, 北京大学出版社 2007 年版。

Damon, W., R. M. Lerner：《儿童心理学手册》第 2 卷（下）《认知、知觉和语言》，林崇德、李其维、董奇中文版总主持，华东师范大学出版社 2009 年版。

Fantini, A. E., *Language Acquisition of a Bilingual Child: A Sociolinguistic Perspective (To Age Ten)*. Multilingual Matters 17, Clevedon, England: Multilingual Matters, 1985.

Forrester, M. A., *The Development of Young Children's Social-Cognitive Skills*, Hove, East Sussex: Erlbaum, 1992.

Gallagher, T., *Pragmatic Assessment and Intervention Issues in Language*, San Diego, CA: College Hill Press, 1983.

Gleason, J. B., *The Development of Language (Sixth Edition)*, 北京: 世界图书出版公司, 2005.

Greenfield, P. M. & J. Smith, *The Structure of Communication in Early Language Development*, New York: Academic Press, 1976.

Hall, E. T., *Handbook of Proxemic Research*, Washington, D. C.: Society for the Anthropology of Visual Communication, 1974.

Halliday, M. A. K., *Learning to Mean-Explorations in the Development of Language*, London: Edward Arnold, 1975.

Kasper, G., K. R. Rose, *Pragmatic Development in a Second Language*, Oxford: Blackwell, 2002.

Labov, W., *Language in the Inner City: Studies in the Black English Vernacular*, Philadelphia, PA: University of Pennsylvania Press, 1972.

Leech, G. N., *Principles of Pragmatics*, London: Longman, 1983.

Levinson, S. C., *Pragmatics*, Cambridge: Cambridge University Press, 1983.

Lock, A., *The Guided Reinvention of Language*, London: Academic Press, 1980.

MacShane, J., *Learning to Talk*, Cambridge, England: Cambridge University Press, 2010.

MacWhinney, B., *The Childes Database (Second Edition)*, Dublin, OH: Discovery Systems, 1992.

［美］MacWhinney, B.:《国际儿童语言研究方法》,许文胜等译,

教育科学出版社 2010 年版。

Medina, J., *Language: Key Concepts in Philosophy*, London: Continuum, 2005.

McCabe, A. & C. Peterson, *Developing Narrative Structure*, Hillsdale, N. J.: Lawrence Erlbaum Associates, 1991.

McTear, M., *Children's Conversation*, New York: Basil Blackwell Publisher Ltd., 1985.

Morris, C., *Foundations of the Theory of Signs*, Chicago: University of Chicago Press, 1938.

Nelson, K., *Making Sense: The Acquisition of Shared Meaning*, New Yorker: Academic Press, 1985.

Ninio, A., C. E. Snow, *Pragmatic Development*, Bouldwe, CO: Westview Press, 1996.

Ochs, E., B. Schieffelin, *Developmental Pragmatics*, New York: Academic Press, 1979.

Owens, R. E., *Language Development: An Introduction (Fifth Edition)*, Allyn & Bacon: A Pearson Education Company, 1996.

Peccei, J. S., *Child Language*, Beijing: Foreign Language Teaching and Research Press, 2000.

Peterson, C., A. McCabe., *Developmental Psycholinguistics: Three Ways of Looking at a Child's Narrative*, New York: Plenum, 1983.

Rampton, B., *Crossing: Language and Ethnicity among Adolescents*, London, England: Routledge, 2017.

Sadock, J. M., *Toward a Linguistic Theory of Speech Acts*, New York: Academic Press, 1974.

Searle, J. R., *Speech Acts: An Essay in the Philosophy of Language*, Cambridge: Cambridge University, 1969.

Searle, J. R., *Expression and Meaning: Studies in the Theory of Speech Acts*, Cambridge: Cambridge University Press, 1985.

Searle, J. R., *Expression and Meaning: Studies in the Theory of Speech Acts*, Beijing: Foreign Language Teaching and Research Press, 2001.

Slobin, D. I., *Psycholinguistics*, Glenview, IL: Scott, Foresman, 1971.

Sperber, D., D. Wilson, *Relevance: Communication and Cognition (Second Edition)*, Beijing: Foreign Language Teaching and Research Press, 2001.

Tough, J., *The Development of Meaning: A Study of Children's use of Language*, London: George Aleen & Unwin LTD, 2012.

Van Dijk, T. A., *Text and Context: Exploration in the Semantics and Pragmatics of Discourse*, London: Longman, 1977.

Wells, G., *Language Development in the Pre-school Years*, Cambridge: Cambridge University Press, 1985.

Yule, G., *Pragmatics*, Oxford: Oxford University Press, 1996.

Zufferey, S., *Acquiring Pragmatics: Social and Cognitive Perspectives*, New York: Routledge, 2015.

（三）会议析出文献、学位论文与网址类

陈臻辉：《4—5岁弱智儿童的言语交流行为在母子互动中的语用研究》，硕士学位论文，华东师范大学，2007年。

李琳：《汉语普通话语境下学前幼儿语言叙事能力发展研究》，博士学位论文，上海外国语大学，2014年。

李晓燕：《汉语自闭症幼儿语言发展和交流的个案研究》，博士学位论文，华东师范大学，2008年。

刘风光：《取效行为与诗歌语篇：语用文体学方法》，博士学位论文，东北师范大学，2009年。

宋晓敏：《对话式阅读对低收入家庭儿童叙事能力的影响》，硕士学位论文，首都师范大学，2011年。

王岩：《功能视角下的普通话儿童3岁前语言发展个案研究》，博士学位论文，吉林大学，2013年。

肖祎：《4—5岁幼儿听读习惯与口头叙事能力的相关性研究》，博士学位论文，西南大学，2016年。

杨晓岚：《3—6岁儿童同伴会话能力发展研究》，硕士学位论文，华东师范大学，2009年。

曾建松：《关联理论本土化研究》，博士学位论文，黑龙江大学，2016年。

张鑑如、章菁：《幼儿叙述能力之发展：多年期研究》，九十一学年度师范学院教育学术论文发表会论文集，嘉义，2002年。

周兢：*Pragmatic development of mandarin-speaking children from 14 months to 32 months*，博士学位论文，香港大学，2001年。

周兢：《3—6岁汉语儿童语用交流行为习得过程的报告》，载庞丽娟《文化传承与幼儿教育》，浙江教育出版社2005年版。

Baxter, P., Wood, R., Baroni, I. et al., "Emergence of Turn-taking in Unstructured Child-Robot Social Interactions", paper delivered to Proceedings of the 8th ACM/IEEE international conference on human-robot interaction, IEEE Press, New York, 2013.

Bertenthal, B. I., Campos, J. J., K. Barrett, "Self-produced locomotion: An organizer of emotional, cognitive, and social development in infancy", in R. Emde, R. Harmaon, eds. *Continuities and Discontinuities in Development*, New York: Plenum, 1984.

Carter, A. L., "Prespeech meaning relations: An outline of one infant's sensorimotor morpheme development", in P. Fletcher, M. Garman, eds. *Language Acquisition*, Cambridge: Cambridge University Press, 1979.

Cekaite, A., "Child pragmatic development", in C. A. Chapelle, eds. *The Encyclopedia of Applied Linguistics*, Oxford: Blackwell Publishing, 2012.

Chang, C., Narrative Performance across Contexts and Over Time: Preschool Chinese Children and Mothers, Ed. D. dissertation, Harvard University, 2000.

Clancy, P. , "The acquisition of communicative style in Japanese", in B. Schieffelin, E. Ochs, eds. *Language Socialization across Cultures*, Cambridge: Cambridge University Press, 1986.

Corsaro, W. A. , "Sociolinguistic pattern in adult-child interaction", in E. Ochs, B. Schieffelin, eds. *Developmental Pragmatics*, New York: Academic Press, 1979.

Davis, S. , "Perlocution", in J. R. Searle, et al. , eds. *Speech Act Theory and Pragmatics*, Dordrecht: Reidel, 1980.

Dehart, G. , M. Maratsos, "Children's acquisition of presuppositional usages", in R. L. Schiefelbush, J. Pickar, eds. *The Acquisition of Communicative Competence*, Baltimore: University Park Press, 1984.

Dore, J. , "Conditions for the acquisition of speech acts", in I. Markova, eds. *The Social Context of Language*, Chichester: Wiley, 1978.

Ervin-Tripp, S. , "Children's verbal turn-taking", in E. Ochs, B. Schieffelin, eds. *Developmental Pragmatics*, New York: Academic Press, 1979.

Fivush, R. , "Maternal reminiscing style: The sociocultural construction of autobiographical memory across childhood and adolescence", in P. J. Bauer, R. Fivush, eds. *The Wiley-Blackwell Handbook on the Development of Children's Memory*, West Sussex, UK: Wiley-Blackwell, 2014.

Guttierrez-Clellan, V. F. , A. McGrath, "Syntactic Complexity in Spanish Narratives: A Developmental Study", paper delivered to The Annual Convention of the American Speech-Language-Hearing Association, Atlanta, GA, 1991.

Howard, S. , "Learning to Speak and Learning to Talk: Integrating Phonetic Analysis with Conversation Analysis to Examine Phonetic Repair in Children's Early Speech Production", paper delivered to International Conference on Conversation Analysis, Los Angeles: California, 2014.

Hoyle, S. M., "Register and footing in role play", in M. S. Hoyle, S. Adger, eds. *Kids Talk*, Oxford, England: Oxford University Press, 1998.

Hymes, D. H., "On communicative competence", in J. B. Pride, J. Holmes, eds. *Sociolinguistics*, Harmondsworth: Penguin, 1972.

Jørgensen, N. J., "Children's acquisition of code-switching for power-wielding", in P. Auer, eds. *Code-Switching in Conversation: Language, Interaction and Identity*, London, England: Routledge, 1998.

Kaye, K., R. Charney, "How mothers maintain dialogue with two-year-olds", in D. R. Olson, eds. *The Social Foundations of Language and Thought*, New York: Norton, 1980.

Keenan, E. O., B. Schieffelin, "Topic as a discourse notion: A study of topic in the conversations of children and adults", in C. Li, eds. *Subject and Topic*, New York: Academic Press, 1976.

Lieven, E. V. M., "Turn-taking and pragmatics: Two issues in early child language", in R. N. Campbell, P. T. Smith, eds. *Recent Advances in the Psychology of Language: Language Development and Mother-child Interaction*, New York: Plenum, 1978b.

Meltzoff, A. N., "Foundations for developing a concept of self: the role of imitation in relating self to other and the value of social mirroring, social modeling, and self-practice in infancy", in D. Cicchetti, M. Beeghly, eds. *The Self in Transition: Infancy to Childhood*, Chicago: University of Chicago Press, 1990.

Murphy, C. M., D. J. Messer, "Mothers, infants and pointing: a study of a gesture", in H. R. Schaffer, eds. *Studies in Mother-child Interaction*, New York: Academic Press, 1977.

Norrick, N. R., "Proverbial perlocutions: How to do things with proverbs", in W. Mieder, eds. *Wise Words: Essays on the Proverb*, New York: Routledge, 1994.

Rollins, P. R., A Case Study of the Development of Language and Communicative Skills for Six Children with Autism, Unpublished Ph. D. Dissertation, Harvard University Graduate School of Education, 1994.

Searle, J. R., "A taxonomy of illocutionary acts", in K. Gunderson, eds. *Language, Mind and Knowledge: Minnesota Studies in the Philosophy of Science*, Vol. 7, Minneapolis: University of Minnesota Press, 1975.

Searle, J. R., "What is a speech act?", in M. Black, eds. *Philosophy in America*, London: Allen and Unwin, 1965.

Snow, C. E., "Database, core: Linguistics and CHILDES", in J. S. Neil, B. B. Paul, eds. *International Encyclopedia of the Social Behavioral Sciences*, New York: Elsevier Science Ltd., 2001.

Traugott, E., "Historical pragmatics", in R. Lawrence, W. Gregory, eds. *The Handbook of Pragmatics*, Oxford: Blackwell, 2004.

Weinstein, C. E., R. E. Mayer, "The teaching of learning strategies", in M. Wittorock, eds. *Handbook of Research on Teaching* (3rd Ed.), New York: Macmillan, 1985.

Wolf, D., Moreton, J., L. Camp, "Children's acquisition of different kinds of narrative discourse: Genre and lines of talk", in J. Sokolov, C. Snow, eds. *Handbook of Research in Language Development Using Childes*, Hillsdale, N. J.: Erlbaum, 1994.

http://talkbank.org/manuals/CLAN.pdf.

附 录

INCA – A 编码系统、自定义编码及语用意义

附表1　　　　言语倾向类型以及语言编码来源要素（22种）

代码	英文全名	意义
CMO/MS	Comforting/mental state	安慰，即安慰受话人，表达对不幸的同情（心智状态）
DCA/CN	Discussing clarification of action/comunicative needs	讨论，澄清事实，即澄清受话人的非言语交流行为（交际需求）
DCC/CN	Discussing clarification of verbal communication/comunicative needs	讨论对言语交流的阐述，澄清受话人模棱两可的交流，或证实受话人对其的理解（交际需求）
DFW/IS	Discussing the fantasy world/image schemata	讨论想象情境的事情，即进行一次想象游戏中的对话（已有图式）
DHA/CN	Directing hearer's attention/communicative needs	引导受话人对于事物和人的注意，即引起受话人对于环境中物体、人物、事件的注意，准备商议活动或者讨论焦点问题（交际需求）
DHS/MS	Discussing hearer's thoughts and feelings/mental state	讨论受话人的想法和情绪，即就受话人不易被观察到的想法和情绪进行一次谈话（心智状态）
DJF/SE	Discussing a joint focus of attention/social environment	讨论当前关注的焦点，即就环境中双方都可以观察到的话题进行一次谈话，比如，物体、人物、受话人和说话者正在进行的行为、正在发生的事件（社会互动环境）

续表

代码	英文全名	意义
DNP/CE	Discussing the non-present/cognitive environment	讨论过去或将来发生的事情，即就不能在环境中观察到的话题进行一次谈话，比如，过去或将来的事件和行为，远距离的物体和人物，抽象的事物（排除有关受话人和说话人内部状态的谈话）（认知环境）
DRE/CE	Discussing a recent event/cognitive environment	讨论刚才发生的事件，即就刚刚发生的活动和事件进行一次谈话（认知环境）
DRP/CB	Discussing the related-to-present/communicative background	讨论与目前有关的事情，即讨论目前环境中物或人不能被观察到的特征或者讨论与这些事物有关的过去或将来的事情（交际背景）
DSS/MS	Discussing speaker's thoughts and feelings/mental state	讨论说话人的想法和情绪，即就说话人不易被观察到的想法和情绪进行一次谈话（心智状态）
MRK/PA	Marking/propositional attitude	标号，即表达像感谢、道歉这样一些被期望的社会化情绪或标记一些事件（命题态度）
NCS/CN	Negotiate co-presence and separation/communicative needs	协商共同的意见或分歧，调控转变（交际需求）
NIA/CN	Negotiating the immediate activity/communicative needs	商议即刻进行的活动，即商议活动和行为的开始持续、结束和停止，分配共同活动中的角色，步骤和转变；评估受话人和说话人的行为是否正确，是否值得去做（交际需求）
NFA/IS	Negotiating the activity in the future/image schemata	商议将来的活动，即商议将来的行为和活动（已有图式）
NFW/IS	Negotiating the fantasy world/image schemata	商议想象情境的活动，即商议想象游戏中的活动和行为（已有图式）
NMA/SE	Negotiate mutual attention and proximity/social environment	商议共同关注的或接近的话题，即建立一个共同关注和接近的话题（社会互动环境）
PRO/SE	Performing verbal moves in an activity/social environment	伴随活动发出的声音，即通过说一些适合的话在游戏或其他活动中进行言语行为（社会互动环境）
PSS/CN	Negotiating possession of objects/communicative needs	商议对物体的占有，即决定谁是物体的占有者（交际需求）
SAT/SE	Showing attentiveness/social environment	表示关注，表明说话人正在关注受话人（社会互动环境）
SDS/MS	Speaker soliloquizing/mental state	自言自语，说话人在表达一些明显不是指向受话人的言语（心智状态）
TXT/MS	Read written text/mental state	朗诵或背诵某个内容，即大声阅读书面文章（心智状态）

附表2　　　　　　　　　言语行动类型（65 种）

类型	代码	英文全名	意义
指令和回答（13 种）	AC	Answer calls; show attentiveness to communications	认可对方的言语和非言语交流
	AD	Agree to carry out an act requested or proposed by other	同意去做，即同意执行他人要求或建议的行为
	AL	Agree to do something for the last time	最后一次同意去做某事
	CL	Call attention to hearer by name or by substitute exclamations	通过喊名字或大声叫引起受话人的注意
	CS	Counter-suggestion; an indirect refusal	相反的建议，间接的拒绝
	DR	Dare or challenge hearer to perform an action	挑战受话人，实施某种行动
	GI	Give in; accept others insistence or refusal	屈服，接受他人的坚决主张或拒绝
	GR	Give reason; justify a request for an action, refusal, or prohibition	给出原因，证明对行为的要求，拒绝或禁止是合理的
	RD	Refuse to carry out an act request proposed by other	拒接执行他人要求或建议的行为，包括给出拒绝的借口和不服从的原因
	RP	Request/propose/ suggest action for hearer, or for hearer and speaker	向受话人要求、提议或建议某种行为，所提议的行为也可能涉及说话人
	RQ	Yes/no question about hearer's wishes and intentions which functions as a suggestion	关于受话人的愿望、意图的是非疑问句，以此作为建议
	SS	Signal to start performing an act, such as running or rolling a ball	开始执行一个行动的信号，比如，去滚动一个球，受话人配合动作的执行
	WD	Warn of danger	对危险的警告
宣告和回答（4 种）	DC	Create a new state of affairs by declaration	宣布，即通过宣布建立事情的一种新情况
	DP	Declare make-believe reality	宣布（空想的），即通过宣布建立一种假想的现实
	ND	Disagree with a declaration	对一个宣告表示反对
	YD	Agree to a declaration	赞同一个宣告

续表

类型	代码	英文全名	意义
标记和回答（6种）	CM	Commiserate, express sympathy for hearer's distress	怜悯，表达对受话人不幸的同情
	EM	Exclaim in distress, pain	因不幸、痛苦或其他消极的情感反应而惊叫呼喊
	EN	Express positive emotion	亲昵的行为，即表达积极的情感
	MK	Mark occurrences of event (thank, greet, apologize, congratulate, etc.)	标记事件的出现和结束
	TO	Mark transfer of object to hearer	标记受话人对事物的迁移
	XA	Exhibit attentiveness to hearer	显示对受话人的注意
陈述和表达（5种）	AP	Agree with proposition or proposal expressed by previous speaker	同意先前说话人表达的提议
	CN	Count	计数，数数，打节拍
	DW	Disagree with proposition expressed by previous speaker	不同意先前说话人表达的提议
	ST	Make a declarative statement	做一个宣布性质的陈述
	WS	Express a wish	表达一个愿望
言语诱导和回答（7种）	CX	Complete text, if so demanded	如果需要的话完成正文
	EA	Elicit onomatopoeic or animal sounds	诱导出模拟的声音
	EC	Elicit completion of word or sentence	使受话人说出词或句子
	EI	Elicit imitation of word or sentence by modeling or by explicit command	模仿词或句子
	EX	Elicit completion of rote-learned text	引导读出熟悉或学过的文章
	RT	Repeat or imitate other's utterance	重复或模仿别人的话
	SC	Complete statement or other utterance in compliance with request	在遵从别人引导的要求下进行陈述或说出其他话语

续表

类型	代码	英文全名	意义
承诺和回答 （6种）	FP	Ask for permission to carry out act	说话人申请同意执行行动
	PA	Permit hearer to perform act	允许受话人去执行行动
	PD	Promise	许诺
	PF	Prohibit/ forbid/protest hearer's performance of an act	禁止或阻止受话人去执行行动，反对受话人的行动
	SI	State intent to carry out act by speaker; describe one's own ongoing activity	说话人陈述执行行动的意图
	TD	Threaten to do	威胁做某事
问题和回答 （13种）	AA	Answer in the affirmative to yes/ no question	对是非疑问句的肯定回答
	AN	Answer in the negative to yes/ no question	对是非疑问句的否定回答
	AQ	Aggravated question, expression of disapproval by restating a question	加重的问题，通过重新问问题表示反对
	EQ	Eliciting question (e.g, mm?)	诱发的问题，比如，"嗯？"
	NA	Intentionally nonsatisfying answer to question	对问题的不满意回答
	QA	Answer a question with a wh-question	以特殊疑问句回答特殊句问题
	QN	Ask a product-question (wh-question)	以特殊疑问方式提问
	RA	Refuse to answer	拒绝回答
	SA	Answer a wh-question with a statement	通过陈述回答特殊疑问句
	TA	Answer a limited-alternative question	对限制性选择疑问句的回答
	TQ	Ask a limited-alternative yes/no question	限制性选择疑问句
	YA	Answer a question with a yes/ no question	以是非疑问句回答疑问句的问题
	YQ	Ask a yes/no question	以是非疑问方式提问

续表

类型	代码	英文全名	意义
执行或表现（2种）	PR	Perform verbal move in game	在游戏中执行言语行为
	TX	Read or recite written text aloud	大声朗读或背诵书面文章
评估和评价（6种）	AB	Approve of appropriate behavior	赞成合适的行为，对受话人或说话人的行为表示积极的评定
	CR	Criticize or point out error in nonverbal act	批评，指出非言语行为中的错误
	DS	Disapprove, scold, protest disruptive behavior	不赞成、责骂、反对造成分裂的行为，对于受话人或说话人的行为表示否定的评估
	PM	Praise for motor acts, i.e. for nonverbal behavior	称赞某种表现
	ED	Exclaim in disapproval	不赞成地叫喊
	ET	Express enthusiasm for hearer's performance	对受话人的表现表达出热情
阐明或澄清的需要（1种）	RR	Request to repeat utterance	要求重复话语
修订（1种）	CT	Correct, provide correct verbal form in place of erroneous one	纠正言语错误，既可以是形式的修改，也可以是内容的修改
难以理解的话语（1种）	YY	Make a word-like utterance without clear function	不能理解的言语行为

附表3　　　　　　　　　**非言语动作（9种）**

代码	英文全名	意义
感知—动作协调阶段		
TOU	Touching hearer	身体触碰
NOD	Nodding	点头赞同
SHA	Shaking one's head to refuse	摇头拒绝
FE	Facial expression	面部表情
元认知指导行为动作计划、实施和调控		
SHO	Showing something to hearer	向受话人展示物品
GIV	Giving something to hearer	给予受话人某物
MOV	Move position	位置移动
POI	Pointing	手势指示

续表

代码	英文全名	意义
行为动作模仿记忆			
IAM	Imitation and Memory	行为动作的模仿记忆

附表 4　　　　　　　知识的言语和非言语行为（4 种）

代码	英文全名	意义
SCK	Social conventional knowledge	社会规约性知识
IK	Imaginative knowledge	想象性知识
DK	Declarative knowledge	陈述性知识
PK	Procedural knowledge	程序性知识

附表 5　　　　　　　　会话能力（28 种）

类型	代码	英文全名	意义
会话发起	KI	Knowledge Initiation	知识会话发起
	UI	Utterance Initiation	语言会话发起
	AI	Act Initiation	行为会话发起
	KUI	Knowledge + Utterance Initiation	知识 + 语言会话发起
	KAI	Knowledge + Act Initiation	知识 + 行为会话发起
	UAI	Utterance + Act Initiation	语言 + 行为会话发起
	KUAI	Knowledge + Utterance + Act Initiation	知识 + 语言 + 行为会话发起
会话维持	KC	Knowledge Continuation	知识会话维持
	UC	Utterance Continuation	语言会话维持
	AC	Act Continuation	行为会话维持
	KUC	Knowledge + Utterance Continuation	知识 + 语言会话维持
	KAC	Knowledge + Act Continuation	知识 + 行为会话维持
	UAC	Utterance + Act Continuation	语言 + 行为会话维持
	KUAC	Knowledge + Utterance + Act Continuation	知识 + 语言 + 行为会话维持

续表

类型	代码	英文全名	意义
会话修补	KR	Knowledge Repair	知识会话修补
	UR	Utterance Repair	语言会话修补
	AR	Act Repair	行为会话修补
	KUR	Knowledge + Utterance Repair	知识+语言会话修补
	KAR	Knowledge + Act Repair	知识+行为会话修补
	UAR	Utterance + Act Repair	语言+行为会话修补
	KUAR	Knowledge + Utterance + Act Repair	知识+语言+行为会话修补
修补回应	KRR	Knowledge Repair Response	知识会话修补回应
	URR	Utterance Repair Response	语言会话修补回应
	ARR	Act Repair Response	行为会话修补回应
	KURR	Knowledge + Utterance Repair Response	知识+语言会话修补回应
	KARR	Knowledge + Act Repair Response	知识+行为会话修补回应
	UARR	Utterance + Act Repair Response	语言+行为会话修补回应
	KUARR	Knowledge + Utterance + Act Repair Response	知识+语言+行为会话修补回应

索　引

C

陈述性知识　72,97,100—102,104,114,115,119,121—123,129,130,143,149,158—161,168—172,174—177,181,189,191—193,201,203—209,211,216,217,219,229,231,240,241,243—248,253,256,265—267,275—281,287,288,290,291,299—302,310—318,321,322,328—331,337,340—346,354,358—361,368—371,373,374,389—393,398,405,406,408,425,426,430,433,434,440,449,452,455,489

程序性知识　72,97,102—104,114,115,119,122,123,129,130,143,149,158—162,169—172,174,176,177,180,181,190—193,201,203,204,206,207,209—211,217,220,229—231,240,241,243,245—247,254,299,301,302,311,313,315,316,318,321,328,330,331,337—346,354,359,361,368,370,371,373,374,393,394,407,408,417,418,439,443—449,452,455,456,489

E

儿童的会话能力　26,32,34,151
儿童的语篇能力　32,154,159,164,186,225,371
儿童语料库研究法　8,457
儿童语用发展能力　2,5,6,9—11,15,18,20—21,23,31,35,39,40,42,94,131—133,142,450,451,457

F

发展语用学(儿童语用发展)　15,18

G

感知—动作协调阶段　110,130,452

H

话轮转换能力　26,40

会话发起能力　26,27,29
会话维持能力　26,29,30
会话修补能力　26,30

J

交际背景　89,95,105,106,108,117,
125,130,142,149,162,164—166,
170,172,174,175,194—197,201,
204,217,219,220,232,234,240,
241,243—245,249—254,256,257,
270,271,277,278,284—286,290,
291,305,306,312—315,332,334,
348—351,354,361,371—374,385,
387,390,391,425,427,452,456

交际需求　86,89,95,105,106,108,
117,125,130,142,149,162,165,
168,169,172,174,175,178—181,
194,195,201,202,207,212,213,
216,217,232,235,240,241,249,
251,253,257,259,268,269,275,
276,282,283,303,306,310,311,
313,314,319,320,322,332,334,
337—340,347,348,350,354,358,
360—362,367—370,373,377,380,
381,386,392—394,399—401,418,
420,421,430—432,439,446,452,
456

M

命题态度　89,95,105—108,117,
125,130,142,149,162,164—166,
170—172,174,176,178—181,
194—197,201,204,215,217,220,
233,235,240,241,243,245,254,
277,278,285,286,303,305,306,
313,314,319—322,332,334,337—
339,341,348,349,351,355,359—
362,369,370,372—374,378,379,
381,382,406,426,435,436,440,
445,446,452,456

Q

取效行为　2,4—9,11—15,18,24,
37,40—42,49—53,55,63—69,72,
80,81,84,89,90,94—96,105,119,
123,126,128—132,375,418,448—
451,457—459

R

认知环境　80,87—89,95,105,107,
108,117,125,130,142,149,162,
164—166,171,173—176,179,
194—197,201,204—207,213,217,
220,233—235,243—246,251,252,
256,257,269—271,285—288,290,
291,303,305,306,310—315,319—
322,332,334,337—341,348—351,
354,359—361,368—374,385—
387,389—392,394,395,405—408,
416,417,426,432,435,436,440,

索　引

441,443,444,446—448,452,456

S

社会规约性知识　72,97,98,104,
114,119,120,122,123,129,143,
149,157,159—161,168—174,177,
180,181,189—193,200,201,203,
209,216,217,229,231,240,241,
243,245—248,253,257,275—277,
279,281,282,291,299,301,302,
309—311,316,320,328,330,331,
337—340,342—346,358,360,361,
368,370,372—374,392,393,398,
429,437,438,446,447,449,452,
455

社会互动环境　88,89,95,105,106,
108,111,113,117,125,130,142,
149,162,163,165,169,170,172,
174,178,180,194—196,201,203,
212,213,216,217,232,235,240,
241,249—251,253,254,257,275,
276,282,283,285,287,288,294,
303,306,309—311,319—321,332,
334,340,341,348—350,354,358,
360,362,363,368,370,378,380,
381,398,399,409—411,429,430,
452

受动取效过程　7,12,14,127—131,
154,156,167,168,177—179,181,
182,186,189,198,199,210,212,
213,219,220,226,227,238,239,
248,249,251,252,254,257,260,
263,264,274,279,282,284,286,
288,291,294,297,316,318—322,
326,336,342,345,347,350,352,
355,375,377—379,390,394,395,
398—401,406,410—413,415—
417,421—423,426,427,430,431,
434,445,449,452

X

显性取效过程　7,12,14,123—126,
128—131,154,156,164,165,172,
176,179—182,186,187,189,194,
198,205,207,219,220,226,227,
233,235,242,245,251,252,254,
257,260,263,264,270,275,278,
284,285,288,291,294,296,297,
303,307,310,315,319—322,324,
326,333,334,337,340,347,350,
352,355,375,377—379,381,384—
387,389—395,398—401,404—
408,410,411,413,415—417,420—
423,425—427,430—432,434—
436,438—441,444—449,452

想象性知识　72,76,77,79,80,95,
97—100,104,114,119—123,129,
143,149,158—161,169—177,180,
181,190—193,200—207,210,211,
216,217,219,220,228—231,240,

241,243—248,253,256,257,264—267,275—281,287,288,290,299—302,310—318,321,322,328—331,337—346,354,355,358—361,368,370—374,391—393,399,404—407,415,416,425,429—431,435,440,443—447,449,452,455

心智状态　6,66,67,69—71,89,91,95,105,106,108,109,113,117,125,130,142,149,162,164,165,169,172,174,194—197,201—203,212,213,217,233,235,240,241,243,254,257,306,332,334,337—340,348—351,354,358,360,368—370,373,374,381,400,401,437,446,447,451,452,456

行为的探试效果　12,118,128,129,131,186,226,239,252,257,322,336,345,347,352,355

行为动作模仿记忆阶段　110,111,130,452

Y

言语行为理论　4—6,8,9,11,20,40—44,48,49,52,53,59—64,66,83,84,88,91,457

已有图式　89,95,105,108,117,125,130,142,149,155,162—166,171—176,178—180,194—197,201,205—207,212—217,219,220,232,234,240,241,243—245,249—254,256,257,269—271,275—278,282—288,290,303,305,306,310—314,319—322,332,334,339,341,348—351,354,355,358—363,367,368,370—374,378,379,381,384—386,389,390,394,395,399,400,404—407,412,413,415—417,422,423,431,433—435,443—445,447,448,452

隐性取效过程　7,12,14,119—123,128,129,131,156,158,162,172,176,177,181,182,186,187,189,190,192,205,207,210,219,220,227,229,231,242,245,248,249,254,257,263,265,267,276,278,279,282,288,292,294,297,299,302,310,315,316,318,321,324,326,328,331,337,340,342,345,352,355,375,389—394,398—400,405—408,416,417,425,426,429—431,434,435,438—441,444—449,452

语言的可预料效果　12,116—118,123—126,128,129,131,154,156,176,187,194,242,252,254,288,294,381

语用交流行为　2,4,5,7,8,10,12,18,21—25,35—37,39,40,42,69,80,94,141,149,151,450

元认知指导行为动作计划、实施和调

控阶段 110,112,130

Z

知识的不可预料效果 12,114,119,
128,129,131,182,187,189,210,
231,254,282,288,299,315,318,
321,326,328,331,337,340,342,
345,352,355

致　　谢

　　即将落笔的一刻，心中思绪万千，感慨时间的匆匆，感恩所有的遇见，感动美好的瞬间。而立之年的我，重归校园，带着梦想与希望，谱写着属于我的人生乐章。读博时光，岁月静好，每天于我，都是奋斗的起点，不敢虚度。在图书馆、微机房埋头苦干的日子，将成为我永恒的回忆。还记得为学编程的艰辛，为转写语料而苦恼，为处理数据而辛苦。这一刻，我深知，所有的付出都是值得的。

　　此刻，想感谢的人太多。首先，衷心感谢我的导师尚晓明教授，成为您的开山弟子是我的荣耀。是您向我开启了发展语用学之门，是您忘我的付出让我在科研之路上一步步有了起色。记得您常常因讲课而忘记了时间的流逝，顾不上吃午饭而又开启了下午继续上班的模式。您为我所付出的点滴，仿佛就在昨日，学生铭记心间。您是我人生中最为绮丽的一笔，能得到您的帮助也是我极大的荣幸。

　　还要特别感谢我的博士后合作导师，上海外国语大学束定芳教授。束教授一直鼓励我继续从事自闭症儿童语用发展相关课题，并耐心地指导我关注自闭症儿童的隐喻、转喻发展能力。束教授是隐喻、转喻研究的开拓人，他不厌其烦地将隐喻和转喻相关研究精髓传授于我，并指导我如何将隐喻、转喻的理论与分类应用于自闭症儿童的语言实验研究之中，令我受益匪浅。有幸得到束教授的指导是我人生中特别幸福的事。

　　其次，衷心感谢答辩委员会张绍杰教授、苗兴伟教授提出的宝贵意见和他们提供的悉心指导。还要感谢徐文培教授、李洪儒教授、吴莉教授、王天华教授、黄萍教授、滕琳教授、孙秀丽教授、仲晶瑶教授、许寒老师的教诲与栽培，让我不断成长！感谢陈百海教授、赵为教授在论文开题、中期答辩时对我的点拨。感谢薛恩奎教授、曹威教授在预答辩时对我的指导。

在黑龙江大学学习的时光，春华秋实，我仍记得严寒酷暑中的深夜抑或清晨，一灯如豆，在冷雨凄风中奋斗的美好时光。感谢老师对我的支持、关心和鼓励。到了不得不说再见的时候，我想再次感谢所有的老师，谢谢你们给予的无私支持与关照。

感谢广东外语外贸大学冉永平教授、中央财经大学范莉教授、哈尔滨师范大学崔洪弟老师对本论文在概念界定、设计思路上的指导与帮助。

感谢南京大学陈新仁教授以及王海啸教授、浙江大学马博森教授、中国石油大学（华东）毛浩然教授、深圳大学彭宣维教授、同济大学许文胜教授、黑龙江大学田永梅老师对我的指导、鞭策、鼓励与帮助。

纸上得来终觉浅，绝知此事要躬行。只有理论与实践相结合，才能知晓理论的正确性与可行性。感谢南京青云巷小学附属幼儿园、沈阳南宁幼儿园、沈阳发现未来幼儿园、佳木斯艾德凯坤国际幼儿园、佳木斯第二实验幼儿园、佳木斯大风车幼儿园、洛川县凤北幼儿园、西华师大附属幼儿园、东莞伊顿卡丽兰幼儿学校、北京伊顿国际幼儿园等领导、老师、家长以及可爱的小朋友们，正是有大家的认真配合才保证了实验的顺利进行。我希望这项研究在不远的将来可以帮助更多的小朋友提高语用能力，成为真正意义上有益于社会的一个项目。再者，还要衷心感谢花费大量时间和精力同我一起转写、标注、编码语料的每一位团队成员。正是有团队的协同努力，才会推动此项研究的顺利完成。

感谢佳木斯大学的领导、同事对我的支持与鼓励。感谢领导为我可以安心地在黑龙江大学攻读博士学位所创造的脱产学习条件。还记得9年前初来黑龙江、初来佳木斯的陌生之感，使我常常会有思乡之情，是领导和同事所给予的家人般的温暖，让我爱上了这座城市。现在，佳木斯已是我的第二故乡。回首人生旅途，前行进步的路上有你们的陪伴，我并不孤单，也希望今后的旅途可以与大家共同度过，我将努力工作，回报领导、同事对我无私的帮助。

同时我也想借此机会由衷感谢我的亲人、朋友，他们是我不断克服困难、砥砺前行的源泉动力。正是有了家人的无私奉献，我才得以顺利完成博士学业，衷心感谢亲人和朋友的默默付出。在今后的日子中，我定将更加努力地学习工作，不负来自亲人和朋友的殷切期望！

谨向评审本论文的各位专家、学者们致以诚挚的谢意，感谢专家、学者们在百忙之中对我的指导与帮助。在杨康编辑的指导下，这本书我反复修改多次，从中也受益良多。

感谢中国社会科学出版社各位领导、杨康编辑对本论文出版的大力支持和厚爱。

另外，还要感谢国家社会科学基金后期资助暨优秀博士论文项目"学龄前儿童语用发展的取效行为研究"（20FYB046）对本论文出版的资助。

学海无涯梦常在，师恩永驻我心中。感谢生活，感谢黑龙江大学，让我在而立之年成为最好的自己，我将带着"博学慎思 参天尽物"的黑龙江大学精神不忘初心、教书育人。